Die ›Orientalische Bibliothek‹ vereinigt
literarische, historische und philosophische Texte
der Völker Asiens und Nordafrikas
von den Anfängen bis zur Gegenwart.
Mit Lesetexten wie auch mit wissenschaftlich
kommentierten Ausgaben will die Sammlung
zum Verständnis der nationalen Eigenarten
der orientalischen Kulturen
und ihrer übernationalen Bedeutung
beitragen.

Ein Muslim entdeckt Europa

Rifāʿa al-Ṭahṭāwī

Bericht über seinen Aufenthalt
in Paris 1826–1831

Herausgegeben
von Karl Stowasser

Verlag C. H. Beck
München

Originaltitel: ›Taḫlīṣ al-ibrīz fī talḫīṣ Bārīz‹
(›Die Läuterung des Goldes in einer
zusammenfassenden Darstellung von Paris‹)

Aus dem Arabischen übersetzt und kommentiert
von Karl Stowasser, Ordentlicher Professor
an der University of Maryland.

An der Herausgabe der ›Orientalischen Bibliothek‹
sind beteiligt: Verlag C. H. Beck, München,
Verlagsgruppe Kiepenheuer, Leipzig und Weimar,
Verlag Volk und Welt, Berlin.

ISBN 3 406 32796 6
Ausgabe für die Bundesrepublik Deutschland,
Berlin-West, Österreich, Schweiz:
Verlag C. H. Beck, München 1989

Gesamtherstellung: Offizin Andersen Nexö,
Graphischer Großbetrieb, Leipzig
Schrift: Timeless
Gestaltung: Dietmar Kunz
Printed in the German Democratic Republic

Vorwort

Im Namen Gottes, des Allbarmherzigen

Preis sei Ihm, welcher der Menschen Schritte lenkt zu dem, was in Seinem Vorwissen geschehen ist, und der es den Menschen ermöglicht, sich an die Erfüllung Seines unabänderlichen Ratschlusses zu wagen. Ob mächtig oder schwach, ob niedrig oder edel, keiner kann sich dem entziehen, was im Himmlischen Buche vorgezeichnet ist. Reich oder arm, bedeutend oder gemein, ein jeder muß sich dem nähern, was hinter jenem Schleier verborgen bleibt. Ich preise Ihn, Gott den Erhabenen, in der Art eines, der, von Ihm auf die Probe gestellt, die Prüfung in Standhaftigkeit ertrug, den Er bereicherte und der Ihm Dank zollt. Ich danke Ihm als einer, der mit dem Herzen aufbrach, Sein Wohlgefallen zu finden, und der sich ergehen durfte in den Gärten Seiner huldvollen Aufnahme.

Meine Heil- und Segenswünsche gelten ihm, den die Reitkamele seines Sehnens zu Ihm, dem Lenker der Dinge, trugen und auf dessen vorzügliche Abstammung die Geleitscharen seines trefflichen Charakters hinweisen – unserem Herrn, Mohammed, der die Reise nach Syrien und die Hedschra nach Medina unternahm und der sich, mit Gabriel als treuem Begleiter, vom Heiligtum von Mekka zum Fernen Heiligtum (in Jerusalem)[1] begab. Heil und Segen auch über seine Familie und seine Genossen, seine Nachfahren und seine Freunde.

An Seine Hoheit richte ich, im Namen unseres Herrn Mohammed, die Bitte, vermittels des erstrahlenden Sterns seiner bewundernswerten Verwaltung und seiner erstaunlichen Bautätigkeit überall in Ägypten und in allen Regionen des Hedschas, des Sudan und Syriens die Banner der Macht und Gerechtigkeit, des höchsten Ruhmes und vollkommener Trefflichkeit zu entfalten – an ihn, den hocherhabenen Wesir, das hochverehrte, erlauchte Vorbild, die Rarität unter den Wesiren seiner Tage und die Ausnahme unter den Fürsten aller Zeiten, ihn, der aus eigener Initiative die Wissenschaften wiederbelebt und durch Angriff und Kampf den überkommenen Regeln des Islam neue Geltung verschafft hat, den Mann außerordentlichen Wissens, den Eroberer der heiligen Stätten, Seine Exzellenz unseren hochsinnigen Wohltäter, Ḥāgg Muḥammad ʿAlī Pascha – Gott führe sein Wollen jetzt und in Zukunft zum Gelingen. Amen.

In Wohlsein halte ihn der Herr,
in Ruhm sowie in Glück,
vermittels des Propheten Gunst –
zum Herrn geboren ist sein Haus.

Alsdann: So spricht der Diener Gottes, welcher der helfenden Hand seines Herrn und Meisters bedarf, welcher geht, wohin Er ihn sendet und wendet, welcher vertraut auf Ihn, den Großmütigen, den Segenspender – Rifāʿa, Sohn des verschiedenen Sayyid Badawī Rāfiʿ, al-Ṭahṭāwī nach dem Ort seiner Herkunft, al-Ḥusainī al-Qāsimī nach Abstammung, al-Šāfiʿī der Rechtsschule nach:

Als mir Gott, der Gepriesene und Allerhöchste, gnädig das Studium gewährte an der Hochschule al-Azhar, jener erleuchteten Stätte, welche ein Paradies des Wissens ist mit greifbaren Früchten und ein Garten der Erkenntnis mit gereiften Blüten – wie dies bereits mein Professor, der große Gelehrte al-ʿAṭṭār, mit den Worten ausgedrückt hat:

Und so halt dich, suchst du Bildung, an eine Moschee,
die im Lichte der Sonnen diversen Wissens erstrahlt;
dort sind Gärten, deren Blüten zur Reife gelangt,
darum wird sie al-Azhar – ›die Blühende‹ – genannt;

während jemand anders gar trefflich zwei Verse dichtete, wobei er versteckt auf die Gelehrten von Mekka und Medina anspielte:

Wer in die Fremde zieht von der ›Blütenreichen des Wissens‹
der beklage
das Fernsein jener Stätte der Gelehrsamkeit und Gelehrten:
Denn dort gibt's Autoritäten, dem übervollen Meere gleich;
woanders
nur ›Meere‹ mit Stränden, die karg mit Wasser sind[2]

– erwarb ich den mir von meinem Allmächtigen Geber ermöglichten Anteil an dem, wodurch sich der Mensch aus dem Dunkel erhebt und sich vor der Stufe des gemeinen Volkes auszeichnet.

Ich kam aus einer Sippe,[3] der das Schicksal übel mitgespielt hat, nachdem es dereinst seine Fülle über ihre Heimat ergossen, und von deren Elend die Jahre künden, die einst um ihre Heimstatt die Marksteine behaglichen Lebens errichtet hatten. Nun hört man von alters bis heute immer wieder, und man ist sich einig auf der Grundlage von Koran und Tradition, daß von allen Dingen das beste und von allem Wichtigen das wichtigste das Wissen ist, daß seine Früchte dem, der es besitzt, im Diesseits wie im Jenseits zugute kommen und daß sich sein Vorzug allzeit und allerorten bezeugen läßt. So war es mir denn ein leichtes, in den Dienst unseres Landesherrn zu treten, zunächst als Militärprediger, sodann als Entsandter nach Paris in Begleitung der Efendis, welche man ausschickte, die Wissenschaften und Künste jener glanzvollen Stadt zu erlernen.

Als nun mein Name eingetragen war zusammen mit jenen Reisenden und als ich im Begriffe stand, mich auf die Reise zu begeben, da rieten mir einige Verwandte und liebe

Freunde, zuvörderst mein verehrter Lehrer al-ʿAṭṭār – denn er ist begierig, wundersame Nachrichten zu erfahren und sich über Merkwürdigkeiten zu unterrichten – ich solle über die Vorfälle dieser Reise berichten, auch über das, was ich sehen würde und was mir an Sonderbarem und Merkwürdigem begegne. Ich solle es niederschreiben, auf daß es von Nutzen sei, den Schleier vom Antlitz jenes Landes zu lüften, von dem man sagt, daß es die Braut aller Länder sei, auch daß das von mir Aufgezeichnete ein Führer bleibe, anhand dessen sich andere Reiselustige orientieren können. Zumal meines Wissens seit Anbeginn der Zeit bis zum heutigen Tage nichts in arabischer Sprache über die Geschichte der Stadt Paris, der Hauptstadt des französischen Reiches, erschienen ist, auch nichts zur Information über die dortigen Verhältnisse und die Lebensweise ihrer Bewohner. Dem Herrgott sei Dank, der dies alles durch unseren Landesherrn ermöglicht hat, zu seiner Regierungszeit und dank seiner Obsorge und seiner Unterstützung der Wissenschaften und Künste.

So verfehlte ich denn nicht, während meiner Reise eine kleine Reisebeschreibung zu verfassen, welche ich gleichermaßen frei hielt vom Makel der übertriebenen Nachsicht wie dem der eifernden Parteinahme und aus der ich den Fehler träger Indifferenz ebenso fernhielt wie den des Wetteiferns um den Vorrang. Ich habe sie mit mancherlei nützlichen Exkursen und überzeugenden Zitaten ausgeschmückt und sie in solche Worte gekleidet, daß sie die muslimischen Lande anregen möge, nach den fremden Wissenschaften und Künsten und Fertigkeiten zu streben. Denn daß diese im Lande der Franken vollkommen und perfektioniert sind, ist eine feststehende und weitbekannte Tatsache, und ›das Wahre verdient befolgt zu werden‹. Weiß Gott, ich war zeit meines Aufenthaltes in jenem Lande bekümmert darüber, daß es sich dies allen erfreuen darf, während die islamischen Länder seiner noch entraten.

Nun möge sich der Leser hüten, das, was ich zu berichten

habe, als unvereinbar mit Brauch und Sitte zu empfinden, so daß er es nur schwer zu glauben vermag und es gar für Geschwätz und Ammenmärchen oder Übertreibung hält. Alles in allem gesagt, ›manch eine Vermutung ist Sünde‹, und ›der Augenzeuge sieht, was der Abwesende nicht sehen kann‹, und ›hast du den neuen Halbmond nicht gesehen, so verlaß dich auf Leute, die ihn mit eigenen Augen geschaut‹. Gott, der Gepriesene und Allerhöchste, soll mein Zeuge sein, daß ich in allem, was ich zu berichten habe, nicht vom Wege der Wahrheit abweichen werde und daß ich, soweit es mein Gewissen erlaubt, ein günstiges Urteil über manche Dinge und Gebräuche jenes Landes offen aussprechen werde, so es die Umstände erfordern. Selbstverständlich billige ich nur das, was nicht in direktem Widerspruch steht zum Wortlaut unseres islamischen Gesetzes – seinem Verkünder beste Segenswünsche und würdigsten Gruß.

Die vorliegende Reisebeschreibung beschränkt sich nicht nur auf die Darstellung der Reise und ihrer Begebenheiten, sondern sie enthält auch (eine Darlegung) ihres Ergebnisses und ihres Zwecks. Auch bringt sie eine kurze Exposition der zu erstrebenden Wissenschaften und Fertigkeiten und deren Erörterung in der Art, wie sie von den Franken aufgezeichnet, aufgefaßt und begründet werden. Aus diesem Grunde habe ich meist Dinge, die zu gedanklicher Auseinandersetzung oder Meinungsverschiedenheit Anlaß geben, nach ihrer Herkunft verfolgt, mit dem Hinweis, daß meine Absicht allein darin besteht, sie zu berichten.

Ich habe dieser Reisebeschreibung den Titel *Taḫlīṣu 'l-ibrīz fī talḫīṣi Bārīz* – ›Die Läuterung des Goldes in einer zusammenfassenden Darstellung von Paris‹[4] – oder *Al-dīwān al-nafīs bi-īwāni Bārīs* – ›Der kostbare Dīwān im Īwān von Paris‹[5] – gegeben. Ich habe sie gegliedert in eine ›Einleitung‹, welche mehrere ›Kapitel‹ umfaßt, einen ›Hauptteil‹, bestehend aus mehreren ›Abhandlungen‹, die ihrerseits in ›Abschnitte‹ untergeteilt sind (oder aus ›Abschnitten‹ zusammengesetzten ›Büchern‹), sowie einen ›Epilog‹. (Man vergleiche hierzu das Inhaltsverzeichnis am Anfang des Buches.)[6]

Bei der Abfassung des Buches habe ich mich bemüht, mich einer knappen Darstellungsweise und einer schlichten Sprache zu befleißigen, auf daß es allen Leuten möglich sei, zu seinen Quellen hinabzusteigen und sich in seinen Gärten zu scharen. Auch wenn es nur geringen Umfangs ist, so ist es doch voll der unzähligen nützlichen Einmaligkeiten und der unergründlichen reichen Kostbarkeiten.

Wenn es erscheint, verachtet seinen Umfang nicht.
Weiß Gott, gar viel und Gutes schließt es in sich ein!

Ich bitte Gott, den Gepriesenen und Allerhöchsten, daß Er diesem Buche bei Seiner Exzellenz, dem erlauchten Wohltäter, der Fundgrube der Trefflichkeit und Großmut, eine huldvolle Aufnahme verschaffe und daß Er mit diesem Werke alle Völker des Islam – Araber wie Nichtaraber – aus dem Schlafe der Lässigkeit erwecke. Er ist der Hörer und Erhörer; wer sich an Ihn wendet, wird keine Enttäuschung erfahren.

Einleitung

Erstes Kapitel:

über das, was mir als Grund für unsere Reise in dieses Land erscheint, welches als eine Stätte des Unglaubens und Starrsinns gilt, welches sehr weit von uns entfernt liegt und wo ob der hohen Preise das Leben sehr kostspielig ist, was größte Beschwerlichkeit bedeutet

Ich möchte sagen, daß dies einiger einführender Worte bedarf, nämlich:

Der Mensch war zu Anfang schlicht und einfach, jeglichen Schmuckes bar, und lebte, nur Gefühle kennend, entsprechend seiner ursprünglichen Naturveranlagung. Sodann widerfuhren einigen Menschen plötzliche Erkenntnisse – ohne Vorläufer, vielmehr enthüllt durch Zufall und von ungefähr oder dank Eingebung und göttlicher Inspiration. Offenbartes Gesetz oder menschliche Vernunft sagten, daß diese nützlich seien, und so wurden sie befolgt und beibehalten. Zum Beispiel wußten zu Urzeiten die Menschen nicht, wie man mit Hilfe des Feuers Speisen gar macht, da ihnen Feuer gänzlich unbekannt war, und sie beschränkten sich auf eine Nahrung von Früchten, oder von der Sonne Gegartem, oder jedweder roher Dinge. Dann sah einer zufällig, wie durch den Schlag mit einem Eisenstück oder dergleichen ein Funke dem Feuerstein entsprang, und er machte das nach und schuf Feuer und lernte dessen Besonderheiten kennen. Oder es gab Menschen, die nicht wußten, wie man Kleider zum Beispiel mit Purpur färbt, bis einer beobachtete, wie ein Hund eine Muschel aus dem Meer fischte, sie öffnete und ihren Inhalt fraß, worauf sich sein Gaumen rötete und vom Muschelinhalt verfärbt wurde. Und so machte man fortan Gebrauch von dieser Muschel und lernte von ihr die Färbekunst mit diesem Farbstoff. Desgleichen wird von den Bewohnern von Tyrus in Syrien berichtet, wo die Menschen anfangs keinerlei Ahnung hatten, wie man das Meer befahren kann. Dann entdeckten sie dank göttlicher Eingebung oder durch menschlichen Zufall, daß es zu den Eigentümlichkeiten des Holzes gehört, auf dem Wasser zu schwimmen, und sie bauten das erste Schiff. Danach fuhren sie mit Schiffen aufs Meer hinaus, und diese Schiffe wurden dann von ihnen immer weiter entwickelt und in vielfacher Art gebaut: Anfangs waren sie klein, für Handel bestimmt, doch dann bauten sie sie größer, so daß sie sich für Kampf und Krieg eigneten. Analog dazu vergleiche man eine ähnliche Entwicklung in der Kampfweise: zuerst mit Pfeilen und Speeren, dann mit dem Schwert und später mit Kanonen und Mörsern. Auch beteten die Menschen zu Beginn der Zeit Dinge wie Sonne, Mond und Sterne an. In der Folgezeit gingen sie dann dank der Eingebung Gottes und Seiner Entsendung von Propheten dazu über, einen einzigen Gott zu verehren.

So läßt sich denn, je weiter man in der Zeit zurückgeht, ein Rückstand der Menschen in menschlichen Fertigkeiten und zivilisatorischem Wissensstand konstatieren, und je weiter man die Zeit nach vorne verfolgt, zumeist ein Aufstieg und Fortschritt der Menschen in diesen Dingen. Und an Hand dieses Aufstieges, und durch Messung seiner Stufen, und unter Anrechnung der Ferne vom oder der Nähe zum Urzustand läßt sich die gesamte Menschheit in mehrere Kategorien einteilen: Die erste Kategorie ist die der schweifenden Wilden, die zweite die der rauhen Barbaren, die dritte die der Gebildeten, der Verfeinerten, der Kultivierten, der Zivilisierten und Urbanisierten verschiedener Art und Richtung.

Die erste Kategorie ist durch die Wilden im Lande der Schwarzen vertreten, die allzeit schweifenden Tieren gleichen, unfähig, Erlaubtes von Verbotenem zu unterscheiden, des Lesens und Schreibens unkundig, bar jedes Wissens von den Dingen, welche das diesseitige und das jenseitige Leben erleichtern, vielmehr wie Tiere vom Gefühl allein zur Befriedigung ihrer Begierden getrieben. Sie bestellen ein wenig den Boden oder gehen etwas der Jagd nach, um sich zu ernähren, und sie bauen sich Hütten oder Zelte, um sich vor der Sonnenglut und dergleichen zu schützen.

Zur zweiten Kategorie gehören die Araber der Wüste. Sie haben eine Art von menschlicher Gesellschaft, geselligem Leben und Gemeinschaftsempfinden, denn sie wissen das Erlaubte vom Verbotenen zu unterscheiden, sind des Lesens und Schreibens und anderer Dinge kundig und kennen sich in Fragen der Religion und des Glaubens und dergleichen aus. Doch ist auch bei ihnen der Grad des Fortschritts auf den Gebieten der Lebensweise, der kulturellen Entwicklung, der menschlichen Gewerbe sowie der rationalen und traditionellen Wissenschaften nicht vollkommen, obschon sie mit Baukunst, Ackerbau, Viehzucht und dergleichen vertraut sind.

Zur dritten Kategorie gehören Ägypten, Syrien, der Jemen, das Osmanische Reich, Persien, die Länder der Franken, Nordwest-Afrika, Sennar,[7] der größte Teil Amerikas und viele der Inseln im (Pazifischen) Ozean. Alle diese Völker führen ein zivilisiertes Leben und verfügen über politische Systeme, Wissenschaften und Industrien, Rechts- und Handelswesen; sie sind kundig in der Handhabung von Maschinen und wissen, wie man schwere Lasten auf leichteste Weise transportiert, und sie sind mit Seefahrt und dergleichen vertraut.

In dieser dritten Kategorie gibt es freilich Unterschiede hinsichtlich des Standes ihrer Wissenschaften und Künste, des Niveaus ihres Wohlstandes, der Befolgung eines bestimmten Rechtssystems, des Fortschrittsgrades ihres Gewerbefleißes. Die Länder der Franken, zum Beispiel, haben die höchste Stufe der Meisterschaft in den mathematischen, physischen und metaphysischen Disziplinen – in der Theorie wie in der Anwendung – erreicht. Einige Europäer besitzen sogar genügende Kenntnisse in gewissen arabischen Wissenschaften und haben es zum Verständnis von deren Feinheiten und Geheimnissen gebracht, wie noch später zu berichten sein wird, doch sind diese nicht auf den rechten Weg geleitet worden, und sie haben niemals den Pfad des Heils beschritten.

So wie andererseits die islamischen Länder sich in den Gesetzeswissenschaften und deren Anwendung hervorgetan haben, während sie unter den rationalen Wissenschaften die philosophischen Disziplinen insgesamt vernachlässigten und deshalb fremder Länder bedurften, um zu lernen, was sie nicht kennen. Weshalb die Franken zu dem Urteil gelangt sind, die Gelehrten des Islam verstünden sich lediglich auf ihr offenbartes Gesetz und ihre Sprache, das heißt alles, was mit arabischer Philologie zu tun hat. Allerdings gestehen sie uns zu, daß wir einstmals ihre Lehrer in allen Wissenschaften waren, und räumen unseren Vorsprung ihnen gegenüber ein.

Nun steht ja fest und es liegt offen auf der Hand, daß das Verdienst dem gebührt, der die Leistung zuerst vollbrachte. Ist es denn nicht so, daß der Spätere aus den hinterlassenen Resten des anderen schöpft und durch dessen Anleitung geleitet wird? Wie trefflich sagte doch ein Dichter:

Was mich betrübte, war: ich lag in Schlummer,
mein Atmen Anzeig für des Schlafes Tiefe,
Bis daß ein Täubchen im Gezweige weinte,
sein Klagelied in süßem Singsang gurrend.
Hätt vor ihm ich geweint in heißer Liebe,
das Herz geheilt hätt Glück mir vor der Reue.
Doch kam sein Klagen erst – und ließ mich weinen.
Da sprach ich: Vorzug hat, wer erst gekommen.

Mir gefällt auch, was jemand in diesem Sinne bezüglich Belohnung sagte:

Ich bin der Held, den einst du fandst in Durstes Pein im Wadi
in Mittagsglut dahingestreckt auf ausgeglühtem Boden.
Du gabst mir Lab aus freiem Stück, in Güte, ohne Geizen.
Sie heilte meines Lechzens Qual, erweckte mich zum Leben.
Dies sei dein Lohn – ich geb ihn nicht als gute Tat für andre,
Verdienst gebühret dem, der einst den ersten Schritt getan hat.

Zur Zeit der Kalifen waren wir das vollkommenste aller Länder. Der Grund dafür ist darin zu suchen, daß die Kalifen Gelehrte, Künstler und andere Personen zu fördern pflegten, wobei einige von ihnen sich sogar selbst mit Wissenschaften und Künsten beschäftigten. Siehe etwa al-Ma'mūn, Hārūn al-Rašīds Sohn: er unterstützte nicht nur die Kalendermacher während seiner Regierungszeit, sondern beschäftigte sich darüber hinaus selbst mit der Astronomie; war es doch er, der unter anderem die Inklination des Tierkreises zum Äquator bestimmte und die experimentelle Feststellung machte, daß sie 23 Grad 35 Minuten beträgt.[8] Desgleichen der Abbaside Ja'far al-Mutawakkil, welcher Iṣṭifān[9] zur Übersetzung griechischer Werke anregte, wie etwa Dioscorides' Buch über die Arzneimittel. Auch ersuchte der Herrscher von Andalusien, 'Abd al-Raḥmān al-Nāṣir, den Herrscher von Konstantinopel namens Armanius,[10] ihm einen Griechisch und Latein sprechenden Mann zu senden, auf daß er ihm Sklaven als Übersetzer ausbilde, worauf ihm der römische Kaiser einen Mönch namens Nikolas schickte. Und dergleichen mehr.

Aus all dem ersieht man, daß sich die Wissenschaften in einem Zeitalter nur dann entfalten, wenn der Herrscher seinen Untertanen Förderung angedeihen läßt. Heißt es doch in den Weisheitssprüchen: Die Menschen folgen dem Brauche ihrer Fürsten. Die Macht der Kalifen zerbröckelte, und ihre Herrschaft brach zusammen – siehe Andalusien, das nunmehr seit etwa dreihundertfünfzig Jahren im Besitz der spanischen Christen ist – während die Macht der Franken in diesem Zeitraum dank ihres Geschicks, ihrer Gabe der Organisation, ja dank ihrer Gerechtigkeit, ihrer Kenntnis der Kriegskunst und ihrer Vielseitigkeit und Erfindungsgabe erstarkt ist. Und wären die Muslime nicht von Gottes Allmacht unterstützt, sie wären ein Nichts im Verhältnis zur Macht, dem Besitz, dem Reichtum, dem brillanten Können usw. der Europäer.

Ein bekanntes Sprichwort sagt, der klügste Herrscher sei jener, der die Folgen der Dinge am klarsten erkennt. Daher hat unser erlauchter Landesherr, den Gott erhalte, seit er vom Allmächtigen zum Herrscher Ägyptens bestellt ward, sein Augenmerk darauf gerichtet, dem Lande seine alte Jugend wiederzugeben und seinen morschen Glanz wiederzubeleben. Seit Anbeginn seiner Regierungszeit bemüht er sich um die Behandlung seiner Krankheit, die, wäre nicht er, unheilbar geblieben wäre, und steuert er seinem inneren Zerfall, dessen Beseitigung einst nahezu unmöglich war. Zu ihm kommen Franken, Vertreter glänzender Künste und nützlicher Fertigkeiten, und er überhäuft sie mit einer solchen Fülle seiner Huld, daß ihn das gemeine Volk in Ägypten, ja selbst anderswo, in seiner Unwissenheit auf das schärfste verurteilt, weil er Franken aufnimmt, sie willkommen heißt und ihnen seine Huld angedeihen läßt, ohne dabei zu wissen, daß er dies nur tut, weil sie Menschen sind, und wegen ihres Wissens, nicht weil es sich bei ihnen um Christen handelt. Denn es ist der Bedarf, der das bedingt. Wie trefflich sagte doch der Dichter:

> Der Lehrer wie der Arzt, ein jeder von ihnen
> ist mit Rat nur zur Hand, solang er geehrt.
> So ertrag denn dein Leiden, bist grob du zum Arzte –
> und deine Dummheit, im Falle des Lehrers!

Niemand kann wohl leugnen, daß heutzutage Künste und Fertigkeiten in Ägypten blühen, mehr noch, daß man welche findet, die es vorher gar nicht gegeben hat. Und was unser Landesherr dafür ausgegeben hat, war durchaus angebracht und richtig. Man sehe nur die Werkstätten, die Fabriken, die Schulen und dergleichen! Man betrachte doch die Organisation des Heerwesens! Es gehört zum Besten, was Seine Exzellenz vollbracht hat, und zu den Dingen, die es am ehesten verdienen, als gute Tat in die Geschichte einzugehen. Die Notwendigkeit einer solchen (neuen) Ordnung kann nur der verstehen, der die Länder der Franken gesehen oder die Ereignisse selbst miterlebt hat. Das Lange und Kurze von der Sache ist, daß die Hoffnungen unseres Landesherrn allzeit auf Aufbau und Entwicklung gerichtet sind.

Ein bekanntes Wort besagt, daß Aufbau gleich Leben ist, Verfall aber wie der Tod. Jeder Herrscher baut nach Maßgabe seines inneren Wollens, und unser Landesherr, Gott erhalte ihn, beeilte sich, sein Land zu verbessern. Zu diesem Behufe berief er von den europäischen Wissenschaftlern, wen immer er zu holen vermochte, und entsandte er, wen immer er konnte, von Ägypten in jene Länder – denn deren Gelehrte sind die größten auf dem Gebiete der philosophischen Wissenschaften.

Die Weisheit gleicht dem verlorenen Herdentier des Gläubigen, welches er sucht, und sei es unter den Götzendienern, heißt es in einer Überlieferung. Ptolemäus sagte: Aus dem Meer holt die Perlen, von der Ratte den Moschus, aus dem Gestein das Gold, und von dem die Weisheit, aus dessen Munde sie kommt. Und eine andere Tradition lautet: Suche das Wissen, und sei es in China – wobei die Chinesen bekanntlich Heiden sind; der Sinn der Überlieferung ist freilich, daß man reisen soll auf der Suche nach Wissen. Kurzum, solange ein Mensch vertrauensvoll in seinem Glauben ruht, kann Reisen in fremde Länder keinen Schaden tun, besonders wenn es einem so guten Zwecke wie diesem dient. Vielleicht hat dies alles unser Landesherr im Auge, wenn er uns auf diese Reise schickt.

Die Früchte dieser Reise werden – so Gott will – geerntet werden, wenn die im 2. Kapitel zu behandelnden Wissenschaften und Künste Verbreitung und weitgehenden Umlauf gefunden haben und wenn die diesbezüglichen Werke übersetzt und in den Druckereien unseres Landesherrn gedruckt sind. Dem Gelehrtenstand obliegt es, jedermann zur Beschäftigung mit Wissenschaften, Künsten und nützlichen Fertigkeiten anzuspornen. Von dieser unserer Zeit wird man nicht sagen können, was Bahā' al-Dīn Abū Ḥusain al-ʿĀmilī[11] in seinem Gedicht über ein Leben, das man mit der Sammlung, Hortung und Lektüre wissenschaftlicher Bücher verbringt, zum Ausdruck brachte:

Du legst dein Geld in Büchern an,
  mühst ab dich mit Edieren,
Du wendest Tag und Nacht an was,
  das im Jenseits ohne Nutzen,
Verbringst die Nacht, auf sie gebeugt,
  im Herzen keine Ruhe,
Und morgens schreibst du fiebrig dann
  eitle Thesen und Beweise,
›Erhellst‹, was dunkel, überall,
  gibst ›Antwort‹ auf die ›Frage‹ –
Mein Gott, du bist auf falschem Weg,
  dem Irrweg ohne Ende!
Du erntest Reue nur zuletzt,
  Entbehrung nach Entbehrung,
Denn all dein Tun versperrt dir bloß
  das Tor zu deinem Streben!
Errettung kommt vom Irrweg nicht,
  noch Heilung vom Unwissen,
Und zur Vernunft führt Leistung nicht,
  Darlegung nicht zum Richtgen.
›Erklärung‹ macht die Einsicht schwer,
  wie Lampe hebt das Dunkel,
Beweis kommt nicht vom Hinweis her,
  noch klarer Pfad von ›Erläutrung‹.
Du lebst somit die besten Jahr
  für kurzen Lohn der Forschung.
Zu leben so ist Narretei:
  auf, rühr dich, Zeit verrinnet!
Laß ab von Kommentaren, die
  den Blick dir nur verdecken.

Und anderswo sagt er:

Merkt auf, ihr Leute in theologischen Schulen:
  Was immer ihr lerntet, ist nichts als Versuchung.
Euer Denken, es sei denn auf den Geliebten gerichtet,
  wird wenig euch frommen im anderen Leben.
So wascht euch mit Wein von der Tafel des Herzens
  jeglich Wissen, das im Jenseits bringt keinerlei Rettung.

Zweites Kapitel:
behandelnd die zu erstrebenden Wissensgebiete und Fertigkeiten

Wir wollen an dieser Stelle die angestrebten Fertigkeiten aufführen, auf daß man ihre Wichtigkeit und Notwendigkeit in jedwedem Lande erkenne. Diese Fachgebiete sind in Ägypten entweder nur in unbedeutendem Maße entwickelt oder überhaupt nicht existent.

Sie zerfallen in zwei Teile: einen allgemeinen Teil für sämtliche Schüler, nämlich Arithmetik, Geometrie, Geographie, Geschichte und (technisches) Zeichnen, und einen besonderen Teil, der auf die Schüler verteilt ist und seinerseits aus mehreren Wissenszweigen besteht:

1. Die Wissenschaft der Zivilverwaltung, die in mehrere Zweige zerfällt, nämlich: die drei von den Franken befolgten Rechte – Naturrecht, Völkerrecht und positives Recht; Kunde von den Ländern, ihren Interessen und Belangen; Wirtschaftswissenschaft; Münz- und Geldwesen; Verrechnungswesen; Finanzverwaltung; Verwaltung des Fiskus.

2. Militärwissenschaft und Heerwesen.

3. Navigationskunst und Marinewesen.

4. Die Kunst der Interessenvertretung der Staaten, das heißt die Diplomatie; dazu gehört das Gesandtschaftswesen – mit anderen Worten, die Auslandsmission der einzelnen Länder – und ihre Unterabteilungen sind: Kenntnis fremder Sprachen, des (internationalen) Rechts und der Konventionen.

5. Wasserbaukunst, nämlich der Bau von Brücken, Deichen, Kaianlagen, Brunnen und dergleichen.

6. Mechanik, das heißt (Handhabung von) Maschinen des Ingenieur- und Transportwesens.

7. Pionierwesen und Festungsbau.

8. Die Kunst, mit Kanonen zu schießen, und die Einteilung der Geschütze – mit anderen Worten, das Artilleriewesen.

9. Metallgießerei zwecks Herstellung von Kanonen und Waffen.

10. Chemie und Papiererzeugung. Unter ›Chemie‹ versteht man die (Kunst der) Analyse und Synthese der Bestandteile; sie umfaßt viele Dinge, wie etwa die Herstellung von Schießpulver und die Zuckererzeugung. Nicht gemeint ist damit ›der Stein der Weisen‹, wie manche Leute glauben, denn so etwas ist den Franken unbekannt, und sie glauben überhaupt nicht daran.

11. Die Medizin, mit den Zweigen: Anatomie, Chirurgie, Gesundheitspflege sowie Diagnostik; ferner Veterinärmedizin, das heißt die Behandlung von Pferden und dergleichen.

12. Die Landwirtschaft, untergeteilt in: Kenntnis der Kulturpflanzen, der Landgewinnung vermittels angemessener Baulichkeiten und dergleichen sowie Kenntnis der diesbezüglichen kostensparenden landwirtschaftlichen Geräte.

13. Naturgeschichte, untergeteilt in Tier-, Pflanzen- und Mineralreich.

14. Graphische Kunst, mit den Branchen: Buchdruckerkunst, Lithographie und dergleichen mehr.

15. Die Kunst der Übersetzung, das heißt der Übersetzung von Büchern. Sie ist eine der schwierigsten Künste, vor allem die Übersetzung wissenschaftlicher Werke, denn diese erfordert die genaue Kenntnis der Terminologie, wie sie in den theoretischen Grundlagen der zu übersetzenden Wissenschaften verwendet wird.

Sieht man genau hin, so wird man feststellen, daß alle diese Wissensgebiete, die jenen Franken vollkommen vertraut und bekannt sind, bei uns nur mangelhaft ausgebildet oder gänzlich unbekannt sind. Wer nun etwas nicht weiß, ist dem unterlegen, der dieselbe Sache meistert, und jemand, der sich erhaben dünkt, etwas zu lernen, wird allemál in Gram darum sterben. So danken wir denn Gott, der unseren Landesherrn gesandt hat, auf daß er uns rette aus der Nacht der Unwissenheit in diesen Dingen, die man anderswo findet. Ich meine, daß jeder, der guten Geschmacks und geraden Sinnes ist, dasselbe sagen wird wie ich. Ich werde am Ende des Buches noch in Kürze auf einiges davon zurückkommen, so Gott will – denn Er ist es, an den sich der Mensch um Beistand wendet.

Drittes Kapitel:
über die Lage der Länder der Franken und ihr Verhältnis zu anderen Ländern, ferner über die Überlegenheit der französischen Nation gegenüber anderen Franken, zusammen mit der Darlegung, warum Seine Exzellenz uns, statt in andere Länder der Franken, ausgerechnet dorthin entsandte

Wisse, daß die Geographen der Franken die Welt von Nord nach Süd und von Ost nach West in fünf Teile eingeteilt haben: Europa, Asien, Afrika, Amerika und Ozeanien.

Europa wird im Norden durch das sogenannte Nördliche Eismeer begrenzt, im Westen durch den Atlantik – auch ›Meer der Dunkelheit‹ oder ›Westmeer‹ genannt, im Süden durch das Römische Meer – genannt ›Mittelmeer‹ oder ›Weißes Meer‹ – und durch Asien und im Osten durch das Kaspische Meer – auch ›Meer von Jurjān‹ oder ›Meer von Ṭabaristān‹ genannt – und wiederum Asien.

Demnach wird also die Bezeichnung ›Europa‹ angewandt

auf das Land der Franken, das Land der östlichen Griechen, die Region von Konstantinopel, das Land der Chadscharen und Bulgaren, die Walachei, Serbien und andere Gebiete. Es umfaßt an die dreizehn Landschaften, das heißt Hauptprovinzen, vier davon im Norden: England, Dänemark, Schweden und Rußland; sechs in der Mitte: Holland, Frankreich, die Schweiz, Österreich, Preußen und der Deutsche Staatenbund; und drei im Süden: Spanien mit Portugal, Italien und der europäische Teil des Osmanischen Reiches, bestehend aus Griechenland, Albanien, Bosnien, Serbien, Bulgarien, Walachei und Moldau.

Aus all dem ersieht man, daß die Deutung von Europa seitens gewisser Übersetzer als ›Land der Franken‹ etwas unzulänglich ist, es sei denn, man wende den Begriff ›Frankenland‹ als (einen Teil des) Osmanischen Reiches mitumfassend an. Dem widerspricht jedoch, daß osmanische Übersetzer den Begriff *Ifrancistan* auf Europa außerhalb des osmanischen Herrschaftsbereiches beschränken, während sie (den europäischen Teil) ihres eigenen Landes als *bilād al-Rūm* – ›Rumelien‹ – bezeichnen. Allerdings verallgemeinern sie auch wieder im Falle des Ausdrucks ›Rūm‹: sie wenden ihn sowohl auf Europa als auch auf einige unter osmanischer Herrschaft stehende Landschaften in Asien an.

Asien wird im Norden ebenfalls vom Nördlichen Eismeer begrenzt, im Westen von Europa und Afrika, im Süden durch den Indischen Ozean und das Chinesische Meer und im Osten durch den Pazifik und die Bering-See. Es zerfällt seinerseits in zehn Hauptlandschaften, davon eine im Norden: Sibirien; sieben in der Mitte, nämlich: das Osmanische Reich, bestehend aus Syrien, Armenien, Kurdistan, Bagdad, Basra, Zypern usw. sowie Persien, Belutschistan, Kabulistan, Afghanistan, das Großtatarische Reich, China und Japan, und zwei im Süden: Arabien und Indien. Der Hedschas und das Wahhabitenreich stehen unter osmanischer Oberhoheit, der Jemen ist osmanisches Protektorat, und Oman ist unabhängig; sie alle sind Gebiete der Arabischen Halbinsel. Soweit die Provinzen Asiens.

Und nun zu Afrika. Es wird im Norden vom Mittelmeer begrenzt, im Westen vom Atlantischen Ozean – auch ›Meer der Dunkelheit‹ genannt –, im Süden vom Südlichen Eismeer und im Osten vom Indischen Ozean, der Meerenge von Bab el-Mandeb, der See von al-Qulzum – genannt ›das Rote Meer‹, und von Arabien. Afrika läßt sich in acht Hauptlandschaften einteilen, davon zwei im Norden: die Länder des Maghreb und Ägypten; vier in der Mitte: Senegambien, Nigerien, Nubien und Abessinien; und zwei im Süden: Guinea und das Kaffernland.

Das ist, was die Franken heutzutage als ›Afrika‹ bezeichnen. Obgleich *Ifrīqiya* ursprünglich der Name einer bekannten Ortschaft in der Gegend von Tunis und der dazugehörigen Umgebung gewesen ist.

Zu Europa muß man noch die ihm vorgelagerten Inseln hinzufügen, und desgleichen im Falle von Asien und Afrika. Diese drei Teile, das heißt Europa, Asien und Afrika, heißen die ›Alte Welt‹ oder die ›Alte Erde‹ – mit anderen Worten, die den Alten bekannte Welt.

Amerika andererseits wird die ›Neue Welt‹ genannt; man bezeichnet es auch als ›Westindien‹, und im Arabischen heißt es *ʿajā ʾib al-maḫlūqāt* – ›die Wunder der Schöpfung‹. Es wurde den Franken erst bekannt, nachdem die Christen Andalusien erobert und die Araber daraus vertrieben hatten.

Amerika liegt an sechs Meeren: Im Norden wird es vom Nördlichen Eismeer und von der Baffin-See bespült, im Osten vom Atlantik und der Karibischen See und im Westen vom Großen Ozean – genannt *Uqyānūs* – und der Bering-See. Es besteht aus zwei Teilen: Nordamerika und Südamerika. Nordamerika setzt sich aus sechs Hauptlandschaften zusammen, nämlich: Russisch Amerika – mit anderen Worten, dem von Moskau beherrschten Teil Amerikas,[12] Grönland, Neu-England,[13] den ›États Unis‹ – das heißt den

Vereinigten Staaten, Mexiko und Guatemala. Südamerika besteht seinerseits aus neun Landschaften: Kolumbien, Guayana, Brasilien, Peru, Bolivien – auch ›Hoch-Peru‹ genannt, Paraguay, La Plata, Chile und Patagonien.

Ozeanien liegt westlich von Amerika und südöstlich von Asien und wird auf allen Seiten vom Ozean begrenzt. Es setzt sich aus drei Hauptteilen zusammen: Holländisch Ostindien,[14] Australien und Polynesien.

In Europa liegen ferner vier hauptsächliche, ob ihrer Handelstätigkeit berühmte Städte: Istanbul, der Regierungssitz des Osmanischen Reiches; London, die Hauptstadt Englands; Paris, die Metropole Frankreichs; und Neapel in Italien.

Die hauptsächlichen Handelszentren in Asien sind ebenfalls vier: Peking, die Hauptstadt von China; Kalkutta, die Hauptstadt Indiens und unter englischer Herrschaft stehend; Surat, gleichfalls in Indien, das, wie man sagt, früher ›al-Manṣūra‹ hieß; und Miyako in Japan – womit das ›Land des Porzellans‹ gemeint ist.

Die wichtigsten Städte in Afrika sind vier an der Zahl: Kairo, der Regierungssitz des Herrschers von Ägypten; Sennar, der Regierungssitz des Herrschers von Nubien; sowie Algier und Tunis in Nordwest-Afrika.

Die bedeutendsten Städte Nordamerikas sind Mexico in Mexiko sowie New York, Philadelphia und Washington in den Vereinigten Staaten. Vier Hauptstädte liegen in Südamerika, nämlich: Rio de Janeiro in Brasilien, Buenos Aires in La Plata, Lima in Peru und Quito in Neugranada.[15]

In Ozeanien findet man zwei bekannte Handelszentren: Batavia, die Provinzhauptstadt der Insel Java, und Manila.

Das Land der Franken ist überwiegend von Christen oder Ungläubigen[16] bewohnt, und nur das Osmanische Reich ist ein islamisches Land in diesem Teil der Welt. Asien hinwiederum ist die Geburtsstätte des Islam, ja aller Religionen. Es ist die Heimat der Propheten und Gottgesandten, und dort wurden sämtliche himmlischen Bücher offenbart. Es enthält die ehrwürdigsten Stätten, das Gelobte Land und die Moscheen, die ein jeder aufsucht. Dort ist der Geburtsort und die letzte Ruhestätte der Gebeine des Herrn der Menschheit und seiner Genossen und zugleich der Geburtsort der vier Imame – Gott zeige ihnen Sein Wohlgefallen. Denn der Imam al-Šāfiʿī – Gott habe Wohlgefallen an ihm – wurde in Gaza geboren, der Imam Mālik – Gott habe Wohlgefallen an ihm – in Medina, der erhabene Imam Abū Ḥanīfa al-Nuʿmān in Kufa, und der Imam Aḥmad ibn Ḥanbal in Bagdad – das, wie es heißt, zur Zeit der Kalifen zu den anderen Städten im selben Verhältnis stand wie der Herr zu den Dienern. Alle diese Orte gehören zu Asien. Dort, das heißt in Asien, leben die Araber, die von allen Volksstämmen der unbedingt trefflichste sind und deren Sprache nach allgemeiner Übereinstimmung die reinste ist. Zu ihnen gehören die Nachkommen Haschems, das Salz der Erde, die Auslese ruhmvoller Größe, der Schild der Ehre. Und was nicht zuletzt den Vorzug Asiens beweist, ist die Tatsache, daß dort die ehrwürdigen Stätten liegen, wie etwa die Kaaba, in deren Richtung sich ein jeder fünfmal am Tage und in der Nacht zu wenden hat, sowie die beiden Städte, in denen der Koran offenbart wurde. Somit sind seine Vorzüge sonder Zahl, und die Werke seiner Bewohner verschließen sich der Ergründung. Sagte doch einer von ihnen:

Kommt's zur Güte, die Besten der Schöpfung,
o du freigebig Volk der Großmut!
Gottes Nachbarn sind wir: die heilgen Stätten
sind den Menschen geweiht und dem Guten.
Sind ein Volk, das, wohnend an Seiner Schwelle,
sich dank Ihm von der Furcht weiß gesichert,
Dem es ernst mit den Worten des Buches –
darum handle mit Bedacht bei uns, Schwächling!
Sind zu Hause im Talgrund von Mekka,
trauten Fußes mit al-Ṣafā, der Kaaba,
Al-Maʿlāh ist unser, Minās Berghang –
nimm's zur Kenntnis, halte an dich, und lebe!

Und der Beste dieser Menschheit ist uns Ahne,
uns ist eigen der Adel der stolzen Herkunft,
Zu zwei biblischen Stämmen führt die Abkunft
ohne Dunkel in der Reinheit unsrer Linie.

Wiewohl nun der Islam in Asien entstanden ist und sich von dort aus anderwärts verbreitet hat, so bleibt doch noch ein beträchtlicher Teil Asiens – zum Beispiel China und Teile Indiens – im Unglauben befangen, während ein anderer Teil, wenngleich muslimisch, den Pfad des Irrglaubens beschreitet, wie etwa die Schiiten in Persien.

Was Afrika betrifft, so umfaßt es die gewaltigsten Länder – zum Beispiel Ägypten, das zu den größten und volkreichsten Ländern gehört und zugleich die Heimat von Heiligen, Frommen und Gottesgelehrten ist, oder die Länder des Maghreb, deren Bewohner Leute der Rechtschaffenheit, der Gottesfurcht, der Gelehrsamkeit und der Tatkraft sind. Und so Gott will, wird sich dort der Islam dank des belebenden Einflusses unseres Landesherrn, den Gott erhalte, auch unter den Ungläubigen der Schwarzen verbreiten.

Amerika andererseits ist ein Land des Unglaubens. Genauer gesagt, es war anfänglich von götzendienerischen Nomaden bevölkert und wurde dann von den Franken erobert, als sie bereits militärisch stark waren. Diese brachten Leute aus ihren Ländern dorthin und entsandten Priester, mit dem Ergebnis, daß viele der Ureinwohner Amerikas zum Christentum übertraten. Heutzutage ist Amerika überwiegend christlich, mit Ausnahme der Nomaden, unter denen es noch Heiden gibt. Der Islam ist dort nicht vertreten. Der Grund für all dies ist darin zu suchen, daß die Franken stark auf den Gebieten der Seefahrtskunde, der Astronomie und der Geographie sind, daß sie Geschäft und Handel suchen und daß sie gern reisen. Ein Dichter sagte:

Mir ward gesagt von höherem Ort – und wahr sprach
diese Stimme – daß Ruhm und Ehr im Wandern liegt.
Wär's möglich von zu Hause aus, Erstrebtes zu erreichen,
nicht einmal würd die Sonne dann des Widders Kreis verlassen.

Und ein anderer sagte:

Lenk dein Kamel ins offne Land,
laß schöne Fraun, Paläste!
Wer nie sich von der Heimat trennt,
könnt gleich im Grabe wohnen.
Nur Trennung von dem Ursprung bringt
des Meeres Perl zum Halse!

Und al-Ḥarīrī[17] sagte:

Lärm anderswo, auch wenn ich arm,
ist lieber mir als hoher Rang.

Und ein anderer sagte:

Auf, such die Fremde du mit Fleiß,
zu Haus bleibst du verachtet –
Dem Bauern, unbedeutend, gleich,
der, zieht er vor, wird Dame!

Anderswo sagt derselbe:

Aus innrer Haltung und Geduld sollst gute Tat du geben,
denn, wer so gibt, hat nimmer mehr die Armut zu befürchten.
Wenn du im eignen Lande bleibst, erreichst du nichts im Grunde,
so wie der Falke nichts erjagt, solange er im Neste.

Wie jeder weiß, kommen Perle und Moschus erst zur Geltung, wenn sie ihren Entstehungsort verlassen haben. Dies alles widerspricht indes nicht dem Diktum, daß Heimatliebe zum rechten Glauben gehört, denn was gemeint ist, ist das Reisen zum Vergnügen oder auf der Suche nach Broterwerb – was keineswegs ausschließt, daß der Mensch an seiner Heimat und seinem Geburtsort hängt, denn solches ist ihm angeboren. Ein Dichter sagte:

Wer fern von seiner Heimat wohnt,
allein beklagt er dort sein Leid.
Je kürzer, seit er sie verließ,
um so größer sein Gebresten.

Und ein anderer sagte:

Ein Vogel, weinend im Gezweig,
erhöhte meines Herzens Leid.
Er klagte aus derselben Pein:
wir weinten beid der Heimat nach.

Es ist auch nicht unvereinbar mit Gottvertrauen und Zuversicht in den Herrn, wie aus den Worten des Dichters erhellt, der sagte:

Da sah ich – Unbescheidenheit ist nicht in meinem Wesen! –
daß Er, dem ich mein Leben dank, zu mir kommt, mir zu helfen.
Oft streb nach Seiner Nähe ich, und Er erschwert mein Suchen,
doch säß ich still, Er käm zu mir – und ohne Wort des Tadels.

Oder in den Worten eines anderen:

Bescheid dich mit geringstem Brot
und hüte dich vor Wünschen.
Das Meer ist nur bei Ebbe klar,
nur aufgewühlt bei Fluten.

Dies alles soll Trost sein für den, der nicht gern reist, oder soll abhalten vom Reisen aus Begehrlichkeit und Habgier.

Was Ozeanien angeht, so ist dieses zum großen Teil vom Islam erschlossen – die Insel Java zum Beispiel, wo die Bevölkerung rein muslimisch ist. Überhaupt ist Holländisch Ostindien überwiegend islamisch, und die christliche Religion ist dort selten.

Aus all dem wird man erkennen, daß sich die fünf Weltteile im Werte abstufen lassen, mit anderen Worten, daß man einem Teil in seiner Ganzheit vor dem anderen in seiner Gänze gemäß dem Vorrang des Islam und seiner Begleiterscheinungen den Vorzug geben kann. Demnach wäre Asien der beste Teil von allen. Dann folgt Afrika, da es von Muslimen, von Heiligen und Frommen bevölkert ist – im besonderen, weil es Ägypten einschließt. Dem folgt dann Europa, denn dort ist der Islam stark, und dort ist der Oberste Imam, der Imam der beiden heiligen Stätten, der Sultan des Islam. Dann kommt Ozeanien, weil es ebenfalls von Muslimen bewohnt ist – obgleich es offensichtlich nicht in die Wissenschaften eingedrungen ist. Die unterste Stufe bildet Amerika, wo es überhaupt keine Muslime gibt; so erscheint es mir wenigstens, aber Gott allein weiß, was das richtige ist. Dies alles ist unter dem Gesichtspunkt des Islam, des offenbarten Gesetzes und der persönlichen Würde gesehen, wobei ich mit ›Würde‹ das meine, was dem Vertreter des göttlichen Gesetzes und dergleichen allgemein eigen ist, und man wird deshalb nicht sagen können, das meiste davon sei eine Frage der Überlegenheit als solcher, denn diese für sich erfordert keinen Wertmaßstab.

Kein gerecht Denkender wird leugnen, daß die Länder der Franken heutzutage einen überaus hohen Grad der Tüchtigkeit und des Könnens auf dem Gebiete der Wissenschaften erreicht haben. Dabei haben es am weitesten gebracht England, Frankreich und Österreich. Ihre Gelehrten haben die Philosophen der Alten, wie beispielsweise Aristoteles, Plato, Hippokrates u. a. m., übertroffen und die höchste Meisterschaft in der Mathematik, in den Naturwissenschaften, in der Theologie und Metaphysik erreicht. Ihre Philosophie ist geläuterter als die der Alten, denn sie bauen die Beweise auf der Existenz Gottes, auf der Unsterblichkeit der Seele und auf (dem Prinzip von) Lohn und Strafe auf.

Die größten Städte der Franken sind London, die Hauptstadt Englands, gefolgt von Paris, dem Regierungssitz Frankreichs. Paris ist, wie man sagt, London wegen der Gesundheit seines Klimas, der Natur seiner Bewohner und der geringeren Lebenshaltungskosten vorzuziehen.

Betrachtet man, wie in Paris die Dinge gehandhabt werden, so wird man erkennen, warum sich Fremde dort so vollkommen wohl fühlen, so glücklich sind und so harmonisch mit den Bewohnern auskommen. Der hervorstechendste Zug der Bevölkerung sind die Freundlichkeit und das Entgegenkommen gegenüber Fremden, selbst wenn diese anderer Religion sind. Das kommt daher, daß die meisten Leute dieser

Stadt mit dem Christentum nur den Namen gemeinsam haben, so daß sie weder seiner Lehre folgen noch irgendwelchen Eifer dafür entwickeln. Vielmehr, Religion ist eine Sache von Gruppen, welche die Entscheidung über Gut und Böse (menschlichen Handelns) auf Grund der Vernunft treffen, oder einer Gruppe von Freigeistern, die behaupten, daß jede von der Vernunft sanktionierte Handlung recht ist. Erwähnt man einem Franzosen gegenüber den Islam im Vergleich zu anderen Religionen, so wird er sie sämtlich loben insofern, als alle das Gute befehlen und die Sünde verbieten, und erwähnt man den Islam in Gegenüberstellung mit den Naturwissenschaften, so wird er sagen, daß er kein Wort von dem glaubt, was in den Schriften der Offenbarungsreligionen steht, weil es gegen die Naturgesetze verstößt. Kurz und gut, in Frankreich ist die Religionsausübung in allen Glaubensbekenntnissen erlaubt; keinem Muslim ist verwehrt, eine Moschee zu bauen, keinem Juden, eine Synagoge zu errichten, und so fort, wie noch bei der Behandlung ihrer Politik erwähnt werden wird.

Dies alles mag der Grund sein, warum unser Landesherr gerade Paris ausgesucht hat, um mehr als vierzig Leute dorthin zu senden, damit sie die fehlenden Wissenschaften erlernen. Freilich, alle Länder der Christen schicken ebenfalls Leute, so daß welche aus Amerika und anderen fernen Ländern dorthin kommen. Unser Landesherr entsandte auch einige Leute zum Studium nach England, aber deren Zahl ist gering.

Kurzum, alle Nationen suchen und erstreben Ansehen, wie schon al-Šarīf al-Raḍīy[18] sagte: ›Strebe nach Ansehen, es ist nicht teuer!‹ Und was könnte dem Ansehen dienlicher sein als die Wissenschaften und die Künste! Fürsten sind auf der Suche nach ihnen. Denn je bedeutender ein Fürst, um so sorgsamer muß er die Dinge bedenken.

Viertes Kapitel:
über die Leiter dieser Reise

Unser erlauchter Landesherr entsandte auf die Reise nach Frankreich drei führende Persönlichkeiten aus der Prominenz seiner Staatskanzlei und beauftragte sie als Aufsichtspersonen über die übrige Reisegesellschaft. Und zwar sind dies, dem Range nach aufgeführt: 1. Seine Exzellenz der Siegelbewahrer, ʿAbdī Efendi; 2. Herr Regierungssekretär Muṣṭafā Muḫtār Efendi; 3. Ḥāgg Ḥasan Efendi al-Iskandarānī – Gott erfülle seine Wünsche im Diesseits wie im Jenseits, Amen.[19] Diese drei Herren gehen gleich den übrigen ebenfalls dem Studium nach. Dabei widmet sich der vormalige Siegelbewahrer der Zivilverwaltung, der vormalige Herr Regierungssekretär dem Heerwesen, und Ḥāgg Ḥasan Efendi beschäftigt sich mit Navigationskunde und Schiffbau. Alle drei sind, wiewohl gemeinhin Leute in führender Position solches verschmähen, von außerordentlichem Fleiß und größtem Lerneifer. Diese drei Herren wechselten sich in der Geschäftsleitung ab, zunächst von Tag zu Tag oder dergleichen, später von Monat zu Monat, und schließlich wurde der Herr Siegelbewahrer der alleinige Leiter.

Ihnen zur Seite stand zwecks Organisation des Unterrichts Monsieur Jomard,[20] den unser Landesherr mit der Aufsicht über die Studien betraut hatte. Er gehört zu den Gelehrten und prominenten Vertretern des *Institut (de France)*, das heißt des ›Rates der Wissenschaften‹, und in seiner ganzen Art äußert sich seine Verehrung für unseren Landesherrn und seine Bereitschaft, ihm beratend zur Hand zu gehen. Immer wieder läßt sich bei ihm beobachten, daß ihm die Sorge für das Wohl Ägyptens hinsichtlich der Verbreitung von Wissen und Wissenschaft – nicht nur in Ägypten, sondern darüber hinaus in ganz Afrika – am Herzen liegt, wie dies auch aus seiner ganzen Person und aus seinen Ausführungen in der Einleitung zu seinem im Jahre 1244 n. d. H. verfaßten Almanach hervorgeht. Der Ruf Monsieur

Jomards als Gelehrter sowie sein Verwaltungstalent werden auf Anhieb jedermann den Gedanken nahelegen, daß der Feder vor dem Schwerte der Vorzug gebührt, denn mit der Feder erwirkt er Dinge, die ein anderer tausendmal nicht mit dem Schwerte erreichte. Das ist nicht verwunderlich, denn ›mit der Feder werden ganze Länder beherrscht‹. Sein wissenschaftlicher Eifer äußert sich in Regsamkeit, hoher Produktivität als Autor und Arbeitsfleiß. Wahrscheinlich ist diese Eigenschaft bei allen Gelehrten der Franken zu finden, denn mit dem Schriftsteller verhält es sich wie mit einem Räderwerk, das, wenn es stillsteht, dem Verfall anheimfällt, oder wie mit einem eisernen Schlüssel, der, wenn nicht gebraucht, vom Roste befallen wird. Monsieur Jomard beschäftigt sich Tag und Nacht mit den Wissenschaften. Es wird noch mehrfach von ihm die Rede sein, und wir werden, so Gott will, mehrere seiner Briefe anführen, die ich von ihm erhalten habe.

Soweit die Einleitung.

Das eigentliche Buch

behandelnd: die Zeit der Reise von Kairo nach Paris und was wir unterwegs an merkwürdigen Begebenheiten erlebten, ferner den Aufenthalt in dieser Stadt, welche voll ist sämtlicher Wissenschaften und Künste sowie der erstaunlichen Gerechtigkeit und bemerkenswerten Billigkeit, die um so mehr in der Heimat des Islam und im Bereiche des Gesetzes des Propheten – Heil und Segen über ihn – zu Hause sein sollten.

Dieses Buch besteht aus mehreren Abhandlungen, die ihrerseits in eine Anzahl von Abschnitten untergeteilt sind:

1. Abhandlung:

über die Ereignisse von unserer Abreise aus Kairo bis zur Ankunft in Marseille, einem der Seehäfen Frankreichs; umfassend mehrere Abschnitte

2. Abhandlung:

über die Ereignisse von der Ankunft in Marseille bis zur Ankunft in Paris; untergeteilt in zwei Abschnitte

3. Abhandlung:

über die Ankunft in Paris und alles, was wir dort gesehen und über die Verhältnisse von Paris erfahren haben. Diese Abhandlung ist der eigentliche Zweck der Aufzeichnung dieser Reisebeschreibung, und deshalb sind wir darin mit größter Ausführlichkeit zu Werke gegangen; freilich wird selbst all dieses jener Stadt keineswegs gerecht und kann angesichts dessen, was sie in sich schließt, nur annähernd sein. Solches wird nur den verwundern, der die Wunder des Reisens nicht kennt. Jemand sagte:

Wer 's zweite Rom nicht gesehen noch seine Bewohner,
kennt weder die Welt, noch kennt er die Menschen

– und um so mehr noch das Land der Franken!

4. Abhandlung:
enthaltend Kurzdarstellungen der im zweiten Kapitel der Einleitung aufgeführten Wissenschaften und Fachgebiete.

Erste Abhandlung

1. Abschnitt:
über die Abreise aus Kairo bis zur Ankunft in der Hafenstadt Alexandria

Wir verließen Kairo am Spätnachmittag des 8. Šaʿbān 1241 n. d. H. (18. März 1826), einem Freitag. Ich schöpfte Zuversicht aus dem Gedanken, daß es nach dieser Trennung ein Wiedersehen und an Stelle des Abschieds dereinst Begrüßung geben wird.

Wir bestiegen kleine Boote und machten uns auf den Weg nach Alexandria. Vier Tage verbrachten wir am gesegneten Nil, doch wäre es müßig, hier einige der Städte und Dörfer aufzuzählen, wo wir unterwegs anlegten. Wir betraten Alexandria am Mittwoch, dem 13. Šaʿbān, und verbrachten dort dreiundzwanzig Tage im Palast unseres Landesherrn.

Wir gingen in dieser Stadt selten aus, so daß ich nur schwer etwas über sie aussagen kann. Allerdings erschien es mir, daß sie in Anlage und Gesamtatmosphäre den Städten der Franken recht ähnlich ist – obgleich ich natürlich damals noch gar nichts von Europa gesehen hatte. Dieser Eindruck ergab sich mir lediglich, weil ich dort manches sah, was es anderswo in Ägypten nicht gibt, wegen der vielen Franken, die dort leben, und weil die Mehrzahl des niederen Volkes ein wenig italienisch spricht, und dergleichen. Dies bestätigte sich mir nach meiner Ankunft in Marseille, denn Alexandria ist Muster und Vorbild von Marseille.

2. Abschnitt:
behandelnd einige wissenswerte Dinge,
die mit dieser Stadt zu tun haben;
wir haben diese aus mehreren
arabischen und französischen Büchern
in gekürzter Form zusammengestellt
und dabei das aufgeführt,
was uns richtig erschien

Der Name ›Alexandria‹ geht auf Alexander, den Sohn des Philosophen, zurück; das ist der, welcher Darius tötete und die Herrschaft des Reiches übernahm.

›Alexandria‹ heißen sechzehn Orte, die alle nach diesem benannt sind, darunter eine Ortschaft in Indien, eine in Babylonien, eine am Großen Fluß, eine im Soghd von Samarkand, eine bei Merw; es ist ferner ein Name der Stadt Balch, der Name der großen Hafenstadt in Ägypten und eines Dorfes zwischen Hama und Aleppo sowie eines Dorfes am Tigris in der Nähe von Wāsiṭ, dem der Literat Aḥmad ibn al-Muḫtār ibn Mubaššir (al-Iskandarānī)[21] entstammte; außerdem (ist es der Name) eines Dorfes zwischen Mekka und Medina, einer Ortschaft im Fünfstromland in Indien und von fünf weiteren Städten.

Merw ist eine Ortschaft von Chorasan in Persien; sein entsprechendes Adjektiv ist entweder *marwī* oder *marwazī.* Was mit ›Großer Fluß‹ gemeint ist, sollte man nachschlagen; ich fand später in dem geographischen Werk des Fürsten von Hama, ʿImād al-Dīn Abū 'l-Fidā' Ismāʿīl ibn Nāṣir,[22] daß es in Andalusien einen Fluß gibt, der ›der Große Fluß‹ genannt wird, nämlich den Fluß von Sevilla (i. e., der Guadalquivir, aus arab. *al-Wādī al-Kabīr*). Wörtlich sagt er: ›... darunter der Fluß von Sevilla in Andalusien; er heißt bei den Spaniern ‚Großer Fluß'.‹ Vielleicht hieß er bei ihnen deshalb ›der Große Fluß‹, weil er sich durch das Phänomen der Gezeiten auszeichnet, worauf schon Abū 'l-Fidā' aufmerksam macht, wenn er sagt: ›Flut und Ebbe machen sich in diesem Flusse bemerkbar bei einem Orte namens *‚al-Arḥā'*, und Schiffe senken sich dort regelmäßig mit der Ebbe und heben sich mit der Flut. Jemand sagte über Flut und Ebbe:

Mein Freund, zum Flusse eil mit mir am Morgen,
wo Flut mit losem Zügel stürmt, halt an,
Bis Arḥā sollst du gehn, nicht weiter – jenseits
liegt wüstes Land. Mein Auge will's nicht sehn!‹

Demnach wäre also Alexandria der Name einer Ortschaft in Andalusien. Vielleicht hat Alexander, als er die Iberische Halbinsel durchquerte, dort eine Niederlassung gegründet. Der Verfasser des Buches *Našq al-azhār fī 'ajā'ib al-aqṭār*[23] erwähnt zwar, daß Alexander, der Zweigehörnte, Andalusien durchquert und dort die Straße von Gibraltar – *Baḥr al-Zuqāq* genannt – geöffnet habe, auch daß die Stelle dieser Meerenge vormals festes Land zwischen Tanger und Andalusien gewesen sei, doch sagt er dort nichts davon, daß Alexander auf jener Halbinsel eine Ortschaft gründete. Das beweist freilich nicht, daß es dort eine solche Ortschaft nicht gibt.

Aus allem, was darüber gesagt und geschrieben wurde, geht hervor, daß es zwei Gestalten mit dem Namen Alexander gibt: die eine ist ›Iskandar ibn Failasūf‹ und die andere – ›al-Askandar‹ geschrieben – ist der Mann, der Darius tötete. An anderer Stelle heißt es im *Qāmūs*: ›Ḏū 'l-Qarnain, der Zweigehörnte, ist Alexander der Grieche. Denn als er sie aufrief, Gott zu gehorchen, da schlugen sie ihn auf sein eines Horn, worauf ihn Gott wieder zum Leben erweckte. Dann rief er sie wieder auf, und sie schlugen ihn auf sein anderes Horn, so daß er starb; worauf ihm Gott neues Leben gab. Oder (er heißt so), weil er die beiden Enden der Welt erreichte, oder weil er zwei Zöpfe hatte.‹ Aus dieser Darlegung geht hervor, daß Alexander der Zweigehörnte identisch ist mit Alexander dem Griechen.

Die von den orientalischen Gelehrten vertretene Auffassung geht dahin, daß der im Koran erwähnte ›D̲ū 'l-Qarnain‹ ein anderer ist als Alexander der Grieche, denn der erstere liege in der Geschichte weiter zurück als der andere: Er ist der, von dem berichtet wird, daß er ein Prophet war, daß er den Damm von Gog und Magog baute, daß er vergeblich das Wasser des ewigen Lebens suchte – aber der Prophet Elias fand es, und deshalb ist er bis heute am Leben! Was den zweiten betrifft, der wird ›Iskandar al-Rūmī‹ oder ›al-Yūnānī‹ – mit anderen Worten, ›der Grieche‹ – genannt. Denn die alten Griechen werden mit *Yūnān* bezeichnet, während die späteren unter dem Namen *Arwām* – das heißt ›Romäer‹ oder ›Byzantiner‹ – bekannt sind.

Was die Franken angeht, so treten sie allein für die historische Realität Alexanders des Großen, des Sohnes Philipps von Mazedonien, ein, und sie machen ihn zum Mittelpunkt dessen, was in arabischen Geschichtsbüchern unter dem Namen ›Iskandar D̲ū 'l-Qarnain‹ über ihn ausgesagt worden ist, indem sie ihm all die wunderbaren Dinge, die von diesem erzählt werden – den Bau des Dammes von Gog und Magog etwa, zuschreiben, ohne jedoch an das, was übernatürlich ist, zu glauben. Immerhin sind sich jedoch unsere Gelehrten und die Wissenschaftler der Franken darin einig, daß der Name ›Alexandria‹ auf Alexander den Griechen zurückgeht.

Die Orte, welche ›Alexandria‹ heißen, sind bereits weiter oben in den Worten des *Qāmūs* angeführt worden. Nicht zu den Orten, die auf den berühmten Alexander den Griechen zurückgeführt werden, gehört jedoch die albanesische Ortschaft namens ›Iskenderyasī‹, das heißt Alexandria; deren Name geht vielmehr auf Iskender Bey[24] zurück.

Jemand hat behauptet, Alexandria in Ägypten habe, bevor es von Alexander um 302 v.Chr. *(sic)* gegründet wurde, ›Qaysūn‹ geheißen. Die Franken sagen, sein Name sei ›Nū‹ gewesen. Vor seiner Eroberung durch die Muslime stand es zuzeiten unter römischer, dann unter byzantinischer oder griechischer Herrschaft.

Es wurde auf Anordnung (des Kalifen) 'Umar ibn al-Ḫaṭṭāb von ʿAmr ibn al-ʿĀṣ erobert. Nach seiner Einnahme vermeldete ʿAmr ibn al-ʿĀṣ dem Kalifen, er habe in der Stadt viertausend stattliche Gebäude, viertausend Bäder, vierzigtausend kopfsteuerpflichtige Juden, vierhundert öffentliche Plätze und zwölftausend Krämer und Gemüsehändler vorgefunden. Das mag vielleicht eine Übertreibung der Chronisten sein, die ja auch im Falle von anderen Orten, wie etwa der Stadt Bagdad, übertrieben haben.

Zu den Wundern dieser Stadt gehörte die Bibliothek, welche ʿAmr ibn al-ʿĀṣ niederbrennen ließ.[25] Ihr Bücherbestand betrug 700 000 Bände.

In früheren Zeiten lebten ungefähr 300 000 Menschen in dieser Stadt, doch heutzutage ist die Zahl ihrer Einwohner weit geringer. Sie wurde von den Franzosen erobert, die später von den Engländern vertrieben wurden, und kam dann wieder in muslimischen Besitz. Heute schimmern, dank des belebenden Einflusses unseres Landesherrn, die Lichter der Gebäude über der Stadt, und sie erfreut sich des Glanzes der Handelstätigkeit, genauso wie sie vormals ein Zentrum des Handels gewesen war. Und so ist sie heute der Ort, wo sich unser erlauchter Landesherr die meiste Zeit aufhält. In ihrer Anlage und Bauart ähnelt sie am ehesten den Hafenstädten der Franken. Sie liegt etwa 150 englische Meilen nordwestlich von Kairo auf der geographischen Breite von 31 Grad 13 Minuten. Von der Entfernung zwischen ihr und Paris wird später die Rede sein.

3. Abschnitt: behandelnd die Reise über das Meer, an welchem die Hafenstadt Alexandria liegt

Wisse, daß dieses Meer in den arabischen Geographiebüchern *Baḥr al-Rūm* – die Byzantinische See – genannt wird, weil es auf einer Seite das Land der Byzantiner berührt; es wird dort ebenfalls als *Baḥr al-Šām* – die Syrische See – bezeichnet, weil es auch Syrien benachbart ist; und bei den Franken heißt es das ›Mittelmeer‹ oder ›Binnenmeer‹. Der Grund für letztere Bezeichnung ist, daß dieses Meer innerhalb trockenen Landes gelegen ist, zum Unterschied vom Ozean, welcher alles Land umschließt – so daß jemand sagte, er sei in ständigem Fluß unterhalb des Festlands, das sich über seiner Oberfläche erhebt, während andere das Gegenteil davon behaupteten mit der Begründung, daß es trokkenes Land gibt, welches unterhalb des Meeresspiegels liegt, wie zum Beispiel gewisse Teile von Rußland. Im Türkischen heißt dieses Binnenmeer *bahri sefīd* – das ›Weiße Meer‹, zum Unterschied vom ›Pontos-‹ oder ›Schwarzen Meer‹. Es gibt noch ein anderes Meer, welches als ›Weißes Meer‹ bezeichnet wird, nämlich in Rußland, und dieses ist, was in der Sprache der (europäischen) Geographen damit gemeint ist.

Unsere Reise über dieses Meer begann am Spätnachmittag des 5. Ramaḍān (13. April), einem Mittwoch, als wir an Bord eines französischen Kriegsschiffes gingen – keineswegs furchterregend, sondern in seiner nüchternen Bauart so gewinnend, daß ein Passagier an Bord zum Kinde wird – welches mit allem, was man an handwerklichem und technischem Gerät braucht, ausgerüstet war, Kriegsmaschinen sowie Soldaten enthielt und mit achtzehn Kanonen bestückt war.

Das Schiff lief am Donnerstag, dem 6. Ramaḍān, aus. Damals herrschte nur ein leichter Wind, und so fuhren wir dahin, ohne uns des Fahrens bewußt zu sein und ohne die geringsten Beschwerden zu empfinden. Ich hatte vor der Seereise befolgt, was mir ein Kollege, der nach Istanbul gereist war, beigebracht hatte, nämlich eine große Handvoll Seewasser zu schlucken; er sagte, das würde Seekrankheit verhindern. In der Tat hatte ich keinerlei Beschwerden in dieser Hinsicht, war aber, als ich an Bord ging, von einem Fieber befallen, das ich jedoch allein durch die Reise und die Bewegung des Schiffes los wurde. Gar manchmal gesundet der Körper durch Krankheit.

Etwa vier Tage fuhren wir so ohne heftige Bewegung oder Störung immer weiter dahin. Dann erhob sich ein Sturm, die See ging hoch und warf Leib und Seele durcheinander. Die meisten von uns klammerten sich am Boden fest, und wir alle riefen den Fürsprecher am Tage des Jüngsten Gerichts an. Auch fiel uns das Wort eines gewissen Witzboldes ein: Wer das Meer befährt, schwebt in Gefahr, doch noch gefährdeter ist, wer ohne Wissen und Kenntnisse Königen Gesellschaft leistet. Desgleichen bewahrheitete sich für uns, was unser gelehrter Freund al-Ṣaftī aus einem Spottgedicht des Abū Nuwās eingeflochten hat, wenn er sagt:

Ich sah alle Schrecken einen Beischlaf umgeben,
denn hochschwanger warst du, mein ›Schiff‹ des Meeres.
Da schwor ich: nie mehr will ein Schiff ich besteigen,
auf Tieres Rücken allein sei nun allzeit mein Reiten!

Indes, wer auf den Herrn vertraut, hat großes Unheil nicht zu fürchten. Wie gut gewählt sind doch die Worte des Dichters, der sagte:

Warum sind wir über ein Meer gefahrn,
wenn jeder vor Furcht fast verkam?
Wir haben auf Gott den Herrn vertraut,
fern sei's, daß Er je uns verläßt!

Das alles war nach etwa drei Tagen vorbei, und von da an suchte es uns nur noch hin und wieder heim.

Zu den lobenswerten Eigenschaften der Franken vor allen anderen Christen gehört ihre Liebe für äußere Reinlichkeit. Dasselbe Maß von Schmutz und Dreck, mit dem Gott die Kopten Ägyptens heimgesucht hat, gab Er den Franken als Reinlichkeit mit – und sei es auf hoher See. So achtete die Besatzung unseres Schiffes nach bestem Können auf dessen Reinhaltung und die Beseitigung von Schmutz, indem sie den Salon jeden Tag schrubbte, die Schlafkabinen jeden zweiten Tag fegte, und das Bettzeug usw. klopfte, lüftete und von Schmutz befreite – trotz der Tatsache, daß die Reinlichkeit Teil des rechten Glaubens und von diesem bei ihnen nicht die Spur zu finden ist!

Trotz der, gemessen an unserem Lande, so erstaunlichen Sauberkeit der Franzosen, zählen diese sich selbst nicht zu den Völkern, welche sonderlich auf Reinlichkeit bedacht sind – wie dies aus den Ausführungen hervorgeht, die aus dem in französischer Sprache geschriebenen ›Buch der Gebräuche und Sitten‹[26] übersetzt worden sind. Dort heißt es: ›Die größte Sorgfalt auf die Reinhaltung der Wohnungen wenden die Holländer an. In ihren Städten findet man die meisten Gassen mit weißen Steinen gepflastert, die häufig gereinigt werden, ihre Häuser sind auch auf der Außenseite geschmückt, und ihre Glasfenster, ja selbst die Außenwände, werden ständig gewaschen. Reinlichkeit herrscht wohl auch in einem Teil von England und in den Vereinigten Staaten von Amerika, sie ist jedoch gering in Frankreich, Österreich und in anderen Ländern. Es gibt Völker, die sehr schmutzig und verlaust sind, ja, man findet Leute, die von Läusen buchstäblich aufgefressen werden, ohne daß sie sich darum kümmern. Der Aussatz ist mit der allgemeinen Verbreitung von weißen Hemden, die jede Woche einmal oder mehrmals gewaschen und gewechselt werden, verschwunden. Weiße Kleidung hat überhaupt dazu beigetragen, anstelle des ekligen Schmutzes Reinlichkeit und Hygiene zu schaffen.‹

4. Abschnitt: über die Berge, Orte und Inseln, die wir unterwegs sahen

Am siebenten Tage unserer Reise fuhren wir an der Insel Kreta vorbei und sahen in der Ferne den hochragenden Berg der Insel, der bei den Griechen ›Ida‹ heißt und der berühmt ist ob der erstaunlichen Dinge aus ihrer Geschichte.

Am 13. Reisetag erblickten wir dann die Insel Sizilien, im Arabischen bekannt unter dem Namen *Ṣaqāliyya* oder *Ṣiqilliyya*. Diese Insel liegt südlich von Italien und ist von diesem durch eine Meerenge, genannt ›die Straße von Messina‹, getrennt. Sie ist eine der größten und fruchtbarsten Inseln des Mittelmeers, und deshalb wurde sie in früheren Zeiten die ›Kornkammer Roms‹ genannt. In früheren Jahrhunderten war sie Anlaß zum Krieg zwischen den Römern und den Karthagern – das heißt den Bewohnern von Nordwest-Afrika. Sie fiel dann schließlich unter die Herrschaft der Römer, und von ihnen ging sie später in griechische Hände über. Dann wurde sie von den Muslimen erobert, sodann von den normannischen Christen, einem Zweig der Franzosen, eingenommen, und noch später wurde sie von einigen spanischen und danach österreichischen Königen regiert. Schließlich wurde sie Teil des Königreichs Neapel, auch *Būliya*[27] genannt, so daß es zusammen mit Neapel heutzutage bei den Franken manchmal als ›die beiden Sizilien‹ bezeichnet wird, indem man Sizilien vor Neapel den Vorrang gibt.

Laut Geographiebüchern leben auf der Insel anderthalb Millionen Menschen. Die Städte der Insel liegen auf Bergen. Auf dieser Insel sahen wir am 14. Tage in einiger Entfernung den Berg, welcher ›Mont Etna‹ genannt wird. ›Mont Etna‹ ist ein aus zwei Wörtern zusammengesetztes Wort, davon bedeutet das erste – Mont – ›Berg‹, und das zweite ist Etna; (im Arabischen) schreibt man es am besten (getrennt, also) *mant iṯnā*. Heutzutage ist der Berg unter dem Namen ›Gebel‹ bekannt.[28] Nun scheint mir, daß es sich bei diesem Namen um eine verderbte Form von *jabal* handelt – ein arabisches Wort, das die Muslime eingeführt und diesem Berg beigelegt haben und das nach ihrem Abzug sich bis zum heutigen Tage erhalten hat, wobei es infolge falscher Aussprache durch die einheimische Bevölkerung eine Veränderung erfuhr. Dieser Berg ist ein feuerspeiender Berg; aus ihm schießen bei Tag Qualm und Rauch, bei Nacht Flammen hervor. Manchmal schleudert er glühendes Gestein hinaus.

Feuerspeiende Berge werden in der Sprache der Franken ›vulkanische‹ Berge genannt, und ein solcher Berg heißt ein ›Vulkan‹. Diese Bezeichnung wurde im Arabischen zu *burkān*, mit r, verballhornt; das Wort ist möglicherweise eine arabisierte Form aus dem Spanischen (volcán). Ein solcher Berg wird, wie al-Masʿūdī[29] in seinem Buch betitelt ›Murūj al-ḏahab‹ angibt, auch *ṭahma* genannt. Die Mündung eines Vulkans heißt auf französisch *cratère.* Vulkane findet man gewöhnlich nur auf Inseln. Leute, die diesen Berg vermessen haben, geben seine Höhe über dem Meeresspiegel mit 1903 *(sic)* Fuß an, sein Umfang am Fuße soll etwa 55 französische Meilen und der Umfang seines Kraters eine Viertelmeile betragen.

In der Regel bricht ein Vulkan aus, kommt dann wieder zur Ruhe und bricht dann erneut aus. Er mag eine Zeitlang erloschen bleiben, so daß man glaubt, er sei völlig zum Stillstand gekommen, und dann Jahrhunderte später wieder ausbrechen. Der Etna hat 31 Ausbrüche erlebt, darunter die Eruption im Jahre 1809 nach europäischer Zeitrechnung. Sein größter Ausbruch erfolgte im Jahre 793, als die Stadt Catania (?) zerstört wurde und 18000 Menschen ums Leben kamen.[30]

Das Anzeichen für den bevorstehenden Ausbruch von Vulkanen ist ein heftiges Rollen, Poltern und Dröhnen unter der Erde sowie einsetzende oder verstärkte Rauchentwicklung. Einige Naturwissenschaftler haben behauptet, daß man beim Vergleich von Erdbeben und Vulkanausbrüchen zu der Ansicht gelangt ist, daß sich beide Erscheinungen auf ein und dieselbe Ursache zurückführen lassen, nämlich das unterirdische oder im Erdinnern gestaute Feuer. Nur sind die Auswirkungen von Erdbeben weitreichender als die der Vulkane, mit anderen Worten, die Wirkung von Erdbeben tritt auf einem großen Umkreis in Erscheinung, zum Unterschied von Vulkanen, deren Wirkung nicht über die unmittelbare Nachbarschaft des feuerspeienden Berges hinausgeht. Zudem ist es in der Regel so, daß ein Erdbeben um so heftiger ist, je weiter es vom Vulkan entfernt ist. Das hat nun jemand darauf zurückgeführt, daß das unterirdische Feuer einen Ausweg sucht: ist ein Vulkan vorhanden, so bricht es durch diesen hervor, so daß die Gewalt des Feuers vergeht und das Erdbeben sich verliert. Anders verhält es sich bei einem Landstrich ohne Vulkane: dort sucht das Feuer einen Ausweg, findet ihn nicht, und dadurch gerät die Erde in Erschütterung. Ein anderer Naturphilosoph hat die Meinung vertreten, daß sowohl die vulkanischen wie die seismischen Vorgänge ihren Ursprung im Reibungsmagnetismus haben, der im Französischen *électricité*, modifiziert durch *rassise* (statisch), genannt wird, was der Eigenschaft des Bernsteins beim Reiben entspricht. Dieser Theorie hielt jedoch ein anderer entgegen, daß sie mit dem, was ein gewisser Naturphilosoph über die Struktur der Erde und die Anordnung der Gesteinschichten dargelegt hat, unvereinbar sei. Es gehört zur festen Regel, daß der Ausbruch eines Vulkans um so häufiger erfolgt, je niedriger er ist, und je höher er ist, um so seltener. So ist die von Gott gegebene Ordnung, doch Gott allein kennt die Wahrheit.

Am 15. Tage gingen wir vor der Stadt Messina vor Anker. Wir verließen das Schiff nicht ein einziges Mal, denn dort läßt man Leute, die aus dem Orient kommen, nur nach ›Quarantäne‹ an Land – das heißt einem Aufenthalt von einer bestimmten Anzahl von Tagen, um den Geruch der Seuche zu beseitigen. Doch bringen einem die Leute alles, was man braucht: man reicht ihnen das Geld dafür, das sie mit größter Vorsicht in ein mit Essig und dergleichen gefülltes Gefäß stecken. (Hierzu vergleiche man auch den 1. Abschnitt der nächsten Abhandlung.) So versorgten wir uns denn aus dieser Stadt mit unserem Bedarf an Obst, Gemüse, Trinkwasser und so weiter.

Fünf Tage verbrachten wir an ihrem Landeplatz. Aus der Ferne betrachteten wir ihre hohen Schlösser und ihre stolz aufragenden Gebäude. Wir sahen, wie sie vor Sonnenuntergang und während noch die letzten Sonnenstrahlen auf ihr weilten, ihre Lampen und Lichter entzündete, und hörten zeit unseres Aufenthaltes den Klang ihrer Glocken – und es ist recht ergötzlich, wenn die Leute dort die Glocken läuten! An einem jener Abende verfaßte ich im Gespräch mit einem Schöngeist eine amüsante Makame, welche drei Gedanken beinhaltet: der erste enthält das Argument, daß eine gesunde Natur, solange sie züchtig, durchaus zur Bewunderung des Schönen neigen darf; der zweite ist, daß der Liebende vom ideellen Wein der Augen des geliebten Wesens trunken ist und in seinem Glückszustand keines wirklichen Weines bedarf; der dritte handelt von der Beeinflussung des Gemüts durch Glockengeläut, falls der Läutende feinsinnig ist und sein Handwerk versteht. Dem ließ ich einige auf Paronomasie aufgebaute Verse folgen und die Erörterung ihrer Bedeutung und der Art ihrer Paronomasien, die Antwort eines grammatischen Rätsels und anderes mehr. Aber das ist hier nicht der Ort, sich weiter darüber auszulassen.

Am 20. Tage unserer Reise ließen wir dann diese Stadt hinter uns und fuhren weiter, bis wir erst auf gleicher Höhe wie der feuerspeiende Berg und schließlich darüber hinaus waren. Am 24. Tage fuhren wir an der Stadt Neapel, die im Türkischen ›Puliya‹ genannt wird, vorbei und waren bereits etwa neunzig Meilen darüber hinaus, als sich der Wind drehte und, aus der Kursrichtung wehend, mit einem Male frontal auf das Schiff zukam, so daß es vom Kurs abwich und nicht mehr auf das Reiseziel zufuhr, da dieses in der Richtung lag, aus der der Wind kam. Dabei fällt mir der nette Vers eines Dichters ein:

Ein schlanker Zweig einst bog sich weg.
Im Schmerz des Fernseins sprach ich:
»Warum, Zweig, neigst zu mir dich nicht?« –
»Wie kann ich, wenn du hinterm Wind!«[31]

Infolge des Windwechsels kehrten wir nach Neapel zurück, nachdem wir die Stadt bereits passiert hatten, und gingen in der Nähe davon vor Anker. Aus dem obengenannten

Grunde konnten wir die Stadt freilich nicht betreten. Sie ist eine der Großstädte Europas, und ihr König regiert zugleich über die weiter oben erwähnte Insel Sizilien. Die Stadt Neapel ist die Residenz dieses Königs. Sie wird manchmal im Arabischen *›Nābul al-kattān‹*[32] genannt – vielleicht weil das dort hergestellte Leinen von äußerst guter Qualität ist.

Das Land von Neapel war einstmals in muslimischer Hand und blieb es etwa zweihundert Jahre lang. Danach wurde es, zusammen mit Sizilien, von den normannischen Christen erobert. Es blieb dann bis heute im Besitz der christlichen Italiener, weshalb es auch als ›Süditalien‹ bezeichnet wird. Wie wir bereits vorausgeschickt haben, ist die Stadt Neapel eines der vier Haupthandelszentren von Europa.

Danach sichteten wir am 29. Tage die Insel Korsika, welche unter französischer Herrschaft steht und heutzutage ›Corse‹ heißt. Sie wurde dereinst von den Muslimen erobert, die indes nicht lange dort blieben. Die Insel ist die Heimat Napoleons, bekannt unter dem Namen Bonaparte, der im Zuge der französischen Expedition Ägypten eroberte. Er machte sich später zum Herrscher von Frankreich, obgleich sein Vater nur ein Artillerieoffizier gewesen war.

Am 33. Tage gingen wir vor der Hafenstadt Marseille vor Anker. Somit waren wir dreiunddreißig Tage auf See gewesen. Davon lagen wir fünf Tage vor Messina und etwa einen Tag vor Neapel, und zudem wurden wir durch die Launen des Windes erheblich aufgehalten. Sonst wären wir wohl etwas früher angekommen.

Zweite Abhandlung

1. Abschnitt:
über die Zeit unseres Aufenthaltes in Marseille

Wir waren auf der Reede von Marseille, einer der Hafenstädte Frankreichs, vor Anker gegangen. Nachdem wir von dem Schiff, auf dem wir gekommen waren, in kleine Boote umgestiegen waren, kamen wir schließlich zu einer außerhalb der Stadt gelegenen Baulichkeit, welche, wie bei ihnen üblich, als Quarantänestation dient. Denn wer aus dem Ausland kommt, muß vor Betreten der Stadt in Quarantäne.

An dieser Stelle sei ein Disput unter den Ulema von Nordwest-Afrika zur Frage der Quarantäne erwähnt, wie er mir von einem verläßlichen Gewährsmann, einem hochgebildeten Mann aus Marokko, berichtet worden ist. Ihm zufolge entspann sich zwischen dem Hochw. Scheich Muḥammad al-Manāʿī aus Tunis, Vertreter des malikitischen Ritus und Dozent an der Zaytūna-Moscheehochschule, und dem (dortigen) hanafitischen Mufti, dem Hochw. Scheich Muḥammad Bayram, Verfasser mehrerer Werke in den Überlieferungs- und rationalen Wissenschaften, darunter einer Geschichte des Osmanischen Reiches von seinen Anfängen bis herauf zum derzeitigen Sultan Mahmud, ein Streitgespräch über die Frage, ob Quarantäne für zulässig zu erklären oder zu verbieten sei. Dabei sprach sich der Erstgenannte für ihr Verbot, der andere für ihre Zulässigkeit, ja für ihre Notwendigkeit aus. Dieser verfaßte ein Traktat, in dem er sich auf Koran und Sunna zum Beweise seiner Auffassung berief. Der andere erbrachte seinerseits Beweise, daß Quarantäne für ungesetzlich zu erklären sei; er verfaßte eine Schrift darüber, in welcher er sich in der Beweisführung darauf stützt, daß sie eine Flucht vor dem göttlichen Geschick darstellt. Ein ähnlicher Disput entspann sich zwischen den beiden auch darüber, ob die Erde kugelförmig oder flach sei, wobei al-Manāʿī die Scheibenform, sein Gegner aber die Kugelgestalt vertrat. Zu den nordafrikanischen Gelehrten, welche dafür eintreten, daß die Erde rund ist und sich um die Sonne bewegt, gehört auch der Hochw. Scheich Muḫtār al-Kintāwī aus der Gegend von Azaouâd in der Nähe von Timbuktu. Er ist der Verfasser eines Abrisses des malikitischen Rechts, mit welchem er das Grundwerk des Ḫalīl (al-Jundī) nachgeahmt hat, wie er das auch in der Grammatik mit der ›Alfiyya‹ des Ibn Mālik tat. Von ihm stammen noch andere Schriften, die sich mit exoterischem und esoterischem Wissen, wie etwa öffentlichen und geheimen Gebetsformeln, zum Beispiel dem ›Ḥizb al-baḥr‹ des Mystikers al-Šāḏilī, befassen. Er schrieb auch ein Buch, dem er den Titel ›al-Nuzha‹ gab und in welchem er eine Menge Wissensstoff zusammengetragen hat. Dort kommt er unter anderem auf die Astronomie zu sprechen, und dabei behandelt er die Kugelgestalt und die Bahn der Erde, und das alles wird von ihm erklärt und erläutert. Seine Ausführungen lassen sich dahingehend zusammenfassen, daß die Erde eine Kugel ist und daß es unerheblich ist, ob man sie sich als in Bewegung oder als ruhend vorstellt. Der Scheich starb 1226 n.d.H. des Propheten (A.D. 1811); sein Nachfolger ist sein Enkel gleichen Namens.

Also, die Anlage, in der wir uns nun zwecks Quarantäne befanden, ist sehr ausgedehnt; sie besteht aus mehreren Gebäuden und Gärten und ist überhaupt von solidem Bau. Es war dort, daß wir zum ersten Male erkannten, wie vollkommen und meisterhaft man in jenem Lande baut und wie diese Bauten mit einer Fülle von Blumengärten, Bassins usw. umgeben sind.

Kaum hatte (dort) der erste Tag für uns begonnen, da widerfuhren uns schon allerlei zumeist erstaunliche Dinge. Man hatte uns nämlich mehrere französische Diener gebracht, deren Sprache wir nicht verstanden, sowie an die hundert Stühle zum Sitzen – denn in jenem Lande hält man das Sitzen auf etwas wie einem auf dem Fußboden ausgebreiteten Teppich für befremdlich, vom Sitzen auf dem blanken Erdboden gar nicht erst zu reden. Als nächstes deckten diese Diener den Frühstückstisch. Sie schafften hohe runde Tische herbei und legten auf ihnen weiße, den persischen ähnliche Teller aus, einen neben den anderen. Sodann stellten sie vor jeden Teller ein Trinkglas, und neben den Teller legten sie ein Messer, eine Gabel und einen Löffel. Auf jedem Tisch standen eine oder zwei Flaschen mit Wasser, ein Behälter mit Salz und ein anderer mit Pfeffer. Dann stellten sie um die Tische herum Stühle auf, pro Person einen Stuhl. Darauf brachten sie das Essen. Sie stellten auf jeden Tisch eine oder zwei große Schüsseln, damit einer der Tischgenossen daraus schöpfe und das Essen an die übrigen verteile, wobei er jedem etwas auf seinen Teller gibt, das dieser mit dem vor ihm liegenden Messer zerkleinert und dann mit der Gabel – nicht mit der Hand! – zum Munde führt. Denn man ißt grundsätzlich nicht mit der Hand, auch nicht mit der Gabel eines anderen oder mit seinem Messer, wie man auch nie aus dem Glase des anderen trinkt. Sie behaupten, das sei am saubersten und gesündesten. Zudem läßt sich bei den Franken beobachten, daß sie niemals aus kupfernen Tellern essen, und schon gar nicht aus solchen Gefäßen, selbst wenn sie verzinnt sind, denn diese dienen allein zum Kochen. Vielmehr benutzen sie stets glasierte Teller.

Das Essen besteht bei ihnen aus mehreren festen Gängen, wobei manchmal ein Gang reichhaltiger oder vielfältiger sein mag. Die Einleitung bildet in der Regel Suppe, dann folgt ein Fleischgericht, sodann jegliche Art von Speisen wie Gemüse und Pasteten und danach ein Salat. Manchmal sind die glasierten Teller in der Farbe der gereichten Speise – Salatteller zum Beispiel grün, in der Farbe des Salats – bemalt. Dann beschließen sie das Mahl mit Obst, gefolgt von einem alkoholischen Getränk, wovon sie allerdings nur wenig zu sich nehmen, und schließlich mit Tee oder Kaffee. Das gilt gleichermaßen für den Reichen wie den Armen, nur jeder eben nach seinen Verhältnissen. Ferner wechselt man, sobald man von einem Teller gegessen hat, diesen aus und nimmt für das nächste Gericht einen unbenutzten neuen Teller.

Dann brachten sie uns Bettzeug. Nun ist es bei ihnen Sitte, daß man unbedingt auf etwas Erhöhtem, einem Bett etwa, schlafen muß. Das alles schafften sie für uns heran.

Wir verbrachten an jenem Ort, ohne ihn jemals zu verlassen, achtzehn Tage. Freilich ist er sehr weiträumig und hat großartige Parkanlagen und ausgedehnte Plätze zum Promenieren und um sich in den Gärten zu ergehen. Danach stiegen wir in verzierte und geschmückte Kutschen von der Art, wie sie dortzulande Tag und Nacht dahinrumpeln, und fuhren zu einem Gebäude in der Stadt; dieses lag allerdings am Stadtrand und war eine der Villen, die man außerhalb der Stadt mit Parkanlagen und anderen Einrichtungen gebaut hat. Dort blieben wir in Erwartung unserer Weiterreise nach Paris.

Während unseres Aufenthalts in diesem Hause pflegten wir (täglich) für ein paar Stunden auszugehen, um uns in der Stadt zu amüsieren; bei solchen Gelegenheiten besuchten wir einige Kaffeehäuser. Nun sind Kaffeehäuser dortzulande nicht Orte, wo sich der Pöbel schart, sondern in ihnen treffen sich anständige Leute, denn sie sind mit so großartigen und kostbaren Dingen dekoriert, wie sie nur größtem Reichtum anstehen, und die Preise sind dort so hoch, daß die Kaffeewirtschaften nur von wohlhabenden Leuten besucht werden. Was die armen Leute betrifft, die kehren in gewissen ärmlichen Cafés oder in Schenken und Spelunken ein.

Wie ich bereits vorausschickte, ähnelt die Stadt Alexandria in ihrer Gesamtanlage Marseille. Dem möchte ich an dieser Stelle hinzufügen, daß der Unterschied zwischen den beiden (Städten) in der außerordentlichen Breite der Straßen (von Marseille) liegt, da dort mehrere Kutschen und Wagen gleichzeitig auf einer einzigen Straße verkehren. Ferner, daß man (dortzulande) an den Innenwänden all der großartigen Säle, Hallen und Salons große prächtige Spiegel anbringt, so daß in manchen Fällen alle Seiten des gesamten Raumes aus Spiegelglas bestehen, um ihm große Helligkeit zu geben.

Als wir das erste Mal in der Stadt ausgingen, kamen wir an großartig angelegten und mit den erwähnten Spiegeln verglasten Geschäften vorbei, die voll von schönen Frauen waren. Es war zur Mittagszeit. Nun ist es Sitte bei den Frauen dieses Landes, das Gesicht, den Kopf, den Hals und oberen Teil der Brust, das Hinterhaupt und den Nacken sowie die Arme bis fast zu den Schultern unbedeckt zu lassen. Auch ist es Sitte, daß das Einkaufengehen ausschließlich den Frauen vorbehalten ist, während Arbeit und Berufstätigkeit in den Bereich der Männer fallen. So hatten wir denn in Läden, Kaffeehäusern und dergleichen Gelegenheit, Frauen zu betrachten und zu beobachten, was in ihnen vorgeht.

Die erste Sehenswürdigkeit, die uns ins Auge fiel, war ein großes Kaffeehaus. Wir gingen hinein und sahen sofort, daß es sowohl im Aussehen wie im inneren Betrieb recht ungewöhnlich war: Die Cafetière war eine Frau, die an einem großen Pult saß, vor ihr ein Tintenfaß mit Federn und eine Liste. In einem abseits vom Publikum gelegenen Raum bereitete man den Kaffee, und zwischen dem Aufenthaltsraum des Publikums und dem Kaffeeraum liefen die Kellner des Cafés. In dem für die Gäste bestimmten Raum waren mit geblümtem Stoff bezogene Stühle sowie Tische aus feinem Mahagoniholz nebeneinander aufgestellt, jeder Tisch mit einer Platte aus schwarzem oder gemasertem Marmor ausgestattet. In einem solchen Kaffeehaus verkauft man jegliche Art von Getränken und Gebäck. Wenn man etwas bestellt, dann geben das die Kellner an die Kaffeehauswirtin weiter, und diese läßt dann die Bestellung bringen und trägt sie in ihr Geschäftsbuch ein, wobei sie zugleich einen kleinen Zettel mit dem Preis ausstellt, den sie mit dem Kellner zu dem, der die Bestellung aufgegeben hat, schickt, wenn dieser bezahlen will. Es ist auch üblich, daß man, wenn man Kaffee trinkt, zugleich Zucker geliefert bekommt, damit man ihn in den Kaffee gebe, ihn dort zergehen lasse und dann trinke. Bei all dem verhielten wir uns so, wie es bei ihnen Gepflogenheit ist. Ihre Kaffeetasse ist übrigens groß und entspricht etwa vier ägyptischen Tassen; sie ist überhaupt eher ein Becher als eine Tasse. In einem solchen Kaffeehaus liegen Tageszeitungen zur Lektüre aus.

Als ich jenes Kaffeehaus betrat, und die ganze Zeit, die ich in ihm verweilte, vermeinte ich wegen der vielen Menschen dort, es sei ein großer offener Basar. Denn sobald drinnen oder draußen eine Gruppe von Leuten auftauchte, erschienen ihre Bilder auf allen Seiten der Verglasung, und man konnte ihr buntes Durcheinander von Gehenden, Sitzenden und Stehenden sehen. So hat man den Eindruck, das Kaffeehaus sei eine Straße, und mir kam nur deshalb zum Bewußtsein, daß es sich um ein geschlossenes Café handelte, weil ich im Spiegel mehrfach unsere eigenen Bilder sah und erkannte, daß dies alles durch die Eigentümlichkeit des Glases zustande kam. Bei uns zu Hause pflegt ein Spiegel einfach das Bild eines Menschen zu verdoppeln – wie jemand sagte:

Ich verhülle des Spiegels Bild vor ihm
  aus Furcht, er könnt's mir verdoppeln.
So leide ich denn mein einmalig Leid –
  doch wie, wenn zwei Stern er enthüllte!

Bei den Franken aber, weil dort so viele an den Wänden hängen und diese so groß erscheinen, pflegen Spiegel ein und dasselbe Bild von allen möglichen Seiten mehrfach zu reflektieren. Wie ich einmal dichtete:

Weit weg ist er von mir, ließ keine Spur als die
  in meinem Herz, noch hört man, was er tut und treibt.
Doch taucht er auf, wobei der Spiegel zeigt sein Bild,
  dann seh ich ihn in Häusern, die voll der Bilder sind.

Unser verehrter Lehrer al-ʿAṭṭār sagte einmal: ›Nie ist mir etwas Einfallsreicheres in diesem Sinne zu Gesicht gekommen als diese Worte von Ibn Sahl:[33]

In den Spiegel meines Denkens warf er die Sonne seines Bildes,
und ihr Widerschein entfachte Flammen in meinem Innern.‹

Und al-Ḥājirī[34] sagt mit Bezug auf einen schönen Jüngling mit einem Spiegel in der Hand:

Mein falsch Gesicht stellt ich dar einst im Spiegel,
da ward er von zehrender Liebe ergriffen,
Und sein zerschlissen Gewand sandte Jakob als Boten,
um Kunde zu geben, daß er Josef gesehen.

All das wird später noch im Zusammenhang mit der Stadt Paris zu Ende geführt werden.

Die Zeit unseres Aufenthaltes in Marseille nach der Quarantäne verbrachten wir auch damit, daß wir die ›Lautsegmentierung‹, das heißt das Buchstabieren in der französischen Sprache erlernten.

Nun gibt es in der Stadt Marseille eine Menge von ägyptischen und syrischen Christen, die mit den Franzosen bei deren Abzug aus Ägypten das Land verließen. Sie alle tragen französische Kleidung. Nur selten ist unter denen, die mit den Franzosen zogen, ein Muslim zu finden.[35] Manche von diesen sind inzwischen gestorben, andere sind – Gott bewahre uns! – zum Christentum übergetreten, vor allem die georgischen und tscherkessischen Mamluken und die Frauen, die in jungen Jahren von Franzosen geheiratet wurden. Ich fand (indes auch) eine alte Frau, die an ihrer Religion festgehalten hat.

Zu denen, die zum Christentum übergetreten waren, gehörte ein gewisser ʿAbd al-ʿĀl. Von ihm heißt es, die Franzosen hätten ihn seinerzeit in Ägypten als Janitscharenagha eingesetzt, und als sie dann abzogen, folgte er ihnen. An die fünfzehn Jahre lang blieb er ein Muslim, dann trat er – Gott bewahre uns! – zum Christentum über, weil er eine Christin heiratete. Kurze Zeit danach starb er dann. Ich habe zwei Söhne und eine Tochter von ihm gesehen, die, als Christen, nach Ägypten kamen; davon ist einer jetzt Lehrer an der Militärschule von Abū Zaʿbal.

Ähnlich verhält sich der Fall, der mir von jemandem berichtet wurde. Danach trat der französische Oberkommandierende Menou, der in Ägypten nach der Ermordung des Generals Kléber das Kommando übernahm, in Kairo zum Islam über – ganz offensichtlich in heuchlerischer Absicht! – wobei er den Namen Abdullah annahm. Dann heiratete er die Tochter eines Scherifen aus dem Hause Rašīd. Als dann die Franzosen Ägypten verließen und er nach Hause zurückzukehren beabsichtigte, nahm er sie mit. Zu Hause angekommen, trat er wieder zum Christentum über und vertauschte den Turban mit dem Hut. Aber er blieb bei seiner Gattin, die im übrigen jahrelang an ihrem Glauben festhielt. Als sie später einem Kind das Leben schenkte und ihr Gemahl nach der Art der Christen seinen Sohn taufen lassen wollte, um ihn zum Christen zu machen, verweigerte die Frau dieses und sagte: »Ich lasse meinen Sohn niemals Christ werden und werde ihn nicht der falschen Religion aussetzen!« Ihr Gatte hielt ihr entgegen, daß alle Religionen wahr seien und daß ihr Ziel eins sei, nämlich Gutes zu tun, aber sie stimmte dem keineswegs zu. Daraufhin sprach er zu ihr: »Der Koran sagt so. Du bist Muslimin und mußt demnach dem Buche deines Propheten glauben.« Darauf ließ er den des Arabischen kundigsten Franken, den Baron de Sacy, kommen – er ist der Mann, der den Koran zu lesen vermag – und sagte: »Frage ihn doch!« Dies tat sie, und der Baron erwiderte mit den Worten: »Im Koran heißt es: ›Wahrlich, die da glauben und die Juden und die Christen und die Sabier – wer an einen Gott glaubt und an den Jüngsten Tag und wer das Rechte tut, ihnen wird ihr Lohn vor dem Herrn; um sie ist nicht zu bangen, sie werden nicht Kümmernis erleiden.‹«[36] Damit überzeugte er sie also, und sie willigte in die Taufe ihres Sohnes ein. Und schließlich wurde sie, wie es heißt, selber Christin und starb als Ungläubige.

Unter den Ägyptern, die ich in Marseille traf, war ein ebenfalls europäisch gekleideter Mann namens Muḥammad, zungengewandt in jeder, nur nicht der arabischen Sprache, denn davon kennt er nur ganz wenig. Ich fragte ihn nach seiner Heimat in Ägypten, und er erwiderte, er stamme aus der Stadt Asiut aus einem Scherifenhause. Sein Vater heiße al-Sayyid ʿAbd al-Raḥīm und gehöre zu den Notabeln jener Stadt, und seine Mutter heiße Masʿūda oder so ähnlich. Ihn selbst hätten die Franzosen in jungen Jahren entführt. Er behauptete, er sei nach wie vor Muslim und wisse von religiösen Dingen so viel, daß es einen Gott gibt, daß Mohammed Sein Prophet ist und daß Gott gnädig ist. Merkwürdigerweise versprach ich mir, nachdem er mir dies gesagt hatte, allerlei Gutes von ihm, denn auf seinem Antlitz trug er tatsächlich das Zeichen der Scherifen von Asiut. Wenn das, was er mir sagte, stimmt, dann ist er ein Nachkomme von al-Sayyid Ḥurayz ibn Sīdi Abī ʾl-Qāsim al-Ṭahṭāwī, denn die Scherifen von Ṭahṭā sind Nachfahren von Sīdi Yaḥyā ibn al-Quṭb al-Rabbānī Sīdi Abī ʾl-Qāsim. Der hatte einen dritten Sohn namens Sīdi ʿAlī al-Baṣīr, dessen Nachkommen die Leute von Šandawīl sind. Das Patronymikon von Sīdi Abū ʾl-Qāsim al-Ṭahṭāwī ist jedem, der von ihm weiß, sattsam bekannt, obschon ihn Sīdi ʿAbd al-Wahhāb al-Šaʿrānī nicht in den ›Ṭabaqāt‹ aufführt.[37] Viele der Scherifen in diversen Gegenden des Osmanischen Reiches führen sich letztlich auf den obenerwähnten Sīdi Ḥurayz zurück.

Unter anderem sah ich in Marseille das Theater, das man ›spectacle‹ nennt, eine merkwürdige Sache, die man nicht durch Beschreibung kennenlernen kann, sondern die man mit eigenen Augen gesehen haben muß. Wir wollen später bei der Behandlung von Paris darauf zurückkommen. Wir verweilten in jener Stadt fünfzig Tage und reisten dann weiter nach Paris.

2. Abschnitt:
über die Abreise aus Marseille bis zur Ankunft in Paris sowie über die Entfernung zwischen den beiden Städten

Wisse denn, daß Leute, die von Marseille nach Paris mit der Kutsche reisen, für gewöhnlich entweder den ganzen Wagen oder einen Platz mieten. Sie verpflegen sich entweder auf eigene Kosten, oder sie bezahlen einen festgesetzten Betrag für Fahrtkosten sowie Verpflegung für die Dauer der gesamten Wegstrecke. Es wird Tag und Nacht gefahren, mit Ausnahme der Essenszeiten und dergleichen. In allen am Wege liegenden Ortschaften gibt es besondere für Essen und Trinken eingerichtete Lokale, welche alle Arten von Speisen und Getränken in größter Reinlichkeit und Gefälligkeit führen; diese haben auch großartig eingerichtete Schlafräume und sind überhaupt mit allem auf das vollkommenste ausgestattet.

Da jede Gruppe von uns die Reisewagen an ein und demselben Tage bestieg, da wir von Marseille an in gleichmäßig schnellem Tempo fuhren und man nicht wie bei einer Seereise vom Wind und dergleichen beeinflußt wird, kamen wir in der Stadt Lyon bereits am Vormittag des dritten Tages an. Lyon ist von Marseille 92 französische Meilen entfernt, von Lyon bis Paris sind es 119 Meilen, und die Entfernung von Marseille nach Paris beträgt demnach 211 französische Meilen. Wir blieben in Lyon etwa zwölf Stunden, um uns auszuruhen. Die Innenstadt sah ich nur auf der Durchfahrt oder vom Fenster des Hauses aus, in welchem wir abgestiegen waren. Dann fuhren wir des Nachts weiter nach Paris.

Wir fuhren am Morgen des siebenten Tages seit unserer Abreise aus Marseille in die Stadt ein. Unterwegs passierten wir zahlreiche Dörfer, die meisten davon mit Geschäften und Verkaufsläden, mit großartigen Gebäuden und geschmückt mit Bäumen. Alles in allem liegen die Dörfer zum größten Teil aneinandergereiht eins neben dem anderen – der Eindruck entsteht besonders bei flotter Fahrt – so daß man meint, man befinde sich in ein und derselben Ortschaft. Die Reisenden fahren meist im Schatten der Bäume, die ununterbrochen in regelmäßigen Abständen entlang aller Straßen angepflanzt sind; nur selten fehlen sie an einigen Stellen. In diesen Dörfern und kleinen Ortschaften fällt ins Auge, daß die Frauen schöner und von makelloserem Körperbau sind als in Paris. Freilich sind die Landfrauen weniger aufgemacht als die Pariserinnen, wie dies ja in allen zivilisierten Ländern allgemein üblich ist.

Dritte Abhandlung

1. Abschnitt: behandelnd eine Skizze von Paris hinsichtlich seiner geographischen Lage, seiner Bodenbeschaffenheit, der Art seines Klimas und seiner Umgebung

Wisse denn, daß diese Stadt bei den Franzosen Pārī heißt – mit persischem p, das in der Aussprache zwischen f und b liegt – aber ›Paris‹ geschrieben wird, wobei das s überhaupt nicht ausgesprochen wird, wie das im Französischen üblich ist, wo man nämlich gewisse Buchstaben schreibt, sie aber nie ausspricht, insbesondere den Buchstaben s am Ende vieler Wörter, wo er nie gesprochen wird: zum Beipiel wird Athen, die Stadt der griechischen Philosophen, im Französischen Athènes geschrieben und *Atēn* gelesen. Die Araber, die Türken und andere geben den Namen als *Bārīs* oder *Barīs* oder *Bārīz* und manchmal gar als *Fārīs* wieder. Ich meine, daß die treffendste Schreibung wohl die mit *sīn* ist, wiewohl die Lesart mit *zāy* im Munde von anderen als den Franzosen recht verbreitet ist. Das mag vielleicht daher kommen, daß das s im Französischen zuweilen und unter gewissen Bedingungen stimmhaft wie *zāy* gelesen wird, und wenn es im Falle von Paris in der Aussprache ausfällt, so doch nicht in der entsprechenden Adjektivform, denn das Adjektiv zu ›Paris‹ lautet bei den Franzosen ›parisien‹ *(bāriziyānī).* Und hier haben wir den Grund (für die Schreibung mit z), denn ›die Nisbe führt die Dinge auf ihre Ursprünge zurück‹. Freilich gilt diese Regel für die arabische Nisbe, während wir es hier mit einer nichtarabischen Adjektivform zu tun haben. Ich selbst habe mich in ein paar Versen, die ich über diese Stadt dichtete, an die Schreibung mit stimmlosem s gehalten, etwa wo ich sagte:

Wenn dreifach ich mich von Paris geschieden,
so geschah's fürs Vereintsein mit Kairo.

Eine Braut ist jede der beiden für mich –
nur Kairo nicht des Unglaubens Tochter!

Und später sagte ich:

Die Sonnen der Schönheit hat man allsamt genannt,
ihren Aufgang verlegt nach Ägypten,
Doch hätt er gesehn, wie die Sonne erstrahlt
in Paris – man hätt sie besonders erwähnt!

Die Stadt wurde so genannt, weil ein Zweig der Franzosen der Frühzeit, welcher entlang der Seine siedelte, ›Parisii‹ hießen, was im Altfranzösischen ›Randbewohner‹ bedeutet. Dieser Name ist *nicht* von ›Paris‹, dem Namen eines berühmten Mannes, hergeleitet, wie dies manche behaupten.

Diese Stadt gehört zu den volkreichsten Städten der Welt und ist heute eine der prächtigsten Städte der Franken. Sie ist die Hauptstadt der Franzosen und der Regierungssitz des Königs von Frankreich, worauf wir im einzelnen noch zu gegebener Zeit zu sprechen kommen werden.

Sie liegt 49 Grad 50 Minuten in der nördlichen Breite, das heißt, sie ist in nördlicher Richtung so weit vom Äquator entfernt. Ihre geographische Länge indes ist unterschiedlich. Nimmt man den Meridian, auf den die Franzosen die geographische Länge sämtlicher Orte zurückführen, nämlich die in ihrem königlichen Observatorium eingezeichnete Mittagslinie, die durch Paris läuft und demnach der Ausgangspunkt für die geographische Länge nach französischer Rechnung ist, so liegt die Stadt auf einer Länge von null Grad. Rechnet man jedoch nach dem Meridian, von welchem Ptolemäus die geographische Länge ableitet und der bis zum heutigen Tage die Grundlage der Längenbestimmung einiger Nationen – etwa der Holländer – geblieben ist, nämlich dem Meridian der Kanarischen Inseln im Westmeer, so liegt Paris auf etwa 20 Grad östlicher Länge. Wir wollen an dieser Stelle darlegen, wie man den Längen- und Breitengrad eines

Ortes feststellt und welchen Nutzen dies hat, auch wenn uns das etwas von unserem eigentlichen Thema abbringt.

Wisse also, daß die Astronomen an Hand von Beweisen die Kugelgestalt der Erde aufgezeigt und dargelegt haben, daß die Erde nicht *genau* kugelförmig ist. Dann fertigten sie eine formgetreue Nachbildung an, die sie ›Globus‹ nannten. Um nun die Erde einteilen und sie besser ergründen zu können, hat man sich auf ihr Meridiane, Parallelkreise, eine Achse und zwei Pole ausgedacht, die man auf der künstlichen Nachbildung eingezeichnet hat. Dabei ist die Achse des Erdballs die Parallele zur Himmelsachse und ihre beiden Enden sind die zwei Pole, von denen der eine ›Nordpol‹ und der andere ›Südpol‹ genannt wird. Die Mittagslinien sind die Kreise, die von einem der beiden Pole zum anderen verlaufen. Sie werden deshalb so genannt, weil, wenn die Sonne im Zenit eines Ortes steht, durch den diese Linie verläuft, an diesem Ort Mittag ist. Das Zentrum dieser Kreise ist der Erdmittelpunkt. Die Parallelkreise andererseits sind die senkrecht zu den Meridianen verlaufenden Kreise; der Abstand zwischen ihnen und ihrem Mittelpunkt ist gleich dem Abstand zur Erdachse. Der größte von ihnen ist der Äquator. Er ist der größte, in gleicher Entfernung von beiden Polen liegende Kreis und teilt den Erdball in zwei Hälften: die nördliche und die südliche Halbkugel. Die Meridiane und Parallelkreise werden wie alle Kreise in 360 Grad unterteilt, jeder Grad zerfällt seinerseits in 60 Minuten, jede Minute in 60 Sekunden, jede Sekunde in 60 Sechzigstelsekunden usf. Die Europäer haben noch eine weitere, neuere Einteilungsmethode, welche darin besteht, daß der Kreis in vier Viertel eingeteilt wird, jedes Viertel zu 100 sogenannten Zentesimalminuten, desgleichen jede Minute zu 100 Zentesimalsekunden usf. Dies hat sich aus der Verwendung des Dezimal- und metrischen Systems bei ihnen ergeben, doch ist die erstere Methode die verbreitetere in der Anwendung.

Vermittels dieser Kreise werden also die geographische

Länge und Breite bestimmt, und zwar so, daß die Breite die Entfernung eines Breitenkreises vom größten Parallelkreis, nämlich dem Äquator, darstellt. Nach Norden gerechnet, gibt das die nördliche Breite mit einem Maximum von 90 Grad, nach Süden zu die südliche Breite mit ebenfalls 90 Grad als Maximum. Die Länge andererseits ist die Entfernung eines Meridians von einem anderen, allgemein als primärer oder Grundmeridian angenommenen Meridian. Sie ist entweder östlich mit einem Bereich von 180 Grad oder westlich mit gleicher Ausdehnung.

Die Geographen geben auf dem Globus und auf den Landkarten bei jedem Parallelkreis seine Entfernung in Graden vom Äquator an, ebenso wie sie zu jedem Meridian seine Entfernung in Graden vom Grundmeridian setzen. Ptolemäus der Weise hatte, wie wir bereits erwähnt haben, den Grundmeridian durch die Kanarischen Inseln gezogen. Nachdem Amerika entdeckt worden war, beschlossen die Europäer, jede Nation solle ihren eigenen Grundmeridian in ihrem Lande als Ausgangspunkt zur Bestimmung aller anderen Orte nehmen – wie das die Franzosen taten, indem sie ihren Grundmeridian in Paris ansetzten. Andere Nationen, wie etwa die Holländer, berechnen weiterhin die geographische Länge ausgehend von der Insel Hierro in der Kanarischen Inselgruppe. Nun ist es ganz offensichtlich angebrachter, man nimmt einen allen Nationen gemeinsamen Ausgangspunkt für die Bestimmung der geographischen Länge, auf den dann alle anderen Orte zurückgeführt werden. Er sollte in einem unbesiedelten, in seiner Entfernung bekannten Landstrich liegen oder in einem, der sich durch einen besonderen Vorzug auszeichnet, wie etwa Mekka. Die Art der Längenbestimmung kann sich dann nach der Differenz der Ortszeiten richten. Bekanntlich legt nämlich die Sonne – oder, wie die Europäer behaupten, die Erde – ihre tägliche Bahn in 24 Stunden zurück. Sie legt demnach von dem Kreis, den sie auf ihrer Bahn beschreibt, pro Stunde 15 Grad zurück und bringt alle vier Minuten einen Grad hinter sich. Mit anderen Worten, wenn es in Kairo beispielsweise Mittag ist, so wird es in einem 15 Grad westlich davon gelegenen Ort erst nach einer Stunde Mittag, und erst nach zwei Stunden in einem um 30 Grad entfernten Ort usw. Und umgekehrt, an einem Ort, der östlich von Kairo liegt, ist, wenn in Kairo Mittagszeit ist, bei einer Entfernung von 15 Grad östlich davon bereits eine Stunde nach Mittag vergangen, und zwei Stunden in einem Ort, dessen Entfernung nach dieser Richtung 30 Grad beträgt, und so weiter.

Wir wollen denn an dieser Stelle anführen, welche Zeit die Uhr in Paris anzeigt, wenn es in den wichtigen Städten westlich und östlich davon Mittag ist. Man wird so seine Entfernung von diesen Orten ersehen. Wenn es, sagt man, in Kairo Mittag ist, so wird es in Paris erst eine Stunde und 56 Minuten später Mittag sein. Wenn der Zeiger in Istanbul auf die Zwölf zeigt, dann ist es in Paris erst eine Stunde und 46 Minuten später Mittag, im Verhältnis zu Bagdad erst nach zwei Stunden und 48 Minuten, gegenüber Aleppo erst in zwei Stunden und 20 Minuten, gegenüber Algier etwa vier Minuten später, im Verhältnis zu Tunis 32 Minuten später, gegenüber Isfahan erst nach drei Stunden und 22 Minuten, gegenüber Peking, Chinas Hauptstadt, erst nach sieben Stunden und 41 Minuten, gegenüber Derbend eine Stunde und 48 Minuten später, und 38 Minuten später als in Rom. Diese Städte liegen alle östlich von Paris. Was nun die westlich von Paris gelegenen Städte betrifft, so ist in Paris die Mittagsstunde bereits um vier Minuten überschritten, wenn es in Madrid, der Residenz des Königs von Spanien, Mittag ist; wenn in Lissabon, der Hauptstadt Portugals, der Zeiger zwölf anzeigt, so war es in Paris schon vor fünfeinhalb Minuten Mittag; wenn es in Philadelphia, einer Stadt in Amerika, Mittag schlägt, so sind in Paris seitdem schon fünf Stunden und 13 Minuten vergangen; wenn es in Rio de Janeiro, der Hauptstadt des Kaiserreiches Brasilien, Mittag ist, so war es das in Paris schon vor etwa drei Stunden; und zur Mittagszeit auf der Insel K-n-f-w (?) in Russisch Amerika ist es Mitternacht in Paris, denn die beiden liegen auf genau entgegengesetzten Seiten der Erde.

Die Entfernung zwischen Paris und Alexandria beträgt 769 französische Meilen,[38] zwischen Paris und Kairo 809 Meilen, von Paris nach Mekka 740 *(sic)* Meilen, von Paris nach Istanbul 560 Meilen, von Paris nach Aleppo 866 *(sic)* Meilen, von Paris nach Marrakech 725 *(sic)* Meilen, von Paris nach Tunis 370 Meilen, von Paris nach London, der Hauptstadt Englands, 100 Meilen, von Paris nach Petersburg, der Hauptstadt Rußlands, 546 Meilen, von Paris nach Moskau, der alten Hauptstadt Rußlands, 600 Meilen, von Paris nach Rom, dem Sitz des Papstes, 325 Meilen, von Paris nach Wien, der Hauptstadt Österreichs, ebenfalls 325 Meilen, und von Paris nach Neapel 384 Meilen.

Die Stadt liegt achtzehn Klafter über dem Meeresspiegel. Sie liegt bekanntlich in der gemäßigten Zone und kennt weder außerordentliche Hitze noch extreme Kälte, denn die Höchsttemperatur beträgt dort 31½ Grad – doch ist das selten, denn die durchschnittliche Hitzetemperatur liegt bei 29 Grad – und die kälteste Temperatur ist im allgemeinen (minus) 12 Grad und erreicht selten (minus) 18 Grad, so daß die Durchschnittstemperatur bei 7 Grad (über Null) liegt. Dabei werden bekanntlich die Wärmegrade vom Schmelzpunkt gefrorener Körper bis zum Siedepunkt des Wassers gerechnet, die Kältegrade vom Gefrierpunkt des Wassers (abwärts).

Meist kennt die Stadt nur trübes und bewölktes Wetter, so daß im Winter die Sonne häufig mehrere Tage (nacheinander) verhüllt bleibt und nicht zu sehen ist. An wolkigen Tagen treffen auf Paris die Worte des Dichters im Diwan des Šihāb al-Dīn al-Ḥijāzī[39] zu:

Hinter einem Schleier schaut die Sonne auf uns
mit verhülltem, verzehrtem Auge,
Sucht widerspenstig Gewölk zu durchbrechen wie
ein Impotenter das Hymen der Jungfrau.

Ein gewisser Dichter hatte das Blatt mit dem ersten Vers darauf verloren und stieß rein zufällig auf ein Blatt, welches den zweiten der obigen Verse enthielt, worauf er diesen wie folgt ergänzte:

Gewölk hat der Sonne Schein uns verwehrt und
verhüllt hinterm Schleier verbleibt sie,
Sucht widerspenstig Gewölk zu durchbrechen wie
ein Impotenter das Hymen der Jungfrau.

Diesen (letzteren) Gedanken hat unser gelehrter Freund al-Ṣaftī in ein Gedicht eingearbeitet, wo er sagt:

Ägyptens Antlitz ist mir Geliebte, indes
ich such Einssein, sie sucht mich zu meiden.
Vergeblich versuch ich, ihre Hüll zu durchbrechen,
wie ein Impotenter das Hymen der Jungfrau.

Desgleichen hat er ihn (in einem Gedicht) über Akka verwendet, denn er sagt:

Und Akka, sondergleichen an Schönheit,
birgt pharaonisches Wesen ohne Siegel.
Um sie warb manch Fremder vergeblich,
wie ein Impotenter beim Versuch der
Entjungfrung.

Doch unser Landesherr hat das Siegel ihrer Jungfräulichkeit gebrochen, und mit ihrer Unberührtheit ist es vorbei! Man hatte angenommen, er sei impotent ihr gegenüber. Aber er ist stark und fähig, sämtliche Städte Syriens und außerhalb von Syrien zu deflorieren. Und so war er würdig der Worte des Dichters:

O Beherrscher der Erde, frohe Kunde dir:
Du hast, was du wolltest, erreicht!
Die Burg der ʿAkkār ist gesichert dir,
sie ist ›Akka‹ – und noch etwas mehr!

Die Dichter Ägyptens haben die Einnahme der Städte Syriens und Anatoliens (durch Muḥammad 'Alīs Truppen) in gar trefflicher Weise gefeiert.

Was den Regen betrifft, der fällt in der Stadt Paris alle Jahreszeiten hindurch, und wenn er fällt, dann meist tüchtig. Aus diesem Grunde mußte man zum Schutz vor ihm die Häuser oben schräg abfallend bauen, damit das Wasser nach unten abfließen kann. An allen Häusern und Straßen sind Wassergräben und Abflußlöcher, und bei Regen sieht man sämtliche Straßen von Paris von Wasserbächen, einem fließenden Kanal gleich, eingefaßt, zumal der Boden dieser Stadt mit Steinen gepflastert ist, so daß das Wasser überhaupt nicht aufgesaugt wird, sondern in eben diese Wassergräben und von dort in die Kanalisationslöcher abfließt.

Die Veränderlichkeit des Wetters in Paris ist eine ganz merkwürdige Sache. An ein und demselben Tag, oder innerhalb von zwei aufeinanderfolgenden Tagen, kann das Wetter zuweilen völlig umschlagen! Am Morgen kann zum Beispiel wolkenloses, herrliches Wetter sein, und kein Mensch würde meinen, daß es sich ändern wird. Doch kaum ist eine halbe Stunde vergangen, schon ist das schöne Wetter verschwunden, und an seine Stelle ist heftiger Regen getreten. Oder an einem Tage mögen vielleicht 24 Grad Wärme herrschen, und am darauffolgenden Tag kann die Temperatur nicht einmal 12 Grad erreichen und so fort. Man ist selten in dieser Stadt vor einem Wetterumschlag sicher. Ihre Witterung ist wie das Temperament ihrer Bevölkerung, wovon noch später die Rede sein wird.

Selbstverständlich muß man sich gegen die möglichen Gefahren solcher Wetterlaunigkeit vorsehen, obgleich das Pariser Klima im großen und ganzen gut und gesund ist. Wenn die Wärme dort im allgemeinen nicht an die von Kairo heranreicht, so ist sie doch recht ungewohnt, vielleicht wegen des Überganges von strenger Kälte zu großer Hitze. Was die dortige Kälte anbelangt, so ist sie zwar ohne große Beschwernis zu ertragen, doch kann man dabei seiner Arbeit nur mit Hilfe von Feuerheizung nachgehen. Aus diesem Grunde sind dort in den Räumen aller Kaffeehäuser, Gasthöfe, Fabriken und Verkaufsläden Kamine eingebaut, in denen man Feuer machen kann. Diese sind so angelegt, daß sich der Holzrauch nicht im Raum verbreitet, denn sie führen ins Freie, wo die Luft den Rauch ansaugt und aus dem Gebäude vertreibt. In manchen Räumen hat man eine Art Backofen mit einer eisernen Tür eingebaut, daran wird ein Blechrohr angeschlossen, und dieses Rohr wird in eine ins Freie führende Öffnung gesteckt. Man legt Holz in den Ofen, schließt die Tür der Feuerung, und der Rauch steigt zunächst ins Rohr und von da ins Freie. Der Ofen erwärmt sich, das Rohr wird heiß, und so wird ein Zimmer oder ein Salon und dergleichen geheizt. Es gibt bei den Franzosen noch eine weitere merkwürdige Art (von Heizung), welche ›cheminées à la russe‹ – russische Öfen – genannt wird.

Gewöhnlich sind der Kamin und der Heizofen, welch letzterer übrigens bei den Franzosen ›poêle‹ heißt, außen gar prächtig verkleidet und von äußerster Sauberkeit. Der Kamin ist stets an den Seiten aus Marmor und hat einen eisernen Aufsatz; wegen seiner hübschen Ausführung gilt er bei den Franzosen als ein Schmuckstück des Hauses. Um ihn scharen sie sich im Winter, und es ist bei ihnen eine der größten Ehrenbezeigungen für den Gast, ihn im Winter zum Sitzen nahe dem Feuer einzuladen, ohne sich dabei etwas zu denken – wir bitten Gott um Errettung von der Hitze des Höllenfeuers![40] Wie trefflich sagte doch der Dichter:

Das Feuer ist des Winters Frucht.
Wer Obst im Winter will, der spinnt!

Kurz und gut, die Heizung im Winter gehört für die Franzosen zur allgemeinen Lebenshaltung, denn damit schützen sie sich gegen die Kälte. Zum Schutze vor dem Regen hinwiederum benutzen sie Schirme, die in Ägypten ›*šamsiyyāt*‹, das heißt Sonnenschirme, bei den Franzosen jedoch ›parapluie‹ – Regenschirm – genannt werden. An heißen Tagen wandeln die Frauen mit Sonnenschirmen, Männer indes dürfen dies niemals.

Der Boden dieser Stadt ist fruchtbar, fett und ertragreich. Wie könnte es anders sein, hat doch ein jedes der zahlreichen Häuser einen großen Garten mit Bäumen, Sträuchern, Gemüsebeeten und dergleichen. An jenem Ort findet man die meisten fremdländischen Pflanzen, denn sie bemühen sich um die Einbürgerung fremder Pflanzen und Tiere in ihrem Lande. Zum Beispiel wächst die Palme nur in heißen Ländern, und dennoch haben die Franzosen alles darangesetzt, um wenigstens ein paar davon anzupflanzen. Und wenn sie auch keine Früchte tragen, so nutzen sie ihnen doch als Anschauungsmaterial beim Studium der Botanik. Bei uns ist die Ansicht verbreitet, daß Palmen nur in muslimischen Landen zu finden seien – wobei man dem entgegenhalten muß, daß man bei der Entdeckung Amerikas Palmen gefunden hat, die offensichtlich nicht aus unserem Land verpflanzt worden sein können. Man lese dies bei al-Qazwīnī in seinem Buch *ʿAǧāʾib al-maḫlūqāt wa-ġarāʾib al-mawǧūdāt* nach, wo es heißt: ›Die Palme ist ein gesegneter, ein wunderbarer Baum, zu dessen wundersamen Eigenschaften gehört, daß er nur in islamischen Landen wächst.‹ Vielleicht sind die Palmen, die man in nichtislamischen Ländern findet, eine besondere Abart, auf die der Name ›Palme‹ für die Botaniker wohl zutrifft, wogegen auf die islamischen Länder wegen ihres günstigen Klimas die *Dattel*palme beschränkt ist. Man sollte darüber nachdenken.

In der Nähe von Paris ist eine kalte Mineralquelle. Die Stadt wird von zwei Flüssen durchschnitten, davon heißt der eine, der größere und bekanntere, ›la Seine‹, der andere ›rivière de Gobelin‹.[41] Europäische Chemiker haben behauptet, die am wenigsten mit Fremdstoffen vermischten Gewässer seien der Nil Ägyptens, der Ganges in Indien und die Seine in Paris. Auf dieser Basis der Bewertung ihres Wassers leiten sich in der Medizin Eigenschaften ab, die der menschlichen

Gesundheit zuträglich sind. Auch eignet sich ihr Wasser wie kein anderes für die schmackhafte Zubereitung und zum Kochen von Gemüsen, um die Seife beim Waschen zu lösen, und dergleichen mehr.

In der Seine liegen, inmitten von Paris, drei Inseln, von denen eine ›l'île de la Cité‹ genannt wird; auf ihr lag einstmals das alte Paris. ›La Cité‹ bedeutet ›die Stadt‹ – als ob man ›Insel der Stadt‹ sagte.

Wie verschieden ist dies alles doch vom Nil, von der Rawḍa[42] und vom Nilmesser! Ein Spaziergang auf der Rawḍa und am Nilmesser läßt sich (mit einem in Paris) nur insofern vergleichen, als Kairo vom großen Stadtkanal und Paris von der Seine durchquert werden. Nur teilt die Seine in ihrer Gänze Paris in zwei Teile, auf ihr verkehren Schiffe mit gewaltigen Ladungen, sie hat vorzügliche Kaianlagen, und an ihren Ufern herrscht Sauberkeit – und dennoch macht es keinen Spaß, an ihr entlangzuspazieren. Welch ein Unterschied auch zwischen dem Wasser des Nils und dem der Seine in bezug auf Geschmack und andere Dinge! Wäre es üblich, das Nilwasser vor dem Gebrauch zu filtern, wie dies mit dem Wasser der Seine geschieht, so wäre es eines der großartigsten Heilmittel. Ich behaupte ferner, daß ein großer Unterschied im Geschmack des Wassers der Seine und dem der Quellen, Rinnsale und Bäche Oberägyptens besteht.

Der langen Rede kurzer Sinn: es besteht ein himmelweiter Unterschied zwischen dem Boden Kairos und dem von Paris, zwischen ihrem Wasser, ihrem Obst – die Pfirsiche vielleicht ausgenommen – und ihrem Klima. Wären nicht die Tüchtigkeit der Pariser, ihre Klugheit, ihre Geschicklichkeit, ihre gute Verwaltung und ihr Bürgersinn, ihre Stadt wäre so gut wie gar nichts! Man nehme etwa die Seine: zwar ist sie im Sommer ein beliebtes Ausflugsziel, aber dafür kann ihre Temperatur im Winter auf acht Grad Frost sinken, so daß man auf ihr mit Kutschen fahren kann. Oder man sehe sich die Bäume und Sträucher dieser Stadt an: in der warmen Jahreszeit sind sie belaubt, in der kalten Jahreszeit sind sie nur kahl und häßlich anzuschauen, als wären sie lebloses Holz. Das gilt übrigens für alle kalten Länder. Jemand sagte in diesem Sinne:

> Warum, fragt den Zweig ich, bist du nackt im Winter,
>   und im Frühling erscheinst du in vollem Gewande?
> Der Frühling, sprach er, hat verkündet sein Kommen,
>   da verlieh mein Gewand ich dem kündenden Herold.

Oder man betrachte das Wetter dieser Stadt: den ganzen Winter hindurch und an den meisten Sommertagen ist es beständig düster. Geht man eine Stunde spazieren, so ist man eine Stunde später bereits in arger Bedrängnis, und das Wohlbefinden geht mit Blitz und Donner und strömendem Regen dahin. Die einheimische Bevölkerung kümmert sich allerdings wenig darum. Auf die restlichen Tage läßt sich jemandes Wort anwenden, der einen sehr kalten Tag als ›einen Tag, an dem der Wein gefriert und seine Feuersglut verliert, bei dessen Weggang das Schwere leicht und bei dessen Hereinbrechen das Leichte schwer wird‹ beschrieb. Die Franzosen freilich frequentieren an Winterabenden die Vergnügungslokale, denn sie scheuen keine Mühe, sich vor kalten Nächten zu schützen! Wir bitten Gott, daß Er uns vor der Kälte des harten Frostes schütze.

Würde sich Kairo ernsthaft anstrengen und verfügte es in vollem Maße über die Mittel der Zivilisation, es wäre wahrhaftig die Königin der Städte und stände an der Spitze der Orte der Welt – wie dies ja im Volksmunde schon jetzt verbreitet ist, wo man von Ägypten als ›der Mutter der Welt‹ spricht. Während meines Aufenthaltes in Paris pries ich die Stadt in einer Ode, die zugleich eine Eloge an unseren Landesherrn beinhaltet – möge der Ruhm seiner Regierung dauern, Amen![43]

Kairo bleibt zwar von den Widerwärtigkeiten der Pariser Kälte verschont, es entbehrt allerdings auch dessen, was man (zum Überleben) in der heißen Zeit brauchen könnte, zum Beispiel regelmäßig die Luft anzufeuchten und zu erfrischen. Der Pariser Bevölkerung ist es beispielsweise ein leichtes, im Sommer ein großes Stück unbebauten Landes mit Wasser zu sprengen. Sie bauen dafür ein großes Faß auf Rädern und lassen dieses Gefährt von Pferden ziehen. Das Faß hat mehrere fachmännisch konstruierte Düsen, welche das Wasser mit großer Kraft und stürmischer Gewalt ausstoßen. Die Räder bewegen sich dabei ständig bei geöffneten Düsen vorwärts, und auf diese Weise läßt sich in etwa einer Viertelstunde ein so großes Stück Boden sprengen, wie es von einer ganzen Schar von Männern noch nicht einmal in mehr als einer Stunde befeuchtet werden könnte. Und das ist nicht der einzige technische Kunstgriff, den sie kennen. Unserem Kairo freilich käme so etwas mehr zu, da dort die Hitze vorherrscht.

Eine weitere Merkwürdigkeit der Seine besteht darin, daß auf ihr riesige Boote liegen, welche die größten Bäder der so stattlich gebauten Stadt Paris beherbergen. Dabei umfaßt jedes dieser Bäder mehr als hundert Einzelkabinen. Wir werden im folgenden noch darauf zu sprechen kommen.

Eine andere lobenswerte Sache ist, daß man unterirdische Kanäle anlegt, welche in technisch vollendeter Weise das Flußwasser zu anderen Bädern in der Innenstadt oder zu großen Wasserspeichern leiten. Man betrachte den Unterschied zwischen der Einfachheit dieser Einrichtung und der Methode in Ägypten, wo man die Wassertanks vermittels Lastkamelen auffüllt: erstere Weise ist jederzeit billiger und einfacher.

Die Ufer dieses Flusses sind in der Innenstadt mit gewaltigen, etwa zwei Klafter über dem Wasserspiegel aufragenden Mauern ausgebaut, von deren Rand aus ein Passant den Fluß zu überschauen vermag. Sie sind von meisterhafter Bauart.

Sechzehn Brücken überqueren in Paris diesen Fluß, darunter eine namens ›Pont du Jardin des plantes‹. Sie ist

400 Fuß lang und 37 Fuß breit und hat fünf solide eiserne Pfeiler, die auf Quadersteinen ruhen. Diese Brücke wurde in fünf Jahren mit einem Kostenaufwand von 30 Millionen Franc gebaut. Diese Brücke heißt (jetzt) ›Pont d'Austerlitz‹, so genannt nach einem Ort, wo Napoleon die Herrscher Österreichs und Rußlands besiegte. Diese Schlacht wird die ›Schlacht von Austerlitz‹ oder die ›Dreikaiserschlacht‹ oder die ›Schlacht im Krönungsjahr Napoleons‹ genannt. Austerlitz ist eine kleine Ortschaft, in deren Nähe dieser Sieg erfochten wurde. Dieser Sieg hat für die Franzosen für alle Zeit Anspruch auf dankbares Gedenken. Daher verewigten sie ihn, indem sie diese Brücke errichteten und ihr diesen Namen zum Andenken und zur bleibenden Erinnerung gaben.

Die Seine durchquert Paris auf einer Länge von etwa zwei Meilen. Ihre Breite ist unterschiedlich. So beträgt sie an der erwähnten Brücke 166 Meter. Die durchschnittliche Strömung beträgt zwanzig Parmak (1,2 m) pro Sekunde oder 1200 pro Minute.

Der Boden von Paris ist an der Oberfläche von zweierlei Art: erstens Gips und zweitens Lehm, den die Seine nach Hochwasser ablagert. Der Boden besteht aus verschiedenen Schichten. Die erste Lage bildet ein tonig-sandiger, mit Kies durchsetzter Ackerboden. Die zweite ist Tonerde, vermischt mit Gips und Muscheln. Die dritte Schicht ist Formerton, die vierte Tonerde mit Muschelkalk, die fünfte Kalkstein, durchsetzt mit Muscheln, die sechste Meeresablagerungen, die siebente Lehm ähnlich dem Nilschlamm und die achte Kreide und mit Kohle durchsetzter kreidiger Kalk.

Ferner wird diese Stadt sowohl durchschnitten wie eingefaßt von Baumreihen, die in der Art paralleler Linien angelegt sind, ohne daß ein Baum aus der Reihe tritt. Man sieht dergleichen auf der Straße nach Šubrā, in Abū Zaʿbal und in Gihādābād.[44] Diese Bäume sind im Sommer belaubt, und Passanten suchen unter ihnen Schutz vor der Sonnenglut.

Solche Straßen heißen ›boulevards‹. In Paris findet man äußere Boulevards, wie etwa die Stadtmauer, und Boulevards in der Innenstadt. Der Umfang der äußeren Boulevards beträgt mehr als fünf (französische) Meilen, und die Zahl der Boulevards von Paris beläuft sich auf 22.

In dieser Stadt gibt es eine Reihe von großen unbebauten Flächen, welche ›places‹, das heißt ›Plätze‹, genannt werden, vergleichbar etwa dem Rumaila-Feld in Kairo[45] – rein der Ausdehnung nach, nicht was die Unsauberkeit betrifft! Es gibt deren 75 an der Zahl. Sodann hat diese Stadt äußere Stadttore nach der Art des Bāb al-Naṣr in Kairo, und zwar insgesamt 58. Ferner gibt es in dieser Stadt vier Kanäle, drei Wasserschöpfanlagen, die allerdings gewaltig sind, 86 Wassertanks und 114 Hydranten auf den Straßen.

Wie sehr diese Stadt floriert, kann man daran erkennen, daß ihre Bevölkerung sich offensichtlich in ständigem Wachstum befindet, die Stadt sich immer weiter ausdehnt und ihre Bauten und Anlagen immerfort ergänzt und verbessert werden. Die Zahl ihrer Einwohner, das heißt der einheimischen Bevölkerung, beträgt zur Zeit etwa eine Million. Die Peripherie der Stadt hat eine Länge von sieben französischen Meilen.

Die Transportmittel dieser Stadt sind, wie in anderen französischen Städten, Wagen und Kutschen, nur gibt es hier deren mehr und in größerer Vielfalt. Tag und Nacht hört man hier ohne Unterbrechung das Rumpeln der Wagen. Näheres darüber wird an anderer Stelle erwähnt werden.

2. Abschnitt:
über die Bevölkerung von Paris

Wisse denn, daß sich die Pariser vor vielen Christen durch Intelligenz, feinen Verstand und die Gabe, sich mit schwerverständlichen Dingen zu befassen, auszeichnen und so gar nicht wie die koptischen Christen (zu Hause) sind, die von Natur aus zu Ignoranz und Dummheit neigen. Sie sind auch keineswegs Gefangene des blinden Autoritätsglaubens, sondern möchten stets den Dingen auf den Grund gehen und sich über sie Aufschluß verschaffen, so daß bei ihnen sogar die einfachen Leute lesen und schreiben können und sich, wie andere auch, mit tiefen Fragen befassen – jedermann nach Maßgabe seiner Verhältnisse, versteht sich. Somit ist die breite Masse in dieser Stadt, zum Unterschied vom Pöbel in den meisten barbarischen Ländern, keineswegs wie das liebe Vieh. Sämtliche Wissenschaften, Künste und Fertigkeiten sind in Büchern aufgezeichnet, selbst die niederen Gewerbezweige, und ein Handwerker muß notwendigerweise, um sein Gewerbe fachmännisch ausüben zu können, des Lesens und Schreibens kundig sein. Jeder Fachmann möchte auf seinem Gebiet etwas noch nie Dagewesenes erfinden oder die Erfindung eines anderen vervollkommnen. Dazu verhilft ihnen, vom Streben nach Einkommen abgesehen, ihr Wunsch nach Geltung, Ansehen und einem bleibenden Ruf, wobei sie den Worten des Dichters folgen:

> Ich erkannte, weiß Gott, man ist nach dem Tode
> nur Nachruf von dem, was man erreicht und getan.
> Da Gedenken gebührt jedem Mann nach dem Tode,
> ist Erinnerung für gute Tat sein vornehmster Ruf.

Und den Worten von Ibn Duraid:[46]

> Man ist nach dem Tode nicht mehr als ein Nachruf,
> so sei er denn gut für die, die gedenken!

Jemand sprach zu Alexander: »Würdest du viele Frauen nehmen, so hättest du viele Nachkommen und dein Andenken würde durch sie gehoben.« Er aber erwiderte: »Bleibendes Andenken liegt in sauberer Lebensführung begründet. Es ist nicht gut für jemanden, der Männer bezwungen hat, daß ihn Weiber überwinden.«

Zu den Wesenszügen der Franzosen gehören Neugier und Begeisterung für alles Neue sowie der Wunsch nach Veränderung und Abwechslung in allen Dingen, besonders auf dem Gebiet der Kleidung. Die hat bei ihnen überhaupt keinen Bestand, und bis heute hat sich bei ihnen keine feste Mode eingebürgert. Das soll nicht heißen, daß sie ihre Kleidung im ganzen ändern, sondern vielmehr, daß sie die bestehende Kleidung variieren. Zum Beispiel ändern sie keineswegs das Tragen von Hüten und gehen nicht etwa zum Turban über, sondern sie tragen eine Zeitlang eine bestimmte Hutform, und nach einer Weile wechseln sie zu einer anderen Art über, entweder von verschiedener Form oder von anderer Farbe, usw.

Ein weiterer Wesenszug ist ihre Gewandtheit und Flinkheit. So kann man beobachten, daß ein Mann von Rang und Würden auf der Straße wie ein kleiner Junge dahinläuft.

Ferner gehören zu ihrer Wesensart Unbeständigkeit und Launenhaftigkeit. Da wechselt jemand mit einem Male von Freude zu Trauer, und umgekehrt, über, oder von Ernst in Scherz, und umgekehrt, so daß er an ein und demselben Tage eine ganze Reihe von sich widersprechenden Dingen tun mag. Dies alles freilich in unwichtigen Dingen. Was die wichtigen Belange betrifft, da ändern sich ihre Ansichten (zum Beispiel) in politischen Dingen nicht, sondern ein jeder hält an seiner Überzeugung und seiner Meinung fest und tritt sein Leben lang für sie ein.

Trotz ihrer ausgeprägten Heimatliebe reisen sie gern und ziehen manchmal viele Jahre und eine lange Zeit in der Welt umher, ja sie mögen sich sogar für eine Sache, die ihrem Vaterlande zugute kommt, in Gefahren stürzen. Als wären sie die Bestätigung dessen, was al-Ḥājirī sagte:

Alle Bleiben, alle Orte sind teuer
mir, doch nie so wie meine Heimat.

Und ein anderer sagte:

Dein Herz laß schweifen nach Herzenslust,
wahre Lieb gilt dem ersten Geliebten!
Wie manchen Ort nennt ein Mann sein Zuhaus,
und sehnt sich doch stets nach dem ersten.

Zu ihren Eigenschaften gehören ferner Freundlichkeit gegenüber Fremden und die Neigung, sich mit ihnen anzufreunden, besonders wenn ein Ausländer in kostbarer Kleidung auftritt. Dazu treibt sie allein der Wunsch und das Verlangen, sich nach den Ländern und den Lebensgewohnheiten der dortigen Bevölkerung zu erkundigen, damit sie daheim wie auf Reisen das, was sie im Schilde führen, erreichen können. Und die Menschen sind inzwischen gewohnt, von der Welt Dinge zu verlangen, die unerreichbar sind – wie schon der Dichter sagte:

Die Menschen, so verschiedenen Wesens,
begehren Irdisches, das unerreichbar.

Nachbarliche Hilfe kennen sie zwar in Wort und Tat, nicht aber, was Geld und Besitz betrifft. Gewiß, sie verwehren ihren Freunden nicht, wenn diese etwas zu entleihen wünschen – aber es zu schenken, niemals, es sei denn, sie sind sich einer Kompensation sicher! Sie sind in Wahrheit eher geizig als großzügig. Den Grund dafür haben wir in unserer Übersetzung ›Muḫtaṣar al-siyar wa-'l-'awā'id‹ im Zusammenhang mit der Gastfreundschaft erwähnt. In Wirklichkeit ist der eigentliche Grund der, daß Großzügigkeit (eben nur) bei den Arabern zu finden ist.

Zu ihren Eigenschaften gehört ferner, daß sie zumeist ihrer Steuerpflicht nachkommen und niemals ihre Arbeit vernachlässigen. Denn ob reich, ob arm, sie arbeiten unermüdlich. Es ist, als wollten sie damit zum Ausdruck bringen: Tag und Nacht wirken auf dich ein, so sei auch du in beiden rege!

Fest in ihrem Naturell verwurzelt ist der Wunsch nach

Geltung und Ansehen, nicht aber Hochmut und Gehässigkeit. Sie sind, wie sie zum Eigenlobe sagen, ›lautereren Herzens als Opferlämmer‹, obschon sie im Zorn blutdürstiger als Tiger sein können: Wenn bei ihnen einer in Wut gerät, dann wählt er eher den Tod als das Leben. Selten vergehen ein paar Tage, ohne daß sich jemand umbringt, besonders aus Armut oder Liebeskummer.

Einer ihrer dominierenden Wesenszüge ist, daß sie ihr Wort halten, keinerlei Treulosigkeit begehen und selten betrügen. Ein weiser Mann hat gesagt: Versprechen sind die Netze der Edlen, mit denen sie gute Taten freier Männer fangen. Und ein anderer sagte: Undankbarkeit entspringt niederer Veranlagung und schlechter Glaubenshaltung. Und ein anderer: Dankbarkeit besiegelt die Wohltat, die Dankespflicht zu erfüllen heißt der Sache den rechten Ausgang geben. Auch hat man gesagt: Das Versprechen des Edlen ist verpflichtender als die Schuld des Schuldners. Und jemand sagte: Betrügereien schaden dem Vertrauen. Aufrichtigkeit ist denn auch eines ihrer hervorstechenden Charaktermerkmale, und ritterliche Tugend ist ihnen gar sehr angelegen. Ritterlichkeit, hat jemand zu deren Lobe gesagt, ist der Sammelbegriff für alle guten Eigenschaften. Als eine der Eigenschaften, die den Menschen entwürdigen, gilt ihnen, wie anderen, die Undankbarkeit: sie sind der Ansicht, daß Dankbarkeit eine Pflicht ist. Ich meine, diese Anschauung ist allen Völkern gemeinsam, und wenn diese Eigenschaft zuweilen bei gewissen Leuten fehlt, so ist dies etwas Unnatürliches. Es verhält sich damit wie mit der liebevollen Fürsorge des Vaters und der Pietät des Sohnes: beide mögen sich zwar bei einzelnen nicht einstellen, und dennoch gelten sie allen Völkern und Konfessionen als natürliche Eigenschaften.

Außerdem gehört zu ihren Eigenarten, daß sie Geld für persönliche Vergnügen, zur Befriedigung teuflischer Begierden, und für Amüsement und Spiel ausgeben und dabei jedes normale Maß überschreiten.

Zudem sind die Männer dort die Sklaven der Frauen, gleichgültig ob schön oder nicht, und diesen völlig ergeben. Jemand hat gesagt, Frauen seien für die Wilden Opfergaben, im Orient seien sie Haushaltsgegenständen gleich, und bei den Europäern seien sie wie verhätschelte Kinder. Ein Dichter sagte:

Trotze den Weibern: andrer Gehorsam ist der rechte!
  Kein Mann, der sich fügt, wird je ruhig schlummern.
Sie hindern ihn, sich in gar vielem zu entfalten,
  und strebt' er nach Wissen an die tausend Jahre!

Die Europäer haben überhaupt keine schlechte Meinung von ihren Frauen, obwohl deren Entgleisungen recht zahlreich sind. Da mag einem von ihnen, selbst einem ihrer Notabeln, die Unzucht seiner Gattin nachgewiesen werden: er wird sie vollkommen verlassen und sich zeit seines Lebens von ihr trennen, doch die anderen ziehen keinerlei Lehre daraus. Wiewohl man doch vor den Frauen auf der Hut sein soll, wie schon der Dichter sagte:

Denk stets nur Schlechtes von den Weibern,
  gehörst du zu denen mit klarem Verstande:
Noch nie kam ein Mann in gefährliche Lage,
  es sei denn, er hätte nur Gutes gedacht.

Und wir haben die Worte eines reinblütigen Arabers, gerichtet an seine Frau:

Betrogen hat eine von euch einen Mann:
  lang nach uns hat die Welt einen Gimpel!

Zu den löblichen Dingen in ihrer Veranlagung, die im übrigen wirklich der der Araber ähnelt, gehört, daß sie keinerlei Neigung zur Päderastie und zur erotischen Verherrlichung von Lustknaben zeigen. So etwas ist bei ihnen tabu, dagegen sträubt sich sowohl ihre Natur wie ihre Moral. Es ist ein schöner Zug ihrer Sprache und Dichtkunst, daß sie die gleichgeschlechtliche Erotik ablehnen. So gilt es im Französischen als unschicklich, als Mann zu sagen ›Ich liebte einen Knaben‹. Das würde als widerlich und anzüglich empfunden. Wenn daher jemand eines unserer Bücher übersetzt, so ändert er die Worte und sagt bei der Übersetzung dieses Satzes etwa ›Ich liebte ein Mädchen‹ – oder ›ein Wesen‹, um darum herumzukommen. Denn sie sehen so etwas als sittliche Zersetzung an – mit Recht übrigens, denn es ist doch so, daß ein Geschlecht für das andere eine gewisse Eigenschaft hat, die es anziehend macht, etwa vergleichbar mit der Eigenart des Magneten in der Anziehungskraft auf Eisen oder der Eigenart des Bernsteins, wenn er (nach Reiben) die Dinge anzieht. Ist nun das Geschlecht ein und dasselbe, so entfällt diese Eigenart, und es tritt ein widernatürlicher Zustand ein. Diese Erscheinung gilt bei ihnen als eine der übelsten Formen der Unzucht, so daß sie nur selten in ihrer Literatur offen davon sprechen, sondern vielmehr dieses Thema nach Möglichkeit verschleiern. Und man wird nie hören, daß man sich gar darüber unterhält.

Zu ihren schlechten Eigenarten gehören, wie schon gesagt, die geringe Sittsamkeit vieler ihrer Frauen und der Mangel an Eifersucht seitens der Männer in Dingen, die bei Muslimen Anlaß zur Eifersucht wären. Ein französischer Zyniker hat gesagt: ›Man lasse sich nicht durch die Weigerung einer Frau täuschen, wenn man mit einem bestimmten Begehr an sie herantritt, und schließe daraus nicht auf ihre Keuschheit, sondern auf ihre reiche Erfahrung.‹ Und warum nicht, da doch unerlaubter Geschlechtsverkehr bei ihnen als ein Makel und Laster, nicht aber als eine Todsünde gilt, besonders was Unverheiratete angeht. Es ist, als wären ihre Frauen die Bestätigung des Wortes eines Weisen: Laß dich nicht von einem Weibe täuschen, noch vertraue Geld, selbst wenn es reichlich vorhanden ist. Und ein anderer sagte: Die

Weiber sind die Fallstricke des Teufels. Ein Dichter hat gesagt:

> Genieße sie, solang sie willig! Nicht rastlos
> sei, ob sie erscheint – sie wird erscheinen!
> Schenkt Huld sie dir, sollst du bedenken:
> dem nächsten Werber schenkt sie gleiche Gunst.
> Schwört sie, kein Fernsein könnt 's Gelübde brechen –
> mit Hennafingern schwört man keinen Eid!

Kurz und gut, diese Stadt ist, wie alle anderen Großstädte Frankreichs und Europas, voll von einer Vielzahl von Lastern, Ketzereien und Irrmeinungen, obgleich Paris zu den geistvollsten Orten der Welt und den Zentren der fremden Wissenschaften zählt und als das ›französische Athen‹ gilt. Ich habe die Stadt bereits weiter oben in gewisser Hinsicht mit Athen, das heißt mit der Stadt der griechischen Philosophen, verglichen. Später las ich bei einem französischen Schriftsteller sinngemäß folgendes: Die Pariser sind von allen Menschen den Athenern am ähnlichsten, oder vielmehr: sie sind die Athener unserer Zeit. Ihr Geist ist römisch, ihre natürliche Veranlagung griechisch.

Wir sagten bereits, daß die Franzosen zu jenen gehören, welche die Entscheidung über Gut und Böse menschlichen Handelns der Vernunft überlassen. Dem möchte ich an dieser Stelle hinzufügen, daß sie alles Widernatürliche verwerfen und des festen Glaubens sind, daß der Fortgang der natürlichen Dinge unaufhaltsam ist, daß die Religionen lediglich dafür gekommen seien, den Menschen anzuleiten, das Gute zu tun und das Gegenteil zu meiden, daß aber die Zivilisation, das Streben der Menschen und ihre fortschreitende Bildung und Verfeinerung am Ende die Religionen ersetzen würden und daß in zivilisierten Ländern dann politische Dinge wie Dinge des offenbarten Gesetzes gehandhabt würden.

Zu ihren verabscheuenswerten Überzeugungen gehört, daß sie behaupten, der Verstand ihrer Philosophen und Metaphysiker übertreffe den der Propheten. Sie haben viele solcher schändlichen Überzeugungen, etwa wenn manche von ihnen den Ratschluß Gottes und die Prädestination leugnen, wiewohl doch ein Weisheitsspruch lautet: Verständig ist, wer ans Schicksal glaubt und dennoch in allen Dingen entschlossen zu Werke geht. Andrerseits sollte der Mensch den Lauf der Dinge nicht einfach dem Schicksal zuweisen oder sich aufs Schicksal berufen, bevor noch etwas geschehen ist, sagt doch ein weitverbreitetes Sprichwort: Allzuviel dem Schicksal zu überlassen ist ein Anzeichen der Schwäche. Und jemand sagte: Kommt es zum Streit, so ist Schweigen besser als Reden, kommt es zum Krieg, ist Planen besser als Glaube ans Schicksal. Es gibt bei ihnen eine Richtung, die glaubt, daß Gott die Menschheit erschaffen und ihr ein für allemal eine bewundernswerte Ordnung gegeben hat, daß Er aber über sie weiter in einer göttlichen Eigenschaft wacht, der sogenannten ›Eigenschaft der Vorsehung‹, welche im ganzen an die *möglichen* Dinge gebunden ist in dem Sinne, daß sie diesen verwehrt, die Regelmäßigkeit des Seins zu durchbrechen. Wir werden noch an anderer Stelle auf einige ihrer Lehrmeinungen zu sprechen kommen.

Die Hautfarbe der Pariser ist ein mit Rot durchsetztes Weiß, und nur selten wird man bei der angestammten Bevölkerung eine dunkle Hautfarbe antreffen. Der Grund für deren Seltenheit ist der, daß sie für gewöhnlich, um sich vor jeglicher Mischung der Hautfarben zu wahren, keine Heirat zwischen einer Negerin und einem Weißen, oder einer Weißen mit einem Neger, gestatten. Mehr noch, sie denken nicht einmal, daß die Neger überhaupt irgendwelche Schönheit besitzen könnten, gilt doch vielmehr die schwarze Hautfarbe bei ihnen als ein Merkmal der Häßlichkeit. So gibt es denn auch bei ihnen in der Erotik keine zwei Richtungen, und nach ihrer Ansicht ist gar unschicklich, was ein Dichter von einem schwarzen Knaben sagte:

Dein Antlitz ist, als hätt mein Finger es geschrieben
als Wort, das meine Hoffnungen diktierten.

Des vollen Mondes Schönheit ist sein Sinn, nur hat
die Nacht erst ihr Pigment darauf gestäubt.

Vielmehr scheinen sie stets die Worte eines anderen vor sich hin zu sagen:

Fürwahr, wer Dunkle liebt, ist für mich unfein,
weit prächtger sind die weißen Schönen!
Ich lieb jed weißes Ding in jungen Jahren,
des Antlitz strahlend, weit sein Lächeln.
Genug! Ich folg dem Wahren in der Liebe,
und weiß und schön ist wahr, kein Zweifel!

Andrerseits gilt bei den Franzosen als unpassend, ein Negermädchen für Küchendienste und dergleichen anzustellen, da bei ihnen die Vorstellung fest verwurzelt ist, daß es den Schwarzen an der nötigen Reinlichkeit gebräche.

Die Frauen der Franzosen sind von hervorstechender Schönheit und größtem Charme, sehr liebenswürdig und zuvorkommend im Umgang. Sie putzen sich stets auf das feinste und mischen sich in öffentlichen Vergnügungsstätten ungezwungen unter die Männer. Zuweilen kann es vorkommen, daß sie an solchen Orten mit Männern Bekanntschaft schließen, gleichgültig ob es sich um Frauen aus gehobenerem Stande oder solche aus der unteren Schicht handelt, besonders am Sonntag, dem Feier- und Ruhetag der Christen, und am Sonntagabend auf Bällen und in Tanzlokalen, von welchen noch später die Rede sein wird. Hier paßt, was jemand sagte:

Die Locken der Tänzerinnen flossen und fielen
auf Hüften so schmal wie der Wespen Taillen,
Ihre Schlankheit verborgen vom Kleid, doch enthüllt,
wo Bänder geknüpft und die Gürtel geschnürt sind.

Jemand hat gesagt, Paris sei das Paradies der Frauen, das Fegefeuer der Männer und die Hölle der Pferde. Das heißt, die Frauen sind dort gleichermaßen beschenkt mit materiellen Gütern und mit Schönheit; was die Männer betrifft, so sind sie, als Zwischending zwischen diesen und jenen, die Sklaven der Frauen, denn ein Mann legt sich selber Entbehrungen auf, gönnt aber seiner Geliebten jegliches Vergnügen; und was die Pferde angeht, die müssen Tag und Nacht die Kutschen über den steinigen Boden von Paris ziehen, und wenn es sich gar bei jener, die die Kutsche mietet, um eine schöne Frau handelt, dann treibt der Kutscher seine Pferde an, um jene so schnell wie möglich zu ihrem Ziel zu bringen. Die Pferde ziehen in dieser Stadt stets den kürzeren.

Da Paris zu Frankreich gehört, so ist die Sprache seiner Bewohner selbstverständlich das Französische. Wir wollen an dieser Stelle einiges Wissenswerte darüber anführen und sagen also: Wisse denn, daß die französische Sprache eine Spätform des Fränkischen ist, nämlich der Sprache der Gallier, das heißt der alten Franzosen. Später wurde diese aus dem Lateinischen ergänzt, und es kam einiges aus dem Griechischen und Deutschen hinzu, auch ein wenig aus dem Slawischen und anderen Sprachen. Als sich dann später die Franzosen in den Wissenschaften hervortaten, übernahmen sie die wissenschaftlichen Termini aus den Sprachen der Herkunftsländer, wobei die meisten Fachausdrücke griechisch sind, bis ihre Sprache eine der reichhaltigsten und umfangreichsten hinsichtlich der Zahl nichtsynonymer Wörter war, nicht aber hinsichtlich des Ineinanderspielens der Ausdrücke und der Freiheit ihrer Anwendbarkeit, auch nicht hinsichtlich der originellen Wortprägungen – denn daran gebricht es ihr vollkommen – noch der auf dem Wortsinn beruhenden rhetorischen Schönheiten. Manchmal gilt bei den Franzosen als stilistische Schwäche, was im Arabischen als Schmuckwerk angesehen wird. Zum Beispiel ist für sie die Anspielung nur selten ein gutes Stilmittel, und wenn, dann höchstens als literarische Spaßmacherei. Das gleiche gilt für die vollkommene und unvollkommene Paronomasie: beide sind für sie völlig bedeutungslos, und so entgeht ihnen die Feinheit dessen, was man aus dem Arabischen, eben so verziert, für sie übersetzt. Abschließendes wird darüber noch an anderer Stelle gesagt werden.

Allgemein gesprochen, hat jede Sprache ihren besonderen Usus. Der des Französischen besteht in einer weitgehenden Reduzierung der Flexion und der Konjugation eines Verbs zusammen mit einem anderen. Wenn beispielsweise jemand zum Ausdruck bringen will, er habe gegessen, so sagt er *j'ai mangé*, mit anderen Worten, die Flexion des Verbums ›essen‹ ist in gewissen Fällen nur zusammen mit dem Verbum des Besitzens oder Aneignens möglich – als würde er sagen ›ich habe mir das Essen angeeignet‹. Oder wenn er ausdrükken will, er sei hinausgegangen, so sagt er *je suis sorti* ›ich bin ein Hinausgegangener‹ – das heißt, ich ging hinaus, und so fort. Das Verb der Besitzanzeige und das Verbum des Seins heißen ›Hilfszeitwörter‹, das heißt, sie *helfen* bei der Flexion der Verba und werden dabei ihrer ursprünglichen Bedeutung beraubt. Wenn sie ein Verbum kausativ machen wollen, so sagen sie *je le fis manger* ›ich machte ihm das Essen‹ – das heißt, ich veranlaßte ihn oder hieß ihn zu essen, oder *je le fis sortir* ›ich machte ihm das Hinausgehen‹ – das heißt, ich schickte ihn hinaus, und so fort. Sie können somit ihre Verben nicht wie im Arabischen flektieren, und deshalb hat in dieser Hinsicht ihre Sprache etwas Enges, Beschränktes an sich.

Die Regeln der französischen Sprache, die Kunst der Wortanordnung, die Schreibweise der Wörter und die Art, sie zu lesen, heißt ›grammatica‹ und bei den Franzosen ›grammaire‹, was ›die Kunst, die Worte einer Sprache anzuordnen‹ bedeutet. Das ist so, als ob jemand von *fann al-naḥw*, der Syntax, spricht und darunter alles, was mit der Sprache zu tun hat, versteht, so wie wir von den *ʿulūm al-ʿarabiyya*, den ›Disziplinen der arabischen Sprache‹, reden und damit die zwölf Wissenszweige meinen, wie sie in den Worten unseres verehrten Lehrers al-ʿAṭṭār zusammengefaßt sind:

Syntax, Flexion, Prosodie, ferner Lexikographie,
dann Etymologie, Poesie und Kunde des Schreibstils,
Begriffslehre, Darstellungslehre, Kalligraphie, Reimkunst,
Historik – so zählt man die Wissenschaft der Araber auf.

Jemand hat noch die Tropenlehre hinzugefügt, ein anderer wieder sprach sich für die Aufnahme der Koranrezitationskunst aus, kurzum, es ist jedem freigestellt, etwas hinzuzufügen oder wegzulassen, zumal die vorstehende Zusammenstellung und Einteilung zwar von mir stammt, von mir aber nicht als Begrenzung gedacht ist. Es ist offensichtlich, daß diese Disziplinen lediglich verdienen, als ›Forschungsgebiete der Kenntnis der arabischen Sprache‹ bezeichnet zu werden. Wie können Dichtkunst, Poetik und Reimlehre selbständige Wissenschaften sein und Syntax, Flexion und Etymologie Wissenschaften für sich darstellen? Oder man überlege, was mit der Geschichtsschreibung und deren Zugehörigkeit zu den ›arabischen Wissenschaften‹ gemeint sein kann, wo doch die ersten Autoren auf diesem Gebiet griechische Gelehrte und die ersten in diesem Fach erschienenen Werke die Bücher Homers über den Kampf um Troja waren, während die Araber erst in späterer Zeit historische Werke verfaßten. Auch die Kalligraphie ist übrigens alt.

Die Europäer also reihen solche Studiengebiete in die ›Wissenschaft der Wortkonstruktion‹ ein, ja sie rechnen dazu sogar Logik, Orthographie und Dialektik. Nun hat die französische Sprache, wie andere europäische Sprachen auch, einen ihr eigenen Sprachgebrauch, und auf diesem sind ihre Syntax, Flexion, Prosodie, Reimkunst, Darstellungslehre, Kalligraphie, Stilkunde und Begriffslehre aufgebaut. Und das ist, was man als ›grammatica‹, das heißt Philologie, bezeichnet. Mithin hat jede systematisch aufgebaute Sprache eine Wissenschaft, welche die Regeln dieser Sprache sammelt, sei es zur Verhinderung von Fehlern beim Lesen und Schreiben oder sei es, um die Sprache zu verbessern und zu verfeinern. Somit ist es also mitnichten die arabische

Sprache allein, die sich dergleichen rühmen kann, sondern man findet dies in jeder Sprache. Gewiß, die arabische Sprache ist die eloquenteste, großartigste, umfangreichste und für das Ohr erhabenste der Sprachen! Wenn daher jemand mit der lateinischen Sprache vertraut ist, dann weiß er alles, was mit dieser zu tun hat, und kennt sich in der Syntax als solcher und in anderem, etwa der Flexion, aus, und deshalb ist es pure Ignoranz, von ihm zu behaupten, er wisse rein gar nichts, nur weil derselbe der arabischen Sprache unkundig ist. Wenn sich jemand mit einer Sprache befaßt, so wird er virtuell mit der anderen Sprache vertraut, das heißt, wenn man ihm das, was in der anderen Sprache ist, übersetzt und deutet, so vermag er dies in sich aufzunehmen und es mit der eigenen Sprache zu vergleichen. Mehr noch, er mag es bereits gewußt haben und lernt nun etwas dazu, und er kann es dann erörtern und das, was der Verstand nicht akzeptiert, ausscheiden. Warum nicht, ist doch Erkenntnis die natürliche Veranlagung! Und so kann es sein, daß jemand zwar keinen Zugang zu den großen Handbüchern in arabischer Sprache haben mag, wohl aber im Französischen, wenn man sie für ihn übersetzte. Denn für jede Sprache wird gearbeitet, und jede hat ihr ›Muṭawwal‹, ihr ›Aṭwal‹ und ihren ›Saʿd‹.[47] Gewiß, nicht alles, was fließt, ist Wasser, nicht jedes Dach ist ein Himmelszelt, nicht jedes Haus ein Haus Gottes, und nicht jeder Mohammed ein Gesandter Allahs, wie schon der Dichter sagte:

Nein doch, nicht aller Zephir kommt vom Osten,
noch hellt ein jedes Licht die Welt.

Und ein anderer sagte:

Nicht jede mit hennagefärbten Fingern ist eine Buthaina,
noch jeder, der kranken Herzens, ein Jamīl.

Gewiß, die Sprache der Araber ist die großartigste und brillanteste der Zungen. Doch ist deshalb pures Gold, welches sie nachahmt, eitel Flitter?

Sosehr es den Anschein haben mag, daß Ausländer die Sprache der Araber nicht wirklich verstehen können, wenn sie diese nicht ebensogut sprechen wie die Araber, so entbehrt dies doch jeglicher Grundlage. Zum Beweis (des Gegenteils) mag unter anderem dienen, daß ich in Paris mit einem hochgebildeten Manne der Franzosen namens Baron Silvestre de Sacy zusammentraf, berühmt in ganz Europa ob seiner Kenntnis der orientalischen Sprachen, vor allem des Arabischen und Persischen. Er gehört zur Prominenz von Paris und ist Mitglied einer Reihe von französischen und ausländischen wissenschaftlichen Gesellschaften. Seine Übersetzungen haben in Paris Verbreitung gefunden, und seine Meisterschaft in der arabischen Sprache ist stadtbekannt. Er hat sogar einen kurz gefaßten Kommentar zu den Makamen des Ḥarīrī unter dem Titel ›Muḫtār al-šurūḥ‹ verfaßt. Er hat, wie man sagt, das Arabische, von den Anfangsgründen abgesehen, allein dank seiner gewaltigen Auffassungsgabe, seines scharfen Verstandes und seines reichen Wissens erlernt und hat demnach zu keiner Zeit Autoritäten wie Scheich Ḫālid – vom ›Muġnī‹ gar nicht zu reden – in der bei uns üblichen Weise studiert und erklärt bekommen.[48] Dabei kann er das ›Muġnī‹ lesen, und warum auch nicht, wo er doch den Baiḍāwī zu wiederholten Malen durchgearbeitet hat! Sobald er jedoch etwas vorliest, ist seine Aussprache wie die der Nichtaraber, und er kann überhaupt arabisch nur mit einem Buch in der Hand sprechen. Und wenn er einen Ausdruck erklären will, dann verwendet er gar seltsame Wörter, deren richtige Aussprache ihm ganz unmöglich ist. Wir wollen an dieser Stelle sein (arabisches) Vorwort zu seinem Kommentar der Makamen des Ḥarīrī zitieren, damit man sich einen Begriff von der Art, wie er schreibt, und von seinem Stil machen kann. Dieser ist durchaus eloquent, wenn auch etwas blaß. Das liegt daran, daß de Sacy in der Grammatik europäischer Sprachen zu Hause ist, und deshalb tendiert denn auch seine Ausdrucksweise im Arabischen dorthin.[49] Im französischen Vorwort zu diesem Buch behauptet er, die Makamen von al-Hamaḏānī[50] seien besser als die des Ḥarīrī. Er hat übrigens in seiner Chrestomathie mit dem Titel ›Kitāb al-anīs al-mufīd lil-ṭālib al-mustafīd wa-jāmiʿ al-šuḏūr min manẓūm wa-manṯūr‹ mehrere Makamen beider Autoren ins Französische übertragen. Kurz und gut, sein Wissen, vor allem auf dem Gebiete der arabischen Sprache, ist berühmt, und das, obwohl er doch nur mit größter Mühe arabisch sprechen kann! In einem seiner Bücher habe ich bedeutende Erkenntnisse, großartige Zitate und kraftvolle Widerlegungen gefunden. Er ist von größter Belesenheit in der wissenschaftlichen Literatur sämtlicher Sprachen, was alles darauf zurückzuführen ist, daß er einerseits seine eigene Sprache ganz und gar beherrscht und daß er sich später mit voller Hingabe der Kenntnis der anderen Sprachen widmete. Zu seinen Werken, die sein Können unter Beweis stellen, gehört eine Grammatik mit dem Titel ›Al-tuḥfa al-saniyya fī ʿilm al-ʿarabiyya‹.[51] In dieser stellt er die (arabische) Grammatik in einer außergewöhnlichen, noch nie dagewesenen Anordnung dar. Ferner stammt von ihm eine Anthologie mit dem Titel ›Al-muḫtār min kutub aʾimmat al-tafsīr wa-ʾl-ʿarabiyya fī kašf al-ġitāʾ ʿan ġawāmiḍ al-iṣṭilāḥāt al-naḥwiyya wa-ʾl-luġawiyya‹.[52] Sie wurde von ihm zusammengestellt und dann aus dem Arabischen ins Französische übertragen. Auch ist er der Autor einer Reihe von anderen Arbeiten und Übersetzungen, insbesondere auf dem Gebiete der persischen Sprache, denn darin verfügt er über eine außerordentliche Meisterschaft. Sein Ruf als hervorragender Gelehrter in ganz Europa ist nicht zu leugnen, und führende europäische Staatsoberhäupter haben ihm sogar Auszeichnungen und Ehrungen verliehen.

Die Beschäftigung mit den verschiedenen Fachgebieten hat inzwischen im Französischen den absoluten Höhepunkt erreicht, so daß es für jeden Wissenszweig bereits ein eigenes, alphabetisch angeordnetes Lexikon der Fachausdrücke gibt, sogar für die Fertigkeiten der gewöhnlichsten Leute.

Denn für die gibt es Schulen wie etwa die Schule der Kochkunst – mit anderen Worten, ein ›Gremium der Wissenschaftler und Dichter der Kochkunst‹! Und wenn das auch eine rechte Narretei ist, so beweist es doch, wie sehr diese Stadt bemüht ist, allen Dingen, und seien es die niedersten und trivialsten, auf den Grund zu gehen. Das gilt gleichermaßen für Männer wie für Frauen. Denn auch die Frauen entfalten dort eine bedeutende literarische Tätigkeit. Manche von ihnen haben Bücher aus einer Sprache in eine andere übersetzt, und zwar mit einem schönen, wohlformulierten und trefflichen sprachlichen Ausdruck, andere treten auf Grund ihres literarischen Stils und ihrer erstaunlichen Briefkunst hervor. Und so wird dem Leser ersichtlich werden, daß jemandes Sprichwort ›Die Schönheit des Mannes ist sein Geist, die Schönheit des Weibes seine Zunge‹ so gar nicht auf dieses Land zutrifft, denn dort fragt man nach dem Geist der Frau, nach ihrem Talent, ihrer Auffassungsgabe und ihrem Wissen.

Die französische Belletristik ist gar nicht so übel, doch beruhen bei ihr Sprache und Dichtung auf Traditionen aus der Heidenzeit der Griechen und deren Gewohnheit, was ihnen schön erschien, zu mythologisieren. So sprechen sie zum Beispiel vom ›Gott der Schönheit‹ oder vom ›Gott der Liebe‹ oder vom ›Gott‹ Soundso. Ihr sprachlicher Ausdruck ist zuweilen evident blasphemisch, auch wenn sie gar nicht an das glauben, was sie da so vorbringen, sondern dieses eher in die Allegorie und dergleichen schlägt. Aber alles in allem ist gegen viele französische Gedichte nichts einzuwenden.[53] Wir werden weiter unten noch abschließend auf manchen Aspekt der französischen Literatur, der Wissenschaften und der Künste zu sprechen kommen.

3. Abschnitt:
über die Organisation des französischen Staates

Wir wollen nunmehr die Verwaltung der Franzosen aufzeigen und dabei einen Großteil ihrer Gesetze behandeln, damit ihre erstaunliche Organisation dem eine Lehre sei, der gewillt ist zu lernen.

Wie bereits erwähnt, ist Paris die Hauptstadt Frankreichs und die Residenz des Königs von Frankreich, seiner Verwandten und seiner Familie, welche Bourbonen genannt werden. Der König von Frankreich geht immer nur aus dieser Familie hervor, und die französische Monarchie ist erblich. Der französische König wohnt in einem Palais, genannt ›Les Tuileries‹. Gewöhnlich sprechen die Franzosen von der Regierung Frankreichs als dem ›Cabinet des Tuileries‹ – mit anderen Worten, dem Dīwān dieses Palastes, das heißt der königlichen Staatskanzlei.

Die Regierungsgewalt des Landes geht vom König von Frankreich aus, sodann von den Mitgliedern der ›Chambre des Pairs‹, das heißt dem Diwan der Pairs oder ›obersten Berater‹, sodann von der ›Chambre des députés des départements‹. Die erste Kammer, also die Pairskammer, tritt in einem Pariser Schloß zusammen, dem sogenannten ›Palais Luxembourg‹, während die zweite Kammer im ›Palais Bourbon‹ untergebracht ist. Der Kammer der Departementdeputierten folgen sodann der ›Conseil des ministres‹, ferner der sogenannte ›Conseil privé‹, und danach gibt es noch den sogenannten ›Conseil secret‹ und einen Rat, welcher ›Conseil d'État‹ heißt. Demnach hat also der König von Frankreich vollkommene Macht im Lande, vorausgesetzt, die genannten Kammern und Räte geben ihre Zustimmung. Er genießt außerdem noch andere Privilegien, die im Zusammenhang mit der französischen Politik Erwähnung finden sollen.

Die Funktion der Pairskammer besteht darin, ein fehlendes Gesetz neu zu schaffen oder ein bestehendes Gesetz zu wahren. Das weltliche Gesetz wird bei den Franzosen ›Kodex‹ genannt, und deshalb sprechen sie vom ›code‹ des Königs Soundso. Ferner gehört zur Aufgabe der Pairskammer, die Rechte der Krone zu unterstützen und zu verteidigen und allen, die sich diesen in den Weg stellen, entgegenzuwirken.

Die Pairskammer tritt für eine festgesetzte Periode im Jahr zusammen, zur gleichen Zeit, da sich auch die Deputiertenkammer mit Erlaubnis des Königs versammelt. Die Mitgliedschaft dieser Kammer ist nicht auf eine bestimmte Zahl beschränkt. Nur jemand, der das 25. Lebensjahr erreicht hat, kann in sie aufgenommen werden, und an den Beratungen darf sich nur beteiligen, wer mindestens dreißig Jahre alt ist, es sei denn, er gehöre dem königlichen Hause an, in welchem Falle er allein auf Grund seiner Geburt zu den Mitgliedern dieser Kammer gezählt wird und an den Beratungen mit Erreichen des 25. Lebensjahres teilnehmen darf. Die Pairswürde ist in der männlichen Linie erblich, wobei der älteste Sohn, nach dessen Tode der nächstfolgende Sohn usw. den Vorrang hat.

Die Funktion (der Mitglieder) der Deputiertenkammer hingegen ist nicht erblich. Diese Kammer hat die Aufgabe, Gesetze, Direktiven und Verordnungen zu prüfen, das Staatseinkommen und dessen Einnahmen und Ausgaben zu handhaben und zu überprüfen sowie darüber zu debattieren und die Staatsbürger in puncto Steuern, Abgaben und dergleichen vor Ungerechtigkeit und Willkür zu schützen. Die Kammer setzt sich aus einer Anzahl von Männern zusammen, welche die Bevölkerung der einzelnen Departements ins Amt beruft, und zwar beträgt ihre Zahl 428 Deputierte. Diese können nur nach Erreichung des 40. Lebensjahres in die Kammer aufgenommen werden, und jeder von ihnen muß über Liegenschaften mit einem Mindeststeuerwert von jährlich eintausend Francs verfügen.

Der Minister gibt es viele. Zu ihnen gehören der Innenminister, der Kriegsminister, der Außenminister, der Marine- und Kolonialminister, der Finanzminister, der Minister für religiöse Angelegenheiten, der Erziehungsminister und der Handelsminister.

Der Innenminister entspricht etwa dem Katḫudā in Ägypten, der Finanzminister dem Ḫāzindār, der Handelsminister dem Nāẓir al-tijārāt, der Außenminister dem Ra'īs Efendi im osmanischen Staat, der Kriegsminister dem Nāẓir 'umūm al-jihādiyya, und so fort, nur ist dieser bei uns nicht im Ministerrang, während die Franzosen ihn zu den Kabinettsministern zählen.

Was den Conseil privé betrifft, so ernennt der König eine Gruppe von Leuten als persönliche Berater in einer bestimmten Sache; meist müssen die Mitglieder dieses Rates Verwandte oder Minister des Königs sein.

Der Conseil secret setzt sich zusammen aus den Staatsministern und vier weiteren Ministern ohne Portefeuille sowie mehreren Mitgliedern des Conseil d'État.

Der Conseil d'État besteht aus den vom König aus den Reihen seiner Verwandten ernannten neun Staatsministern, den Ministern ohne Portefeuille, den Conseillers d'État, einer Gruppe von Maîtres des requêtes und einer Anzahl von Auditeurs.

Aus all dem erhellt, daß der König von Frankreich keine absolute Verfügungsgewalt besitzt und daß das politische System der Franzosen in einem schriftlich fixierten Kodex besteht, und zwar dergestalt, daß der König die Regierungsgewalt insoweit innehat, als er gemäß den Bestimmungen der Gesetze, welche die Zustimmung der Kammern haben müssen, handelt, und daß die Pairskammer die Rechte des Königs wahrnimmt, während die Deputiertenkammer über die Interessen der Untertanen wacht.

Der zur Zeit bei den Franzosen gültige Kodex, welchen sie als Basis ihrer Politik nehmen, ist das Gesetz, das ihnen ihr König Louis XVIII. verfaßte und das weiterhin bei ihnen befolgt wird und ihre Billigung findet. Es enthält manche Dinge, denen kein vernünftiger Mensch den gerechten Charakter absprechen wird.

Das erwähnte Buch, in welchem dieser Kodex niedergelegt ist, heißt ›Charte‹. Das Wort bedeutet im Lateinischen ›ein Stück Papier‹, später wurde es dann im weiteren Sinne auf das Dokument übertragen, in dem die genauen Gesetzesbestimmungen niedergelegt sind. Wir wollen dieses Dokument für den Leser anführen, wiewohl viel von seinem Inhalt weder im Buche Gottes noch in der Sunna Seines Propheten – über ihn Heil und Segen! – zu finden ist, damit er erkenne, in welcher Weise ihre Vernunft entschied, daß Gerechtigkeit und Billigkeit Gründe für die Blüte eines Landes sind, und wie sich sowohl Herrscher wie Untertanen von dieser Erkenntnis leiten ließen, so daß ihr Land aufblühte, ihr Bildungsstand sich erhöhte, ihr Reichtum immer mehr anwuchs und allgemeine Zufriedenheit zu herrschen begann. Denn man wird nicht einen unter ihnen über ein Unrecht klagen hören. Gerechtigkeit ist die Grundlage zivilisatorischer Blüte. Doch laß uns zunächst an dieser Stelle ein paar Aphorismen von Gelehrten und Weisen – dafür wie dagegen – anführen. So heißt es unter anderem: Die Unterdrückung von Waisen und Witwen ist der Schlüssel zur Armut. Nachsicht ist der Schirm gegen Unheil. Die Herzen der Untertanen sind die Schatzkammern ihres Herrschers: was er hineinlegt, wird er darin wiederfinden. Und ein anderer sagte: Keine Autorität ohne wahre Männer, keine Männer ohne Besitz und Habe, kein Besitz ohne kulturelle Blüte, keine Blüte ohne Gerechtigkeit. Und in ähnlichem Sinne wurde gesagt: Die Autorität der Könige erstreckt sich auf die Leiber der Untertanen, nicht aber deren Herzen. Jemand hat gesagt: Was einen beim Regieren eines Landes am weitesten bringt, ist, es mit Gerechtigkeit zu lenken und vor Schaden zu bewahren. Auch hat man gesagt: Willst du, daß man dir gehorche, so verlange das Mögliche: bürdet der Herr dem Sklaven Unerträgliches auf, so gibt er ihm bereits Entschuldigung für Ungehorsam. Und jemand sagte in Versform, darauf hinweisend, daß Sieg und Triumph von gerechter Regierung abhängig sind:

Despoten, sie wünschen Triumph über Feinde.
O nein! Solcher Sieg ging' zum Falschen.
Wie kann ihn erhoffen, wer im Rücken weiß
der Verfluchung Pfeile aus grimmigen Herzen!

Und ein anderer sagte:

Wer raubt, wer bedrückt, kann nimmer gedeihen.
Das Unrecht ist Weide mit giftigem Grase.
Bedrücker, dein Bett ist ein schlechtes Lager!
Der Tod des Tyrannen, gibt es schlimmeren Tod?
Vergeltung erfolget, Gleiches mit Gleichem –
das Schicksal vergilt nur gering böse Tat.

Dieser Kodex enthält mehrere Sachbereiche: 1. allgemeine Rechte der Franzosen; 2. Regierung und Verwaltung des Landes; 3. Institution und Funktion der Pairskammer; 4. Institution und Funktion der Kammer der Departementdeputierten, welche die Treuhänder und Vertreter des Volkes sind; 5. Institution und Funktion der Minister; 6. Rangordnung und Rechtsentscheidung der Richter; 7. die Rechte der Untertanen.[54]

Bei näherem Zusehen wird man feststellen, daß das meiste in dieser Verfassung sehr wertvoll ist; jedenfalls ist es gültig für die Franzosen. So wollen wir denn hier ein paar eigene Bemerkungen anschließen:

Wenn es in Paragraph 1 heißt, daß alle Franzosen vor dem Gesetz gleich sind, so bedeutet dies: sämtliche in Frankreich lebenden Personen, gleichgültig ob hohen oder niederen Standes, sind in der Anwendung der genannten Bestimmungen dieses Kodex ohne Unterschied; sogar der König kann gesetzlich verklagt und wie jeder andere verurteilt werden. Man sehe sich diesen Paragraphen gut an, denn er hat bedeutendes Gewicht, um gerechte Regierung herbeizuführen, um dem Unterdrückten zu Hilfe zu kommen und um den Armen zu überzeugen, daß er hinsichtlich der Anwendung der Gesetzesbestimmungen ein mächtiger Mann ist. Diese Sachlage könnte ein Grund für die Eintracht bei den Franzosen sein, ist sie doch ein klarer Beweis für den hohen Stand, den die Gerechtigkeit bei ihnen erreicht hat, und für ihren Fortschritt in zivilisierter Lebensart. Was sie ›Freiheit‹ nennen und als solches anstreben, ist genau das, was bei uns mit Gerechtigkeit und Billigkeit bezeichnet wird, nämlich insofern als (die Verbindung von) Herrschaft mit Freiheit gleichbedeutend ist mit der Schaffung von Gleichheit in Gesetz und Recht, so daß der Herrscher niemanden unterdrücken kann. Mehr noch, die Gesetze sind es, die man in diesem Lande zum Herrscher und zur Richtschnur gemacht hat. Freiheit bedeutet mit den Worten des Dichters:

Gerechtigkeit füllte ihr Land auf und ab,
und Glücklichsein, Redlichkeit herrschten alldort.

Übrigens, wenn man in einem Lande Gerechtigkeit findet, so ist diese relativ, nicht eine wahre allumfassende Gerechtigkeit, denn eine solche gibt es zur Zeit an keinem Orte. Sie wäre wie der vollkommene Glauben, oder das absolut Erlaubte, und dergleichen mehr. Somit hat es keinen Sinn, das Unmögliche auf den Werwolf, den Greif und den treuen Freund zu beschränken, wie dies ein Dichter tat:

Als ich um mich sah und erkannte: nicht einen
könnt ich wählen zum treuen Freunde im Leid,
Da ward mir Gewißheit: undenkbar sind drei –
der Werwolf, der Greif, der verläßliche Freund.

Wobei man im Falle des Greifen dies auch nicht sagen kann, denn der ist eine Art von Vogel, der sich vereinzelt findet und von Experten in der Heilkräuterlehre ausdrücklich erwähnt wird; auch führt al-Ṯaʿlabī in den ›Prophetengeschichten‹ die Erzählung vom Greifen und unserem Herrn Salomon an, wo jener die Prädestination leugnet. Gewiß, einen Greifen in dem bei Arabern und Franken volkstümlich verbreiteten Sinne als ein Wesen, das oben Adler und unten Löwe ist, gibt es nicht; aber er existiert jedenfalls.

Was den Paragraphen 2 (über gleiche Besteuerung) betrifft, so ist er nichts anderes als ein Zeichen guter Verwaltung. Man kann sagen, daß man, weiß Gott, froh sein könnte, wenn Steuern und dergleichen in muslimischen Landen so geordnet wären, wie es in jenem Land der Fall ist, vor allem wenn Almosensteuern, Steuern auf erobertes Land im Kollektivbesitz und Kriegsbeute die fiskalischen Bedürfnisse nicht decken oder insgesamt verboten sind, was in manchen Fällen, nach gewissen Darlegungen der hanafitischen Schule zu schließen, auf kanonisches Recht zurückgeht; doch stand für die alten Philosophen fest, daß die Landsteuer der Grundpfeiler des Reiches ist. Während meines gesamten Aufenthaltes in Paris habe ich niemals jemanden über Sonderabgaben, Steuern und Zölle klagen hören. Die Leute werden gar nicht davon berührt, weil sie in einer Weise eingetrieben werden, die dem Steuerzahler nicht weh tut und doch dem Staatssäckel zugute kommt – besonders da die Reichen vor Willkür und Bestechung sicher sind.

Der Paragraph 3 (gleiche Berufschancen) enthält nichts, was von Schaden sein könnte, ja ist sogar so gehalten, daß er jedermann zum Lernen veranlaßt, damit er sich in eine höhere Position hineinarbeiten kann. Dadurch mehren sich ihre Kenntnisse, und ihre Zivilisation bleibt nicht stehen, wie dies bei den Chinesen und Indern der Fall ist, wo man sich an die Vererbung von Handwerken und Gewerben hält und wo jemandem stets das Gewerbe seines Vaters zufällt. Ein gewisser Geschichtsschreiber hat berichtet, daß es in Ägypten in früherer Zeit genauso war: Das Gesetz der alten Kopten habe jedermann sein bestimmtes Gewerbe zugewiesen und dann vom Vater auf die Söhne erblich gemacht. Das hat man damit begründet, daß bei ihnen alle Handwerke und Gewerbe in hohem Ansehen standen, und so sei dieser Brauch ein Erfordernis der Gegebenheiten gewesen, indem er nämlich weitgehend dazu beiträgt, in den verschiedenen Handwerken Perfektion zu erzielen, weil der Sohn gewöhnlich meistert, was er seinen Vater hat mehrfach in seiner Gegenwart tun sehen, und somit gar kein Verlangen nach etwas anderem hat. Andrerseits habe dieser Brauch freilich den Ehrgeiz getötet und jemanden mit seinem Gewerbe so zufrieden gemacht, daß er gar keinen Sinn nach Höherem trug, sondern lediglich nach neuen Wegen suchte, die seinem jeweiligen Gewerbe von Nutzen sind und ihm zur Meisterschaft darin verhelfen. Dem wäre entgegenzuhalten, daß nicht jedermann die Fähigkeit besitzt, das Handwerk seines Vaters zu erlernen. Unzulängliches Talent dafür mag den Jüngeren in diesem einen Gewerbe scheitern lassen, während er, übte er ein anderes aus, Erfolg und die Erfüllung seiner Hoffnungen erzielen würde.

Die Paragraphen 4 (individuelle Freiheit), 5 (Religionsfreiheit), 6 (katholische Staatsreligion) und 7 (Besoldung des Klerus) kommen den Bewohnern des Landes wie den Fremden zugute. Daher ist auch die Einwohnerzahl des Landes gestiegen, und viele Ausländer haben es zu ihrem ständigen Wohnsitz gemacht.

Der Paragraph 8 ermutigt einen jeden, seine Meinung, sein Wissen und alles, was ihm in den Sinn kommt, ohne anderen zu schaden, frei an den Tag zu legen. Somit erfährt man alles, was im Mitmenschen vor sich geht. Besonders sind da die Tageszeitungen, welche ›Journale‹ oder ›Gazetten‹ genannt werden. Aus ihnen erfährt man sämtliche Neuigkeiten, gleichgültig ob in- oder ausländische, das heißt, ob sie sich im Lande oder außerhalb davon ereignet haben. Und obwohl man darin unzählige Lügen finden mag, so enthalten sie doch manchmal Nachrichten, die man gern erfahren möchte, indem sie zuweilen neuerdings ermittelte wissenschaftliche Fragen behandeln, oder interessante Hinweise oder nützliche Ratschläge bringen, gleichgültig ob diese von bedeutenden oder unbedeutenden Leuten stammen, denn es kann durchaus sein, daß einem bescheidenen Geist etwas einfällt, was einem bedeutenden Manne nicht in den Sinn gekommen ist. So wie jemand sagte: Verachte nicht die bedeutende Meinung, die ein unbedeutender Mann vorbringt – auch die Perle wird nicht verachtet, nur weil der Taucher niederen Standes ist! Ein weiterer Nutzen der Zeitungen liegt darin, daß die Journalisten, wenn jemand eine große oder eine schändliche Tat begangen hat und diese von Interesse ist, darüber schreiben, damit sie allen Leuten bekannt werde, einerseits, um den, der Gutes getan hat, anzuspornen, und andrerseits, um den Missetäter abzuschrecken. Desgleichen schreibt jemand, dem von einem anderen Unrecht widerfahren ist, über das ihm angetane Unrecht in diesen Zeitungen. Das wird von allen Leuten gelesen, und man erfährt, ohne Abweichen von den Tatsachen und ohne Änderung, was es mit dem Geschädigten und dem Übeltäter für eine Bewandtnis hat. Die Sache geht vor Gericht und wird nach den bestehenden Gesetzen entschieden, und ein solcher Fall wird zur Lektion für jeden, der gewillt ist zu lernen.

Der Paragraph 9 (Unverletzlichkeit des Eigentums) ist das Kernstück der Gerechtigkeit und Billigkeit, ist er doch erforderlich, um der Unterdrückung der Schwachen durch die Starken Schranken zu setzen. Seine einschränkende Korrektur durch den Inhalt von Paragraph 10 (staatliches Enteignungsrecht im Interesse des Gemeinwohls) ist offensichtlich ziemlich und angemessen.

Im Paragraphen 15 ist eine feine Pointe enthalten, nämlich die, daß die Regelung menschlicher Beziehungen[55] drei Instanzen vorbehalten ist: 1. dem König mit seinen Ministern; 2. den den König favorisierenden Pairs; 3. den Departementdeputierten, welche die Beauftragten der Untertanen sind und auf deren Seite stehen, damit ihnen von niemandem Unrecht widerfahre. Da nun aber die Deputierten stellvertretend für das Volk handeln und in dessen Namen sprechen, so ist das so, als ob sich das Volk selbst regierte. Jedenfalls wehrt das Volk von sich aus das Unrecht von sich ab und ist somit gänzlich davor sicher.

Die Weisheit der übrigen Paragraphen wird dem Leser ohne weiteres klar sein.

Zusammenfassung der derzeitigen Rechte der Franzosen seit dem Jahre 1831[56] und der Verfassungsreform Rechte und Pflichten der Franzosen Inhalt der Verfassung nach deren Änderung

Die Franzosen – verschieden nach Macht und Ansehen, Amt, Ehren und Wohlstand – sind vor dem Gesetz gleich. Denn dies sind Unterschiede, die nur in der menschlichen Gesellschaft und der städtischen Lebensweise von Nutzen sind, nicht aber vor dem Gesetz. Daher haben alle von ihnen Zugang zu militärischen wie zivilen Ämtern, ebenso wie jeder von ihnen, nach Maßgabe seiner Verhältnisse, dem Staat mit seinem Vermögen hilft. Die Verfassung garantiert jedermann den Genuß seiner persönlichen Freiheit, so daß jemand nur unter den in den Gesetzesbestimmungen genannten Voraussetzungen verhaftet werden kann. Wer jemanden in ungesetzlicher Weise festnimmt, wird schwer bestraft.

Eine notwendige Folge der Freiheit bei den Franzosen ist, daß jedermann, der die Religion seiner Wahl ausübt, unter dem Schutze des Staates steht. Wer sich der Ausübung des Glaubens widersetzt, macht sich strafbar. Keine Stiftung oder Schenkung an die Kirche kann vorgenommen werden ohne ausdrückliche Erlaubnis des Staates.

Jeder Franzose hat das Recht, seine politische oder religiöse Meinung zu äußern, vorausgesetzt, daß dies nicht gegen die in den Gesetzbüchern niedergelegte Ordnung verstößt.

Jegliches Eigentum ist absolut unantastbar. Niemand kann gezwungen werden, seinen Besitz herzugeben, es sei denn, es diene dem Gemeinwohl, und dann nur, wenn der Betreffende den Gegenwert vor der Enteignung erhalten hat. Die Entscheidung darüber liegt bei den Gerichten.

Jedermann ist verpflichtet, mit seiner Person zum militärischen Schutze des Landes beizutragen. Das heißt, jedes Jahr werden die jungen Männer im Alter von einundzwanzig Jahren zwecks Aushebung des jährlichen Kontingents an Soldaten zur Musterung einberufen. Die Wehrdienstzeit beträgt acht Jahre. Jeder Franzose, der das 18. Lebensjahr vollendet hat und im Besitz seiner bürgerlichen Ehrenrechte ist, kann sich freiwillig zum Eintritt in den Wehrdienst melden. Vom Wehrdienst befreit sind mehrere Leute: 1. Personen, deren Körpergröße weniger als 1,50 m, das heißt weniger als vier Fuß und zehn Parmak beträgt; 2. Kranke; 3. der älteste Sohn unter Vollwaisen; 4. der erstgeborene oder einzige Sohn, oder der Sohn des ältesten oder, falls dieser nicht mehr am Leben ist, des einzigen Sohnes, falls die Mutter oder Großmutter verwitwet sind oder der Vater blind oder 70 Jahre alt ist; 5. der ältere von zwei Brüdern, welche gleichzeitig von der Auslosung betroffen sind; 6. der Bruder eines Mannes, der sich unter den Fahnen ausgezeichnet hat, oder im Dienste gestorben, oder im Kriege verwundet worden ist. Falls jemand will, daß ein anderer für ihn stellvertretend den Wehrdienst ableiste, so haftet der Vertretene für den Ersatzmann ein Jahr lang gegen Desertion, es sei denn, der Deserteur würde innerhalb dieses Jahres gefaßt oder fiele unter den französischen Fahnen. Am 21. Dezember eines jeden Jahres erhalten die Männer, deren Wehrdienst beendet ist, die Erlaubnis, in ihre Heimat zurückzukehren.

Da nicht jedermann für sich in den Staatsdienst treten kann, beauftragt das Volk in seiner Gesamtheit in Vertretung seiner Sache 430 Abgeordnete, die es nach Paris ins Parlament entsendet. Diese Abgeordneten werden vom Volk gewählt und sind von ihm beauftragt, seine Rechte zu wahren und in seinem Interesse zu handeln. Dazu muß man wissen, daß jeder Franzose, der die notwendigen Voraussetzungen erfüllt – zu denen unter anderen gehört, daß er das 25. Lebensjahr vollendet hat – sich an den Deputiertenwahlen beteiligen kann. Jeder Franzose kann Abgeordneter sein, wenn er das 30. Lebensjahr vollendet hat und die im Gesetzbuch niedergelegten Voraussetzungen erfüllt.

Jeder Verwaltungsbezirk hat ein Wahlkollegium. Die Wahlkollegien der kleineren Verwaltungsdistrikte und die der großen Verwaltungsbezirke sind zusammengesetzt aus Wahlmännern. Die Wahlkollegien der großen Verwaltungsdistrikte nominieren 172 Abgeordnete, während die der kleineren Distrikte (zusammen) 258 Abgeordnete aufstellen. Die Wahllisten werden einen Monat vor Öffnung der Wahlkollegien gedruckt und auf den Straßen angeschrieben, so daß es jedermann möglich ist, sich dazu schriftlich zu äußern. Jeder Wahlmann schreibt seine Entscheidung heimlich auf einen Zettel und übergibt diesen gefaltet dem Vorsitzenden, der ihn dann in die Wahlurne steckt.

Alle fünf Jahre ziehen völlig neue Mitglieder in die Deputiertenkammer ein. Die Aufnahme des einzelnen kann nur auf Grund einer von beiden Kammern gefaßten und vom König bestätigten Resolution erfolgen. Die Einwohner der jeweiligen Ortschaften können sich schriftlich auf dem Wege von Eingaben an die Mitglieder der beiden Kammern wenden, um sich über etwas zu beschweren oder um einen nützlichen Vorschlag zu unterbreiten.

Richter sind unabsetzbar. Abgeurteilt werden kann jemand nur von Richtern seines Heimatortes. Prozesse sind öffentlich. Über Kapitalverbrechen kann nur in Gegenwart einer Gruppe von Leuten, genannt ›jurés‹, entschieden werden. Die Strafe der Beschlagnahme des Vermögens ist abgeschafft. Der König kann einen zum Tode Verurteilten begnadigen und eine harte Strafe mildern.

Der König und seine Erben sind verpflichtet, bei der Thronbesteigung zu schwören, daß sie nach dem Gesetzbuch des Königreiches handeln werden.

Es würde zu weit führen, die gesetzlichen und rechtlichen

Vorschriften der Franzosen (weiter) im einzelnen aufzuführen. So wollen wir denn nur feststellen, daß ihr weltliches Recht nicht von den Offenbarungsbüchern hergeleitet ist, sondern vielmehr anderem, zum größten Teil politischem Recht entnommen ist. Es ist völlig verschieden vom Šarī'a-Recht und kennt keine feststehende angewandte Pflichtenlehre. Man nennt es ›französisches Recht‹, das heißt, das Recht, das zwischen Franzosen gilt. Denn die Europäer haben unterschiedliche Rechtssysteme.

In Paris gibt es eine Anzahl von Gerichtshöfen. Jedes Gericht hat einen Vorsitzenden, der etwa dem Oberrichter (bei uns) gleichzusetzen ist. Dieser ist umgeben von hohen Beamten und Räten, den Vertretern der Kontrahenten, den Advokaten der streitenden Parteien und deren Stellvertretern und dem Protokollführer.

4. Abschnitt: über die Wohnsitte der Pariser und desgleichen mehr

Bekanntlich werden ein Ort oder eine Stadt um so kultivierter, je mehr in ihnen Wissen verbreitet ist und je weiter sie sich vom Zustand der Primitivität und Barbarei entfernt haben. Die Länder der Franken sind reich gesegnet mit Wissen und feiner Bildung aller Art, die unleugbar zu Geselligkeit anregen und das Kulturleben verschönen. Nun steht fest, daß sich die französische Nation unter den europäischen Völkern durch ihre große Liebe für Kunst und Wissenschaft auszeichnet, ist sie doch die größte der Nationen, was Bildung und Kulturleben angeht.

Bezirkshauptstädte sind in der Regel eher für die Entfaltung von Bautätigkeit geeignet als kleine Marktflecken und Dörfer, die Großstädte mehr als alle Distriktshauptstädte und die Landeshauptstadt mehr als sämtliche anderen Städte des Landes. Daher kann es nicht wundernehmen, daß man behauptet hat, Paris, die Residenz des Königs der Franzosen, zähle zu den architektonisch großartigsten Städten der Franken. Obschon seine Bauwerke von wenig gutem Material sind, so sind sie doch ausgezeichnet in Architektur und Ausführung. In manchen Fällen kann man auch sagen, daß ihr Baumaterial gut ist, doch selbst dann fehlt ihnen etwas, denn sie haben zu wenig Marmor und entbehren gewisser anderer Dinge. Warum auch nicht, sind doch die Fundamente ihrer Wände aus Quadersteinen und desgleichen die Außenmauern, während die Innenwände zumeist aus vorzüglichem Holz hergestellt werden. Säulen sind zum Großteil aus Messing, selten aus Marmor. Auch werden für den Bodenbelag Steinplatten, die zuweilen aus schwarzem Marmor sein mögen, sowie Fliesen verwendet. Die Straßen sind nämlich durchweg mit quadratischen Steinplatten gepflastert, die Innenhöfe mit den genannten Fliesen, und die Eingangshallen sind mit Ziegeln, Holz oder schwarzem Marmor sowie bearbeiteten Fliesen belegt. Die Qualität des Steines oder Holzes unterscheidet sich je nach dem Wohlstand des Betreffenden.

Wände und Fußböden der Innenräume sind, wie schon erwähnt, aus Holz, das sie lackieren. Auch bedecken sie die Wände mit hübsch gemustertem Papier. Das ist besser als die Sitte, die Wände mit Kalk zu tünchen, weil das Papier, zum Unterschied von der Tünche, beim Anfassen der Wand nicht abfärbt. Mehr noch, es ist auch billiger, hübscher anzusehen und leichter anzubringen, vor allem in ihrer Art von Zimmern, welche mit einer Vielfalt von Einrichtungsgegenständen geschmückt sind, wie man sie gar nicht alle klar beschreiben kann. Nur soviel sei gesagt, daß die Franzosen versuchen, die Helligkeit der Zimmer zu dämpfen, indem sie farbige, besonders grüne, Vorhänge anbringen. Ihre Fußböden sind mit Holz oder einer Art von roten Ziegeln belegt. Der Zimmerboden wird von ihnen täglich mit einem gelben Wachs eingerieben, welches bei ihnen ›cire à frotter‹ heißt, und es gibt bei ihnen Wachser, die gegen Lohn eigens für diesen Zweck zur Verfügung stehen. Unter ihren mit gestickten oder geblümten Decken und dergleichen bezogenen Betten liegen prächtige Teppiche, auf denen sie mit Schuhen laufen. In jedem Zimmer ist ein Kamin in der Form unseres Simses für Wasserkrüge, welcher mit feinstem Marmor verkleidet ist. Auf ihm ist eine Standuhr, und um diese herum stehen auf beiden Seiten Gefäße aus Alabasterimitation oder Kristall, in denen Blumen oder künstliche Blumen stekken. Zu beiden Seiten des Ganzen sind radförmige europäische Leuchter, die sich wirklich nur jemand vorstellen kann, der sie angezündet gesehen hat. Meist steht in ihren Zimmern das Musikinstrument, welches ›Piano‹ genannt wird. Wenn es sich um ein Arbeits- und Studierzimmer handelt, so steht darin ein Tisch mit Schreibzeug und dergleichen, wie etwa Brieföffner aus Elfenbein oder Buchsbaumholz oder anderem Material. Die meisten Zimmer sind voll von Bildern, vor allem Bildern von Verwandten. Im Arbeitszimmer mag man ebenfalls wunderbare Bilder sowie allerlei antike Kuriositäten finden. Manchmal kann man am Arbeitstisch verschiedene Zeitungen ausliegen sehen. Zuweilen sieht man auch in den Zimmern von großen Leuten prächtige Kronleuchter, die mit Kerzen aus Bienenwachs brennen. Auch trifft man manchmal in Zimmern solcher Leute an Tagen geselligen Treffens einen Tisch an, auf welchem die neuesten Bücher und Zeitungen ausliegen, zur Unterhaltung und zur Kurzweil jener Gäste, die sich mit der Lektüre solcher Dinge beschäftigen wollen. Das beweist das große Interesse der Franzosen am Bücherlesen, denn Bücher sind ihnen vertraute Gesellschaft. Ein Bonmot lautet: Ein Buch ist ein mit Wissen gefülltes Gefäß – ein *ẓarf* gefüllt mit *ẓarf* (i. e., eine Hülle gefüllt mit Geist). Und: Wer sonst könnte dir ein Blumengarten sein, den man im Schoße umharkt (umblättert), und ein Fruchtgarten, den man im Ärmelaufschlag mit sich herumtragen kann! Wie trefflich ist doch, was jemand in Versen aussprach:[57]

Mein Buch ist mir Vertrauter, mein Denken Nachtkumpan,
die Hand ist mir mein Diener, mein Lager teilt mein Traum.

Mein Schwert ist meine Zunge, das Dichten meine Macht,
mein Tintenfaß mein Leben, mein Schreibblock Unterhalt.

Auch sagte dieser:

Wir haben Kumpane, die langweilen nie,
verständig, verläßlich, ob fern oder nah.
Ihr Inhalt erzählt uns, was jemand gewußt,
gibt Weisheit und Bildung und sicheren Rat.
Wenn tot du sie nenntest, dein Wort wäre wahr,
lebendig, du würdst nicht der Lüge geziehn!

Jemand hat gesagt: Welch ein trefflicher Erzähler ist doch ein Buch! Und ein geistreicher Mann sagte: Nie habe ich einen Weinenden gesehen, der besser lächeln konnte als die Feder.

Die Freude an all diesen großartigen Dingen wird noch vervollkommnet durch die Gegenwart der Dame des Hauses, mit anderen Worten, der Gemahlin des Hausherrn, welche die Gäste zuerst begrüßt, während ihr Gatte diese erst danach willkommen heißt. Welch ein Unterschied zwischen jenen Wohnräumen mit all den netten Sachen darin und denen bei uns zu Hause, wo man zur Begrüßung von einem meist auch noch schwarzen Diener eine Tabakpfeife überreicht bekommt!

Die Decken der Zimmer sind aus kostbarem Holze. Ein Haus besteht gewöhnlich aus vier Stockwerken übereinander, mit Ausschluß des Erdgeschosses, welches nicht als Stockwerk gezählt wird. Es kann bis zu sieben Stockwerke erreichen. Außerdem liegen unter der Erde Räume, die zugleich zum Einstellen der Pferde oder als Küche oder Vorratsräume, vor allem für Wein und Brennholz, dienen. Ein Haus bei ihnen umfaßt, wie bei den Häusern von Kairo auch, mehrere separate Wohnungen. In jedem Stockwerk sind eine Anzahl von Wohnungen, und jede von diesen hat durchgehende Zimmer. Sie pflegen die Häuser in drei Kategorien einzuteilen: 1. gewöhnliche Häuser; 2. Häuser von großen Leuten; 3. Häuser des Königs und seiner Verwandten sowie Gebäude von Regierungsstellen und dergleichen. Die Bezeichnung für erstere ist ›Haus‹, für die zweite Kategorie ›Herrenhaus‹ (hôtel), für die dritte ›Schloß‹ oder ›Palast‹. Man kann die ›Häuser‹ auch nach einem anderen Gesichtspunkt, wiederum in drei Kategorien, einteilen: 1. Häuser mit einer Mauer und einem großen Tor, durch welches Kutschen einfahren können; 2. Häuser mit Vorhallen im Inneren und einem Concierge, durch deren Tore jedoch keine Kutsche fahren kann; 3. Häuser ohne Concierge, das heißt ohne Unterbringungsmöglichkeit für einen Türhüter. Die Funktion des Türhüters in Paris ist, auf einen Bewohner des Gebäudes bis Mitternacht zu warten; will dieser über Mitternacht hinaus in der Stadt bleiben, so hat er den Concierge ausdrücklich darauf hinzuweisen, daß er auf ihn warten solle, aber in diesem Falle muß er ihm ein kleines Trinkgeld geben. Die Einrichtung der Torwächter in den einzelnen Stadtvierteln gibt es bei ihnen nicht, denn Stadtviertel haben keine Tore wie in Kairo.

Grundstücke in Paris sind teuer im Kaufpreis wie in der Miete, so daß ein großes Herrschaftshaus eine Million Francs, das heißt etwa drei Millionen ägyptische Piaster, kosten kann. Man mietet in Paris manchmal allein die Wohnung und manchmal die Wohnung mitsamt ihrer prächtigen Einrichtung und sämtlichem Mobiliar und allen Utensilien. Als Haushaltseinrichtung gelten den Franzosen die Küchenausstattung und sämtliche Eßgeräte mit ihrem Service von Silberbesteck und dergleichen sowie die Schlafzimmerausrüstung, welche gewöhnlich aus mehreren Polstern, davon einem mit Federn, einem Bettlaken, das einmal monatlich gewechselt wird, und den Bettdecken besteht. Ferner gehören dazu kosmetische Gegenstände und solche, die für den Empfang von Gästen bestimmt sind, nämlich mit bestickter Seide und dergleichen bezogene Stühle und ebenso bezogene Sitzbänke sowie gewöhnliche Sessel, und schließlich solch wunderbar anzusehende Dinge wie die großen Uhren, welche bei ihnen ›pendule‹ genannt werden, prächtige Blumenvasen und vergoldete Kaffeegefäße, ein Kronleuchter, der mit Kerzen aus raffiniertem Wachs brennt, und ein Bücherschrank mit Glastür, hinter welcher man die ausgezeichnet gebundenen Bücher sehen kann. Denn jedermann, ob reich oder arm, hat einen Bücherschrank, da ja das ganze Volk lesen und schreiben kann.

Bei längerer Ehe schläft der Mann meist in einem anderen Zimmer als seine Frau.

Ein netter Brauch ist, daß der Palast des Königs von Frankreich und die Schlösser seiner Verwandten dem Publikum geöffnet werden, wenn der Souverän und seine Familienangehörigen alljährlich für mehrere Monate auf das Land ziehen. Dann kommen alle Leute, um das Haus des Königs und seiner Verwandten zu besichtigen, und sehen dort die Ausstattung und all die sonderbaren Dinge. Man erhält jedoch Zutritt nur mit einem gedruckten Zettel, auf dem geschrieben steht, daß eine oder zwei oder mehrere Personen Erlaubnis zum Betreten des Schlosses haben. Viele Leute haben einen solchen Zettel, und wenn man jemanden, den man kennt, darum ersucht, so gibt er einem einen solchen. Im Hause des Königs findet man ein großes Gedränge von Menschen, die sich alles in den Privatgemächern des Königs und seiner Verwandten anschauen. Ich bin mehrfach dort gewesen und halte es für etwas, das man gesehen haben muß. Es gibt dort viele Bilder, die sich von wirklichen Menschen nur dadurch unterscheiden, daß sie nicht sprechen können. Viele Könige von Frankreich und andere Persönlichkeiten sind dort abgebildet, sowie alle Verwandten des Herrscherhauses und allerlei Kuriositäten. Die meisten Gegenstände in den inneren Gemächern des Herrscherhauses wird man wegen der Güte der handwerklichen Verarbeitung, nicht wegen der Kostbarkeit des verwendeten Materials schön finden. Zum Beispiel ist sämtliches Mobiliar, wie Sessel, Betten, sogar Throne, großartig mit gesticktem Brokat besetzt und vergoldet, doch findet man an ihm wenig Edelsteine von der Art, wie man sie in Fülle bei uns zu Hause in den Häusern großer Fürsten antrifft. Denn bei den Franzosen beruht alles auf ästhetischer Wirkung und nicht auf Zurschaustellung von Reichtum und Prunk.

Alle reichen Leute in Paris wohnen im Winter in der Stadt selbst. Wie wir bereits im Zusammenhang mit dem Klima von Paris gesagt haben, hat jedes Haus Kamine, in welchen in den Hallen und Zimmern ein Feuer brennt. Aber während der heißen Zeit wohnt jeder einigermaßen Bemittelte auf dem Lande, denn die Villen auf dem Lande sind klimatisch gesünder als das Stadtinnere. Es gibt Leute, die irgendwohin in Frankreich oder in einem benachbarten Land fahren, um die Luft fremder Orte zu atmen, sich über diese Gegenden zu informieren und die Gebräuche ihrer Einwohner kennenzulernen, besonders während der Zeit des Jahres, welche sie ›temps de vacances‹, das heißt die Zeit der Ferien nennen. Sogar die Frauen. Diese reisen entweder allein oder mit einem Mann, der mit ihnen eine Vereinbarung über die Reise trifft und für den sie für die Dauer der Reise die Auslagen bestreiten, denn auch die Frauen sind (dort) von Wissensdurst und Forschungsdrang beseelt. Stimmt es nicht, daß manchmal welche von ihnen aus dem Frankenlande nach Ägypten kommen, um seine Sehenswürdigkeiten – die Pyramiden, Tempel und dergleichen – zu sehen? Sie sind in allem wie die Männer. Gewiß, es mag gewisse reiche, in vornehmen Verhältnissen lebende Frauen geben, die sich, wiewohl unverheiratet, einem Ausländer hingeben. Wenn sie dann ein Kind erwarten und den Skandal fürchten, schützen sie eine Reise zum bloßen Vergnügen oder zu irgendeinem anderen Zweck vor, um das Kind zur Welt zu bringen. Das Neugeborene geben sie dann gegen eine besondere Gebühr in die Obhut einer Amme, damit es in der Fremde aufgezogen werde, und auf diese Weise dringt nichts an die Öffentlichkeit. Mit einem Wort – nicht jede Gewitterwolke gibt reichlich Regen. Es gibt höchst ehrenwerte Frauen unter den Französinnen und andere wieder, die das Gegenteil davon sind. Letzteres ist das häufigere, weil in Frankreich die meisten Leute, Männer wie Frauen, von der Liebeskunst besessen sind. Ihre sexuelle Liebe ist in sich selbst begründet, denn sie glauben nicht, daß sie einem anderen Zweck dienen könnte. Indes kann es zwischen einem jungen Mann und einem Mädchen zu intimen Beziehungen kommen, die dann doch zur Eheschließung führen.

Was man an den Franzosen rühmen muß, ist die Sauberkeit ihrer Häuser von jeglichem Schmutz, wiewohl diese Sauberkeit gemessen an den Häusern der Holländer rein gar nichts ist. Denn die Holländer sind von allen Nationen am meisten auf äußerliche Reinlichkeit bedacht, genauso wie die Ägypter in alter Zeit die reinlichsten Leute der Welt waren. Freilich schlagen ihnen ihre Nachkommen, die Kopten, darin gar nicht nach! Da Paris so sauber ist, ist es auch frei von giftigem Ungeziefer, ja sogar von Insekten. Man hört nie, daß dort jemand von einem Skorpion gestochen worden ist. Es ist eine wunderbare Sache, wie sich die Franzosen der Sauberhaltung ihrer Wohnungen und Kleidung hingeben. Ihre Häuser sind stets hell und freundlich wegen der vielen Fenster, die in so großartiger und fachgerechter Weise angelegt sind, daß sie Licht und Luft innerhalb wie außerhalb der eigentlichen Wohnräume herbeiführen. Die Fensterflügel sind stets aus Glas, so daß selbst bei geschlossenen Fenstern das Licht niemals ferngehalten wird. An den Fenstern haben sie, ob reich oder arm, stets Vorhänge. Wie denn auch Bettvorhänge, die eine Art von Moskitonetz sind, häufig bei den Parisern anzutreffen sind.

5. Abschnitt: über die Nahrung der Pariser und ihre Eß- und Trinksitten

Wisse denn, daß das Hauptnahrungsmittel der Bewohner dieser Stadt der Weizen ist. Er ist für gewöhnlich kleinkörnig, außer wenn er aus dem Ausland eingeführt ist. Sie mahlen ihn in Wind- und Wassermühlen und verbacken ihn beim Bäcker zu Brot. Das Brot wird in einem eigenen Laden verkauft, und alle Leute mit einem festen Tagesplan kaufen es in der Bäckerei. Der Grund dafür ist Zeitersparnis und Wirtschaftlichkeit, denn die Leute gehen ja ihrer eigenen Beschäftigung nach, und es würde für sie nur Mehrarbeit bedeuten, wenn sie das Brot zu Hause selbst backen würden. Der Marktaufseher weist die Bäcker an, jeden Tag genügend Brot für den Bedarf der Stadt bereitzustellen. Und in der Tat gibt es in der Stadt Paris niemals Brotmangel, ja auch keinen Mangel an anderen Nahrungsmitteln. Als Zukost essen die Bewohner dieser Stadt Fleisch, Hülsenfrüchte, Gemüse, Milcherzeugnisse, Eier und dergleichen mehr. Das Übliche ist eine Vielfalt von Speisen, selbst bei den Armen.

Die Schlachthöfe liegen bei ihnen am Stadtrand, nicht in der Innenstadt. Das hat zwei Gründe: einmal um den Schmutz fernzuhalten, zum anderen, um Schaden durch Schlachttiere zu verhindern, wenn diese entkommen. Die Schlachtungsmethode ist bei ihnen unterschiedlich. Schafe lassen sich von allen Tieren am leichtesten schlachten: sie führen das Messer hinter der Kehle, das heißt zwischen Kehle und Hals ein und schneiden sie durch, genau umgekehrt, wie wir das machen. Das Schlachten der Kälber geht ähnlich vor sich. Die Ochsen schlagen sie mit eisernen Schlegeln auf die Mitte des Kopfes, worauf das Tier von der Gewalt des Schlages taumelt. Das wiederholen sie mehrere Male, bis dem Ochsen der Atem ausgeht und er sich nicht mehr rührt. Dann schlachten sie ihn in der weiter oben beschriebenen Weise der Schafe. Ich schickte einmal einen ägyptischen Diener von mir zum Schlachthof, damit er, wie das meine Gewohnheit ist, selber schlachte, was er dort kauft. Und als er sah, wie die Ochsen in so scheußlicher Weise behandelt wurden, rief er Gottes Beistand an und dankte seinem Herrgott, daß Er ihn nicht als Ochsen im Lande der Franken geschaffen hatte, sonst wäre es ihm so übel ergangen wie den Ochsen, die er gesehen hatte. Die

Kälber und Ochsen sind Rinder, denn es gibt in diesem Lande keine Wasserbüffel, es sei denn zum Betrachten im Zoo. Geflügel schlachten sie auf verschiedene Weise. Manche schlachten es wie Schafe, andere wieder schneiden die Zunge des Vogels durch, wieder andere erdrosseln den Vogel mit einem Zwirnsfaden, andere stechen ihn im Genick ab und dergleichen mehr. Was die Kaninchen betrifft, so wird ihnen niemals die Kehle durchgeschnitten, sondern sie werden erwürgt, damit das Blut einbehalten wird. Die Schlachtung von Schweinen habe ich nicht gesehen, weil es dafür einen besonderen Schlachthof gibt; offenbar geht sie so vor sich wie bei den Kälbern.

Zu den Dingen, die dem Komfort der Leute in Paris dienen, gehören die Speiselokale, welche man ›restaurateur‹ *(sic)* nennt, was unserer *lōkanda* entspricht. Sie sind mit allem reichlich versehen, was der Mensch bei sich zu Hause hat, nur ist es prächtiger. Manchmal kann man das, was man bestellt, bereits fertig zubereitet finden. In diesen Gasthöfen sind zahlreiche nette Zimmer, die mit allem Hausrat ausgestattet sind, und manchmal findet man in ihnen prächtig möblierte Schlafräume. Und so wie die Gasthäuser alle Arten von Speisen und Getränken führen, so haben sie auch vielerlei Obst und kandierte Mandeln und Nüsse anzubieten.

Die Franzosen pflegen aus Tellern ähnlich den persischen oder chinesischen Tellern zu essen, niemals aus Kupfergefäßen. Stets legen sie vor jedermann auf den Tisch eine Gabel, ein Messer und einen Löffel. Gabel und Löffel sind aus Silber. Sie sind der Ansicht, daß es hygienisch und elegant sei, wenn man nichts mit der Hand anfaßt. Jeder hat vor sich einen Teller, ja für jedes Gericht gibt es einen eigenen Teller. Ferner steht vor ihm ein Glas, in welches aus einer prächtigen Flasche, die bereits auf dem Tisch steht, Trinkwasser eingegossen wird. Man trinkt, aber keiner vergreift sich am Glase des anderen. Die Trinkgefäße sind stets aus Kristall oder Glas. Auf dem Tisch stehen mehrere kleine

Glasgefäße, von denen das eine Salz, das andere Pfeffer, das dritte Senf usw. enthält. Kurz und gut, ihre Tischsitten und Tischordnung sind wirklich großartig. Den Anfang der Mahlzeit bildet bei ihnen die Suppe, den Abschluß bilden Süßspeisen und Obst. Meist trinken sie zum Essen Wein statt Wasser. Gewöhnlich, und das trifft vor allem auf die vornehmen Leute zu, trinkt man gerade nur so viel Wein, daß man davon nicht betrunken wird, denn Trunkenheit gilt bei ihnen als Schande und Laster. Manchmal trinken sie nach Beendigung der Mahlzeit etwas Anisschnaps.

Obgleich sie solche berauschenden Getränke trinken, besingen sie diese jedoch nicht sehr häufig in ihrer Dichtkunst und haben auch, im Unterschied zu den Arabern, gar nicht viele Namen für den Wein. Sie ergötzen sich am Wesen und an den Attributen, aber lassen sich dabei weder allegorische Ausdrücke noch Bilder noch Hyperbeln einfallen. Gewiß, sie haben eigene Bücher, die von Betrunkenen handeln, aber das sind humoristische Schriften zum Lobe des Weins, die der wirklichen Literatur überhaupt nicht zuzurechnen sind.

Oft wird in Paris auch Tee im Anschluß an das Essen getrunken, denn man behauptet dort, er sei ein Verdauungsmittel. Andere trinken gesüßten Kaffee. Eine Sitte sehr vieler Leute ist es, Brot in Milchkaffee zu brocken und dies am Morgen als Frühstück zu sich zu nehmen. Für weitere Information über Essen und Trinken verweise ich den Leser auf den Abschnitt über Speisen und Getränke in meiner Übersetzung ›Kitāb qalā'id al-mafāẖir‹.

Wenn ich mich nicht irre, stellt sich der jährliche Konsum von Lebensmitteln und Getränken seitens der Pariser – in ungefähren Ziffern – etwa so dar: Brot für mehr als 35 Millionen Francs; an Fleisch werden an die 81.430 Ochsen, etwa 13.000 Kühe, 470.000 Schafe und an die 100.000 Haus- und Wildschweine gegessen; der Verzehr von Fettstoffen beläuft sich auf etwa 10 Millionen Francs, der von Eiern auf etwa 5.000 Francs. Eine ganz erstaunliche Sache ist die Findigkeit, die man dortzulande auf die Frischhaltung von verderblichen Dingen verwendet. So läßt sich Milch auf eine besondere Weise fünf Jahre, ohne zu verderben, aufbewahren, Fleisch läßt sich zehn Jahre frisch lagern, und Obst und Früchte werden eingelagert, damit sie selbst außerhalb der Saison erhältlich sind. Bei all ihrer vielseitigen Beschäftigung mit Speisen, Backwaren und dergleichen fehlt ihrem Essen jegliche Köstlichkeit, und das Obst in dieser Stadt entbehrt, mit Ausnahme der Pfirsiche, der wirklichen Süße.

Was die Weinschenken betrifft, so sind diese ohne Zahl. Es gibt kein Stadtviertel, das nicht voll von diesen Tavernen wäre. Dort trifft sich lediglich das niederste Volk und der Pöbel mit seinen Weibern. Sie schreien und brüllen viel, und wenn sie herauskommen, rufen sie etwas, was sich etwa mit ›zu trinken her! zu trinken her!‹ übersetzen läßt. Trotzdem kommen sie in ihrer Trunkenheit niemals zu Schaden. Es passierte mir einmal, während ich in Paris auf der Straße entlang ging, daß ein Betrunkener mir zurief »he, Türke! he, Türke!« und mich an den Kleidern packte. Ich befand mich gerade in der Nähe eines Süßwarenladens, und so betrat ich mit dem Mann den Laden, setzte ihn auf einen Stuhl und sagte scherzweise zu dem Ladenbesitzer: »Wollen Sie mir nicht diesen Mann für Zuckerwerk und kandierte Nüsse abkaufen?« Darauf sagte der Ladeninhaber: »Hier ist es nicht so wie in Ihrem Lande, wo man willkürlich über Menschen verfügt!« Worauf ich ihm bloß erwiderte: »Dieser Betrunkene hier ist in seinem Zustand nicht zu den Menschen zu zählen!« Das alles spielte sich ab, während der Mann auf seinem Stuhle saß und von all dem gar nichts merkte. Ich ließ ihn in jenem Geschäft zurück und ging meiner Wege.

6. Abschnitt:
über die Kleidung der Franzosen

Allgemein bekannt ist bei uns, daß die Kopfbedeckung der Franken der Hut ist, ihre Fußbekleidung zumeist schwarze Lederschuhe oder Lederpantöffelchen und daß sie sich für gewöhnlich in schwarzes Tuch kleiden. Was die Franzosen betrifft, so tragen diese meistens auch diese Kleidung, ohne sich an eine bestimmte eigene Tracht zu halten. Vielmehr zieht sich jedermann nach seiner Wahl das an, was ihm die Sitte erlaubt. Zumeist ist ihre Kleidung ohne Zierat, doch von äußerster Sauberkeit. Eine großartige Sitte ist, daß man in weiten Kreisen unter der Kleidung Hemden, Unterhosen und Leibchen trägt. Besser Gestellte wechseln die Wäsche mehrmals in der Woche. Auf diese Weise versuchen sie, den Schweiß, in dem sich Ungeziefer bildet, zu reduzieren. Deshalb findet man auch keine Spur von Läusen und dergleichen, außer bei den ganz Armen.

Die Kleidung der Frauen in Frankreich ist reizend, sie hat eine gewisse Freizügigkeit, besonders wenn sich die Damen mit dem Teuersten, was Frauen zu tragen pflegen, herausputzen. Schmuck jedoch haben die Französinnen wenig. Ihr Geschmeide besteht aus vergoldeten Ohrringen und einer Art von goldenen Reifen, welche sie über dem Ärmel am Arm tragen, sowie einer schlichten Halskette. Fußringe indes kennen sie überhaupt nicht. Ihre Kleider sind gewöhnlich aus dünnen Stoffen wie Seide, Kaliko oder leichtem Kattun hergestellt. Gegen die Kälte tragen sie eine Pelzstola, die sie um den Hals legen und deren Enden sie wie ein *mi'zar* bei uns herunterhängen lassen, so daß sie fast bis zu den Füßen reichen. Auch ist es ihre Sitte, einen schmalen Gürtel über dem Kleid zu tragen, damit die Taille schlank und das Gesäß mollig erscheine. Ferner pflegen die Frauen mit dem Gürtel einen Blechstab zu verflechten, der vom Unterleib bis zum Ende der Brust reicht, damit ihre Haltung stets gerade und unverkrümmt sei. Sie haben viele Kniffe (dieser Art). Eine ihrer Gepflogenheiten, welcher man den Beifall nicht versagen kann, ist, das Haar nicht, wie es bei den arabischen Frauen üblich ist, frei herabhängen zu lassen. Die Französinnen fassen das Haar in der Mitte des Kopfes zusammen und stecken stets einen Kamm oder dergleichen hinein. An heißen Tagen pflegen sie den Körper von äußeren Kleidungsstücken zu entblößen. So lassen sie ihn vom Kopf bis oberhalb des Busens unbedeckt, ja es kommt sogar vor, daß ihr bloßer Rücken zu sehen ist. An Tanzabenden lassen sie die Arme entblößt. Mit einem Wort, all das wird von den Bewohnern dieses Landes nicht als anstößig empfunden. Allerdings dürfen sie niemals etwas von den Beinen enthüllen, vielmehr tragen sie stets Strümpfe, welche die Beine bedecken, vor allem in der Öffentlichkeit. Freilich, um die Wahrheit zu sagen, mit ihren Beinen ist es nicht weit her, und die Worte des Dichters treffen so gar nicht auf sie zu:

> Nie vergaß ich: sich erhebend enthüllte kokett er
> sein Bein, so weiß wie die schimmernde Perle.
> Was Wunder, wenn da ich eine ›Auferstehung‹ empfand,
> ist doch die Auferstehung der Tag der Enthüllung!

Zur Trauerkleidung bei den Franzosen ist zu sagen, daß man das Zeichen der Trauer eine bestimmte Zeit trägt und daß ihm eine festgesetzte Stelle zugewiesen ist. Die Männer tragen das Zeichen der Trauer für eine bestimmte Zeit am Hut, die Frauen am Kleid. Ein Sohn, der Vater oder Mutter verloren hat, trägt sechs Monate lang Trauer, beim Verlust der Großmutter viereinhalb Monate; die Gattin beim Verlust des Gatten ein Jahr und sechs Wochen, der Mann beim Verlust der Ehefrau sechs Monate; beim Ableben des Bruders oder der Schwester zwei Monate; beim Tode eines Onkels oder einer Tante mütterlicher- oder väterlicherseits drei Wochen, und im Falle von Vettern und Kusinen zwei Wochen.

Der jährliche Umsatz an Tuch beläuft sich in Paris auf etwa eine Million Francs, an Seide auf drei Millionen Francs, an Pelzwerk auf eine Million Francs. Letzteres mag seinen Grund darin haben, daß Pelze als Spezialität von Paris für die Pariser Bevölkerung aufgekauft werden.

Auch ist es bei den Franzosen Usus, daß einige Glatzköpfige und Leute mit häßlichem Haar Perücken tragen, ja sogar für Bärte und Schnurrbärte verwenden sie falsche Haare zur Imitation. Diese Sitte ist bei ihnen seit der Zeit des französischen Königs Louis XIV. verbreitet, weil nämlich jener König stets eine Perücke trug und diese niemals, außer zum Schlafen, abnahm. Und so sind Perücken bis zum heutigen Tage im Gebrauch, nur eben für Kahlköpfige und Leute mit häßlichem Haar. Merkwürdig ist, daß sie zur Zeit auch in Ägypten von Frauen in Kairo getragen werden.

7. Abschnitt: über die Stätten zur Unterhaltung und Entspannung in der Stadt Paris

Wisse denn, daß diese Leute, da sie nach Beendigung ihrer gewohnten, dem Erwerb des Lebensunterhalts dienenden Arbeit keinerlei Beschäftigung mit frommen Übungen kennen, ihr Leben mit weltlichen Dingen, mit Vergnügen und mit Spiel verbringen. Sie sind darin erstaunlich vielseitig.

Zu den Unterhaltungsstätten bei ihnen gehören Lokalitäten, welche ›théâtre‹ und ›spectacle‹ genannt werden. In ihnen wird die Nachahmung alles wirklich Geschehenen gespielt. In Wahrheit sind diese Spiele Ernst im Gewand der Posse, denn man zieht aus ihnen erstaunliche Lehren, weil man nämlich in ihnen alle Art von guten und bösen Taten dargestellt sieht und (erkennt,) wie die ersteren gepriesen und letztere verdammt werden. Die Franzosen behaupten sogar, diese Spiele würden den Charakter des Menschen bilden und verfeinern. Obwohl sie im allgemeinen komischen Inhalts sind, so ist doch auch viel Tragisches in ihnen enthalten. Auf dem Vorhang, der nach Beendigung der Vorführung herabgelassen wird, steht in lateinischer Sprache geschrieben, was sich auf arabisch übersetzen läßt als ›Manchmal werden die Sitten durch Spiel verbessert‹.

Äußerlich sind solche Theater große Gebäude mit einer gewaltigen Kuppel. (Im Innern) haben sie mehrere Ränge, wovon jeder Rang Gemächer hat, die an seiner Innenseite um die Kuppel herum angeordnet sind. Auf einer Seite des Gebäudes ist eine weite Plattform, die man von allen diesen Logen aus einsehen kann, so daß jemand, der im Inneren des Gebäudes ist, alles sehen kann, was auf ihr vor sich geht. Der Innenraum ist beleuchtet mit großartigen Kronleuchtern. Unterhalb dieser Plattform ist ein Platz für die Musikanten. An diese Plattform schließen sich Seitenräume an, in welchen sich alles Gerät fürs Theaterspielen und sämtliche besonders hergestellten Dinge, die man (auf der Bühne) zu sehen bekommt, befinden und wo sich die Frauen und Männer, die für das Spiel bereitstehen, aufhalten. Diese Plattform richten sie so her, wie es das jeweilige Spiel erfordert. Wenn sie zum Beispiel einen Herrscher in allem, was ihm widerfahren ist, darzustellen beabsichtigen, so gestalten sie die Plattform in der Form eines Palastes, geben ein Bild seines Wesens, rezitieren Verse über ihn, und so weiter, und so fort. Während sie die Bühne vorbereiten, lassen sie den Vorhang herunter, damit er dem Publikum den Blick versperrt. Sodann ziehen sie ihn auf und beginnen mit dem Spiel.

Die Schauspielerinnen und die Schauspieler sind etwa den *ʿawālim* (professionellen Sängerinnen) in Ägypten zu vergleichen. Die Akteure und Aktricen in Paris sind hochgebildete und redebegabte Leute; manchmal haben diese Leute selber eine Menge literarischer und poetischer Werke geschrieben. Man wäre baß erstaunt, könnte man einmal hören, was so ein Schauspieler an Versen auswendig kann, was er beim Spiel an feinen Wortspielen vorbringt und wie er sowohl witzig wie verweisend zu antworten vermag! Eine ganz erstaunliche Sache ist, daß sie während des Spiels Fragen aus den fremden Wissenschaften und schwierige Probleme vorbringen und sich im Verlauf des Spiels darin vertiefen, so daß man meinen könnte, sie seien Gelehrte. Sogar Kinder, die mitspielen, führen großartige Belege aus der Naturwissenschaft und dergleichen an.

Sie beginnen das Spiel mit Instrumentalmusik, und dann spielen sie, was sie gerade vorhaben. Das jeweilig gespielte Stück wird auf ein Papier geschrieben, und dieses wird an den Mauern der Stadt angeklebt. Auch wird der Name des Stückes in den Tageszeitungen gedruckt, damit jedermann Kenntnis davon habe. Am Abend spielen sie dann verschiedene Stücke, und nach Beendigung eines jeden Stückes wird der Vorhang herabgelassen. Wenn sie zum Beispiel den Schah von Persien spielen wollen, so kleiden sie einen Schauspieler als König der Perser, lassen ihn auftreten und ihn auf einem Thronsessel sitzen und so fort. In diesen Schauspielhäusern stellen sie alles dar, was es nur gibt. Sie mögen sogar zeigen, wie sich das Meer für Moses – Friede sei mit ihm! – teilte: sie stellen das Meer dar und lassen es Wellen schlagen, bis es der wirklichen See zum Verwechseln ähnlich sieht. An einem Abend erlebte ich, wie sie die Theatervorstellung mit der Darstellung einer Sonne schlossen: sie ließen diese ihre Bahn ziehen und das ganze Theater beleuchten, bis das Licht dieser Sonne den Schein der Kronleuchter überstrahlte, so daß es für die Leute auf einmal Morgen war. Sie haben noch sonderbarere Dinge als das Beschriebene. Kurz und gut, das Theater ist für sie wie eine öffentliche Schule, in welcher der Gebildete wie der Unwissende lernt.

Das großartigste Schauspielhaus in Paris ist die sogenannte ›Opéra‹. Dort sind die besten Musiker und Tänzer, dort gibt es Gesang mit Instrumentalmusik und einen mimischen Ausdruckstanz, ähnlich der Zeichensprache der Tauben, welcher viele erstaunliche Dinge andeutet. Ferner gibt es ein Theater genannt ›Opéra comique‹, in welchem lustige Verse gesungen werden. Sodann gibt es ein Theater namens ›Théâtre des Italiens‹; das hat die besten Musiker, und dort werden in italienischer Sprache verfaßte Verse vorgetragen. Diese gehören alle zu den großen Schauspielhäusern. In Paris gibt es aber auch kleinere Bühnen; sie sind wie jene, nur daß sie eben klein sind.

Ferner gibt es noch andere Schaubühnen, wo Pferde, Elefanten und dergleichen auftreten. Dazu gehört das Theater namens ›Théâtre Franconi‹; dort ist ein Elefant, der weit und breit ob seiner sonderbaren Kunststücke berühmt und auf erstaunliche Weise dressiert ist. So wie die ›Opéra‹ das größte Schauspielhaus ist, so ist ein Theater namens ›Théâtre le Comte‹ das kleinste. Es dient der Unterhaltung der Kinder, wie der *ḥāwī* (Zauberkünstler) in Ägypten. Le Comte ist der Name des Leiters dieses Kindertheaters. Alle Darsteller und Darstellerinnen sind jugendlichen Alters. In diesem Theater sieht man eine Menge Taschenspielertricks, Zauberkunststücke und dergleichen mehr.

Wären im Thcater in Frankreich nicht so viele teuflische Eingebungen enthalten, müßte man es zu den ausnehmend nützlichen moralischen Einrichtungen zählen. Man sehe sich nur die Schauspieler an: sie vermeiden nach bestem Können alles, was verführerisch und anstößig ist, und unterscheiden sich dadurch gewaltig etwa von den ägyptischen Sängerinnen und den einheimischen Musikanten.

Ich kenne kein arabisches Hauptwort, welches der Bedeutung von ›spectacle‹ oder ›théâtre‹ entsprechen würde. Doch bedeutet der Ausdruck *spectacle* ›Anblick‹ oder ›Stätte der Erholung‹ oder dergleichen, und der ursprüngliche Sinn des Wortes *théâtre* ist derselbe, wobei dann erst das Schauspiel selbst so genannt wurde und dann der Ort, wo es aufgeführt wird. Und so liegt der Gedanke nahe, daß seine eheste Entsprechung jene Darsteller sind, welche man *ḫayālī* – Schattenspieler – nennt. Oder besser gesagt, daß der Schattenspieler eine Spielart von diesen ist. Bei den Türken sind die beiden Begriffe als ›komedya‹ bekannt; aber diese Bezeichnung ist inadäquat, es sei denn, man wende sie im weiteren Sinne an. Man kann getrost den Terminus ›théâtre‹ oder ›spectacle‹ mit *ḫayālī* übersetzen; man muß nur dieses Wort im weiteren Sinne verstehen und kommt dann der Begriffsvorstellung von ›spectacle‹ nahe.

Oder es gibt unter den öffentlichen Schaustätten solche,

wo man die Ansicht einer Ortschaft, einer Gegend und dergleichen veranschaulicht bekommt. Dazu gehört beispielsweise ein ›Panorama‹. Das ist ein Ort, wo man (in eine Art Kasten) schaut und dort die Stadt sieht, die man dargestellt haben will; beim Bild von Kairo zum Beispiel ist es, als stünde man auf dem Minarett der Sultan-Ḥasan-Moschee und unter einem breitet sich al-Rumēla und die ganze übrige Stadt aus. Eine andere ist das ›Kosmorama‹: dort sieht man die Darstellung einer Ortschaft, dann einer anderen und so fort. Ferner das ›Diorama‹, mit der Darstellung eines Herrschaftshauses, und das ›Uranorama‹, wo das Himmelsgewölbe und alles, was es umschließt, in der bei den Europäern üblichen Art dargestellt ist, so daß der Beschauer dort Astronomie studieren kann. Und schließlich gehört dazu das ›Europorama‹, in welchem das Land der Franken bildlich vorgeführt wird.

Zu den Unterhaltungsstätten gehören ferner die Tanzlokale, welche ›bal‹ genannt werden. Dort wird gesungen und getanzt. Selten wird man am Abend in ein Haus von vornehmen Leuten eintreten, ohne dort Musik und Gesang zu hören. Eine Zeitlang blieb uns ihr Gesang völlig unverständlich, da wir ihre Sprache nicht kannten. Wie trefflich sagte doch jemand in einem ähnlichen Falle:

Ich verstand ihren Sinn nicht, doch weinte
  mein Herz – nur zu gut kannt ich sein Leid!
Es war, als wär ich blind, gepeinigt, wie einer,
  der schöne Frauen liebt und sie nicht sehen kann.

Tanzveranstaltungen sind zweierlei Art: der öffentliche Tanz, wo jedermann Zutritt hat, wie zum Beispiel Tanzveranstaltungen in Kaffeehäusern und Parkanlagen, und die private Tanzveranstaltung, wozu man eine Anzahl von Leuten zu Tanz, Gesang, Unterhaltung usw. einlädt, etwa wie bei einer Hochzeitsfeier in Ägypten.

Eine Tanzveranstaltung schließt stets Frauen und Männer ein. Der Ballraum ist großartig illuminiert, und es stehen dort Stühle zum Sitzen herum. Zu sitzen steht in der Regel den Frauen zu, und kein Mann wird sich setzen, ehe nicht alle Damen einen Platz gefunden haben. Gesellt sich eine Frau zu der versammelten Gesellschaft und es ist kein Stuhl frei, so erhebt sich ein Mann und läßt sie Platz nehmen. Eine Dame steht jedoch nicht auf, um ihr ihren Platz zu überlassen. Bei geselligen Anlässen wird stets die Frau mit größerer Ehrerbietung behandelt als der Mann. So hat auch jemand, der das Haus eines Bekannten betritt, die Dame des Hauses vor dem Hausherrn zu begrüßen. Und wenn sein Rang noch so hoch ist, er rangiert dennoch nach seiner Gattin oder den Damen des Hauses.

Eine andere Form der Unterhaltung ist eine gesellige Versammlung von Leuten nach Art der *ḍamma* in Ägypten, nur ist dabei stets eine Musikkapelle anwesend, und es wird gesungen und getanzt. Zwischen den einzelnen Musik- und Gesangdarbietungen werden den Anwesenden leichte Speisen und Getränke gereicht. Kurz und gut, zuerst die Musik und im Anschluß daran das leichte Getränk, sie beide bilden das Vergnügen solcher Gesellschaften. Wie schon ein Dichter sagte:

Ist Leben andres denn gestreckter Wein,
verdünnt im Glas von der Wolken Tau,
Der Laute Schlag, im Gesang unterstützt
für der Saiten Klang von der Flöte Zunāms?

Wir sagten bereits, daß der Tanz bei ihnen als eine Kunst gilt. Schon al-Masʿūdī hat in seinem Geschichtswerk ›Murūj al-ḏahab‹ auf den Tanz verwiesen: Er ist das Gegenstück zum Ringkampf hinsichtlich der Balance der Glieder und der wechselseitigen Einwirkung der Kräfte. Nicht jeder starke Mann muß notwendigerweise zu ringen verstehen, vielmehr kann ihn durchaus jemand von schwächerer Konstitution vermittels feststehender Tricks und Kniffe besiegen. Und nicht jeder Tänzer beherrscht die Feinheiten der Bewegung der Glieder. Es scheint, daß Tanz und Ringkampf auf ein und dasselbe zurückgehen, das man bei einiger Überlegung erkennen wird.

Jedermann in Frankreich liebt den Tanz, und er gilt nicht als unmoralisch, sondern als etwas Zierliches und Elegantes. Daher verstößt er auch nie gegen die Gesetze des Anstands, zum Unterschied vom Tanz in Ägypten, wo er eine Spezialität der Frauen ist, weil er die Leidenschaften erregt. In Paris hingegen ist er eine besondere Art von Hüpfen, dem gar nicht der Ruch der Unzucht anhaftet. Jedermann kann eine Frau zum Tanzen auffordern, und wenn der Tanz zu Ende ist, fordert sie ein anderer zum nächsten Tanz auf, und so fort, gleichgültig ob der Betreffende die Dame kennt oder nicht. Die Damen freuen sich, wenn recht viele mit ihnen tanzen wollen. Es genügt ihnen nicht einer oder zwei, sondern sie wollen mit möglichst vielen Tänzern gesehen werden, weil sie der Hingabe an ein und dieselbe Sache überdrüssig sind. Wie schon ein Dichter sagte:

> He du, die nicht mit einem Freund zufrieden,
> auch nicht zwei tausend Freunden jedes Jahr:
> Du scheinst mir Rest zu sein vom Volke Mosis,
> das nicht erwarten konnte seine Speis.

Zuweilen kommt es vor, daß ein besonderer Tanz getanzt wird, bei dem der Tänzer den Arm um die Taille seiner Partnerin legt, während er sie sonst meistens bei der Hand hält. Mit einem Wort, eine Frau, wer immer sie sei, am Oberkörper zu berühren, gilt bei diesen Christen nicht als unschicklich. Als Mann nett mit den Frauen zu plaudern und ihnen Komplimente zu machen gilt als Zeichen von gutem Anstand. Und es ist die Dame des Hauses, welche die versammelten Gäste begrüßt.

Zu den Amüsements gehören die öffentlichen Feste, die man zur Sommerszeit veranstaltet. Sie bestehen in Tanz, Musik, dem Abbrennen von Feuerwerk und dergleichen mehr. Zu den öffentlichen Festen gehören bei ihnen jene Tage, die bei ihnen ›jours du carnaval‹ heißen und von den ägyptischen Kopten *›ayyām al-rifā'‹* genannt werden. Das sind mehrere Tage, an denen den Leuten allerlei Maskeraden und Mummenschanz erlaubt sind. Da verkleidet sich ein Mann als Frau und eine Frau als Mann, oder ein Herr tritt im Gewand eines Hirten auf und dergleichen mehr. Kurzum, es ist alles erlaubt, was nicht die Ruhe und Ordnung des Landes stört. Die Franzosen sagen, diese Tage seien die ›tollen Tage‹. Während der drei Faschingstage[58] wird in einem großartigen Festzug das fetteste männliche Schlachttier von Frankreich in der Stadt herumgeführt. Das wird dann geschlachtet, und sein Besitzer erhält ein Geldgeschenk im Gegenwert der Mastkosten, (als Ansporn) damit die Leute ihre Kälber mästen.

Zu den Erholungsstätten von Paris gehören ferner die großartigen öffentlichen Parkanlagen. In Paris gibt es etwa vier große Gartenanlagen, in denen sich alle Leute, ob hoch oder niedrig, ergehen, darunter ein Park, genannt ›Champs Élysées‹, was auf arabisch ›Gärten des Paradieses‹ bedeutet. Er ist eine der feinsten und bezauberndsten Promenaden. Es ist dies eine große Gartenanlage von vierzig Arpents Flächenausdehnung – ein ›Arpent‹ ist ein Flächenmaß, das etwa einem Feddan entspricht. Wiewohl die Länge der durch den Park verlaufenden Straße etwa tausend Klafter beträgt, so ist diese so angelegt, daß man, schaut man in die Ferne, das andere Ende sehen kann. In diesem prächtigen Park sind stets irgendwelche Vergnügungen im Gange, die man gar nicht alle aufführen kann. Die Bäume dieses Parks stehen in parallelen Reihen, die so angeordnet sind, daß es auf allen Seiten einen Eingang gibt, welcher jeweils am Scheitelpunkt der von allen Seiten zusammenlaufenden schnurgeraden Alleen liegt. In der Mitte jeder Baumgruppe befindet sich ein quadratischer Platz. Der Park stößt auf der einen Seite an die Seine, wobei zwischen Park und Fluß ein Kai verläuft, während auf der anderen Seite Häuser am Rande des freien Landes liegen. Innerhalb des Parks findet man zahlreiche Cafés und Restaurants, das heißt Eßlokale, in welchen alle Arten von Speisen und Getränken zu haben sind. Sie sind der Treffpunkt der Liebespaare und der gehobenen Leute. Auch sind dort zahlreiche Reitpfade. Die vornehmen Leute fahren darin in verzierten Kutschen umher. Außerdem gibt es dort Tausende von Stühlen, welche man mieten kann und auf denen man im Frühling tagsüber und im Sommer am Abend sitzt. Die größte Ansammlung von Menschen findet man in diesem Park an Sonntagen, denn der Sonntag ist bei den Franzosen der Ruhetag. Alles in allem, dieser Park ist die Lokalität für öffentliche Feste und Feiern und für zeremonielle Auftritte des Königs. Auch flanieren dort allerlei schöne Frauen.

Zu den Promenaden gehören ferner jene Orte, welche man ›boulevard‹ nennt. Das sind lange parallele Baumreihen, wie wir sie bereits weiter oben beschrieben haben. Ein Boulevard ist ein Ort, wo alle Leute an allen Tagen promenieren. An ihnen liegen die prächtigsten Cafés von Paris. Wandernde Musikanten gehen dort mit ihren Instrumenten herum, darunter viele, die zu den Theatern gehören. Auch wandeln dort die Frauen auf und ab, welche mit Männern Bekanntschaft schließen, besonders zur Nachtzeit. An allen Abenden, und vor allem an Sonntagabenden, sind dort viele Leute anzutreffen, und man sieht Liebespaare Arm in Arm bis Mitternacht.[59]

Schließlich gehört zu den Promenaden ein Markt, wo man Blumen verkauft. Auf diesem Markt findet man allerlei seltene und exotische Sträucher, Pflanzen und Blumen, sogar außerhalb ihrer Saison, so daß jemand einen Garten innerhalb eines einzigen Tages völlig erneuern kann, indem er alles, was er braucht, einkauft und es an einem Tage einpflanzt.

Insgesamt aber kann man sich an all diesen Stätten der Unterhaltung und Entspannung nur erfreuen, wenn man gesund ist.

8. Abschnitt: über die Gesundheitspflege in Paris

Da es ein Erfordernis der Klugheit ist, sich um die Erhaltung der Gesundheit zu kümmern, und da die Franken das klügste der Völker sind, richten sie große Aufmerksamkeit auf diese Kunst sowie auf die Vervollkommnung der Geräte und Mittel zu ihrer Ausübung und sind von allen Menschen am ehesten bereit, von allem, was dem Körper zugute kommt, Gebrauch zu machen: Bäder, Kaltwasserbäder sowie Körpertraining und körperliche Abhärtung, wie etwa Schwimmen, Reiten und Gymnastik.

Die Bäder in Paris sind von mannigfacher Art. Um die Wahrheit zu sagen: sie sind sauberer als die Badehäuser in Kairo, doch sind hinwiederum die Bäder von Kairo im großen und ganzen zweckmäßiger, besser gebaut und hübscher. Ein Bad in Paris besteht nämlich aus mehreren Kabinen. In jeder Kabine steht eine Badewanne aus Kupfer, in der gerade ein Mann Platz hat. In einigen Kabinen sind zwei Wannen. Sie kennen kein Gemeinschaftsbadebecken von der Art, wie es in Ägypten üblich ist, doch hat diese Sitte ihr Gutes hinsichtlich der Scham, denn es gibt keine Möglichkeit, daß der eine des anderen Blöße sieht. In einer Kabine mit zwei Badewannen ist sogar zwischen den Wannen ein Vorhang angebracht, der verhindert, daß einer den anderen sieht. In diese kleinen Wannen zu steigen ist nicht so wohltuend wie das Baden in den türkischen Bädern zu Hause. Man schwitzt darin gar nicht, weil die Wärme lediglich in der Wanne, aber nicht in der Kabine ist. Allerdings kann man sich auch ein Dampfbad bestellen, welches sie einem dann bereiten, aber zu einem anderen Preis als dem üblichen. Die Badehäuser haben zwei Abteilungen, eine für Männer und eine für Frauen.

So wie es stationäre Bäder gibt, so gibt es auch transportable Bäder. Wenn jemand zu Hause baden will oder krank ist oder dergleichen, dann bringt man ihm in einem tonnenförmigen Wagen das kalte Wasser in einer Hälfte und das warme in der anderen und dazu eine Wanne. Die Wanne wird im Hause des Betreffenden aufgestellt und mit warmem Wasser gefüllt, mit dem er sich waschen kann. Nach Beendigung des Bades schaffen sie das Ganze ins Badehaus zurück. Zu den Bädern gehört ferner eines, in welches man nur einen Körperteil wegen gewisser Krankheiten eintaucht; es wird ›demi-bain‹ genannt. Die Bäder in Paris sind zahlreich. Die Zahl der bekanntesten ist etwa dreißig.

Im Zusammenhang mit der gesunden sportlichen Betätigung gibt es Schulen, in welchen man schwimmen lernen kann; es sind dies drei Schulen entlang der Seine. Auch gibt es Schulen für Gymnastik und zur Ausbildung des Körpers für außergewöhnliche Dinge wie Akrobatik, Ringkampf und dergleichen mehr.

9. Abschnitt: behandelnd die Pflege der medizinischen Wissenschaften in Paris

Man muß wissen, daß Paris von den europäischen Städten die bedeutendste ist, die von Fremden aufgesucht wird, um die Wissenschaften, insbesondere die medizinischen Wissenschaften, zu studieren. Manchmal kommen dorthin Kranke aus fernen Ländern auf der Suche nach Heilung.

Die medizinischen Wissenschaften, welche bei uns auch *'ilm al-ḥikma* genannt werden, umfassen die Heilkunde, Chirurgie, Anatomie, reine Physiologie, Hygiene, Veterinärmedizin und andere Fachgebiete.

Die Zahl der Ärzte in Paris ist sehr groß, so daß es in jedem Stadtviertel gleich mehrere Ärzte gibt. Mehr noch, die Straßen sind voll von Ärzten, so daß man, wird man unterwegs von einer Krankheit befallen, unweigerlich einen Arzt findet, so groß ist ihre Zahl in dieser Stadt. Der Status der Kranken gegenüber den Ärzten ist unterschiedlich. Es gibt

Patienten, die den Arzt bitten, sie zu Hause zu besuchen, wobei dem Arzt ein feststehendes Honorar für jeden Hausbesuch zusteht. Andere Patienten suchen den Arzt in seinem Hause auf, wobei der Arzt bestimmte Stunden hat, in denen er vorsätzlich zu Hause bleibt, um die Leute zu empfangen. Und wieder andere Kranke übersiedeln für eine bestimmte Zeit in ein Haus, welches ›Krankenhaus‹ genannt wird und für Leute bestimmt ist, die eine bestimmte Summe für Essen, Trinken, Unterbringung, ärztliche Betreuung, Bedienung und dergleichen bezahlen.

In Paris gibt es Kliniken für Leute mit einem Knochendefekt, wie zum Beispiel Buckligkeit. So jemand sucht ein solches Haus zur ärztlichen Behandlung auf, und dort richtet man seinen Körper mit gewissen Kunstgriffen gerade. Desgleichen, wenn jemand ein Glied verloren hat, so korrigiert man dies, indem man an seiner Stelle etwas aus Metall oder Holz einsetzt.

In der Stadt gibt es ferner Häuser, in welche schwangere Frauen einziehen, die kurz vor der Entbindung stehen, um ihr Kind zur Welt zu bringen und dort die Wochenbettzeit zu verbringen. In solchen Häusern gibt es Hebammen und alles, was man für eine Geburt benötigt.

Zu den Einrichtungen, die für Kranke eingerichtet und in denen Ärzte beschäftigt sind, gehören außerdem die öffentlichen Spitäler. Dorthin begeben sich Kranke zur Behandlung und zum unentgeltlichen Aufenthalt für die Dauer der Krankheit.

Es gibt zwei Kategorien von Ärzten in Paris: die eine besteht aus den praktischen Ärzten für die verschiedenen allgemeinen Krankheiten, und die andere ist für spezielle Krankheiten. Die medizinische Wissenschaft ist nämlich ein sehr weites Feld, und nur selten wird jemand in sämtlichen Zweiggebieten arbeiten und diese erforschen. Deshalb verlangen die französischen Ärzte, daß ein Arzt, nachdem er die einzelnen Zweiggebiete der medizinischen Wissenschaft studiert hat, daraus ein bestimmtes Fach auswählen muß, um darauf seine ganze Aufmerksamkeit zu richten, darin sattelfest zu werden und sich immer weiter darin zu vertiefen, bis er sich einen Namen gemacht hat und sich vor anderen Ärzten in der Erforschung dieses Fachgebietes auszeichnet, worauf er dann jene Leute anzieht, die an einer der in dieses Fachgebiet fallenden Krankheiten leiden. Daher gibt es in Paris zum Beispiel Ärzte für Lungenkrankheiten, Ärzte für Augenkrankheiten, welche man ›Ophthalmologen‹ nennt, Ärzte für Ohrenkrankheiten und Ärzte für die Behandlung und Korrektur der Nase. Es gibt sogar Nasenärzte, die in der Lage sind, eine verstümmelte Nase künstlich wieder in Ordnung zu bringen.

Ferner gibt es in Paris Ärzte, die den menschlichen Magnetismus zur Heilung heranziehen. Im einzelnen hat es damit folgende Bewandtnis: Es gibt in Paris eine Gruppe von Naturphilosophen, die behaupten, es stünde für sie fest, daß der Körper des Menschen ein Fluidum enthalte, nämlich den menschlichen Magnetismus, mit anderen Worten, daß dieses Fluidum die Eigenart des Magneten besitzt. Dieses trete bei mehrfacher Annäherung der Hand, etwa beim Reiben, in Erscheinung, worauf sich der Mensch entweder neu belebt fühlt oder ihm die Sinne schwinden, so daß er gar nichts mehr spürt. Während er nun im Falle einer schweren Krankheit bewußtlos ist, behandeln ihn die Ärzte, indem sie entweder amputieren oder eine Inzision vornehmen, ohne daß er das geringste fühlt. Man hat dies bei der operativen Entfernung der Brust einer Frau versucht, nachdem sie in diesen magnetisierten Zustand versetzt worden war. Nach einigen Tagen starb sie. Die Mesmeristen behaupten, sie sei an etwas anderem gestorben, nicht am Schmerz des chirurgischen Eingriffs, denn sie hätte danach noch gelebt. Der Mesmerismus erweist sich als nützlich bei der Behandlung von Nervenleiden.

Außerdem gibt es in Paris Spezialisten für Geisteskrankheiten, für Krankheiten der Geschlechtsorgane oder der Hoden, für abstoßende und andere Hautkrankheiten, wie Lepra und Krätze. Auch gibt es in Paris Ärzte für Geburtshilfe, denn es ist dort auch Usus, daß eine Frau von einem Mann, der Fachmann auf dem Gebiete des Kindergebärens ist, entbunden wird. Ferner sind da Ärzte für die Behandlung von grauem und grünem Star sowie Ärzte für Brustleiden und für Hemiplegie, das ist die Lähmung gewisser Glieder. Letztere wird mit einem therapeutischen Verfahren, genannt ›acupuncture‹, behandelt, das heißt mit vielen feinen Nadelstichen; dabei entzieht man dem Körper etwas Blut, was zur Linderung der Krankheit beiträgt. Ferner gibt es Ärzte für die Behandlung von Defekten der menschlichen Konstitution; diese Behandlungsweise heißt ›orthopédie‹, das heißt die Kunst, Gliederdefekte von Kindern zu korrigieren. Unter den Ärzten gibt es schließlich solche, die Deformierungen des Mundes und Gesichts korrigieren, und wieder andere, die fehlende Gliedmaßen durch künstliche andere ersetzen.

Die Zweige der medizinischen Wissenschaften sind zahlreich. Allgemein bekannt sind davon die Anatomie, die Diagnostik, die Pharmazeutik, die Pathologie, die Chirurgie mitsamt Verbandskunde, die Behandlung von Bettlägerigen mit äußeren und inneren Leiden, die Obstetrik, die Physik, soweit sie in die Medizin schlägt, die Pharmakologie und die Behandlung und Pflege der Kranken.

Die medizinischen Schulen von Paris und ihre gemeinnützigen Einrichtungen sind berühmt. Dazu gehört eine große Schule, genannt ›Königliche Akademie der Medizin‹, die einem Rat der königlichen Ärzte gleichkommt und die man eingerichtet hat, um dem Bedürfnis des französischen Königreiches entgegenzukommen und gemeinschädliche Krankheiten wie Seuchen, Krankheiten, die nach Ansicht der Franzosen ansteckend sind, sowie Krankheiten wie etwa das Viehsterben zu bekämpfen. Die Funktion der Gelehrten der ›Académie de médecine‹ besteht in der Wahrnehmung der Belange der Bevölkerung in Dingen, die die Monarchie zur Voraussetzung des Gemeinnutzens macht, wie etwa die allgemeine Impfung zur Bekämpfung der Pocken, die Untersuchung neuer Arzneimittel und unbekannter Drogen und die Prüfung natürlicher oder synthetischer Mineraldrogen auf ihre Zulässigkeit als anerkannte Heilmittel. Mit einem Wort, die Mitglieder dieses königlichen Gremiums sind die bedeutendsten Ärzte Frankreichs.

Manches, das mit den Spitälern von Paris zu tun hat, wollen wir im folgenden Abschnitt über karitative Tätigkeit anführen, und einiges davon haben wir bereits im vorausgehenden Abschnitt erwähnt. Wir wollen jedoch an dieser Stelle ein Traktat aus dem Bereich des Gesundheitswesens und der Körperpflege vortragen, auf daß es den Nutzen dieser Reisebeschreibung ergänze. Ich fertigte eine Übersetzung dieses Traktats in Paris zu dem Zwecke an, daß es angesichts seines geringen Umfangs von allen Leuten in Kairo benutzt werde. Wenn es uns auch etwas vom eigentlichen Thema abbringt, so ist es doch von ungeheurem Nutzen und größtem Gewinn.

Hier folgt unter dem Titel ›Ärztlicher Rat‹ die Übersetzung einer kleinen medizinischen Broschüre in sechs Abschnitten:

1. Empfehlungen für eine gesunde Lebensführung;
2. Anleitung zu Maßnahmen bei ersten Krankheitssymptomen;
3. Anleitung, was man beim Auftreten einer Krankheit tut;
4. Pflege von Rekonvaleszenten;
5. allgemeine Empfehlungen für die Erhaltung guter Gesundheit;
6. Behandlung einer Anzahl von Krankheiten und Anleitungen zur Ersten Hilfe.

Der Abschnitt schließt mit einer Sammlung von Sprichwörtern und Maximen zum Thema Gesundheit und Krankheit.

10. Abschnitt: über karitative Tätigkeit in Paris

Wisse, daß die meisten Leute im Lande der Franken und überhaupt in Ländern mit viel Industrie und Gewerbefleiß von ihrer Hände Arbeit leben. Wenn nun einem von ihnen etwas zustößt, eine Krankheit etwa oder dergleichen, so verliert er seinen Lebensunterhalt und ist gezwungen, sein Leben auf andere Art zu fristen, etwa indem er betteln geht. Daher hat man Spitäler für karitative Zwecke eingerichtet, damit jemand nicht andere Leute anzubetteln braucht. Je mehr Industrie nun ein Ort hat und je größer seine Erwerbsmöglichkeiten, um so größer ist die Zahl seiner Bewohner, so daß er mehr Spitäler als ein anderer Ort nötig hat. Bekanntlich gehört Paris zu den volkreichsten Städten mit der meisten Industrie und dem größten Gewerbefleiß. Daher ist die Zahl seiner Spitäler und karitativen Einrichtungen sehr groß.

Die dortigen Spitäler und karitativen Vereinigungen sollen das Manko des Geizes und der Knickerigkeit des einzelnen beheben, denn die Pariser sind, wie schon weiter oben erwähnt, weit entfernt von der Freigebigkeit der Araber. Es gibt bei ihnen keinen Ḥātim al-Ṭā'ī und auch niemanden wie dessen Sohn ʿAdīy, noch ging aus ihrer Stadt je ein Mann wie der wegen seiner Güte und Freigebigkeit berühmte Maʿn ibn Zā'ida hervor. Nie hat man in ihrer Stadt hinsichtlich ihrer Könige und Minister auch nur das Geringste von dem gehört, was man über die Abbasiden und die Barmekiden erzählt, und der Kalif al-Manṣūr, der unter dem Namen ›der Pfennigfuchser‹ bekannt ist, wäre, gemessen an ihnen, der Freigebigste der Freigebigen. Zugegeben, in den zivilisierten Ländern ist Freigebigkeit selten. Aber die Pariser sind auch der Meinung, daß man, wenn man einem Arbeitsfähigen etwas schenkt, ihn nur dazu verleitet, sich nicht mehr um seinen Broterwerb zu kümmern.

In Paris gibt es eine Verwaltungsstelle für Spitäler, in der

15 Personen zwecks öffentlicher Beratung tätig sind. Das Amt hat fünf Abteilungen: Abteilung 1 ist mit der Krankenhausleitung befaßt, Abteilung 2 ist für Krankenhausbedarf, Krankendienst und allgemeine Arzneimittel zuständig, Abteilung 3 für die Verwaltung von Stiftungen, Abteilung 4 für die Betreuung der Armen zu Hause und Abteilung 5 für Auslagen des Krankenhauses und zugehörige Belange. Man wird in ein Krankenhaus nur aufgenommen, wenn die Krankheit ärztlich attestiert ist. Wer im Krankenhaus über seine Krankheit hinweg ist und es verlassen will, bevor er vollständig geheilt ist und seine Kraft wiedergewonnen hat, bezieht einen bestimmten Betrag aus der Stiftungskasse, mit dessen Hilfe er leben kann, bis es ihm möglich ist, an seinen Arbeitsplatz zurückzukehren.

Das bedeutendste Krankenhaus in Paris ist das sogenannte ›Hôtel-Dieu‹, was ungefähr ›Haus Gottes‹ bedeutet. Es ist für Kranke und Verletzte bestimmt. Nicht aufgenommen werden dort Kinder, unheilbar Kranke, Wahnsinnige, Wöchnerinnen, Leute mit chronischen Leiden und Syphilitiker, denn für jeden dieser Fälle gibt es ein besonderes Krankenhaus. Zu den bekannten Spitälern von Paris gehört ferner eines namens ›Saint-Louis‹; es ist für Leute mit chronischen Leiden und Personen, die an Furunkulose, Lupus, Ekzemen, Krätze und dergleichen leiden.

In Paris gibt es eine Anstalt für Findlinge, das heißt, Kinder, die man von der Straße aufgelesen hat. Dort werden die aufgenommen, um die sich ihre Familie nicht kümmert, wie etwa uneheliche Kinder und dergleichen.

Ferner gibt es in Paris ein Asyl für Waisen. Dorthin kommen Kinder, die ihre Familie verloren haben. Es ist für etwa 800 Jungen und Mädchen eingerichtet, wobei die Jungen in einer Abteilung und die Mädchen in einer anderen wohnen. Dieses Heim wird von mehreren Nonnen geleitet, welche von den Franzosen ›Sœurs de charité‹ genannt werden. Die Kinder dieser Anstalt lernen dort lesen, schreiben und rechnen. Die Anstalt hat eine eigene Verwaltungsstelle, und ein

Kind wird dort nur auf Anordnung dieser Stelle eingewiesen. Bei Erreichen des 11. Lebensjahres verläßt das Kind mit Erlaubnis dieser Verwaltungsstelle die Anstalt und wohnt von da an bei einem Handwerksmeister, wobei die Auslagen dafür vom Stiftungsfonds der Anstalt bestritten werden. Der Handwerksmeister kann das Kind adoptieren, daß heißt, er kann es an Sohnes Statt annehmen, allerdings nur unter der Bedingung, daß er der Verwaltungsstelle vorher nachweist, daß er ein gutes Auskommen und einen guten Leumund hat und daß er sich guter Gesundheit erfreut.

Zu den Spitälern von Paris gehören ferner eine Anstalt für Pockenschutzimpfung vermittels Kuhpockenimpfstoff sowie zwei Asyle, welche ›Altersheim‹ genannt werden, wobei das eine für Männer und das andere für Frauen bestimmt ist. Auch gehört dazu ein Spital für unheilbar Kranke, das für 450 Patienten und 520 Patientinnen eingerichtet ist. Ferner ist da die Blindenanstalt für die Bevölkerung von Paris oder anderer Departements; dort erhalten die Blinden volle Verpflegung und alles, was sie in ihrer Ausbildung und dergleichen benötigen. Außerdem gehört dazu die Heil- und Pflegeanstalt. Und schließlich ist dort ein riesiges Krankenhaus, welches ›Invalidenheim‹ genannt wird; dort werden die Kriegsversehrten, die Arm- und Beinamputierten usw. untergebracht. Es gehört zu den reinlichsten und größten Krankenhäusern; in ihm sind sechzehn Ärzte und Chirurgen sowie sechs Pharmazeuten zur Herstellung von Arzneimitteln tätig.

Über alle diese Anstalten hinaus gibt es in Paris eine öffentliche Stelle, welche man ›bureau de bienfaisance‹ nennt. Ihr Zweck ist, die Wohltätigkeitsarbeit, die von den genannten Anstalten nicht geleistet werden kann, zu ergänzen, etwa in Fällen, wo einem Kaufmann das Geschäft abbrennt oder er bankrott macht: dann wird ihm von diesem Amt unter bestimmten Bedingungen geholfen. In jedem Stadtviertel von Paris findet man ein solches Versorgungsamt; seine Wohlfahrtsarbeit ist zweierlei Art: unmittelbare, einmalige Unterstützung und Unterstützung über einen längeren Zeitraum. Erstere kommt einem Armen zugute, der in Not geraten oder dem etwas zugestoßen ist, was ihn arbeitsunfähig macht, letztere ist für Leute, die auf die Dauer ihrer Arbeit nicht nachgehen können.

Eine weitere humanitäre Einrichtung in Paris besteht darin, daß man am Ufer der Seine Kästen und Bedarfsgegenstände bereitgestellt findet, welche mit Riechsalzen für Ertrinkende, Ohnmächtige, Verletzte und dergleichen versehen sind. Auch sind an solchen Stellen mehrere erfahrene Männer, um jemandem, der einen Unfall hatte, Erste Hilfe zu leisten.

Aus all dem geht hervor, daß in Paris für humanitäre Zwecke mehr getan wird als anderswo – hinsichtlich der Gesamtheit oder der Monarchie, nicht aber jedes einzelnen Menschen. Denn man kann auf den Straßen beobachten, daß Leute, die die gestifteten Anstalten und dergleichen nicht aufsuchen, manchmal mitten auf der Straße vor Hunger zusammenbrechen. Oder man sieht zuweilen, daß sie einen Bettler wegjagen und leer ausgehen lassen, mit der Behauptung, daß die Bettelei gar nicht sein müßte, denn wenn ein Bettler arbeitsfähig sei, so brauche er nicht betteln zu gehen, und wenn er arbeitsunfähig sei, so gehöre er in die Asyle und dergleichen. Aber wohl auch, weil die Bettler bei ihnen oft recht abgefeimte Burschen sind, wenn es darum geht, Geld zu kriegen; sogar als Invaliden geben sie sich aus, damit sich die Leute ihrer erbarmen und mit ihnen Mitleid haben.

Ebenfalls zur Wohltätigkeit gehört, daß sie im Notfalle für jemanden, dem das Schicksal übel mitgespielt hat, so viel sammeln, daß er davon reich wird. So ist da ein Fall, wo man für die Kinder des Generals (Ney) an die zwei Millionen Francs, mit anderen Worten sechs Millionen Piaster, gesammelt hat.

11. Abschnitt:
über das Erwerbsleben und die praktische Tüchtigkeit der Stadt Paris

Wisse, daß bei jenen Völkern Gewinnsucht und Profitleidenschaft fest im Denken verwurzelt sind, daß sie überzeugt sind, man müsse darauf seinen ganzen Ehrgeiz verwenden, und daß Eifer und Regsamkeit lobenswert und Faulheit und Trägheit zu verdammen sind. Das geht sogar so weit, daß Faulheit und Trägheit bei ihnen geflügelte Scheltworte sind. In dieser Arbeitslust sind sich Hoch und Niedrig gleich, selbst wenn sie mit Mühsal und persönlichem Risiko verbunden ist. Als hätten sie die Worte des Dichters verstanden:

> Die Liebe für Sicherheit hindert dem Willen
> den Weg zu den Höhen, verlocket zur Trägheit.
> Bist du so geneigt, such ein Loch in der Erde,
> eine Leiter zum Himmel, und sondre dich ab.
> Das Wagnis der Höhen laß denen, die's angehn,
> bescheide dich du mit der Hoffnung darauf.

Und wo dieser schließlich sagt:

> Fürwahr, ein Mann dieser Welt ist nur der,
> der niemanden braucht für sein irdisches Wohl.

Das bedeutendste und bekannteste Geschäft in Paris sind die Transaktionen der Bankiers. Von diesen gibt es zwei Arten: die staatlichen Bankiers und die Bankiers von Paris. Die geschäftliche Funktion der staatlichen Bank besteht darin, daß die Leute einen beliebigen Betrag deponieren und dafür jährlich einen gesetzlich festgelegten Profit einstreichen. Solche Zinsen gelten bei ihnen nicht als Wucher, es sei denn, sie übersteigen die gesetzlichen Grenzen. Jedermann kann, wann immer er will, das von ihm in der Staatsbank deponierte Geld wieder abheben. Ähnlich verhält es sich mit den Banken von Paris: auch sie handeln mit Geld gegen Zinsen. Sie zahlen höhere Zinsen als die Bank des Fiskus, welche dasselbe wie die Landesbank ist, aber dafür ist das bei der Landesbank deponierte Geld sicherer als Depositen bei den städtischen Banken, weil letztere manchmal bankrott gehen, wohingegen bei der Staatsbank das eingezahlte Geld eine Schuld seitens des Staates ist. Und der Staat ist immer da.

Ein anderer, nach Ansicht der Pariser wichtiger Geschäftszweig ist eine Gesellschaft, welche ›Partner in der Haftung‹ genannt wird. Diese versichert für jeden, der jährlich einen bestimmten, unbedeutenden Betrag einzahlt, alles, was in seinem Hause durch unabwendbares Mißgeschick zu Schaden kommt, etwa wenn sein Haus oder sein Laden abbrennt und dergleichen. In einem solchen Falle erstattet sie ihm alles, wie es war, zurück, oder sie zahlt ihm den Gegenwert aus.

In Paris gibt es königliche Manufakturen und nichtstaatliche Fabriken. Dazu gehören die metallverarbeitenden Werkstätten, etwa zur Verarbeitung von Silber und Gold und zur Herstellung von Gefäßen aus den beiden Metallen, ferner Porzellanmanufakturen, Wachsfabriken, Seifenfabriken, Baumwollfabriken, Fabriken zur Verarbeitung von gegerbtem Leder und zur Herstellung von Saffianleder und dergleichen mehr. Die Qualität ihrer Industrie ist in ständigem Steigen begriffen, so daß sie etwa alle drei Jahre ihre Produkte öffentlich ausstellen und ihre neuesten Erfindungen und Verbesserungen der Öffentlichkeit vorführen.

Auch gibt es in Paris eine Anzahl von Großmarkthallen, wo es alle erdenklichen Waren gibt und wo man Absteigequartiere für auswärtige Kaufleute sowie Ladengeschäfte und kommerzielle und handwerkliche Niederlassungen findet, auf deren Fassade der Name des Händlers, seine Branche und manchmal der Name der Ware angeschrieben steht. Man kann ein Geschäft nur gegen eine, wenn auch geringe, Abgabe an die Staatskasse anfangen und erhält dann zum Zeichen der Lizenzierung im Geschäft ein Firmenzeichen.

Dieses hat man stets bei sich zu führen und am Geschäft anzubringen.

Für das Handelswesen gibt es eine besondere Schule, genannt ›École supérieure de commerce‹, wo die Schüler Handelswissenschaft, Warenkunde und Preiskunde lernen. Diese Hochschule umfaßt fünfzehn ›écoles‹. In ihr studieren Schüler aus zahlreichen Ländern. Nach den Statuten dieser Schule wird jedermann aus allen Nationen gegen Entrichtung einer bestimmten Gebühr zum Studium zugelassen.

Zu den Dingen, die Gewerbefleiß und Erwerbsleben fördern, gehört der Bau von Land- und Wasserstraßen. Darunter fallen der Bau von Kanälen und Dampfbooten, die Errichtung von Brücken, die Einrichtung von Postkutschendiensten sowie Telegraphen –, mit anderen Worten, Signaldiensten, die Aufstellung eines Postdienstes mit Boten oder zu Pferd und dergleichen mehr. Man sehe sich Paris an: in seiner Umgebung gibt es vier Kanäle, über welche die Waren herangeschafft werden, und auf der Seine verkehren Boote in der Art von Kutschen (›coches d'eau‹ – von Pferden gezogene Zillen zur Personenbeförderung) und schnelle Dampfbarkassen.

In Paris gibt es mehrere Arten von Wagen, die sich nach Aussehen, Namen, Geschwindigkeit und Verwendung unterscheiden. Da sind Wagen zur Beförderung von Gütern von Paris in die umliegenden Ortschaften; sie werden ›roulage‹ *(sic)* genannt. Sodann gibt es eine Art zur Beförderung von Passagieren; sie heißt ›diligence‹. Ferner gibt es kleine Kutschen für Fahrten zu nahe bei Paris gelegenen Orten, welche man ›coucou‹ nennt; man bezahlt dabei pro Kopf einen bestimmten Betrag wie bei Schiffsreisen. Weiterhin gibt es in Paris Wagen, die man für eine bestimmte Zeit, etwa einen Tag, einen Monat oder ein Jahr, mieten kann. Die üblichen Droschken in Paris sind die Fiaker: sie haben einen Passagierraum mit zwei einander gegenüberliegenden Sitzbänken, auf denen sechs Personen Platz finden, und werden von zwei

Pferden gezogen. Dann gibt es die ›cabriolets‹; das sind halbe Fiaker mit nur einer Sitzbank. Man bezahlt für die Fahrt in Fiakern und Kabrioletts entweder stundenweise, oder man mietet sie von einem Ort zum anderen, wobei der Preis dabei genau festgelegt ist: es wird weder etwas draufgeschlagen noch davon abgezogen. Droschken sind auf allen Straßen von Paris häufiger zu sehen als Esel auf der Straße in Kairo. Neuerdings hat man große Droschken eingeführt, welche man ›omnibus‹ – was ›für alle Leute‹ bedeutet – nennt. Das sind große Wagen mit Platz für viele Leute, auf deren Türen angeschrieben steht, daß sie in das und das Stadtviertel fahren. Mit ihnen fahren alle Leute, die in denselben Stadtteil wollen, wobei jeder von ihnen einen bestimmten Betrag bezahlt. Man findet diese Omnibusse auf den Hauptstraßen von Paris. Sodann gibt es eine Wagenart zur Beförderung von Hausrat sowie die Karren der Händler, welche diese beladen und mit denen sie durch die Straßen ziehen, um von ihnen aus zu verkaufen. Solche Karren werden manchmal von einem Pferd, manchmal von einem Esel und zuweilen von einer Person allein oder zusammen mit einem Hund gezogen. Es gibt auch noch andere Arten von Karren zur Beförderung von Steinen, Erde und anderen Materialien.

Was die Post betrifft, die bei den Franzosen ›la poste‹ heißt, so zählt diese zu den wichtigsten gemeinnützigen Einrichtungen im Geschäftsleben und anderen Bereichen. Durch sie wird die Benachrichtigung anderer Leute vermittels Briefe erleichtert, welche auf schnellem Wege befördert werden und auf die auf schnellstem Wege die Antwort eintrifft. Ihre Handhabung in ihrer derzeitigen Form ist eines der großartigsten Dinge, die man sich denken kann. Briefe, die in einem Ort oder Departement abgeschickt werden, erreichen mit absoluter Sicherheit den Adressaten, weil an allen Häusern in Ziffern, welche ›Hausnummer‹ genannt werden und durch die das Haus von anderen unterschieden wird, ihre laufende Zahl geschrieben steht. Den Brief, den man abschickt, wirft man in den Postkasten ein, der in jedem Stadtviertel aufgestellt ist. Dann kommt der Postbote und nimmt ihn mit. Der Brief erreicht den anderen Stadtteil, und die Antwort kommt noch am selben Tage zurück.

Die Franzosen haben den allergrößten Respekt vor der Korrespondenz. Man kann nicht einen Brief öffnen, der an einen anderen adressiert ist, selbst wenn dieser unter irgendeinem Verdacht stünde. Da es mit der Achtung vor dem Briefgeheimnis in Paris so bestellt ist, gehen viele Briefe zwischen Vertrauten und Freunden, besonders zwischen Liebespaaren, hin und her, weil man ja sicher ist, daß der Brief von jemandem, an den er nicht adressiert und gesandt ist, nicht geöffnet wird. So erfolgt die Liebeserklärung zwischen Liebenden auf dem Korrespondenzwege wie auch die Verabredung zum Stelldichein. In Paris gibt es ferner eine Stelle, über die man, ebenfalls ohne die geringste Befürchtung haben zu müssen, Geld und Gegenstände durch Boten zustellen kann.

Eine nützliche Einrichtung im Geschäftsleben sind die Tageszeitungen. Darin werden viele nützliche oder qualitativ hochwertige Waren ausgeschrieben und angepriesen, um den Warenartikeln Absatz zu verschaffen und um das Publikum über sie zu unterrichten. Der jeweilige Händler zahlt den Zeitungen etwas dafür. Wir werden – so Gott will – noch später darauf zu sprechen kommen.

Manchmal läßt ein Geschäftsmann, der seiner Ware Absatz verschaffen will, eine Anzahl von kleinen Handzetteln drucken, die er mit Bediensteten in alle Häuser schickt oder gratis an die Passanten auf der Straße verteilen läßt. Auf diesen Zetteln steht sein Name, der Name seines Ladens, was er zu verkaufen hat sowie der Preis seiner Ware.

Kurz und gut, in Paris kann man alles kaufen, was es auf der Welt gibt, gleichgültig ob von großem oder geringem Wert. Eine der großartigsten Einrichtungen sind die Apotheken. Dort findet man sämtliche pharmazeutischen Präparate und Drogen der Welt, die nach Namen und Eigenschaft bekannt sind.

Alle Leute in Paris sind auf Erwerb und Geschäft aus, gleichgültig ob reich oder arm. Sogar ein Kind, das gerade ein bißchen reden kann, freut sich, wenn man ihm eine kleine Münze gibt, klatscht in die Hände und ruft aus, was sich ins Arabische mit *kasabt u-qanēt* – ich hab was verdient! ich hab was verdient! – übersetzen ließe. Wäre nicht der Erwerb bei ihnen so häufig vom Makel des Wuchers begleitet, sie wären weiß Gott, was das Geldverdienen angeht, das beste der Völker.

Wenn bei einem von ihnen die Geschäfte nicht gut gehen, wie das in dieser Stadt häufig der Fall ist, dann kommt er herunter und gerät an den Bettelstab. Manchmal trägt so jemand ein Schreiben von einem einflußreichen Mann bei sich, in welchem seine schlechte Geschäftslage dargelegt und darauf hingewiesen wird, daß er Unterstützung verdient. So etwas kommt in dieser Stadt oft vor, obwohl dort der Handel floriert.

Weder Regen noch Wind wird jemanden von ihnen abhalten, seiner Arbeit nachzugehen. Ihr ganzes Verhalten bringt zum Ausdruck: Müßige Hände tun bald Böses, und müßige Herzen verfallen bald in Sünde. Die Pariser sind sehr wohlhabend; sogar ein nicht bedeutend Bemittelter ist bei ihnen reicher als ein großer Kaufmann in Kairo. Ihnen sagt nicht das Dichterwort zu:

Der Ruhm kommt nur durch Schenken und Geben,
im Geldraffen liegt weder Größe noch Ruhm.

Vielmehr laufen sie dem Gelde nach und frönen der Habgier, immer mit der Behauptung, dies mehre die Gaben Gottes. Ihnen sind nicht die Worte des Dichters Vorbild:

Nicht mehrt sich, was Gott einem Gierigen gibt,
und ritt' er den Sturmwind, auf daß es sich mehre.

Man mag dort einen Vertreter der niederen Gewerbe antreffen, dessen Jahreseinkommen 100000 Francs übersteigt. Das kommt daher, daß bei ihnen vollkommene Gerechtigkeit herrscht. Auf sie verlassen sie sich in den Grundlagen ihrer Politik. Kein mächtiger Herrscher und kein berühmter Minister wird bei ihnen lange an der Regierung bleiben, wenn er erst einmal Übergriffe begangen und sich als Unterdrücker erwiesen hat. In ihren Herzen sind zweifellos die Worte des Dichters verankert:

Ein tyrannischer Fürst, der unnahbar,
hat keinen, der führt, für ihn spricht.
Sein Volk ist die Weide des Zornes.
Der gerechte ist halb schon Gedeihn.

Das hindert sie nicht, bereitwillig ihre Steuern zu entrichten, da sie der Ansicht sind, daß die Steuer der Grundpfeiler des Reiches ist, wenn jeder nach seiner Fähigkeit bezahlt. Denn auf dem Steuereinkommen beruht, wie sich ein Land nach außen darstellt; und dieses nach Gebühr gut anzulegen ist besser als alles andere. Und da das Volk floriert, hat der Staat bei ihnen ein gewaltiges Jahreseinkommen: die Einnahmen des französischen Staates belaufen sich jährlich auf etwa 989 Millionen Francs.

Einer der Gründe für den Wohlstand der Franzosen ist, daß sie zu sparen und Auslagen zu handhaben wissen. Sie haben das sogar schriftlich niedergelegt und zu einem Zweiggebiet der Eigentumsverwaltung gemacht – und sie sind bemerkenswert findig darin, es zu Reichtum zu bringen. Dazu gehört etwa, nicht an Dingen festzuhalten, die hohe Ausgaben erfordern. So hat zum Beispiel ein Minister bei ihnen nicht mehr als etwa fünfzehn Bedienstete, und auf der Straße ist er von anderen Leuten gar nicht zu unterscheiden, denn er hält sein Gefolge sowohl innerhalb wie außerhalb seines Hauses möglichst klein. Mir wurde gesagt, daß ein Verwandter des französischen Königs, genannt ›le Duc d'Orléans‹ – er ist zur Zeit einer der höchstgestellten und reichsten Fürsten der Franzosen – an Gefolge sowie an eigenen Soldaten und dergleichen, wie Gärtnern, Lakaien usw., nicht mehr als etwa vierhundert Personen beschäftigt. Und die Franzosen halten das schon für übertrieben. Da sehe man einmal den Unterschied zwischen Paris und Kairo, wo schon ein einfacher Soldat mehrere Diener hat!

12. Abschnitt: über die Religion der Pariser

Wie wir bereits weiter oben bei der (Darstellung der) Verfassung anführten, ist die Staatsreligion das katholische Glaubensbekenntnis; diese Klausel ist nach der jüngsten Revolution annulliert worden. Die Franzosen erkennen den Papst, welcher der König von Rom ist, als Oberhaupt der Christen und Spitze ihrer Konfession an. So wie die katholische Religion die Religion des französischen Staates ist, ist sie auch das Glaubensbekenntnis der Majorität der Bevölkerung. Hier und da findet man in Paris die christliche Konfession der sogenannten ›Protestanten‹ sowie andere Glaubensbekenntnisse. Auch leben in der Stadt viele naturalisierte Juden, doch gibt es nicht einen Muslim, der dort seinen ständigen Wohnsitz hat.

Wie schon erwähnt, haben die Franzosen im allgemeinen mit dem Christentum nur den Namen gemein. Sie laufen unter dem Namen der Anhänger der Buchreligionen, doch scheren sie sich nicht um das, was ihnen ihre Religion verbietet oder als Pflicht auferlegt oder dergleichen. An Fasttagen wird in Paris nur in seltenen Ausnahmen, etwa in den Häusern einiger Priester und im Haushalt des ehemaligen französischen Königs, kein Fleisch gegessen; die Leute machen sich darüber lustig und denken nicht daran, es zu praktizieren. Sie sagen: Sämtliche Formen der Religionsausübung, deren Weisheit wir gar nicht erkennen, sind Erfindungen und Hirngespinste. Die Priester werden in dieser Stadt nur in den Kirchen geehrt, von Leuten, die sie zwar aufsuchen, sich aber sonst überhaupt nicht um sie kümmern; sie gelten lediglich als Feinde des Lichtes und des Wissens. Man sagt, die meisten Länder der Franken glichen Paris im Hinblick auf die Religion. Monsieur de Sacy, darauf angesprochen, schrieb dazu:

Ihre Behauptung, die Franzosen hätten überhaupt keine Religion und seien nur dem Namen nach Christen, läßt sich bezweifeln. Zugegeben, viele Franzosen, besonders unter den Parisern, sind nur dem Namen nach Christen. Sie glauben weder an die Dogmen ihrer Religion noch kommen sie den christlichen Glaubenspflichten nach, sondern lassen sich in ihrem Handeln lediglich von ihren willkürlichen Ansichten leiten. Die Dinge dieser Welt lenken sie vom Gedanken ans Jenseits ab. Man sieht sie zeit ihres Lebens mit nichts anderem als dem Erwerb von Geld und Eigentum in jedweder Art und Weise befaßt, und wenn der Tod an sie herantritt, sterben sie wie Tiere. Aber unter den Franzosen gibt es auch solche, die an der Religion ihrer Väter festhalten, die an Gott und den Jüngsten Tag glauben und Gutes tun, und diese sind eine unzählbare Schar von Männern und Frauen, von einfachen und gehobenen Leuten, ja von verdienten Persönlichkeiten in Wissenschaft und Literatur. Freilich gibt es bei diesen verschiedene Stufen der Frömmigkeit und Gottesfurcht: solche, die sich in ihren Handlungen den einfachen Leuten anschließen und wie diese Amüsierveranstaltungen, das heißt Theater, Bälle, Konzerte besuchen, und andere, die asketisch leben und sich von allem abkehren, wonach die Begierden verlangen; letztere sind von geringerer Zahl. Wenn Sie an hohen Feiertagen unsere Kirchen besuchen, werden Sie feststellen, daß das von mir Gesagte zutrifft.

Zu dieser Erklärung hat ihn die Tatsache veranlaßt, daß er ein religiöser Mensch ist. Aber die Zahl von solchen ist gering und fällt nicht ins Gewicht.

Ein schrecklicher, aus ältester Zeit stammender Brauch im Lande der Franzosen oder überhaupt in katholischen Ländern ist, daß die Geistlichen der verschiedenen Rangstufen und Grade nicht heiraten dürfen, denn der Zölibat macht sie nur noch unzüchtiger und lasterhafter, als sie sowieso schon sind. Eine andere verwerfliche Sitte ist, daß die

Geistlichen glauben, die Laien müßten ihnen alle ihre Sünden beichten, auf daß sie sie ihnen vergeben können: Dabei verweilt der Priester in der Kirche auf einem Stuhl, dem sogenannten ›Beichtstuhl‹, und wer seine Sünden vergeben haben will, geht zum Beichtstuhl durch eine Art Tür, wobei ihn eine gitterförmige Scheidewand vom Priester trennt, und setzt sich hin. Dann beichtet er vor dem Geistlichen seine Sünden, bittet ihn um Absolution, und es wird ihm vergeben. Es ist bei ihnen längst bekannt, daß die meisten von denen, die in die Kirche und zur Beichte gehen, Frauen und Kinder sind. Das entspricht genau den Worten eines arabischen Dichters:

Fürwahr, wer die Kirche betritt dieser Tage,
nur Wildkälber trifft er dort und Gazellen.

Die Rangordnung des Klerus ist bei ihnen unterschiedlich. Die oberste Rangstufe ist die des Kardinals; er folgt rangmäßig dem Papst, weil nämlich der Papst vor der Amtsübernahme Kardinal gewesen sein muß. Danach kommt der Erzbischof, dann der Bischof, dann der Pfarrer, dann der Kaplan und schließlich der Diakon.

Die Franzosen haben bewegliche religiöse Feste, das heißt, diese fallen nicht jedes Jahr auf einen bestimmten Tag, sondern wandern periodisch und sind zumeist auf das Osterfest ausgerichtet. Eines ihrer merkwürdigen Feste ist die Fastnacht, über die bereits gesprochen wurde. Ein anderes ist das Fest der Erscheinung des Messias, welches bei den Franzosen ›la fête des Rois‹ genannt wird. Damit hat es folgende Bewandtnis: in jeder Familie wird eine große Torte gebacken, in deren Teig man eine Saubohne gibt. Dann wird die Torte auf die Tischgenossen verteilt, und wer in seinem Anteil die Saubohne findet, ist der König. Fällt sie einem Mann zu, so wird er ›König‹ genannt, und man hält ihm eine Tischrede, wobei der ganze Abend mit Reden an die ›Könige‹ dahingeht. Dieser wählt dann eine der Frauen, die er zur ›Königin‹ macht; auch ihr wird eine solche Rede gehalten. Fällt die Saubohne einer Frau zu, so wählt sie ebenfalls unter den Anwesenden eine Person als ›Gatten‹ und verleiht ihm den Königstitel. Alle Ehrungen des Abends gelten dem ›König‹ und der ›Königin‹, nach einem bestimmten Zeremoniell und nach altvertrauten Regeln. So wird dies in allen Familien von Paris gehandhabt, sogar im Haushalt des Königs der Franzosen.

Zu den ketzerischen Erfindungen des Klerus gehört ferner, daß man am Fronleichnamsfest eine Prozession veranstaltet. Dabei kleiden sich die Priester in gestickte Gewänder und ziehen mit etwas durch die Stadt, welches sie ›le bon Dieu‹ nennen. Das Wort *al-būndiyū* setzt sich aus zwei Wörtern zusammen: das erste ist ›bon‹, mit der Bedeutung ›gut‹ oder ›großartig‹, und das zweite ›dieu‹, mit der Bedeutung ›Gott‹ – was der Behauptung gleichkommt, daß ihr Gott in der Sonnenscheibe, welche dem Priester vorausgetragen wird, gegenwärtig ist! Mit ›le bon Dieu‹ meinen sie Jesus – über ihn sei Heil.

Die Franzosen wissen, daß solche Dinge Phantasterei sind, welche ihr Land in den Schmutz zieht und der Vernunft seiner Bewohner hohnlacht. Äußerstenfalls pflegte das Königshaus den Klerus in solchen Dingen zu fördern, und das Volk fügte sich darin – mit äußerster Verachtung und Schmähung. Die Priester haben unzählige Ketzereien auf Lager, doch die Pariser wissen um deren Nichtigkeit und verspotten sie.

Die Franzosen haben noch andere Feste, die aufzuführen das vorliegende Buch gar nicht ausreicht. Jedermann hat bei den Franzosen zudem ein eigenes Fest, nämlich das Geburtsfest seines Namensheiligen. Wenn jemand beispielsweise Paul heißt, so ist sein Namenstag am Fest des Hl. Paulus; dann wird man feststellen, daß jedermann namens Paul eine Einladung gibt und seinen Ehrentag publik macht. Am Namenstag schenkt man dem Betreffenden allerlei Blumen.

13. Abschnitt:
behandelnd die führende Stellung der Pariser in Wissenschaften, Künsten und industriellen Fertigkeiten sowie ihre Rangordnung und diesbezügliche Erläuterungen

Was jedem Betrachter des derzeitigen Standes der Wissenschaften, der literarischen Künste und der Industrie in Paris ins Auge fällt, ist, daß menschliches Wissen (dort) weit verbreitet ist und in dieser Stadt seinen Gipfelpunkt erreicht hat und daß es unter den Weisen der Europäer keinen gibt, der denen von Paris vergleichbar wäre, ja, wie gleichfalls offensichtlich, noch nicht einmal unter den Philosophen der Alten.

Ein treffender Kritiker mag allerdings einwenden, daß zwar die Vertrautheit dieser (französischen) Philosophen mit sämtlichen empirischen Disziplinen erwiesen ist und ihre Meisterschaft in diesen von niemandem bestritten werden kann – wie dies die Worte eines bedeutenden Weisen attestieren: Angelegenheiten sollst du nach ihrem Ausgang beurteilen, Handlungen nach ihren Ergebnissen, handwerkliche Erzeugnisse nach ihrer Dauerhaftigkeit; was aber die Mehrzahl der spekulativen Wissenschaften und Disziplinen angeht, so sind ihnen diese zwar auf das beste vertraut, doch haben sie (dort) gewisse philosophische Lehrmeinungen, die für andere Völker vom Gesetz der Vernunft abweichen, die sie aber so ausschmücken und verteidigen, daß sie einem schließlich als wahr und richtig erscheinen. Wie das zum Beispiel in der Astronomie der Fall ist: dort forschen sie, und darin sind sie kundiger als sonst jemand, weil sie sich nämlich mit den entsprechenden Instrumenten auskennen, sowohl den von alters her bekannten wie den dafür neu erfundenen; und bekanntlich ist ja Vertrautheit mit dem Werkzeug die größte Hilfe in Zünften und Gewerben. In den philosophischen Wissenschaften haben sie allerdings manch irreführendes Füllwerk, das im Widerspruch zu sämtlichen

Offenbarungsbüchern steht, und darauf bauen sie Beweise auf, die schwer zu widerlegen sind. Viele ihrer Ketzereien werden noch zur Sprache kommen, und wir werden, so Gott will, an gegebener Stelle auf sie verweisen. Hier sei lediglich gesagt, daß sämtliche Philosophiebücher angefüllt sind mit Ketzereien dieser Art, so daß für alle Philosophiebücher die ›dritte Regel des Widerspruchs‹ gilt, welche der Verfasser der ›Sullam‹[60] in der Behandlung der Logik anführt. Folglich muß jemand, der sich mit der Sprache der Franzosen da, wo sie ein wenig Philosophie enthält, befassen will, sattelfest in Koran und Sunna sein, damit er sich nicht dadurch täuschen lasse und in seinem Glauben erlahme; andernfalls geht ihm seine Gewißheit verloren. In einem Gedicht, in welchem ich diese Stadt sowohl lobe wie tadle, sagte ich:

Gibt's eine Stätte noch wie dies Paris,
wo die Sonnen des Wissens nie versinken,
und doch kein Morgen graut Unglaubens Nacht?
Ist das nicht wahrhaft paradox?

Unter anderem verhilft den Franzosen zu dieser führenden Stellung in den Wissenschaften und Künsten die Leichtigkeit ihrer Sprache und deren Ergänzungswissenschaften. Man braucht sich nicht lange mit ihr zu beschäftigen, um sie zu erlernen. Jedermann mit gesunder Auffassungsgabe und Fähigkeit ist, nachdem er sie erlernt hat, in der Lage, jedes Buch zu lesen, denn es gibt in ihr nicht die geringste Unklarheit. Sie ist nicht doppeldeutig, und wenn ein Lehrer den Inhalt eines Buches vorzutragen wünscht, so muß er nicht erst dessen Terminologie mühselig entschlüsseln, denn die Ausdrücke sind selbstverständlich. Überhaupt braucht der Leser eines Buches dessen Wörter nicht mit anderen, unwesentlichen Regeln aus einem anderen Sachgebiet in Einklang zu bringen, zum Unterschied vom Arabischen zum Beispiel, wo man bei der Lektüre eines Buches auf irgendeinem Wissensgebiete dieses mit sämtlichen Hilfskenntnissen der Sprache vereinbaren und den sprachlichen Ausdruck so genau wie möglich präzisieren muß und wo ein Ausdruck Bedeutungen haben kann, die weit vom äußeren Wortsinn entfernt sind. Was die Bücher der Franzosen angeht, so findet sich dort nichts dergleichen. Ihre Bücher haben nur selten Kommentare und Superkommentare. Oder man führt höchstens gelegentlich, um die Aussage zu ergänzen, ein paar einfache Bemerkungen der Einschränkung und dergleichen auf. Denn die Texte allein genügen auf Anhieb, um ihren Sinn verständlich zu machen. Wenn sich daher jemand an die Lektüre eines Buches auf irgendeinem Wissensgebiete macht, so kann er sich ganz dem Verständnis der Probleme und Prinzipien dieses Wissenszweiges widmen, ohne sich mit dem sprachlichen Ausdruck herumschlagen zu müssen. So kann er seine ganze Aufmerksamkeit auf das Studium des Themas, der Essenz des ausdrücklich Gesagten und des Implizierten sowie dessen, was er daraus zu folgern vermag, verwenden; alles andere ist Zeitvergeudung. Wenn zum Beispiel jemand Arithmetik studieren will, so versteht er darunter das, was allein mit Zahlen zu tun hat, ohne daß er die Flexion der einzelnen Ausdrücke beachtet und die Anwendung der darin enthaltenen Metaphern; er wird auch keinen Einwand erheben, daß ein bestimmter Ausdruck eine Paronomasie vertragen hätte, während sie bei ihm fehlt; noch wird er der Tatsache Beachtung schenken, daß der Autor das und das vorgetragen hat, wiewohl etwas anderes zutreffender wäre, und daß er einen Ausdruck mit f anstatt w schreibt, wo es doch besser gerade umgekehrt wäre, und dergleichen mehr.

Die Franzosen neigen von Natur aus zum Studium und sind wißbegierig nach allem. Daher wird man beobachten, daß ein jeder von ihnen ein Wissen von allen Dingen besitzt, das er sich über die Jahre angeeignet hat. Er steht den Dingen nicht fremd gegenüber, so daß er, wenn man sich mit ihm unterhält, mit einem in der Sprache der Gelehrten redet, obwohl er gar nicht dazu zählt. Deshalb wird man feststellen, daß die breite Masse der Franzosen über komplizierte wissenschaftliche Probleme diskutiert und debattiert. Das gleiche gilt von ihren Kindern. Sie sind für ihr junges Alter sehr gescheit, und ein solches Kind ist, wie der Dichter sagt:

> Als Jüngling liebt' der Neuling die Rhetorik,
> der Künste Jungfernschaft brach er als Kind.

Man kann sich mit einem Kinde, das über das Babyalter hinaus ist, über seine Ansicht in dieser oder jener Frage unterhalten, und es wird, statt zu sagen: ›Ich weiß nicht, woher das kommt‹, eine Antwort geben, die auf ein Urteil über die betreffende Sache hinausläuft, wie es seiner Vorstellungskraft entspricht. Ihre Kinder sind allzeit zum Lernen und Studium bereit und haben eine großartige Erziehung. Das gilt überhaupt von den Franzosen im allgemeinen.

Sie pflegen ihre Kinder nicht vor Vollendung ihrer Ausbildung, die zumeist zwischen das 20. und 25. Lebensjahr fällt, zu verheiraten. Nur wenige gibt es von ihnen, die in den Zwanzigern noch nicht eine gewisse Stufe in der Ausbildung erreicht oder ihr Handwerk erlernt haben, in dem sie sich als Lehrmeister betätigen wollen. Doch kann es vorkommen, daß sie eine lange Zeit damit zubringen, um in den Wissenschaften und Künsten den höchsten Grad der Meisterschaft zu erreichen. In dem genannten Alter treten meistens die Leistungsfähigkeit und der glückliche Stern eines Menschen zu Tage. Wie der Dichter sagte:

> Wenn des Speeres Spitze das Ziel verfehlt,
> welch Hoffnung bleibt da für sein Ende?
> Wenn der Jüngling zwanzig Jahre zählt
> und sein Ziel nicht gefunden – welch Schande!

Dieses Alter scheint bei allen Völkern das Alter der Vollendung des edlen Mannes zu sein. Man betrachte etwa al-Aḫḍarī, der mit einundzwanzig Jahren seine Abhandlung ›al-Sullam‹ dichtete und selbst kommentierte. Ebenso den hochgelehrten al-Amīr:[61] er schrieb kurz vor Vollendung des

20. Lebensjahres seinen ›Majmūʿ‹ und konnte somit wie al-Aḫḍarī sagen:

> Und wer erst einundzwanzig ist,
> der findt sich leicht entschuldigt,

denn er schrieb noch vor Erreichung dieses Lebensalters ein Buch über ein noch schwierigeres Thema.

Was wir bezüglich der Gebildeten unter den Franken gesagt haben und was ihre Gelehrten betrifft, die gehen die Dinge anders an. Sie eignen sich nämlich mehrere Fächer vollkommen an und widmen sich darüber hinaus noch einem speziellen Zweiggebiet, und sie klären viele Dinge auf und machen neue Beobachtungen über Dinge, die noch nicht erkannt, denn das sind nach ihrer Ansicht die Qualitäten eines Gelehrten. Nicht jeder Lehrer ist nach ihrer Sicht ein Gelehrter, noch ist jeder, der ein Buch schreibt, eine Leuchte der Gelehrsamkeit; vielmehr muß der Betreffende ebendiese Eigenschaften besitzen und gewisse akademische Grade erlangt haben. Die Bezeichnung ›Gelehrter‹ wird auf jemanden erst angewandt, wenn er diese Qualitäten in vollem Maße besitzt und sich hochgearbeitet hat. Nun sollte man nicht etwa meinen, daß die Wissenschaftler bei den Franzosen die Priester seien, denn die Geistlichen sind lediglich Gottesgelehrte. Gelegentlich mag unter den Geistlichen einer sein, der zugleich auch Wissenschaftler ist, aber wenn man allgemein von jemandem als ›Wissenschaftler‹ spricht, so ist es einer, der sich in den intellektuellen Wissenschaften auskennt, denn ihre Gelehrten sind sehr wenig im kanonischen Recht der Christen bewandert. Wenn man daher in Frankreich von jemandem sagt, er sei ein Gelehrter, so versteht man darunter nicht, daß er sich in seiner Religion auskennt, sondern daß er in einer der anderen Wissenschaften Bescheid weiß. Man wird somit die Überlegenheit dieser Christen in den Wissenschaften erkennen und zugleich einsehen, daß es viele von diesen in unseren Ländern gar nicht gibt, obschon dort die ehrwürdige Azhar-Moschee in Kairo, die Omaijadenmoschee in Damaskus, die Zaytūna-Moschee in Tunis, die Qarawiyyīn-Moschee in Fez, die religiösen Schulen von Buchara usw. allesamt in brillanter Weise die Überlieferungswissenschaften sowie gewisse Verstandeswissenschaften, wie Arabistik, Logik und dergleichen Hilfswissenschaften, vertreten.

Die Wissenschaften in Paris machen täglich neue Fortschritte und sind in ständigem Wachsen begriffen. Es vergeht kein Jahr, ohne daß ihre Vertreter nicht etwas Neues entdecken, und diese mögen in demselben Jahr zugleich neue Künste oder Fertigkeiten, Hilfsmittel oder Ergänzungen aufzeigen. Einiges davon wird der Leser – so Gott will – zu gegebener Zeit erfahren.

Eine merkwürdige Sache ist, daß es unter ihren Militärs solche gibt, deren innere Veranlagung der der reinblütigen Araber entspricht – was große Tapferkeit angeht, die auf eine starke Natur hindeutet, und große Liebesleidenschaft, die offensichtlich ein Zeichen von Verstandesschwäche ist. Und wie bei den Arabern mischt sich bei ihnen Liebespoesie in die Kriegslieder. Ich habe gar manche Aussprüche von ihnen angetroffen, die den Worten eines gewissen arabischen Dichters, an seine Geliebte gerichtet, nahekommen:

Ich dachte dein, als Lärm der Schlacht war wie der Sturzflut Tosen,
wie Nacht der aufgewühlte Staub, die Lanzenspitzen schimmernd,
Und hielt es für ein Hochzeitsfest, wir zwei in seinem Garten,
wo du und ich in seinem Schutz in unsrem Glücke schwelgen.

Und den Worten des anderen Dichters:

Ich dachte an dich – wie durstiges Vieh meine Speere,
die edelsten Degen schon tropfend von meinem Blute –
Und wollte sie küssen, die Klingen, weil sie glänzten
dem strahlenden Mund von dir gleich, wenn er lächelt.

Oder den Worten des Dichters der ›Lāmiyyat al-ʿAjam‹:[62]

Ich habe nicht Abscheu vorm Hieb, den begleitet
ein Schauer von Pfeilen aus starrenden Augen.
Noch fürcht ich die Degen – sie machen mich glücklich,
wenn, müde, ich sie aus der Deckung erspähe.
Verlaß nicht Gazellen, die mich umspielen,
wenn Löwen selbst würden mich jäh überfallen.

Wir wollen nunmehr die wissenschaftlichen Vereinigungen, die berühmten Schulen, die Bibliotheken und dergleichen anführen, auf daß der Leser den Vorrang der Franken vor anderen erkenne.

Eine der Bibliotheken ist die ›Bibliothèque royale‹. Dort gibt es sämtliche Bücher, derer die Franzosen habhaft werden konnten, auf jedem Wissensgebiet und in jeder denkbaren Sprache, gedruckt und in Manuskriptform. Die Zahl der dort befindlichen gedruckten Bücher beläuft sich auf vierhunderttausend Bände, darunter eine beträchtliche Anzahl von arabischen Bibliothekswerken, die man in Ägypten und anderswo nur selten antrifft. Dazu gehören mehrere Koranexemplare, die einfach einmalig sind. Die Koranausgaben in den Bibliotheken der Franzosen werden keineswegs mit Geringschätzung behandelt, sondern werden auf das beste instand gehalten, wennschon ihre mangelnde Geringschätzung ein unbeabsichtigtes Resultat ist. Von Übel ist allerdings, daß sie diese Koranexemplare an Leute aushändigen, die den Koran zu lesen oder gar zu übersetzen beabsichtigen, wo doch in Paris Koranausgaben käuflich zu erwerben sind. Einer von ihnen hat aus dem Koran auszugsweise ausgewählte Verse übersetzt und der Übersetzung eine Darstellung der Grundlagen des Islam und einiger seiner Zweige hinzugefügt. Er sagt in seinem Buch, es scheine ihm, daß die Religion des Islam die reinste der Religionen sei und Dinge enthalte, die es in anderen Glaubensbekenntnissen nicht gibt.

Eine weitere Bibliothek ist die sogenannte ›Bibliothèque

de Moussy‹; man nennt sie auch ›Bibliothèque de l'Arsenal‹, wobei das Wort ›arsenal‹ dem arabischen *tarsẖāna* entspricht. Sie ist nach der ›Bibliothèque royale‹ die zweitgrößte Bibliothek und enthält an die zweihunderttausend gedruckte Bände und zehntausend Handschriften. Die meisten dieser Bücher sind historische Werke und Werke der Dichtkunst, insbesondere italienische Poesie.

Ferner gibt es die ›Bibliothèque Mazarine‹ mit 95000 gedruckten Bänden und 4000 Handschriften, die ›Bibliothèque de l'Institut‹ mit 50000 Bänden und die ›Bibliothèque de la Ville‹ mit etwa 16000 Bänden; letztere ist in ständigem Wachsen begriffen, und die Bücher dort sind literarische Werke. Sodann ist da die ›Bibliothèque du Jardin des plantes‹ mit 10000 Bänden über Naturwissenschaften, die ›Bibliothèque de l'Observatoire royal‹, welche Werke über Astronomie enthält, die ›Bibliothèque de l'École de médecine‹ und die ›Bibliothèque de l'Académie française‹ mit 35000 Bänden. Alle diese Bibliotheken sind öffentliche Stiftungen. Daneben gibt es noch Bibliotheken in Privatbesitz; solche sind sehr zahlreich, und es gibt darunter welche mit 50000 Bänden. Ferner hat der Staat noch an die vierzig Büchereien, jede mindestens 3000 Bände enthaltend, aber die meisten gewöhnlich mit einem Bestand von 50000 Bänden und manchmal sogar noch mehr. Sie brauchen hier nicht alle namentlich aufgeführt zu werden.

Jeder Gelehrte, Student oder wohlhabende Mann besitzt eine seinen Verhältnissen angemessene Bibliothek, und nur selten wird man in Paris jemanden finden, der nicht ein paar Bücher besäße, da ja alle Leute lesen und schreiben können. Die Häuser der vornehmen Leute haben einen abgeschiedenen Raum, welcher die Bibliothek, wissenschaftliche Instrumente und Geräte sowie Kuriositäten enthält, die mit den verschiedenen Disziplinen zu tun haben, wie etwa Steine, die Forschungsgegenstand der Mineralogie und dergleichen sind.

In Paris gibt es zahlreiche Depositorien, welche man Museen nennt. In ihnen findet man die Dinge, nach denen die Gelehrten verlangen, um mit ihrer Hilfe in die Naturwissenschaften einzudringen, wie Minerale, Gesteine, ausgestopfte Land- und Meerestiere, allerlei Frühformen von Gesteinen und Pflanzen und mancherlei archäologische Funde. Der Zusammenhang solcher Dinge mit den Wissenschaften besteht darin, daß man das, was man in Büchern liest, hier studieren und vergleichen kann: Wenn jemand in einem Buch eine Definition eines bestimmten Gesteins oder eines gewissen Tieres findet und nun dieses Gestein oder Tier vor Augen hat, so kann er es mit den Beschreibungen in den Büchern vergleichen.

Das nützlichste im Hinblick auf die Naturwissenschaften ist in Paris der königliche Garten, den man ›Jardin des plantes‹ nennt. Dort gibt es sämtliche der Menschheit bekannten exotischen Dinge, und in seinem Boden zieht man alle einheimischen Pflanzen, um deren Eingewöhnung sich die Franzosen mit viel Sachverstand und Umsicht kümmern. Studenten der Pharmakologie studieren dort ihre Lektionen und vergleichen das, was in den Büchern steht, mit dem, was sie mit eigenen Augen sehen, und sie nehmen von jeder Gattung der Pflanzen einen Zweig, den sie in eine Art Papier stecken, auf das sie deren Namen und Charakteristika schreiben. Ferner gibt es dort sämtliche Kategorien von lebendigen Tieren, exotische und einheimische, frei lebende und wilde. So findet man dort zum Beispiel Eisbären und Schwarzbären, Löwen, Hyänen, Tiger, fremdländische Katzen, Kamele, Wasserbüffel, tibetanische Schafe, die nubische Giraffe, indische Elefanten, Berbergazellen, den Steinbock, Wildrinder, verschiedene Affenarten, Füchse und sämtliche ihnen bekannte Vogelarten. Alle diese Tiere, die man sieht, sind lebendige Tiere in diesem Garten. Man kann sie aber auch in totem Zustand, mit Stroh ausgestopft, betrachten, und man sieht sie dann naturgetreu – vergleichbar etwa den Vogelscheuchen, welche die Fellachen im Niltal anfertigen. In diesem Garten sind auch Säle, angefüllt mit Edelmetallen und sämtlichen Gesteinsarten, bearbeitet oder in natürlichem Zustand. Man sieht dort ferner die drei Naturreiche in sämtlichen Gattungen, Arten und Kategorien. Viele Dinge sind dort, für die wir gar keine arabischen Namen finden können, wie zum Beispiel die Tiere, Pflanzen und Gesteine von Amerika. Alle diese Dinge sind in diesem Garten als jeweiliges Muster oder Modell ausgestellt, und jedes hat eine französische oder lateinische Aufschrift. Zum Beispiel steht an dem Raum, wo die Löwen sind, der Name der Löwen im Französischen, nämlich ›Lions‹, angeschrieben und so fort. In diesem Garten ereignete sich übrigens ein berühmter Vorfall: Einer der Löwen war erkrankt, und als sein Wärter, begleitet von einem Hund, seincn Käfig betrat, näherte sich der Hund dem Löwen und leckte seine Wunde. Die Wunde heilte, und zwischen Löwen und Hund entspann sich eine Freundschaft, und der Löwe gewann den Hund lieb. Von da an pflegte der Hund den Löwen regelmäßig zu besuchen. Er schmeichelte sich bei ihm ein und betrachtete den Löwen als einen Freund. Als der Hund starb, wurde der Löwe ob dieser Trennung von ihm wiederum krank, und man gab ihm einen anderen Hund, um herauszufinden, wie weit er sich bereits daran gewöhnt hatte. Und er fand in der Tat Trost mit diesem für den Verschiedenen, und dieser Hund ist immer noch bei ihm. Im ›Jardin des plantes‹ ist auch ein Raum, den man ›Salle d'anatomie (comparée)‹ nennt. Dort sind Mumien, mit anderen Worten, konservierte, balsamierte Leichname, und dergleichen Kadaver. In diesem Saal ist auch ein Teil des Leichnams des Scheich Sulaimān al-Ḥalabī aufbewahrt, der als Märtyrer starb, nachdem er den französischen General Kléber ermordet hatte. Seine Hinrichtung durch die Franzosen fällt in die Zeit ihrer Herrschaft über Ägypten. Nichts geschieht ohne den Willen Gottes!

Eine Stätte der Himmelswissenschaften ist die Königliche Sternwarte von Paris. Sie gehört zu den erstaunlichsten Observatorien der Welt, denn sie ist nur aus Stein, ohne Verwendung von Eisen oder Holz, gebaut und in der Form von sechsfach übereinandergelagerten rechteckigen Terrassendächern angelegt, deren vier Seiten nach den vier Himmelsrichtungen – Ost, West, Nord und Süd – ausgerichtet sind. Am äußeren Rande der Südseite sind zwei achteckige Türmchen, und am Rande der Nordseite ist ein drittes, quadratisches Türmchen, welches den Eingang zum Observatorium bildet. In dieser Sternwarte haben die Franzosen in einem Saal im ersten Stock ihren Grundmeridian eingezeichnet; der Verlauf dieser Linie teilt den Saal in zwei gleiche Teile. Von dieser Linie ausgehend, berechnen die Franzosen den Längengrad und bestimmen sie die relative Lage von anderen, in der Zenithöhe davon abweichenden Orten. Das alles haben wir bereits im ersten Abschnitt der zweiten Abhandlung dargelegt. Die Höhe des Observatoriums vom Boden bis zum obersten Terrassendach beträgt dreiundachtzig Fuß. Es ist unterteilt in mehrere Räume, die den Bedürfnissen astronomischer Forschungsarbeit angepaßt sind, davon sechs mit offenen Schlitzen, jeder drei Fuß im Durchmesser und so angelegt, daß er den Blick zum Himmel freigibt und dessen Beobachtung erleichtert. Durch diese Schlitze kann man von unterirdischen Kabinetten aus die Sterne sehen. In diesen Räumen hat man das (spezifische) Gewicht physikalischer Körper sowie das Barometer getestet. In dieser Sternwarte ist ein großer Raum mit Instrumenten, auf dessen Scheitelpunkt sich das Instrument zur Berechnung des Windes, genannt ›anémomètre‹, befindet, mit welchem man die Windstärke mißt. Ferner ist dort ein Bottich, genannt ›Eichtonne‹, mit welchem man die jährliche Regenmenge mißt. Die Arbeitsräume dieser Sternwarte liegen unter der Erde, in einer Tiefe entsprechend der Dicke der Mauern des Observatoriums. Zu diesen Kabinetten steigt man über eine Wendeltreppe, vergleichbar der Treppe eines Minaretts, hinunter; sie hat 360 Stufen. Die Funktion dieser Räume ist, Physikern und Chemikern gegebenenfalls bei der Durchführung ihrer Versuche von Nutzen zu sein, da diese dort Flüssigkeiten zum Erstarren und Körper zum Gefrieren bringen, um die Zusammensetzung der Gase festzustellen. Ferner gibt es dort einen Raum, welcher ›Flüstersaal‹ oder ›salle des secrets‹ genannt wird. In diesem Saal kann man nämlich eine merkwürdige Erscheinung beobachten, die mit der Art, wie der Schall das Ohr trifft – das heißt, auf dem Luftwege zu ihm gelangt – zu tun hat. In dem Saal steht nämlich eine Säule und ihr gegenüber eine andere Säule. Wenn nun jemand seinen Mund an die eine Säule legt und etwas flüstert, so hört dies jemand an der anderen Säule, nicht aber einer, der nahe dabeisteht. Solche Dinge verstehen Leute, die mit den Besonderheiten des Schalls vertraut sind.

Zu den der Wissenschaft dienenden Einrichtungen in Paris gehört ein Ort, genannt ›Conservatoire‹[63] – ein französisches Wort, welches ›Magazin‹, ›Aufbewahrungsort‹ oder dergleichen bedeutet. Dort sind alle Arten von Maschinen, große wie kleine, besonders aber solche der Ingenieurtechnik, wie Kraftmaschinen und Maschinen zum Bewegen von Lasten, zu sehen. Die Franzosen behaupten, dieses Museum habe auf der ganzen Welt nicht seinesgleichen. An jenem Ort wird die menschliche Stimme in ganz sonderbarer Weise vom Echo zurückgeworfen.

Von großer Zahl sind in Paris die Schulen für die diversen Wissenschaften, Künste und Gewerbe. Über das Interesse, das die Franzosen der Medizin widmen, ist bereits weiter oben gesprochen worden; sie haben zahlreiche Schulen dafür.

An dieser Stelle wollen wir nunmehr die verschiedenen Positionen und Rangstufen der Gelehrten anführen:

Die Gelehrten in Paris haben bedeutende Vereinigungen, welche verschiedene Namen tragen: manche nennt man ›académie‹, andere heißen ›société‹ oder ›conseil‹. ›L'Institut‹ ist bei ihnen ein genereller Name, welcher den gesamten Verband der Akademien, mit anderen Worten, der fünf *majālis*, umfaßt, so da sind: die ›Akademie der französischen

Sprache‹ (Académie française), die ›Akademie der literarischen Wissenschaften und der Kunde der Historie und der Antiquitäten‹ (Académie des inscriptions et belles-lettres), die ›Akademie der Natur- und technischen Wissenschaften‹ (Académie des sciences), die ›Akademie der Künste‹ (Académie des beaux-arts) und die ›Akademie der Philosophie‹ (Académie des sciences morales et politiques). Was wir in diesem Buch mit *akadamiyya* oder *akadama* oder *aqadama* wiedergeben, ist ein Wort, das sich vom Namen eines Ortes in Athen herleitet, wo der Philosoph Plato seine Schüler zu unterrichten pflegte; daher bezeichnete man eine Schule von Philosophen des Altertums als ›Akademiker‹. Dieser Ort wurde ›Akadēmeia‹ genannt, weil sein Besitzer ein Grieche namens *Akadēmos* war, der diesen Ort den Athenern als Stiftung vermachte, und diese verwandelten ihn in einen Garten, wo sie sich zu ergehen und zu ergötzen pflegten. Plato pflegte dort zu lehren, und deshalb nannte man die Gruppe um Plato ›Akademiker‹; man nennt sie auch ›Platoniker‹, und in arabischen Werken sind sie gleichwohl unter dem Namen *›Išrāqiyyūn‹* (Illuminaten) oder *›Išrāfiyyūn‹*[64] bekannt. Manche nennen sie ›Ilāhiyyūn‹ (Deisten). Der Ausdruck ›Akademiker‹ wird auch jetzt bei den Franzosen benutzt, nur versteht man unter ›académiciens‹ im strikten Sprachgebrauch die Mitglieder der ›Académie française‹; das sind die großen Gelehrten der Franzosen. Genaugenommen ist der Sinn offensichtlich: es ist das gleiche, wie wenn man von der ›Ägyptischen Akademie‹ spräche und damit die Azhar meinte, denn der beabsichtigte Sinn ist ein Gremium der größten Gelehrten Ägyptens.

Die besten Gelehrten von Paris, ja von ganz Frankreich bilden das Gremium der Wissenschaften, welches ›Académie française‹ genannt wird. Sie umfaßt vierzig Gelehrte. Jeder von den vierzig wird als ein ›Mitglied‹ bezeichnet, das heißt, dieses Gremium mit seinen Vertretern ist gleichsam der Körper, und jeder von diesen ist gewissermaßen ein Glied von ihm. In der Regel stehen die Mitglieder dieses

Gremiums im Ansehen weit über anderen Franzosen. Ihre Aufgabe besteht in der Kompilation von französischen Wörterbüchern, und sie prüfen auch literarische Werke und historiographische Bücher. Es ergab sich einmal, daß ein gewisser Gelehrter der Franzosen einen hohen Rang in den Wissenschaften erreicht hatte und somit qualifiziert war, an Stelle eines verstorbenen Mitglieds in diese Akademie aufgenommen zu werden. Nun war dieser Gelehrte ein großer Schelm, weshalb man zögerte, ihn in dieses Gremium aufzunehmen, so daß ihm nichts anderes übrigblieb, als dessen Mitglieder mit ständigem Spott zu behandeln. So erzählt man sich eine Anekdote, wonach er eines Tages in Begleitung von Freunden an dieser Akademie vorbeiging. Während er sich mit seinen Freunden unterhielt und diese die Gelehrsamkeit der Akademiegelehrten priesen, sagte er: »Zweifellos ist der Verstand der Mitglieder dieses Gremiums wie der Verstand von vieren.« Damit spielte er auf eine französische Redensart an, wo man, um jemandem ein Kompliment zu machen, sagt, er habe ›den Verstand von vieren‹, zugleich aber darauf hindeutend, daß der Verstand von je zehn von ihnen gleich dem Verstand eines einzigen ist. An der Oberfläche ist sein Ausspruch ein Kompliment, doch dessen tieferer Sinn ist ein anderer. Eine andere Anekdote über ihn besagt, daß er vor seinem Tode, wie das bei den Franzosen üblich ist, auf die Marmorplatte seines für ihn vorbereiteten Grabes einen Vers in französischer Sprache schreiben ließ, in welchem er ausdrückt, was man im Arabischen wie folgt wiedergeben kann:

Hier ruht ein Mann, der gar nichts war,
kein Mitglied der Académie sogar.

Mit anderen Worten: dies ist das Grab eines Mannes, der es zu keinerlei Rang brachte, noch nicht einmal zu dem bescheidenen Rang dieser Gelehrten.

Dann ist da eine Akademie, welche man ›Akademie zur Niederlegung der literarischen Künste‹ (Académie des inscriptions et belles-lettres) nennt. Die vollamtlichen Mitglieder dieser Vereinigung sind dreißig Personen. Sie haben die Aufgabe, sich mit nützlichen Sprachen, mit antiken Monumenten, besonders fremden Bauwerken, mit den literarischen Wissenschaften und mit Brauchtum und Sitten fremder Völker zu beschäftigen. Der Großteil ihrer Arbeit besteht in der Ergänzung der französischen wissenschaftlichen Literatur mit dort noch fehlenden Dingen aus der wissenschaftlichen Literatur in fremden Sprachen, wie Latein, Arabisch, Persisch, Indisch, Chinesisch, Griechisch, Hebräisch, Koptisch und andere mehr.

Eine weitere Akademie ist die sogenannte ›Königliche Akademie der Wissenschaften‹ (Académie des sciences). Ihre Mitglieder sind in elf Gruppen eingeteilt, von denen jede für ein spezielles Teilgebiet zuständig ist, so daß deren Sachgebiete zwölf Ressorts bilden: Die Leute des ersten Ressorts sind mit den mathematischen Wissenschaften, wie Geometrie und Arithmetik, befaßt; die des zweiten Ressorts mit Dynamik, zum Beispiel Bewegung von Lasten und dergleichen; das dritte mit astronomischen Wissenschaften; das vierte mit Geographie und experimentellen Wissenschaften; das fünfte mit allgemeiner Naturwissenschaft; das sechste mit Physik; das siebente mit Mineralogie und Gesteinskunde; das achte mit Heilkräuterkunde; das neunte mit Agronomie; das zehnte mit Veterinärmedizin; das elfte mit Anatomie; das zwölfte mit Medizin und Chirurgie.

Ferner ist da die königliche Akademie, genannt ›Akademie der schönen Künste‹ (Académie des beaux-arts). Sie besteht aus fünf Abteilungen: 1. Graphik; 2. Bildhauerei; 3. Architektur; 4. Malerei; 5. Kompositionslehre. Ihr angeschlossen ist die ›École des beaux-arts‹; das ist eine Schule, die auf den Unterricht in Zeichnen und verwandten Fächern ausgerichtet ist. Dort lernt man Graphik, Malerei und Baukunst.

Zu den wissenschaftlichen Kollegien gehört eine Vereinigung, die man ›Athénée des beaux-arts‹ nennt; sie dient der

Förderung der Künste und Gewerbe. Diese Gesellschaft hat (in Kunstdingen) so gut wie freie Entscheidungsgewalt. Ein weiteres ist das ›Athénée royale de Paris‹, eine Stätte von Wissenschaften und Künsten; dort kann man nur gegen Entrichtung einer geringen jährlichen Gebühr studieren. Die dort tätigen Lehrer sind hoch angesehen. Sodann gibt es eine Vereinigung, welche sich ›Société philomatique‹ – das zweite Wort leitet sich von der Bedeutung ›Freunde der Wissenschaften‹ her – nennt; das Ziel dieser Gesellschaft ist die Förderung der Naturkunde, also der Belange des Tier-, Pflanzen- und Mineralreiches. Ferner gehört dazu eine Vereinigung, die mit Stilistik und Rhetorik befaßt ist; sie hat sich zum Ziel gesetzt, die literarischen Wissenschaften zu fixieren und deren ausgefallene Elemente zu konservieren, um die französische Sprache vor Verderbnis zu bewahren. Wenn man eine ungewöhnliche rhetorische Wendung erfindet oder eine ausgefallene Frage beantwortet oder gefällige Poesie produziert, so wird einem von ihnen ein Preis verliehen.

Darüber hinaus gibt es eine Gesellschaft, welche sich ›Der gute Unterricht‹ nennt; ihre Funktion ist Unterricht in katholischer Moral und im katholischen Glauben. Sodann ist da eine Vereinigung, welche sich ›Akademie der Apollosöhne‹ – das heißt der Literaten (Académie des Fils d'Apollon) – nennt; sie ist das Gremium der Schriftsteller.

Eine weitere Vereinigung ist die sogenannte ›Société asiatique‹ – das heißt (eine Gesellschaft für) asiatische und orientalische Sprachen sowie für den Erwerb seltener Werke in diesen Sprachen und deren Übersetzung ins Französische oder ihre Drucklegung, damit sie bekannt werden.

Sodann gibt es eine Gesellschaft, genannt ›Société de géographie‹; sie dient der Verbesserung und Vervollkommnung der geographischen Wissenschaft und ermöglicht es Leuten, in unbekannte Länder zu reisen. Ein solcher Reisender wird dann nach der Rückkehr von seiner Reise von ihnen nach allem, was er zu berichten weiß, ausgefragt, und diese seine

Beobachtungen werden aufgezeichnet und in die Geographiebücher aufgenommen. Aus diesem Grunde ist diese Wissenschaft bei den Franzosen auf dem Wege der ständigen Perfektionierung. Überhaupt ist es diese Gesellschaft, die allem, was mit Geographie zu tun hat, dient – mit dem Druck von Landkarten zum Beispiel und dergleichen mehr.

Weiter ist da die ›Société grammaticale‹ – das heißt ein Verein, der sich mit der Grammatik der französischen Sprache befaßt, denn Grammatik heißt zwar auf französisch ›grammaire‹, aber im Lateinischen und Italienischen ›grammatica‹. Dieser Verein hat zur Aufgabe, sich mit korrektem Sprachgebrauch, der Prägung neuer Termini und der Erhaltung alter Ausdrücke zu befassen, denn das Französische ist eine Sprache ohne feste Regeln in Schreibung und Aussprache.

Ein weiterer Verein ist die sogenannte ›Société des bibliophiles (français)‹. Die Mitglieder dieses Vereins haben die Aufgabe, die Drucklegung von seltenen nützlichen Büchern zu fördern. Ferner gibt es die ›Société des calligraphes‹; ihre Mitglieder beschäftigen sich mit der Schönschreibkunst.

Sodann ist da ein Verein, der sich ›Société du magnétisme animal‹ nennt; das ist eine Vereinigung, die die Existenz eines magnetischen Fluidums in den Lebewesen lehrt.

Auch ist da die ›Société archéologique‹. Das ist eine Vereinigung, die zum Zwecke der Erhaltung jeder Art von historischen Resten der Alten besteht, wie zum Beispiel gewisse Bauwerke von ihnen, ihre Mumien, ihre Kleidung und dergleichen. Man sucht nach solchen Dingen, um vermittels ihrer die Bräuche der Alten studieren zu können. Darunter befinden sich zahlreiche kostbare Gegenstände, die man aus Ägypten mitgenommen hat, wie etwa der bebilderte Stein mit dem Tierkreis, den man aus Dendera mitnahm; mit dessen Hilfe gelangen die Franzosen zur Kenntnis des Himmels nach der Methode der Alten Ägypter. Solche Dinge nehmen sie, ohne einen Pfennig zu zahlen, mit, doch sind sie sich ihres Wertes bewußt, und sie hüten sie und gewinnen daraus mancherlei Ergebnisse und allgemein nützliche Erkenntnisse.

Ferner gibt es ein Büro, welches man ›Bureau des longitudes‹ nennt. Es hat zwölf Mitglieder: drei sind Ingenieure, vier sind Astronomen, vier Nautiker, und einer ist Geograph. Sie befassen sich mit Astronomie, der Zusammenstellung von Almanachen, der Kompilation von Sterntafeln und der Feststellung der Längengrade der einzelnen Orte.

Ferner sind da die ›Staatliche Gesellschaft für Agrarwissenschaften und Agrarökonomie‹ (Institut national agronomique), die sich aus Wissenschaftlern zusammensetzt, von denen die wohlhabenden an Leute mit nützlichen Erfindungen Preise ausgeben; eine Vereinigung zur Qualitätshebung von Wolle, deren Mitglieder mit Kleinviehzucht befaßt sind; und ein Verein, dessen Beitrag darin besteht, daß er die Franzosen zu hoher Leistung in Künsten und Gewerben anspornt. Letzterer fördert Gewerbe jeglicher Art, und wenn jemand eine nützliche Anregung macht, dann erhält er von den Vereinsmitgliedern eine Trophäe und wird von ihnen berühmt gemacht.

In Paris gibt es staatliche Schulen, welche man ›collège‹ nennt; das sind Schulen, wo man praktisches Wissen erwirbt. Es handelt sich um fünf ›collèges‹. Dort lernt man Stil und Aufsatz, alte Sprachen, Mathematik, Geschichte, Geographie, Philosophie, elementare – das heißt in kleinen Lehrbüchern enthaltene – Physik, Zeichnen und Schönschreiben. Ihre Schüler sind in ›Klassen‹ eingeteilt, wobei man gewöhnlich pro Jahr eine Klasse durchläuft. Jedes Jahr von insgesamt sechs Schuljahren wird man von einer Klasse in die nächsthöhere versetzt – ›höher‹ im Sinne von Aufstieg, nicht von Verstandeskraft oder anderem, denn man kann nie eine Klasse überspringen. Es gibt noch zwei andere, nichtstaatliche ›collèges‹; dort werden dieselben Fächer wie in den fünf vorgenannten unterrichtet.

In Paris gibt es ein weiteres ›collège‹, welches man ›Staatliches Kollegium der Franzosen‹ (Collège de France) nennt. Es ist das bedeutendste von allen. Dort kann man Mathematik, theoretische und angewandte Physik, Astronomie, praktische Medizin und Anatomie sowie Sprachen wie Arabisch, Persisch, Türkisch, Hebräisch, Syrisch-Aramäisch, ferner Ingenieurtechnik, Sinologie, Mongolisch, griechische Philosophie, lateinische Rhetorik und französische Stilistik studieren. Dieses Collège hat die angesehendsten Dozenten und sechstausend Studenten.

Eine der berühmtesten Schulen ist die ›École polytechnique‹, das heißt, die Schule der Gesamtwissenschaften. Dort werden Mathematik und Physik zwecks Heranbildung von Ingenieuren auf den Gebieten der Geographie und des Militärwesens unterrichtet. Die Ingenieure der Geographie entwerfen Brücken, Kais, Straßen, Deiche und Kanäle sowie alle Kraftmaschinen und Maschinen zum Heben von Lasten. Die Ingenieure der Militärwissenschaften entwerfen Zitadellen, Festungen und Türme, planen Schutz gegen Feindeinwirkung und die Errichtung von Feldlagern und entwickeln die Kunst der Pyrotechnik. Der Lehrkörper dieser Schule setzt sich aus Forschern von hohem Rang in den Wissenschaften zusammen; es genügt für jemandes Ansehen, Absolvent dieser Schule zu sein.

Ferner gibt es eine Hochschule, welche man ›Schule der Rechtswissenschaften‹ (École de droit) nennt; dort studiert man bürgerliches Recht, Strafrecht und dergleichen mehr.

Dann gibt es eine Schule, die auf den Unterricht in der Zeichenkunst ausgerichtet ist; dort lernen Studenten beiderlei Geschlechts die Kunst der bildlichen Darstellung. Weiter ist da die Staatliche Hochschule für Gesang, wo ebenfalls Studenten beiderlei Geschlechts Vokalmusik und Kirchengesang lernen. Darüber hinaus gibt es eine Hochschule, die gleichfalls auf Zeichenkunst und Mathematik als Hilfsmittel in den verschiedenen Disziplinen ausgerichtet ist; dort lernt man Arithmetik, Geometrie, Perspektive, Stein- und Holzskulptur, Vermessungslehre, die bildliche Darstellung von

Tieren, Menschen und Blumen sowie die verschiedenen Arten der Ornamentik.

Außerdem ist da die ›Schule für Brücken und Deiche‹ (École des ponts et chaussées); dort lernt man die Planung von Brücken, Kanälen und Ladekais. Daneben gibt es eine ›Staatliche Schule für das Studium der Mineralogie‹ (École nationale des mines); dort lernt man die Mittel und Wege zur Auffindung und Gewinnung von Mineralien. Sodann ist da die ›École des arts et métiers‹, wo man Chemie und Ingenieurwesen, soweit sie in Gewerbe und Künste schlagen, studieren kann; dort kann man alle handwerklichen und industriellen Geräte sehen, die man bis zu unserer Zeit gefunden hat.

Ferner gibt es eine Hochschule, welche man ›École des langues orientales vivantes‹ nennt; dort kann man Persisch, Malabarisch, klassisches Arabisch sowie Umgangsarabisch, Türkisch, Armenisch und Neugriechisch lernen.

Dann ist da eine Hochschule, welche man ›École d'archéologie‹ nennt – was Auslegung von Inschriften aus dem Altertum in alten Sprachen bedeutet; man interpretiert dort in alten Zeiten beschriftete Münzen und Geldstücke sowie beschriftete Steine und übersetzt die Inschriften alter Tempel.

Ferner gibt es eine staatliche Hochschule, wo man die Geschichte, Politik usw. der einzelnen Staaten studieren kann.[65]

Auch ist da eine staatliche Hochschule für Musik, Komposition und Sprechkunst; dort studieren Schauspieler, Sänger und Musiker beiderlei Geschlechts; die Zahl der Studierenden ist vierhundert.

Daneben gibt es die ›Schule des Königlichen Gartens‹, die mit (der ›Schule im) Botanischen Garten‹ (École du Jardin des plantes) identisch ist. Dort werden dreizehn Kollegs aus einer Anzahl von Disziplinen wie Heilkräuterkunde, Physik, Chemie, Anatomie und vergleichender Anatomie gelesen. Sie schließt eine Schule ein, welche man ›Gärtnerschule‹

(École d’horticulture) nennt; dort lernt man die Kunst, Bäume zu pflanzen, sie vor Frost zu bewahren und importierte exotische Pflanzen an das jeweilige Ortsklima zu gewöhnen. Auch gehört zu ihr eine Schule für das Beschneiden und Bepfropfen von unfruchtbaren Bäumen, damit sie Früchte tragen, sowie eine Schule, wo man Leute, die in andere Länder zu reisen gedenken, in Pflanzen- und Mineralkunde unterrichtet, damit sie die dortigen Pflanzen und Minerale zu unterscheiden vermögen.

Ferner gibt es eine Hochschule, welche man ›(Schule für) Tierheilkunde‹ (École vétérinaire) nennt; dort lernt man die ärztliche Behandlung von Tieren. Die Schule hat Kliniken für kranke Tiere, ein chemisches und ein physikalisches Institut, Arzneimittel, einen Kräutergarten, eine Schule für praktische Landwirtschaft und eine Anzahl von verschiedenen Tieren, die für Versuche mit anderen Tierarten und -rassen bestimmt sind; man deckt dort zum Beispiel eine bestimmte Pferdeart mit einer anderen, etwa eine andalusische Stute mit einem arabischen Hengst, damit eine andere Rasse daraus entstehe.

Sodann ist da die Schule für Taubstumme; sie ist für hundert Personen eingerichtet. Zugelassen werden (Kinder im Alter) von elf bis sechzehn (Jahren). Man lernt dort Lesen, Schreiben, Rechnen, Sprachkunde, Geschichte, Geographie sowie ein Handwerk. Die Schule hat eine Werkstatt, wo man Kochkunst, das Malergewerbe, die Schreinerei, das Dreherhandwerk, das Schneiderhandwerk, das Schusterhandwerk und dergleichen lernen kann.

Außerdem ist da die Staatliche Schule für Blinde. Sie ist für eine begrenzte Anzahl von Blinden eingerichtet. Diese lernen dort lesen vermittels einer besonderen Schrift, welche sie mit der Hand abtasten; auch Geographie lernen sie so anhand spezieller Landkarten. Zudem lernen sie Geschichte, Sprachen, Mathematik, Vokal- und Instrumentalmusik und darüber hinaus ein Gewerbe wie etwa Strumpfwirken und dergleichen.

Außer den von uns im vorhergehenden angeführten gibt es noch eine Reihe von anderen Schulen und Instituten.

In Paris gibt es ferner Schulen, welche man *bansiyūnāt*, Plural von *bansiyūn*, nennt.[66] Das sind Schulen, wo Kinder Schreiben, Lesen, konkrete Fächer wie Arithmetik und Geometrie sowie andere Fächer wie Geschichte und Geographie lernen. Es sind dies an die hundertfünfzig Pensionate. Man erhält dort Kost und Logis, bekommt seine Sachen gewaschen und dergleichen mehr. Die Eltern der Kinder zahlen einen bestimmten Betrag pro Jahr.

Neben den erwähnten Pensionaten gibt es Häuser, deren Eigentümer ein gelehrter Mann ist. Dieser nimmt eine Anzahl von Kindern bei sich auf, die an seinem Tisch verköstigt werden, und unterrichtet sie entweder selbst oder holt Lehrer für sie zu sich nach Hause. Darüber hinaus lassen viele Leute für ihre Kinder den Lehrer täglich ins Haus kommen, damit er sie dort unterrichte.

Eine Einrichtung, aus der man viele geläufige Beobachtungen gewinnen kann, sind die täglichen Blätter, welche man ›Journale‹, im Singular ›Journal‹, nennt; im Französischen ist die Pluralform ›journaux‹. Das sind Blätter, welche täglich gedruckt werden und die alles berichten, was ihre Vertreter an jenem Tage in Erfahrung gebracht haben. Sie werden in der Stadt verbreitet und an alle Leute verkauft; die vornehmen Leute von Paris sowie die Cafés beziehen sie gegen Entrichtung einer Gebühr jeden Tag. In diesen Tageszeitungen darf jedermann in Frankreich sagen, was ihm in den Sinn kommt, er darf billigen und verwerfen, was er für gut oder schlecht hält, und darf seine Meinung über die Regierung äußern. Denn die Franzosen haben völlige Freiheit, solange sie sie nicht mißbrauchen; in einem solchen Falle werden sie vor Gericht gestellt und abgeurteilt. Die ›journaux‹ sind parteiisch: jede Partei hat in ihrer Weltanschauung eine tägliche Richtung, welche sie fördert, verteidigt und unterstützt, und es gibt auf dieser Welt nichts Verlogeneres als die Zeitungen. Besonders bei den Franzosen, die die Lüge lediglich als eine menschliche Schwäche meiden. Doch ist es überhaupt mit den Journalisten schlechter bestellt als mit den Dichtern mit ihrer Voreingenommenheit für und wider eine Sache.

Die Zeitungen sind von unterschiedlicher Art. Manche sind auf Nachrichtengebung aus dem In- und Ausland eingestellt, andere sind allein auf die Angelegenheiten des französischen Königreichs spezialisiert, oder auf das Geschäfts- und Wirtschaftsleben, oder auf bestimmte Wissenschaften, wie etwa die Medizin, und so weiter und so fort. Von einer einzigen Zeitung werden gewöhnlich für den Verkauf 25000 Exemplare gedruckt. Die Auflage jeglicher Zeitung erhöht sich entsprechend der Nachfrage des Publikums. Zeitungsleute haben Nachrichten aus dem Ausland früher als andere Leute, weil sie in Korrespondenzverbindung mit allen Ländern stehen.

Zu den Informationsquellen von Paris gehören Jahrbücher, neue Kalender, auf den jeweils neuesten Stand gebrachte Sterntafeln und dergleichen mehr. Alljährlich erscheinen dort mehrere Almanache, welche zusätzlich Aphorismen, Interessantes aus Wissenschaft und Kunst, eine Menge von Staatsdingen, die Namen der Großen dieser Welt und die Namen der Notabeln Frankreichs sowie die genaue Bezeichnung ihrer Adressen, ihres Ranges und ihrer Ämter und Funktionen enthalten. Wenn man jemandes Namen und Adresse braucht, so schlägt man in einem solchen Buche nach.

In Paris gibt es Lesestuben (cabinets littéraires). Man geht dort hinein, bezahlt eine festgesetzte Gebühr und kann dann allerlei Zeitungen und andere Lektüre lesen. Man kann auch Bücher, die man benötigt, dort ausleihen und mit nach Hause nehmen, um sie dann später zurückzubringen.

Eine großartige Sache sind in Paris die Bücherstände, die Verlagsbuchhandlungen und die Buchläden. Es sind gutgehende Geschäfte, trotz ihrer großen Zahl, der Vielzahl der Druckereien und der Menge der jährlich gedruckten Werke.

Sie sind schwer im einzelnen aufzuzählen. Die meisten dienen dem Profit, nicht dem (intellektuellen) Nutzen. Es vergeht in Paris kein Jahr, ohne daß nicht einmalige Bücher von den Druckerpressen kommen. Die Sorgfalt, die die Franzosen dem Wissen angedeihen lassen, ist von allem, was man an ihnen loben muß, das Beste. Ein Dichter sagte:

Wenn aus Büchern allsamt du wünschst zu erfahren
 vom Erzählten das Beste, vom Gehörten das Schönste,
So vertief dich mit Fleiß in gesammelte Werke:
 sie zerstreun jede Sammlung von Sorgen des Mannes.

Und ein anderer sagte:

Mach ein Buch zum Kumpan dir! Es zeigt, wenn du's öffnest,
 alle Herrscher der Zeit dir, aufs neue erstanden,
Ist dir Lehrer der Sitte, in Einsamkeit Tröster,
 und wenn du allein bist, ein Freund und Gefährte.

Alles in allem, die Stadt Paris mit ihren Wissenschaften und Künsten im einzelnen zu beschreiben ist unmöglich, doch kann man eine allgemeine Darstellung von all dem geben in der Art, wie wir dies im vorhergehenden getan haben.

über unser Bemühen und unsere Arbeit in den für die Erreichung der Zielsetzung unseres Landesherrn erforderlichen Disziplinen und über die Zeiteinteilung für Lesen, Schreiben und andere Fächer; ferner behandelnd die hohen Auslagen (für uns) seitens unseres Landesherrn, meinen Briefwechsel mit einigen namhaften Franken im Zusammenhang mit dem Studium und die Sachgebiete und Bücher, die ich in Paris gelesen habe.

Aus dieser Abhandlung wird man ersehen, daß es nicht leicht ist, die einzelnen Fachgebiete zu erlernen, und daß, wer Wissen erstrebt, unweigerlich auf dem Weg zu den Gipfeln in jenen Breiten Fährnisse erlebt. Ein Dichter sagte:

Laß mich höheren Rang als erreichbar erreichen:
im Schwern liegt sein Leichtes, im Leichten das Schwere.
Indes du suchst das Höhere gar billig zu erlangen.
Vorm Honig, ohn Fehl, kommt der Bienen Stachel!

Und ein anderer sagte als Epigramm:

Wer weiß, daß der Honig ihm Labe bringt,
der fürchtet nicht Schmerz von der Bienen Stich.

Ein anderer sagte auch:

Die Tugenden wecken den Drang nach Gefahr.
So such sie und zahle dein Bestes als Preis,
Und zeigt deine Freud ihn gering dir, so sprich:
in der Liebe zum Freund ward erprobt dein Geschick.

1. Abschnitt: über die Organisation des Unterrichts in Lesen, Schreiben und anderem, der wir zu Beginn ausgesetzt waren

Es ist bei den Parisern üblich, den Leseunterricht vermittels großschriftig gedruckter Bücher zu beginnen, damit sich die Buchstabenformen einprägen. In diesen Fibeln findet man die Buchstaben des Alphabets in ihrer jeweiligen Zusammensetzung, gefolgt von ein paar Wörtern – Substantiven und Verben. Auf diese Weise lernt man das Schreiben. Man memoriert diese Wörter und spricht sie aus, wie es die Ausspracheregeln verlangen, damit einem die Sprache von klein auf wirklich gut von der Zunge geht. Dann findet man in diesen Fibeln leichtverständliche Sätze, die auf Kinder zugeschnitten sind. Hier sind einige Sätze aus unserm Lesebuch:

> Das ist ein Pferd. Es hat vier Beine. Die Vögel haben nur zwei Beine. Aber sie haben Flügel, mit denen sie fliegen. Die Fische hingegen schwimmen im Wasser,

und dergleichen Dinge mehr, die dem Sprecher vertraut sind. Das ist etwa dasselbe, wie wenn unsere Grammatiker sagen ›Der Himmel ist über uns, und die Erde ist unter uns‹, ein Satz, der für eine Aussage steht, die keinen neuen Informationswert beinhaltet, in Abweichung von der üblichen Auslegung der Begriffssetzung, wonach Sprache der zusammengesetzte Ausdruck ist, welcher vermöge der konventionellen Begriffssetzung Aussagewert hat. Ferner findet man in einem solchen Buch Beschreibungen von bekannten Tieren, besonders von solchen, mit denen Kinder gern spielen, wie Vögel aller Art, Katzen usw., sodann ein kleines Lesestück, das davon handelt, wie sich Kinder benehmen sollen, wie sie ihren Eltern gehorchen und dergleichen, und schließlich ein Stück aus der Rechenkunde. Wenn man mit diesem Buch fertig ist, dann beginnen sie mit der Lektüre eines wichtigeren Buches, mit einer französischen Grammatik sowie anderen Büchern.

Was die Zeiteinteilung für die einzelnen Unterrichtsstunden betrifft, so hat man am Tage Unterricht in einer Anzahl verschiedener Fächer. Am Morgen liest man zum Beispiel Geschichte, dann kommt eine Zeichenstunde beim Zeichenlehrer, dann eine Stunde in französischer Grammatik, sodann eine Stunde in Geographie, dann eine Stunde mit dem Schreiblehrer, um die Regeln des Schreibens zu lernen, und so fort. Wir haben das bereits weiter oben erwähnt.

Da die Hoffnungen unseres Landesherrn dahin gingen, daß wir unser Studium schnell absolvieren und dann in unsere Heimat zurückkehren würden, begannen wir noch vor unserer Ankunft in Paris bereits in Marseille (mit dem Lernen) und lernten dort etwa dreißig Tage lang buchstabieren. Als wir dann nach Paris gingen, wohnten wir alle zusammen in einem einzigen Haus und begannen dort mit dem Lesen. Unser Arbeitsplan war wie folgt: am Morgen pflegten wir zwei Stunden lang ein Geschichtsbuch zu lesen, nach dem Mittagessen hatten wir dann eine Stunde in Schreiben und französischen Konversationsübungen, am Nachmittag eine Zeichenstunde, daran anschließend eine Stunde in französischer Grammatik und jeden Freitag drei Stunden Arithmetik und Geometrie. Anfangs erhielten wir zwei Stunden Schreiben – das heißt, wir lernten, wie man französisch schreibt; später hatten wir nur noch eine Stunde am Tag, und schließlich hatten wir das Schreiben gelernt, und der Schreiblehrer kam nicht mehr. In Arithmetik, Geometrie, Geschichte und Geographie allerdings arbeiteten wir weiter, bis wir mit Gottes Hilfe in die Heimat zurückkehren konnten.

Etwas weniger als ein Jahr lang wohnten wir alle in einem Haus und studierten gemeinsam Französisch und die obengenannten Fächer. Weit brachten wir es dabei allerdings lediglich in der bloßen Erlernung der französischen Grammatik. Danach wurden wir in Gruppen von zweien oder dreien auf verschiedene Schulen verteilt, oder einer von uns wurde auf eine Schule mit französischen Kindern geschickt oder in ein Privathaus zu einem Privatlehrer gegen Bezahlung einer bestimmten Gebühr für Kost, Logis, Unterricht, und Wahrnehmung unserer Belange, wie Wäsche und dergleichen, eingewiesen. Der jeweilige Schulleiter oder Hauseigentümer erhielt dafür etwa fünftausend Piaster pro Jahr, wobei es uns an nichts in Essen und Trinken fehlte.

Da in jenem Lande strenge Kälte herrscht, standen jedem von uns pro Jahr für dreihundert Piaster Holz zum Heizen zu. Neben diesen hohen Auslagen erhielten wir vom Staat Hemden, Hosen, Schuhe und alles notwendige Arbeitsmaterial wie Bücher, Schreibpapier, Tinte, Zeichenfedern usw. erstattet. Ferner muß noch erwähnt werden, was man Ärzten und Apothekern für die Behandlung bezahlte, wenn einer von uns krank war. Denn die Ärzte in Paris, bei all ihrer äußerst großen Zahl, erhalten für einen Besuch bei einem wohlhabenden Patienten einen Betrag, dessen Höhe sich danach richtet, wie berühmt, oder unbekannt, der betreffende Arzt ist. Dieses Honorar ist so oft zu bezahlen, wie der Arzt Visite macht, und zwar, wenn der Arzt kein festes Jahreseinkommen hat. Das alles haben wir bereits weiter oben im Kapitel über die Pflege der Medizin bei den Franzosen und ihre Sorge für die Gesundheit dargelegt. Der geringste Arzt erhält für einen Krankenbesuch von etwa halbstündiger Dauer drei Francs, ein mittelmäßiger Arzt bekommt für jeden Besuch fünf Francs, und ein berühmter Arzt nimmt für jeden Krankenbesuch mehr als fünfzig Francs. So oft die Visiten an einem Tage wiederholt werden, so oft muß man auch das Honorar bezahlen. Von Mittellosen allerdings nehmen die Ärzte nichts. Wir galten dortzulande als gutsituiert, ja als reich, weil wir so schöne exotische Kleidung trugen, wegen unserer Beziehung zu unserem erlauchten Landesherrn und wegen des vielen Geldes, das man für unser Studium sowie all die obenerwähnten Dinge für uns ausgab. Der Unterrichtsleiter, oder Aufseher über uns, pflegte uns die meiste Zeit an letzteres zu erinnern, damit wir recht fleißig seien; einiges davon wird der Leser in den Briefen finden, die mir dieser (das heißt Jomard) im Anschluß an die allgemeine Leistungsprüfung schrieb.

2. Abschnitt
über die Handhabung unseres Kommens und Gehens

Während der Zeit, da wir alle im Missionsheim zusammen wohnten, pflegten wir weder bei Tag noch bei Nacht das Haus zu verlassen – ausgenommen an Sonntagen, dem Ruhetag der Franzosen, mit einem Erlaubnisschein für den Concierge, ausgestellt vom Leiter, den unser erlauchter Landesherr als Aufseher über uns bestellt hatte. Später, nachdem wir auf die Schulen, welche man ›Pensionate‹ nennt, verteilt worden waren, pflegten wir an arbeitsfreien Tagen auszugehen: sonntags ganztägig, donnerstags nach Unterrichtsschluß und an den französischen Feiertagen. Einige von uns pflegten jeden Abend nach dem Abendessen auszugehen, wenn der Betreffende anschließend keine Stunde mehr hatte.

Wir wollen an dieser Stelle die Bestimmungen anführen, welche die Efendis nach unserem Einzug in die Pensionate ausgearbeitet hatten; sie vermitteln ein Bild von der Dienstordnung der Efendis in den Pensionaten.

1. An Sonntagen mit Ausgangserlaubnis haben die Betreffenden die Pensionate um neun Uhr zu verlassen und sich zunächst in der Zentrale zu melden. Bei Betreten der Zentrale haben sie den von ihrem jeweiligen Lehrer ausgestellten Schein dem diensthabenden Efendi des Monats zu übergeben, damit dieser ihre Ankunftszeit in der Zentrale zur Kenntnis nehmen kann. Danach können sie Sehenswürdigkeiten besuchen, vorausgesetzt, daß sie in Gruppen von dreien oder vieren beisammenbleiben. Die Rückkehr in die Pensionate erfolgt im Sommer um neun Uhr, im Winter um acht Uhr. Diese Regelung ist unbedingt einzuhalten. Kehrt jemand vor der angegebenen Zeit in sein Pensionat zurück und nimmt dort sein Abendbrot ein, so ist dies noch besser und angemessener. Es ist zu

vermeiden, daß jemand nachts noch auf den Straßen ist. Bei der Rückkehr in die Pensionate haben die Betreffenden den erwähnten Ausgangsschein dem aufsichtsführenden Lehrer zu übergeben.
2. Bei Nichtbefolgung der vorgenannten Bestimmungen erhält der Betreffende, je nach den Erfordernissen, Ausgangssperre für die Dauer von einer oder zwei Wochen.
3. Beschwerden über einen Lehrer werden nur dann gehört und entgegengenommen, wenn sie schriftlich formuliert sind. Gehört werden nur Beschwerden bezüglich des Unterrichts oder in Angelegenheiten, aus denen dem Betreffenden persönlicher Schaden erwachsen kann. Der Beschwerdeführer hat jedoch vor schriftlicher Fixierung der Beschwerde seinem jeweiligen Lehrer einmal davon Kenntnis zu geben. Erst dann hat er die schriftliche Beschwerde an den Diensthabenden des Monats einzureichen.
4. Sämtliche Efendis werden am Ende eines jeden Monats geprüft, um das Ausmaß ihrer während des betreffenden Monats erworbenen Kenntnisse festzustellen. Sie werden zugleich nach ihrem Bedarf an Büchern und Unterrichtsmitteln befragt. Am Ende eines jeden Monats wird ein Bericht über ihren Fortgang, ihr Studium und ihr genaues Verhalten und Handeln verfaßt. An diesen Umstand sollte man daher besonders denken, auf daß das Ziel unseres erlauchten Landesherrn erreicht werde.
5. Falls die Missionsteilnehmer während des Monats Bücher oder Unterrichtsmittel benötigen, so haben sie diese auf schriftlichem Wege von ihrem jeweiligen Lehrer zu beantragen, der seinerseits Monsieur Jomard davon in Kenntnis setzt. Dieser bewilligt dann den Betreffenden das Beantragte, falls er es für angebracht erachtet. Kauft jemand etwas ohne ausdrückliche Erlaubnis, so hat er es aus eigener Tasche zu begleichen.
6. Hat einer der Efendis durch vorzügliche Leistungen in den in Abs. 4 erwähnten Prüfungen Anspruch auf ein Geschenk erworben, so erhält er Bücher, Unterrichtsmittel und eine Münze.
7. In Unterhaltungsstätten wie auf der Straße hat ein Missionsteilnehmer jegliche Handlung zu unterlassen, welche seinem Charakterbild abträglich sein könnte. Dies ist von allen Dingen das wichtigste, und Zuwiderhandlungen sind auf das strengste verboten.
8. Sämtliche in Pensionaten lebenden Missionsteilnehmer haben sich nur einmal alle zwei Wochen, am jeweiligen Sonntag, im Zentralhaus einzufinden.
9. An Sonntagen, an denen Missionsmitglieder nicht ins Zentralhaus kommen, haben sie mit französischen Kindern oder mit deren Lehrern Stätten für Unterhaltung und Sport oder sonstige Sehenswürdigkeiten zu besuchen. Das Gleiche gilt für Donnerstage und

Feiertage: soweit die Missionsteilnehmer keine Arbeit zu verrichten haben, gehen sie mit den genannten Personen zu den besagten Orten.

10. Die Missionsteilnehmer haben in allen Dingen, mit Ausnahme der Religion, wie ihre französischen Mitschüler die Vorschriften des jeweiligen Pensionats auf das genaueste und sorgfältigste zu befolgen.

11. Verstößt ein Missionsmitglied gegen diese Dienstordnung, so wird er entsprechend der Schwere des Vergehens bestraft. Legt er Ungehorsam an den Tag, so erhält er verschärften Hausarrest. Im Falle beharrlicher Verstöße und unbefriedigenden Benehmens, und wenn der Lehrer des Betreffenden in einem Bericht dessen Böswilligkeit und Renitenz bestätigt, werden wir uns gemäß den uns von unserem erlauchten Landesherrn übertragenen Anweisungen mit den hiesigen Freunden unseres Landesherrn ins Benehmen setzen und ohne jeden Zweifel den Übeltäter und Renitenten auf der Stelle nach Ägypten zurückschicken.

12. Sämtliche Efendis stehen innerhalb dieser Dienstregelung in den Pensionaten auf gleicher Stufe. Sind in den Pensionaten zwei Tische vorhanden, der eine für den Lehrkörper und der andere für die Schüler, so speisen die Efendis unserer Gruppe mit ihren Lehrern.

13. Alle vorstehenden Bestimmungen gelten ohne Unterschied für die besagten Efendis. Aus diesem Grunde haben wir jedem von ihnen eine Abschrift zugestellt.

14. Vorstehende Vorschriften sind die Essenz unseres Nachdenkens und das Ergebnis unserer Überlegungen sowie der Überlegungen jener Persönlichkeiten, in deren Obhut uns unser erlauchter Landesherr gegeben hat. Demgemäß hat sie ein jeder sorgfältig zu befolgen, auf daß er das Wohlwollen unseres erlauchten Landesherrn gewinne. Wer sie nicht befolgt oder irgendwelche Ausflüchte macht, auf den kommen die Gesetzesbestimmungen unseres Landesherrn – Gott erhalte ihn – zur Anwendung.

3. Abschnitt: wie uns unser Landesherr zu Arbeit und Fleiß anregte

Seit unserer Abreise aus Ägypten war es üblich, daß uns unser Landesherr alle paar Monate einen Ferman zu schicken geruhte, in welchem er uns zur Erlernung der Fachgebiete und Künste anspornte. Manche dieser Fermane waren von der Art, die man bei den Osmanen *›iḥyā' al-qulūb‹* (›Belebung der Herzen‹) nennt, wie etwa der nachstehende Erlaß. Andere fielen in die Kategorie des Tadels und der Schelte für das, was er von unserer Seite hörte oder was ihm von gewissen Leuten, wahrheitsgemäß oder auch nicht, über uns zugetragen wurde, wie ein anderer Erlaß, der uns vor unserer Rückkehr nach Kairo erreichte. Wir wollen hier einen Ferman der ersten Art, also der ›iḥyā' al-qulūb‹, anführen, wiewohl auch er nicht ganz frei von Tadel ist, damit der Leser erkenne, wie uns unser Landesherr zum Studium anzuspornen pflegte. Dies ist die Abschrift seiner Übersetzung (aus dem Türkischen):

An die hochehrenwerten Efendis, die sich zwecks Erlernung der Wissenschaften und Künste in Paris aufhalten. Gott gebe ihnen Kraft und Stärke.

Es wird Euch hiermit zur Kenntnis gebracht, daß Wir Euren monatlichen Bericht sowie das Verzeichnis Eurer jeweiligen Studienzeit erhalten haben. Dieses Verzeichnis Eurer Arbeit von drei Monaten ist unklar, und man kann aus ihm nicht ersehen, was Ihr während dieser Zeit erreicht habt. Wir haben ihm überhaupt nichts entnehmen können. Und dabei seid Ihr in einer Stadt wie Paris, welches die Quelle der Wissenschaften und Künste ist!

Angesichts der wenigen Arbeit, die Ihr während dieser Zeit geleistet habt, sind Wir zur Erkenntnis gelangt, daß Euch Eifer und Lernfreude fehlen, und das macht Uns große Sorge. Meine Herren Efendis, was können Wir von Euch erhoffen, da doch bis jetzt ein jeder von Euch Uns hätte etwas von der Frucht seiner Arbeit und seines Könnens schicken sollen? Wenn Ihr diesen Müßiggang nicht durch harte Arbeit, Fleiß und Eifer ersetzt und wenn Ihr, nachdem Ihr ein paar Bücher gelesen habt, nach Ägypten mit der Meinung zurückkommt, Ihr hättet damit schon die Wissenschaften und Künste erlernt, so irrt Ihr Euch! Hier bei uns – Gott sei Lob und Dank – arbeiten Eure gebildeten Kollegen und schaffen sich einen Namen. Wie wollt Ihr ihnen gegenübertreten, wenn Ihr auf solche Art zurückkommt, und ihnen die Wissenschaften und Künste in ihrer vollendeten Form erklären? Man soll stets den Ausgang einer Sache bedenken! Ein vernünftiger Mann darf keine Gelegenheit vorübergehen lassen und muß die Frucht seiner Mühen ernten. Dementsprechend habt Ihr versäumt, die Euch gebotene Gelegenheit wahrzunehmen! Ihr habt Euch der Unverschämtheit überlassen und nicht an die Härten und Strafen gedacht, die Euch daraus erwachsen werden. Ihr habt Euch nicht bemüht, Unser Wohlwollen zu gewinnen. Dabei haben Wir Euch Unsere Gunst erwiesen, auf daß Ihr Euch vor anderen auszeichnen könnt! Wenn Ihr Unsere Zufriedenheit finden wollt, so darf keiner von Euch auch nur eine einzige Minute vorbeigehen lassen, ohne daß er Wissenschaften und Künste erlernt.

Von nun an hat jeder von Euch monatlich zu berichten, wo er begonnen und wo er aufgehört hat. Außerdem hat er seinen jeweiligen Stand in Geometrie, Arithmetik und Zeichnen darzulegen und wie lange er noch bis zum Abschluß in diesen Wissenschaften braucht. Er hat monatlich zu schreiben, was er in dem betreffenden Monat über den Stoff des Vormonats hinaus gelernt hat. Falls Ihr es an Fleiß und Eifer fehlen laßt, so habt Ihr Uns den Grund dafür mitzuteilen: entweder mangelndes Interesse Eurerseits oder Krankheit, im letzteren Falle die Art der Krankheit, ob natürlich oder als Folge eines Unfalls. Kurz und gut, Ihr habt Uns zu schreiben, wie es mit Euch jeweils steht, damit Wir Uns ein Bild davon machen können, was bei Euch vorgeht. Das ist, was Wir von Euch verlangen.

Verlest diese Anordnung vor versammelter Mannschaft und werdet Euch über den Sinn dieses Erlasses klar.

Ausgefertigt mit Gottes Hilfe im Staatsrat Ägyptens während Unserer Sitzung in Alexandria. Nach Eingang dieser Unserer Anordnung ist danach zu verfahren, und jede Zuwiderhandlung ist zu vermeiden. Gegeben am 5. Rabīʿ al-Awwal 1245 (eintausendzweihundertfünfundvierzig) n. d. H. (4. Oktober 1829).

Soweit die Abschrift.

Vom Tage des Eingangs dieses Schreibens an machten wir monatlich schriftliche Meldung über alles, was wir in dem betreffenden Monat gelesen und gelernt hatten. Die Lehrer unterschrieben diese Berichte und leiteten sie an unseren Wohltäter weiter. Wenn einige von uns darin nachlässig waren, schrieb Monsieur Jomard uns allen Briefe, um denjenigen, die ihre Berichte regelmäßig jeden Monat verfaßten, aufzutragen, dies auch weiterhin zu tun, und um den Säumigen einen Verweis zu erteilen. Hier ist die Abschrift der

Übersetzung des Briefes, den er mir in diesem Sinne schrieb. Wir wollen ihn unverändert zitieren:

Paris, den 15. Juni – 25. Muḥarram 1246

Mein lieber Scheich Rifāʿa,
zweifellos ist Ihnen die Anordnung Ihres Landesherrn betreffs der monatlichen Berichte über die Lektionen, die Sie gehört haben, bekannt. Befleißigen Sie sich weiter derselben gewissenhaften Ausführung, und reichen Sie Ihren Bericht am 30. jeden Monats an den Herrn Muhrdar (Abdi) Efendi ein. Bitten Sie ihn um Blankoformblätter, die Sie von da an ausfüllen können. Bekanntlich nimmt die Abfassung dieses monatlichen Berichts nicht mehr als eine halbe Stunde in Anspruch, da es dabei lediglich darum geht, die Zahl und Art der von Ihnen gehörten Unterrichtsstunden einzutragen, so daß der Leiter Ihrer Schule unter Ihrer Unterschrift seine Bemerkungen schreiben kann.

Ich bin mir durchaus Ihres Fleißes bewußt, und mir ist sehr wohl bekannt, welchen Gewinn Ihr Studium abwirft. Ich bitte Sie, auch weiterhin die Ihnen übertragenen Pflichten so gewissenhaft wie bisher zu erfüllen.

Mit der Versicherung freundschaftlicher Verbundenheit bin ich

Ihr
(Jomard)
Mitglied des Institut de France

4. Abschnitt: behandelnd meinen Briefwechsel mit einigen namhaften französischen Gelehrten, Monsieur Jomard ausgenommen

Eine der Persönlichkeiten, die mir mehrfach schrieben, ist Monsieur de Sacy. Wir wollen hier ein paar seiner Briefe zitieren. Manche davon schrieb er arabisch, andere in französischer Sprache.

Abschrift eines seiner Briefe:

Von meiner Wenigkeit an den lieben, hochgeschätzten Freund und teuren, verehrten Bruder, den ehrenwerten Scheich Rifāʿa al-Ṭahṭāwī – möge ihn Gott der Erhabene vor jeglichem Übel und Bösen bewahren und ihn mit guter Gesundheit, Glück und Wohlbefinden bedenken!

Die Textprobe aus Ihrem wertvollen Buch und über Ihre Erlebnisse in Paris, die ich ganz gelesen habe, sende ich Ihnen anbei mit Ihrem Diener zurück. Zugleich erhalten Sie eine Anmerkung meinerseits zu Ihren Ausführungen über die Verbalflexion im Französischen; Sie können daraus die korrekte Form unserer Verwendung des Passé ersehen.

Sie sollten ein Buch über die Grammatik der französischen Sprache schreiben, die ja bei den Völkern und in den Ländern ganz Europas im Umlauf ist, damit Ihre ägyptischen Landsleute herangeführt werden an unsere Werke in den diversen Wissenschaften und Fertigkeiten sowie deren Methodik. Daraus würde Ihnen in Ihrem Lande größter Ruhm erwachsen, und Sie würden sich auf Jahrhunderte hinaus einen bleibenden Namen schaffen.

Bleiben Sie weiterhin wohlauf und gesund. Mit freundlichen Grüßen

Ihr

Silvestre de Sacy

Abschrift eines anderen Briefes:

An unseren lieben Freund, Scheich Rifāʿa al-Ṭahṭāwī – Gott erhalte und bewahre ihn!

Beiliegend finden Sie die von Ihnen erbetene Bescheinigung, daß ich das Buch über Ihre Reiseerlebnisse gelesen habe. Ihre Ausführungen im einzelnen über den Charakter der Franzosen, ihr Brauchtum, ihre Politik, die Prinzipien ihrer Religion, ihrer Wissenschaften und ihrer Literatur fand ich gut und nützlich. Sie werden mit Freude gelesen werden und dem Leser gefallen.

Ich habe nichts dagegen, wenn Sie meine handschriftlichen Zeilen Monsieur Jomard vorlegen. Es ist zu hoffen, daß Sie mit diesem Ihrem Werk Gunst in den Augen Seiner Exzellenz des Paschas finden werden und daß er Sie gebührend belohnen wird.

Mit den besten Wünschen

Ihr Freund

Silvestre de Sacy ›al-Bārīzī‹

Zusammen mit diesem Brief schickte er mir ein Schreiben in französischer Sprache, welches ich Monsieur Jomard zu lesen geben sollte. Dieses kommt einer einzigen Lobrede gleich. Hier ist die Abschrift der Übersetzung:

Nachdem Monsieur Rifā'a wünschte, daß ich Einsicht in sein in arabischer Sprache verfaßtes Reisebuch nehme, habe ich besagte Geschichte bis auf einen geringen Teil ganz gelesen. Ich darf dazu sagen, daß mir Aufbau und Anordnung des Buches großartig gelungen erscheinen und daß seine Landsleute an Hand dieses Werkes zu einem richtigen Verständnis unserer Sitten, Religion, Politik und Wissenschaft gelangen werden. Freilich enthält es auch gewisse muslimische Vorurteile. Man gewinnt an Hand dieses Buches Einblick in die Kosmographie. Das Buch läßt weiter darauf schließen, daß es sich bei dem Verfasser um einen Mann von trefflichem Urteilsvermögen und solidem Verständnis handelt. Allerdings fällt er zuweilen Urteile über *alle* Franzosen, die eigentlich nur auf die Pariser und die Bewohner der Großstädte zutreffen, doch dürfte dies eine notwendige Folge seiner spezifischen Situation sein, da er ja nur Paris und einige größere Städte kennengelernt hat. Bei der Behandlung der Wissenschaften ist der Autor bestrebt, vom Bekannten zum Unbekannten überzuleiten, insbesondere in seinen Ausführungen über Arithmetik und Kosmographie. Die Sprache des Buches ist zumeist klar und ohne Affektation ausgeklügelter Stilraffinessen, wie es sich für das Thema dieses Buches geziemt. Sie ist nicht immer korrekt in grammatikalischer Hinsicht. Das mag daran liegen, daß er das Buch zunächst in der Rohfassung hastig hingeschrieben hat mit der Absicht, es in der Reinschrift zu überarbeiten. Bei der Behandlung der Poesie schweift er in Zitate arabischer Gedichte ab, die, wie mir scheinen will, dem Thema des Buches fremd sind; aber möglicherweise gefällt so etwas seinen Landsleuten. Wo er über den Vorzug redet, den die runde Form vor allen anderen hat, sagt er einige wenig nützliche Dinge; er sollte diese aus dem Buche streichen.

Ich habe diese Dinge erwähnt und in dieser Form dargestellt, allein um zu zeigen, daß ich das Buch sorgfältig gelesen habe. Alles in allem habe ich den Eindruck gewonnen, daß Monsieur Rifā'a seine Zeit während seines Aufenthaltes in Frankreich gut angelegt hat und daß er sich große Kenntnisse angeeignet und es darin zu voller Meisterschaft gebracht hat, so daß er durchaus qualifiziert ist, in seinem Lande nutzbringend tätig zu sein. Ich bescheinige ihm dies gern und bin ihm in Wertschätzung und Freundschaft verbunden.

Baron Silvestre de Sacy

Paris, im Februar 1831 – den 19. Ša'bān 1246

Und (hier ist) die Abschrift der Übersetzung eines Briefes, den er mir kurz vor meiner Abreise aus Paris schrieb:

Monsieur Rifāʿa:
Ich werde mich sehr glücklich schätzen, wenn Er mich am kommenden Montag bei mir zu Hause besucht – um drei Uhr, wenn möglich, falls Er mir die Freude macht, Ihn für eine kurze Weile zu sehen. Es wird mich auch sehr freuen, wenn Er mir nach Seiner Ankunft in Kairo Nachricht von sich gibt. Sollte es mir nicht gegönnt sein, Ihn zu sehen, darf ich Ihm hiermit eine gute Reise wünschen. Ich werde Ihn in steter Erinnerung bewahren und werde mich immer freuen, von Ihm zu hören.
In heiterer Verbundenheit

Baron Silvestre de Sacy

Hier ist die Abschrift eines Briefes, den mir Monsieur Caussin de Perceval, Dozent für umgangssprachliches Arabisch an der ›Bibliothèque royale‹ in Paris, schrieb. Ich hatte mich an ihn mit der Bitte gewandt, mir seine Meinung über die vorliegende Reisebeschreibung zu senden, und er antwortete wie folgt – in Abschrift:

An den lieben, geschätzten, hochgelehrten Freund, den verehrten Scheich Rifāʿa, den Gott behüte, Amen – mit vielen Grüßen und Salutationen:

Ihr wertes Schreiben ist mir gestern zugegangen, und ich habe mich sofort darangemacht, Ihre Bitte zu erfüllen. Sie finden in der Anlage ein Schreiben, welches meine Ansicht über Ihr Reisebuch, das Sie mir liebenswürdigerweise zur Einsichtnahme überlassen haben, enthält. Ich habe mich darin wirklich so geäußert, wie es meiner Überzeugung entspricht, und habe das Gute, das ich darin gefunden habe, entsprechend herausgestellt. Was Tadelnswertes betrifft, so habe ich davon nichts angetroffen.
Da Sie im Begriffe stehen, am Ende dieses Monats abzureisen, hoffe ich in aller Freundschaft, daß Sie mich nach Ihrer guten Heimkehr in Ihr Land nicht vergessen und mich weiterhin über Ihr Wohlbefinden auf dem laufenden halten werden. Ich bitte Sie auch, wenn Ihr Buch gedruckt wird, mir ein Exemplar davon zu

schicken. Sie würden mich damit zu großer Dankbarkeit verpflichten.

Gott behüte Sie!

Ihr Freund

Caussin de Perceval

24. Februar 1831

Mit dem ›beiliegenden Schreiben‹ ist seine Bescheinigung gemeint, daß er das vorliegende Buch eingesehen und seine Ansicht darüber zum Ausdruck gebracht hat. Hier ist die Abschrift der Übersetzung dieser Anlage, welche er für Monsieur Jomard auf französisch schrieb, um ihm sein Urteil über die vorliegende Reisebeschreibung mitzuteilen:

Ich habe das Werk von Scheich Rifā'a, betitelt ›Taḫlīṣu 'l-ibrīz fī talḫīṣi Bārīz‹, aufmerksam gelesen und festgestellt, daß es einen kurzen Bericht über die Reise der vom Wesir von Ägypten, Ḥājj Mohammed Ali Pascha, nach Frankreich entsandten Ägypter enthält. Es beinhaltet eine Skizzierung der Stadt Paris sowie kurze Abhandlungen über eine Reihe von Zweiggebieten aus den Wissenschaften, deren Erlernung von diesen Schülern erwartet wird.

Ich habe den Eindruck gewonnen, daß dieses Werk großes Lob verdient und in einer Weise geschrieben ist, die der Bevölkerung des Landes des Autors von enormem Nutzen sein wird. Der Verfasser vermittelt seinen Landsleuten wahrheitsgetreue Kurzdarstellungen von den Künsten Frankreichs, seinem Brauchtum, dem Charakter seiner Einwohner und der Politik des französischen Staates. Nachdem er erkannte, daß sein Vaterland in Geisteswissenschaften und nützlichen Künsten den Ländern Europas unterlegen ist, drückt er darüber sein Bedauern aus und will mit seinem Buche die Muslime wachrütteln, ihnen den Wunsch nach nutzbringendem Wissen einflößen und in ihnen Liebe für das Studium der europäischen Zivilisation und für Fortschritt in den praktischen Fertigkeiten des Lebens erwecken. Wenn er von den staatlichen Einrichtungen, dem Unterrichtswesen und dergleichen spricht, so will er damit seine Landsleute daran erinnern, daß sie dies alles nachahmen sollen. Die Überlegungen, die er bei einigen Darlegungen anstellt, deuten gewöhnlich auf gesunden Menschenverstand und das Fehlen jeglicher doktrinären Einstellung und Voreingenommenheit hin. Die Sprache des Buches ist schlicht, das heißt, ungezwungen und frei von ausgeklügelten stilistischen Finessen, und doch zugleich gefällig.

Zur Zeit, da mir das Buch vorlag, war der Teil, der über Wissenschaften und Künste handelt, noch unvollendet, und ich sah davon nur (je) einen Abschnitt über Mathematik, Kosmographie, die Prinzipien der Geometrie und über physikalische Geographie. Diese Abhandlungen sind, wennschon kurz, recht gehaltvoll. Es ist zu hoffen, daß der Autor die verbleibenden Abschnitte nach diesem Muster weiterführen wird. Gesammelt könnten die einzelnen Teilabhandlungen in dem vorliegenden Buche ein selbständiges Buch über die Wissenschaften bilden, als Schlüssel zu anderen Wissenschaften und zum Nutzen der arabisch sprechenden Bevölkerung. Wenn das Buch in dieser Weise fertiggestellt ist, wird man daraus auf den hohen Verstand seines Verfassers und die Breite seines Wissens schließen dürfen.

Caussin de Perceval

Stellt man dieses Schreiben dem Voraufgegangenen gegenüber, so wird man feststellen, daß sich Monsieur de Sacy und Monsieur Caussin darüber einig sind, daß das vorliegende Buch gut ist, daß seine Sprache schlicht, das heißt ohne Pseudoeleganz ist und daß es für die Menschen in Ägypten von Nutzen sein wird. Indes findet Monsieur de Sacy daran drei Dinge auszusetzen: 1. daß es gewisse Fragen enthält, die er als islamische Vorurteile ansieht; 2. daß wir generell auf ganz Frankreich übertragen haben, was nur für Paris und andere große Städte zutrifft; 3. daß wir im Zusammenhang mit dem Vorzug, den die runde Form vor anderen Formen hat, einige Dinge von wenig Nutzen sagen. Monsieur Caussin hingegen geht nicht auf das ein, was Monsieur de Sacy zu den ›Vorurteilen‹ rechnete. Als ich ihn daraufhin ansprach, antwortete er, er halte das nicht für einen Schaden, da ich so geschrieben hätte, wie es meine Überzeugung sei. Andernfalls, wenn ich einfach dem gefolgt wäre, was die Europäer sagen, und aus Scham oder anderen Motiven deren Meinung beigepflichtet hätte, so wäre dies nichts als Doppelzüngigkeit. Wenn er, wie Monsieur de Sacy sagt, die Sprache des vorliegenden Buches sei schlicht, so soll dies besagen, daß in den grammatischen Konstruktionen nicht versucht wurde, der Methode des rhetorischen Stils zu folgen. Es gibt unter französischen Gelehrten eine Redensart, wonach schlichte Sprache soviel wiegt wie eloquente Ausdrucksweise.

Wir wollen an dieser Stelle einen Brief von einem Manne anführen, mit dem ich eng befreundet war. Unsere Begegnung kam so zustande, daß ich eines Tages eine Lesestube betrat, um die Gazetten – mit anderen Worten, die Tagesgeschehnisse – zu lesen, und dabei diesen Mann kennenlernte, der als Buchhalter im Finanzministerium arbeitet und dessen Bruder ›Départementkommissar‹, das heißt, Kommissar einer französischen Provinz ist. Er stammt aus einer bedeutenden Linie, die man die ›saladinische‹ nennt – von ›Saladin‹, das heißt Ṣalaḥ al-Dīn. Sie glauben nämlich, ihre Abstammung auf den Ajjubidensultan Saladin zurückführen zu können, indem sie sagen, dieser habe wahrscheinlich zur Zeit seiner Kriege gegen die Franken eine französische Konkubine gehabt, die ein Kind von ihm bekam; sie wäre später in ihre Heimat zurückgekehrt, und der Name hätte sich unter ihren Kindern und Nachkommen bis heute erhalten. So wie ich diesen Mann kennenlernte, so machte ich auch die Bekanntschaft seiner sämtlichen Verwandten und war mit ihnen zeit meines Aufenthalts in Paris in enger Berührung. Zur Zeit meiner Abreise hielt er sich gerade bei seinem Bruder, dem Kommissar, im Department Tarn in einer Stadt namens Albi auf, und er sandte mir den nachfolgenden Brief. Hier ist die Abschrift der Übersetzung mit einigen erlaubten Auslassungen:

Mein lieber Scheich Rifāʿa,
ich habe die mir von Ihnen anvertraute Sache dem Sohn des Chef de canton zur Weiterleitung an Sie übergeben. Sie dürften sie kurz nach Eintreffen dieses Schreibens erhalten. Mein Bruder hat mich beauftragt, Ihnen seine Anerkennung für den Gefallen auszusprechen, den Sie ihm mit der leihweisen Überlassung besagter Sache getan haben, und Ihnen zur Erreichung des erhofften Zieles zu gratulieren.

Werden Sie uns schon bald verlassen, um Ihre liebe Heimat wiederzusehen? Hoffentlich werden Sie alle Verwandten und Freunde, die Sie seinerzeit zurückgelassen haben, wiedertreffen und sie wohlauf vorfinden. Wie ich hörte, steht Ihre Abreise unmittelbar bevor, so daß ich nicht glaube, Sie noch in Paris treffen zu können. Sollten Sie jedoch kurz vor dem genannten Zeitpunkt abreisen, so werden wir uns in Marseille treffen, und ich kann Ihnen in der letzten französischen Stadt, durch die Sie auf Ihrer Heimreise kommen, Lebewohl sagen. Sollte sich Ihre Abreise etwas verzögern, so trennen wir uns in Paris, wo unsere erste Begegnung stattgefunden hat.

Ich weiß nicht, ob unser Zusammentreffen eine Bestimmung des Schicksals war oder nicht. Die Wechselfälle des Lebens sind so zahlreich, besonders für uns Europäer, und so kann ich nicht mit Sicherheit sagen, daß wir uns hätten genausogut nicht begegnen können. Jedenfalls lassen Sie in Frankreich einen Freund zurück, der an Sie denkt, der mit Ihnen fühlt im Guten wie im Bösen, das Ihnen widerfährt, und der sich überaus freuen wird, wenn er hört, daß Sie in Ihrem Heimatland in den Genuß der Früchte Ihrer Bildung und Ihrer hohen Qualitäten kommen.

Wenn ich doch wüßte, mit welcher Überzeugung vom Wesen der Franzosen Sie in Ihre Heimat zurückgehen! Sie haben diese Nation zu einer Zeit erlebt, welche angesichts der seltsamen Geschehnisse ein historischer Augenblick sein muß. Ich glaube, Sie werden in Ihrem Lande oft nach dieser großen Revolution und nach dem Sieg der Franzosen im Streben nach Freiheit gefragt werden.

Sollte es sich ergeben, daß Ihre Abreise um einige Tage aufgehalten wird, so hoffe ich, Sie in Paris zu sehen. Wenn nicht, dann bitte ich Sie, nicht abzureisen, ohne brieflich adieu gesagt zu haben.

In herzlichster Freundschaft

Jules Saladin

Und hier ist noch die Abschrift eines Briefes, aus welchem man ebenfalls ersehen kann, wie sehr die Franzosen fremde Bücher zu erwerben wünschen und wie sie Autoren und Übersetzer zum Bücherschreiben beziehungsweise zur Übersetzertätigkeit anregen. Hier ist die Abschrift der Übersetzung dieses Briefes:

Monsieur le Cheik Rifāʿa:
Monsieur Depping hat mich veranlaßt, mich nach Ihrer Übersetzung des ›Aperçu historique sur les mœurs et coutumes des na-

tions‹ zu erkundigen, denn Herr Depping ist der Verfasser dieses Buches. Kann sich der Autor des Originalwerks, wenn das Buch in Ägypten gedruckt wird, schon jetzt vormerken lassen, damit er mehrere Exemplare davon käuflich erwerben kann?

Wir dürfen Sie auch davon in Kenntnis setzen, daß Sie uns bitte mitteilen möchten, wie weit Sie in der Übersetzung des ersten Bandes der ›Géographie‹ von Malte-Brun gekommen sind. Dieser Teil wird zur Zeit in einer verbesserten Ausgabe gedruckt, welche über die erste Ausgabe hinaus eine Reihe von Zusätzen enthält. Wir dürfen Ihnen dies getrost mitteilen, denn der Druck wird im Laufe dieses Monats abgeschlossen werden.

Mit freundlichen Grüßen

Ihr

(Joseph) Reinaud
Bibliothèque royale
Paris

5. Abschnitt: behandelnd die Bücher, die ich in Paris las: die Art und Weise der Prüfungen: was mir Monsieur Jomard schrieb: was in den Fachzeitungen über das Ergebnis der Abschlußprüfung geschrieben wurde[67]

Ich führe hier das, was ich studiert habe, in der nachstehenden Reihenfolge an, wiewohl dabei manches wiederholt wird, das bereits weiter oben gesagt wurde.

Grundlagen der französischen Grammatik

Unsere Entlassung aus der Quarantäne erfolgte am 27. des Monats Šawwāl 1241 (4. Juni 1826). Nach wenigen Tagen in Marseille begannen wir mit dem Buchstabieren und Lesen, und nach etwa vierzig Tagen hatten wir die französischen Buchstaben und das Buchstabieren gelernt. Wir kamen im Monat Muḥarram (1242–August 1826) nach Paris und begannen erneut mit den Grundlagen des Alphabets. Damit befaßten wir uns etwa einen Monat lang. Sodann begannen wir alle mit dem Studium der Grammatik von Lomond,[68] wobei der Lehrer je nach Bedarf Zusätze aus einer anderen Grammatik machte. Nachdem ich das Missionsheim verlassen hatte, studierte ich mit Monsieur Chevalier eine weitere Grammatik und mit einem anderen Lehrer namens Lomonry zwei Grammatiken. In jedem der beiden Häuser, das heißt im Missionsheim und im Haus des Lehrers, beschäftigte ich mich mit korrektem Sprachgebrauch in Grammatik und Aussprache, mit anderen Worten, mit der Anwendung der Sprache auf die Regeln der Grammatik und der Aussprache, sowie mit Diktat, Aufsatz und Lesen. Dies betrieb ich drei Jahre lang.

Geschichte

Wir begannen im Missionsheim während der Zeit, da wir alle beisammen wohnten, mit der ›Histoire des philosophes grecs‹ und studierten das Buch von Anfang bis Ende. Sodann begannen wir mit einem Abriß der allgemeinen Geschichte, beinhaltend die antike Geschichte Ägyptens, Mesopotamiens, Syriens und Griechenlands sowie der alten Perser, Römer und Inder, und am Ende eine kurze Abhandlung über ›Mythologie‹, das heißt die Kunde der griechischen Vorzeit und der Sagen der Griechen. Später las ich mit Monsieur Chevalier ein Buch mit dem Titel ›Les agréments de l'histoire‹, welches Geschichten, Erzählungen und Anekdoten enthält. Daran anschließend studierte ich ein Buch, betitelt ›Les mœurs des peuples, leurs habitudes et leur savoir-vivre‹ (von G. Depping), dann die geschichtliche Darstellung des Grundes für die Größe des römischen Cäsarenreiches und dessen Untergang,[69] und danach den Bericht von Anacharsis dem Jüngeren über seine Reise nach Griechenland.[70] Sodann las ich das Buch von Ségur über allgemeine

Geschichte,[71] danach die Geschichte Napoleons, dann ein Buch über Historiographie und Genealogie, ferner ein Buch mit dem Titel ›Panorama du monde‹ – das heißt ›Spiegel der Welt‹ – und schließlich den Bericht von jemandem, der das Osmanische Reich bereist hatte, sowie einen Reisebericht über Algerien.

Arithmetik und Geometrie

In Arithmetik studierte ich das Buch von Bezout[72] und in Geometrie die ersten vier Kapitel aus dem Buch von Legendre.[73]

Geographie, in ihren verschiedenen Arten

Mit Monsieur Chevalier las ich ein Geographiebuch, umfassend historische, physikalische, mathematische und politische Geographie. Danach studierte ich eine weitere Abhandlung über physikalische Geographie in der Form eines Vorworts zu einem geographischen Wörterbuch – in der Art von (Yāqūt's) ›Muʿjam al-buldān‹. Später studierte ich das erstgenannte Buch noch einmal mit einem anderen Lehrer. Mit Monsieur Chevalier las ich außerdem wichtige Stellen aus der ›Géographie‹ von Malte-Brun[74] sowie einen Aufsatz, den dieser für den Unterricht seiner Tochter in Kosmographie verfaßte. Für mich allein habe ich zahlreiche Werke auf diesem Gebiet studiert.

Kunst der Übersetzung

Während meines Aufenthaltes in Frankreich habe ich zwölf Bücher beziehungsweise Buchabschnitte übersetzt, die am Ende des vorliegenden Buches aufgeführt sind,[75] mit anderen Worten, zwölf Übersetzungen, einige davon vollständige Bücher und andere Artikel von geringem Umfang.

Mit Monsieur Chevalier und Monsieur Lomonry las ich ein Buch über französische Logik sowie mehrere Stellen aus einem Buch der ›Port-Royal‹,[76] unter anderem die (aristotelischen) Kategorien, ferner ein weiteres Werk über Logik, welches man das ›Buch von Qundilyāq‹[77] nennt, mit Ausnahme seiner Darstellung der aristotelischen Logik.

Mit Monsieur Chevalier studierte ich ein kleines Buch über Mineralien und übersetzte es später.[78]

Ich las zahlreiche literarische Werke, darunter die gesammelten Schriften von Noël,[79] ferner eine Anzahl von Stellen aus einer Anthologie von Voltaire, einer Anthologie von Racine und einer Anthologie von Rousseau, besonders dessen ›Lettres persanes‹ *(sic)*, in welchen er den Unterschied zwischen europäischen und persischen Gepflogenheiten herausstellt; sie kommen einer abwägenden Gegenüberstellung von westlicher und östlicher Moral am nächsten. Auch las ich für mich allein englische Briefe, welche Comte Chesterfield zur Erziehung und Instruktion seines Sohnes verfaßte,[80] sowie zahlreiche französische Predigten. Alles in allem las ich in der französischen Literatur viele ihrer berühmten Werke.

Auf dem Gebiet des Naturrechts studierte ich mit dem entsprechenden Lehrer dieses Faches das Buch von Burlamaqui.[81] Ich übersetzte es und verstand seinen Inhalt sehr wohl. Das Fach ist gleichbedeutend mit der vernunftmäßigen Billigung beziehungsweise Verwerfung (menschlichen Handelns), welche die Franzosen zur Grundlage ihrer politischen Ordnung, die sie die ›gesetzliche‹ nennen, machen. Mit Monsieur Chevalier las ich auch zwei Teile eines Buches, welches ›L'Esprit des lois‹ heißt. Sein Verfasser ist bei den Franzosen sehr berühmt und heißt Montesquieu. Das Werk ist am ehesten vergleichbar mit einer Gegenüberstellung der verschiedenen gesetzlichen und politischen Auffassungen und baut auf dem Naturrecht auf. Sein Autor hat bei den Franzosen den Beinamen ›Ibn Chaldun der Franken‹, so wie man Ibn Chaldun bei ihnen auch den ›Montesquieu des Ostens‹, das heißt Montesquieu des Islam, nennen könnte. Ferner las ich ein einschlägiges Buch mit dem Titel ›Le Contrat social‹. Sein Verfasser heißt Rousseau. Es ist großartig in seiner Aussage.

In der Philosophie las ich die obenerwähnte ›Geschichte der Philosophen‹, welche ihre Schulen, ihre Lehren, ihre Maximen und ihre Ermahnungen enthält. Ferner las ich mehrere wertvolle Stellen im ›Dictionnaire philosophique‹ von Herrn Voltaire sowie eine Reihe von Stellen in den philosophischen Werken von Condillac.

Auf dem Gebiet der Physik las ich eine kurze Abhandlung mit Monsieur Chevalier, ohne jedoch auf die einzelnen Verfahren einzugehen. Auf dem Gebiet der Militärwissenschaft las ich mit Monsieur Chevalier und übersetzte ich hundert Seiten aus einem Werk mit dem Titel ›Opérations militaires de grands officiers‹.

Außerdem las ich viel in den täglich und monatlich erscheinenden Zeitschriften und in den politischen Tageszeitungen, welche die eingegangenen Inlands- und Auslandsnachrichten bringen, die man ›la politique‹ nennt. Ich war von ihnen äußerst angetan und benutzte sie als Hilfe zum Verständnis der französischen Sprache. Gelegentlich pflegte ich daraus wissenschaftliche und politische Notizen zu übersetzen, besonders während des Russisch-Türkischen Krieges (von 1828–29). Wir wollen an dieser Stelle unsere Übersetzung eines persönlichen Briefes von einem französischen Freiwilligen in russischen Diensten aus der Stadt Schimla[82] an einen gewissen Brigadekommandeur in Paris zitieren. Der Brief ist datiert vom 22. Juli 1828.

Mein lieber Freund!
Dies ist das erste Mal seit meinem Eintritt in die russische Armee, daß unsere Truppen mit den muslimischen Streitkräften in Gefechtsberührung gekommen sind. Die Worte fehlen einem für all die verblüffenden und verwirrenden Dinge, die ich gesehen habe! Wie sollte es anders sein, ist dies doch etwas Fremdes und Unbe-

kanntes für jemanden wie mich. Wäre ich wie Sie ein kriegserprobter Soldat, der am Ägyptischen Feldzug teilgenommen und die Schlacht von Abukir sowie die Belagerung von Akka miterlebt hat, so wäre ich nicht so verwirrt beim Anblick von etwas Neuem, nie vorher Gesehenem, für das Worte der Beschreibung fehlen.

Aber bedenken Sie, lieber Freund, meine Lage, der ich in der Garde unseres Königs diente, aus der Militärakademie von Saint-Cyr hervorging und bei keiner anderen Schlacht als der in Andalusien dabei war! Da plötzlich fand ich mich, nachdem ich Steppen und Wüsten durchstreift und Strapazen ertragen hatte, angesichts des Balkangebirges, mit einer Bevölkerung, die uns ständig bedrohte, die uns immer wieder entschlüpfte, die Bestürzung in unsere Truppen trug. Nun überlegen Sie sich erst meine Verwunderung und meine Verwirrung, als oberhalb von Schimla die türkische Kavallerie hervorbrach, in der seltsamen Schlachtordnung der muslimischen Kampfweise! Sicher haben Sie bereits aus dem russischen Heeresbericht die Einzelheiten dieser Schlacht erfahren – die Niedermetzlung riesiger Scharen unserer Soldaten, die Nachricht, daß die Schlacht verloren wurde. Ich habe mit eigenen Augen gesehen, unter welch scheußlichen Umständen der russische Oberst Barady(?) einen schlimmen Tod fand, als er von einer türkischen Kanonenkugel in zwei Stücke zerrissen wurde! Erst von diesem Zeitpunkt an wurde klar, wie hart dieser Krieg ist und daß es niemanden erstaunen sollte, wenn er lange dauert.

So mutig und kampfstark unsere Soldaten sind, die muslimischen Truppen haben eine gewaltige Stoßkraft, in der kein Raum für Flucht ist, und diese Stoßkraft ist es, die sie Gefahr geringachten und Hindernisse überwinden läßt, um zum Ziel zu gelangen. Daraus ergeben sich zwei Vorteile: zum einen werden unsere Soldaten dadurch verwirrt, zum anderen hat es stets zur Folge, daß sich beim Feind, und sei er noch so heroisch, Panik einstellt. Wenn Ihre Augen gesehen hätten, wovon ich Zeuge war – wie die osmanische Reiterei allein schon durch ihren furchterregenden Anblick Schrecken verbreitet sowie durch die Schnelligkeit, mit der sie ihren erstaunlichen und bewundernswerten Sturm vorantreibt, wie sie zu den Klängen wilder Musik und dem Gewieher kurdischer Pferde vorrückt und wie der Blitz auf die russische Infanterie niederstößt – dann würden Sie wie ich zu dem Urteil kommen, daß dieser Krieg lange dauern und nur wenig, oder gar nicht, an Heftigkeit verlieren wird.

Das Osmanische Reich besitzt eine großartige Reitertruppe, ungewöhnlich organisiert, von hohem Eifer beseelt und von erstaunlicher Disziplin. Oder kann jemand leugnen, daß ihre Soldaten geübte Reiter sind und ihre Pferde von der gleichen Rasse wie deren wildes Temperament – ihrem Herrn gehorsam im Angriff wie im Rückzug, im Kampf den Reiter ans gesteckte Ziel tragend? Wehe den Truppen, deren Schlachtreihe im Nahkampf mit der Angriffswelle dieser Pferde verwickelt ist, geritten von jenen meisterhaften Reitern, die über ihre Kampfstärke hinaus von muslimischem und patriotischem Eifer getragen werden! Das ist eine Eigenschaft, die man bei russischen Soldaten gewiß nicht findet. Ballung von Menschenmassen im Krieg hat seine Art, aber nach dieser Schlacht weiß jeder, selbst ein Kosak, daß der Ruhm den muslimischen Truppen gebührt.

Was ich berichte, mag Ihnen, von jemandem wie mir kommend, erstaunlich erscheinen, war ich doch gerade erst als Freiwilliger in die russische Armee eingetreten, um mit ihr gemeinsam Gefahren zu bezwingen und mit ihr Ruhm zu teilen. Aber als ich hier ankam, schien es mir, als hätte ich mich getäuscht und geirrt. Ich erkannte, daß unsere Feinde, die wir der Minderwertigkeit und Gemeinheit bezichtigt hatten, in Wirklichkeit Löwen sind, denen nicht die geringste Inferiorität anhaftet. Mehr noch, sie sind für feine Lebensart und Anmut empfänglicher als die Europäer. Lassen Sie mich Ihnen sagen, mein Freund, daß meine Begeisterung für die Befreiung der Griechen von den Osmanen in nichts nachgelassen hat. Aber zugleich frage ich mich, ob der Angriff auf Istanbul für ihre Befreiung notwendig ist oder ob er nicht etwas ist, was man bedauern wird. Allein die Soldaten, die wir bei der Eroberung der Stadt Brăila verloren haben, würden genügen, um die Griechen zu befreien und unseren Aderlaß an muslimische Truppen zu mindern.

Vor kurzem nahmen wir einen Offizier der osmanischen Streitkräfte gefangen. Er war ein blendend aussehender junger Mann mit zahlreichen Verwundungen. Unsere Soldaten schonten sein Leben – etwas, was seinen Mitgefangenen nicht widerfuhr – und gewährten ihm wegen seines guten Aussehens und seiner Wunden Pardon. Ich sprach ihn auf italienisch an, und er verstand, was ich sagte, und beantwortete meine Fragen. Er sagte mir, sein Vater sei jetzt achtzig Jahre alt und er habe Brüder, die unter Hüsein Pascha[83] dienen; er zweifelt nicht am Sieg des Osmanischen Reiches, ja er sagt, die Türken würden bis nach Moskau gelangen. Ich sage Ihnen, mein Freund, in Schimla stehen an die zweihunderttausend (muslimische) Kampftruppen, und täglich kommen neue dazu. Ihr Sultan ist mit Sicherheit ein großer Held.

Ich will meinen Brief an Sie jetzt schließen, um meinen Fuß in den Steigbügel zu setzen. Zur Zeit steht der Feind mit unserer Vorhut im Gefecht, während ich untergehe im Lärm der türkischen Musik und im Gebrüll der Russen. Es ist, genau gesehen, ein schrecklicher Krieg!

6. Abschnitt: über die Prüfungen, die ich in Paris ablegen mußte, besonders die Abschlußprüfung vor meiner Rückkehr nach Ägypten

Man muß wissen, daß sich die Franzosen auf dem Gebiete des Wissens üblicherweise nicht damit begnügen, daß jemand im Rufe guter Auffassungsgabe oder des Fleißes steht oder daß ein Lehrer einen Schüler lobt, sondern es müssen nach ihrer Ansicht eindeutige und greifbare Beweise erbracht werden, die den bei der Prüfung Anwesenden die Fähigkeit des Betreffenden vor Augen führen und aufzeigen, inwieweit er sich von anderen seinesgleichen unterscheidet. Dies erfolgt vermittels allgemeiner Prüfungen (Leistungswettbewerben, concours généraux), welchen jedermann auf Grund einer Einladung – gewöhnlich nach Art der Einladung zum Essen – beiwohnen kann. Daneben gibt es besondere Prüfungen; das sind solche, wo der Lehrer wöchentlich oder monatlich seine Schüler prüft, um ihren Fortschritt während der betreffenden Woche oder des betreffenden Monats festzustellen, damit er ihren Eltern einen entsprechenden Bericht schreiben kann.

So wurde es auch gehandhabt, während wir in den einzelnen Pensionaten wohnten: alljährlich wurde mit uns ein allgemeiner Leistungswettbewerb in Anwesenheit prominenter Franzosen veranstaltet. Beim ersten Test (dieser Art) ging es hauptsächlich darum, unsere Französischkenntnisse zu prüfen. Nun ist es bei den Franzosen Usus, denen, die gute Antworten gegeben und sich vor anderen ausgezeichnet haben, ein Examensgeschenk zu machen, und so sandte mir Monsieur Jomard anläßlich des ersten Leistungswettbewerbs ein Buch mit dem Titel ›Le voyage du jeune Anacharsis en

Grèce‹, sieben prächtig gebundene Bände in Goldschnitt, begleitet von nachstehendem Brief, den ich hier in abschriftlicher Übersetzung wiedergebe:

1. August 1827

Sie haben das Geschenk für französische Sprachkenntnisse auf Grund des von Ihnen darin erzielten Fortschritts und des Ergebnisses des jüngsten Leistungswettbewerbs verdient. Ich darf mich glücklich schätzen, Ihnen dieses Geschenk seitens der aufsichtführenden Efendis (als Zeichen der Anerkennung) für Ihre Aufmerksamkeit im Unterricht übersenden zu können. Ohne Zweifel wird sich Ihr Landesherr freuen, wenn er erfährt, daß Ihr Fleiß und das Ergebnis Ihres Studiums ihm die hohen Auslagen lohnen, die er für Ihre Erziehung und Ausbildung eingegangen ist.

Mit freundlichem Gruß ...

Wenn er von der ›jüngsten‹ Prüfung spricht, so ist damit gemeint, daß sie die letzte im Verhältnis zu voraufgegangenen Prüfungen war. Das Examensgeschenk gleicht demnach einem Preis, vergleichbar etwa dem Dichterpreis.

Beim zweiten allgemeinen Leistungswettbewerb sandte er mir als Examensgeschenk das Buch ›Al-Anīs al-mufīd lil-ṯālib al-mustafīd wa-jāmiʿ al-šuḏūr min manẓūm wa-manṯūr‹,[84] dessen Verfasser Monsieur de Sacy ist, begleitet von nachstehendem Schreiben, welches ich hier in abschriftlicher Übersetzung wiedergebe:

Paris, den 15. März 1828

Sie haben das Geschenk für (Leistungen in) französischer Grammatik auf Grund des Fortschritts verdient, die Sie in dieser Sprache gemacht haben, und für das Ergebnis, das Sie beim jüngsten Leistungswettbewerb erzielten. Es freut mich, daß ich Ihnen dieses Zeichen der Genugtuung über Ihre Arbeit zusenden kann, auf daß Sie neuen Mut fassen. Soeben habe ich Ihr Prüfungsresultat mit Anmerkungen über Ihre fleißige Arbeit an Ihren erlauchten Landesherrn abgesandt. Ohne jeden Zweifel wird er darüber erfreut sein, daß Sie mit guten Ergebnissen arbeiten und sich seiner Fürsorge und Anteilnahme an Ihrer Erziehung und Ausbildung würdig zeigen. Ich begrüße Sie ...

In diesen zwei Prüfungen erhielt ich also beide Male das Examensgeschenk.

Die jüngste Prüfung nun, auf Grund derer ich nach Ägypten zurückkehrte, ging so vor sich, daß Monsieur Jomard einen Ausschuß einberief, zu dem eine Reihe berühmter Leute, darunter der russische Erziehungsminister als Prüfungsvorsitzender, gehörten. Der Zweck dieses Ausschusses war, die Fähigkeit meiner Wenigkeit in der Kunst der Übersetzung festzustellen, mit der ich mich zeit meines Aufenthaltes in Frankreich beschäftigt hatte. Die Abschrift des Prüfungsergebnisses so, wie es von den Franzosen in der ›Revue encyclopédique‹[85] berichtet wurde, lautet (in Übersetzung) wie folgt:

Die Prüfung des Schülers Rifā'a verlief folgendermaßen: Im Prüfungsausschuß wurden zwei Listen verlesen. Die erste Liste enthält die Aufzählung von zwölf Übersetzungen aus dem Französischen ins Arabische, welche der Genannte im Laufe des vergangenen Jahres angefertigt hatte: (1) ein Abschnitt behandelnd die Geschichte Alexanders des Großen, entnommen der ›Geschichte des Altertums‹; (2) Grundlagen der Mineralogie; (3) Almanach des Jahres 1244 n. d. H., verfaßt von Monsieur Jomard für den Gebrauch in Ägypten und Syrien, enthaltend wissenschaftliche und praktische Miszellen; (4) Enzyklopädie der Sitten und Gebräuche der Völker; (5) Vorwort zur ›Physikalischen Geographie‹ in der Überarbeitung von Monsieur de Humboldt; [86] (6) Ein Stück aus dem Geographiewerk von Malte-Brun; (7) drei Kapitel aus dem Lehrbuch der Geometrie von Legendre; (8) ein Abschnitt über Kosmographie; (9) ein Stück aus ›Les opérations militaires de grands officiers‹; (10) Grundlagen des Naturrechts, welches die Europäer befolgen; (11) ein Abschnitt über Mythologie, das heißt die Vorzeit und Sagen der Griechen; (12) ein Traktat über Hygiene. Das zweite Verzeichnis umfaßt die Reisebeschreibung des Schülers.

Daran anschließend wurden dem Schüler mehrere, in Bulaq gedruckte Werke vorgelegt, und er übersetzte flink ein paar Stellen daraus. Dann las er auf französisch Textpassagen kleineren oder größeren Umfangs aus der in Bulaq gedruckten ›Gazette d'Égypte‹. Sodann diskutierte man mit ihm die von ihm angefertigte Übersetzung aus den ›Opérations militaires‹; dabei hatte einer der Anwesenden das französische Original vor sich und der Scheich die

Übersetzung, und letzterer gab dann eine schnelle mündliche Stegreifübersetzung aus dem Arabischen ins Französische, um auf diese Weise den Wortlaut der Übersetzung dem des Originals gegenüberzustellen. Er entledigte sich dieses Teils der Prüfung mit gutem Erfolg: er gab die Ausdrücke genau wieder, ohne den Sinn des übersetzten Originals zu verändern, doch zwang ihn manchmal der arabische Sprachgebrauch, eine Metapher durch eine andere zu ersetzen, ohne daß dadurch der beabsichtigte Sinn beeinträchtigt wurde. Zum Beispiel im Falle des Vergleichs der Grundlage der Militärwissenschaft mit einem reichen Bergwerk, aus welchem man das und das gewinnt, änderte er den Wortlaut dahingehend ab, daß er sagte, die Militärwissenschaft sei ›ein gewaltiges Meer, aus welchem man Perlen gewinnt‹. Bei der Prüfung wurde ihm vorgehalten, daß in seiner Übersetzung manchmal keine vollkommene Übereinstimmung zwischen Übersetztem und Ausgangstext bestehe und daß er gelegentlich Wiederholungen mache und an anderen Stellen einen Satz durch mehrere Sätze oder ein Wort durch einen ganzen Satz wiedergebe – ohne freilich in Geschwafel zu verfallen; vielmehr wahre er stets den Geist des ursprünglichen Sinnes. So hat der Scheich jetzt erfahren, daß er, wenn er die Übersetzung wissenschaftlicher Werke im Sinne hat, unbedingt solche Textverwässerung aufzugeben hat und sich im Bedarfsfalle eine dem beabsichtigten Sinn entsprechende Textänderung ausdenken muß. Er wurde noch über ein weiteres Buch geprüft, nämlich das Vorwort zum ›Universallexikon der physikalischen Geographie‹; er selbst hatte das Buch ins Arabische übersetzt. Hier erreichte er bei der Rückübersetzung nicht seinen bisherigen Grad des Könnens im Französischen, und seine Übersetzung fiel neben der des vorher mit ihm diskutierten Buches merklich ab. Sein Fehler bestand darin, daß er den Wortlaut des Originals nicht konsequent in allen Feinheiten wiedergab – doch änderte er jedenfalls (auch hier) nichts am Sinn, und seine Übersetzungsweise war (im großen und ganzen) angemessen.

Die Ausschußmitglieder gingen mit voller Gewißheit über den Vorrang des besagten Schülers auseinander und waren sich einig, daß er sich in seinem Lande nützlich betätigen kann, indem er jene wichtigen Bücher übersetzt, die man zur Verbreitung des Wissens braucht und deren größerer Umlauf in den zivilisierten Ländern wünschenswert ist.

Zweifellos werden manche dieser Bücher mitunter Abbildungen enthalten, und deshalb beschäftigt sich al-ʿAṭṭār,[87] ein Landsmann des Schülers, mit Lithographie. Auch er war bei der Prüfung dabei und legte den Mitgliedern des Prüfungsausschusses mehrere Steindruckproben von seiner Hand – bildliche Darstellungen und arabische und französische Schriftproben – vor, nachdem er gerade begonnen hatte, die Führung des Gravierstichels, des Schreibstiftes und des Pinsels zu erlernen. Auf seinen Bildern findet man Tiere, Bauwerke und dergleichen Dinge in einfacher Kontur ohne Schattierung dargestellt. Freilich kam er erst im vorgerückten Alter nach Frankreich und ist daher nicht in der Lage, richtig und frei von allen Fehlern zu zeichnen. Doch ist er durchaus imstande, das Steindruckverfahren vollkommen in Theorie und Praxis zu erlernen und Proben von Bildern, die man ihm gibt, zu kopieren und im Bedarfsfalle mit eigener Hand zu drucken. Auch ist er durchaus befähigt, eine Druckerei zu eröffnen und zu leiten. Er hat einen kurzen Abriß der Kunst des Steindrucks übersetzt, auf Stein geschrieben und eigenhändig gedruckt. Ein Exemplar davon lag auf dem Pult von Monsieur Jomard.

Soweit der Bericht der Zeitschrift ›La revue encyclopédique‹. Er (al-ʿAṭṭār) schrieb mir einen Brief, in dem er mich zu meiner Heimkehr nach Ägypten nach Erreichung meines Studienziels beglückwünscht, doch ist mir dieser Brief verlorengegangen. Es hätte nichts geschadet, ihn an dieser Stelle zu zitieren.

Und (hier ist) die Abschrift der Übersetzung einer Bescheinigung, die Monsieur Chevalier für mich ausstellte. Sie kommt praktisch einer *ijāza* (Lehrberechtigung) und einem Zeugnis für mich gleich:

Im Kriegsministerium

Ich, der endesunterzeichnete Chevalier, ehemaliger Schüler der École polytechnique, officier du génie inscrit au Ministère de Guerre, von Monsieur Jomard und den aufsichtführenden Efendis mit der Orientierung des Studiums von Scheich Rifāʿa betraut, bescheinige hiermit, daß ich während der ungefähr dreieinhalb Jahre, welche der genannte Schüler bei mir war, von ihm nur Erfreuliches erlebt habe, sowohl hinsichtlich seiner Studien wie seines klugen und umsichtigen Verhaltens, seines guten Charakters und seiner Umgänglichkeit. Er studierte bei mir im ersten Jahr Französisch und Kosmographie, danach Geographie, Geschichte, Arithmetik u. a. m. Da ihm die notwendige Bereitschaft und Wendigkeit zum erfolgreichen Erlernen des Zeichnens fehlten, beschäftigte er sich mit diesem Fach nur einmal die Woche, lediglich um die Anordnung seines Landesherrn zu befolgen. Doch widmete er sich mit größtem Eifer der Übersetzungstätigkeit, welche sein erwähltes Betätigungsfeld darstellt. Seine einschlägigen Arbeiten sind in meinen monatlichen Mitteilungen, insbesondere in den ersten Berichten dargelegt, welche ich Monsieur Jomard zuleitete. Das in diesen Mitteilungen und Berichten Gesagte genügt vollauf, um sich ein Bild von dem besagten Schüler zu machen. Es muß darauf hingewiesen werden, daß der Eifer von Scheich Rifāʿa so weit ging, daß er sich infolge langer Nachtarbeit eine Schwächung des linken Auges zuzog, so daß er einen Arzt zu Rate ziehen mußte, der ihm verbot, bei Nacht zu lesen, eine Anordnung, die er indes nicht befolgte, da er fürchtete, dadurch in seinem Fortschritt aufgehalten zu werden. Als er erkannte, daß er seine Studien am besten dadurch vorantreiben könne, daß er neben den vom Staat bewilligten Lehrmitteln die von ihm benötigten Bücher selber kauft und sich einen weiteren Lehrer zusätzlich zu dem auf Staatskosten gestellten nimmt, gab er einen erheblichen Teil seines bereitgestellten Monatssalärs für den Kauf von Büchern und für einen Lehrer aus, bei dem er über ein Jahr blieb und der ihm Unterricht in jenem Studienteil erteilte, den er bei mir nicht hörte. Ich hielt es für meine Pflicht, ihm bei seiner Abreise diese wahrheitsgetreue Bescheinigung auszustellen und darüber hinaus meiner Überzeugung von seiner Güte und freundschaftlichen Gesinnung Ausdruck zu verleihen.

Monsieur Chevalier

28. Februar 1831

Fünfte Abhandlung

über die inneren Wirren in Frankreich und die Absetzung des Königs, bevor ich nach Ägypten zurückkehrte. Ich bringe diese Abhandlung allein deshalb, weil diese Episode von den Franzosen zu ihren besten und berühmtesten Zeiten gezählt wird, ja für sie vielleicht ein historischer Meilenstein war.

1. Abschnitt: behandelnd ein Vorwort, aus dem allein man ersehen wird, warum die Franzosen gegen ihren König revoltierten

Man muß wissen, daß jenes Volk sich ideologisch in zwei hauptsächliche Parteien teilt: die Royalisten und die Liberalen. Mit ›Royalisten‹ sind die Anhänger des Königs gemeint, welche die Meinung vertreten, die Befehlsgewalt müsse ohne jegliche Opposition des Volkes dem Machthaber übertragen werden. Die anderen treten für die Freiheit ein, indem sie nämlich sagen, man müsse allein die Gesetze beachten, und der König sei lediglich Vollstrecker von Bestimmungen gemäß dem Inhalt dieser Gesetze – gewissermaßen nichts anderes als ein Werkzeug. Zweifellos weichen die beiden Ansichten erheblich voneinander ab, und daher gibt es zwischen den Franzosen keine Einigkeit, weil ihnen Einmütigkeit fehlt. Die meisten der Royalisten sind Geistliche und deren Anhänger, während sich die Majorität der Liberalen aus Philosophen, Gelehrten, Ärzten und der Mehrheit des Volkes zusammensetzt. Die erste Partei versucht den König zu stützen, die zweite diesen zu schwächen und dem Volke zu helfen. Zur zweiten Partei gehört eine große Gruppe, welche die gesamte Autorität in die Hand des Volkes legen will und der zufolge man überhaupt keinen König braucht. Da aber das Volk nicht gleichzeitig regieren und regiert werden kann, muß es Leute, die es aus seinen eigenen Reihen wählt, mit der Regierung an seiner Statt betrauen. Dies ist die Regierungsform der ›Republik‹, und die Führer nennt man *mašāyiḫ jumhūr* – ›Senatoren‹. Das ist wie (in) Ägypten zur Zeit des Hammām-Regimes, als das Emirat von Oberägypten eine auf Steuerbelehnung fußende Mehrheitsregierung war.[88] Aus all dem ersieht man, daß gewisse Franzosen die absolute Monarchie wollen, andere eine konstitutionelle Monarchie, und wieder andere eine Republik.

Nun hatten sich die Franzosen vorher, im Jahre 1790 *(sic)*, erhoben und ihren König sowie seine Gemahlin zum Tode verurteilt. Sodann errichteten sie eine Republik, verjagten die königliche Familie, die man ›Bourbonen‹ nennt, aus Paris und schmähten diese wie Feinde. Diese Revolution blieb von dauernder Wirkung bis zum Jahre 1810 *(sic)*. Danach übernahm Bonaparte, genannt Napoleon, die Herrschaft und gab sich den Titel ›Herrscher aller Herrscher‹. Später, als sich seine Kriegszüge mehrten und er immer mehr Länder eroberte, so daß man seine Macht und Gewalt fürchtete, verbündeten sich die Herrscher der Franken gegen ihn, um ihn aus dem Lande zu vertreiben. Und sie vertrieben ihn in der Tat, trotz der Liebe, die ihm die Franzosen entgegenbrachten, und setzten gegen den Willen der französischen Nation die Bourbonen wieder ein.

Der erste der restaurierten Bourbonen war Louis XVIII. Um sein Regime populär zu machen und zugleich seine königliche Autorität zu festigen, schuf er einen für ihn und alle Franzosen geltenden Kodex, demzufolge er das Volk konsultieren und dessen Zustimmung einholen werde, und er verpflichtete sich, diesen zu befolgen und nicht zu verletzen. Das ist die ›Charte (constitutionnelle)‹; wir haben sie bereits im Kapitel über das politische System der Franzosen in Übersetzung zitiert. Nun ist zweifellos das Versprechen eines Edlen verpflichtender als die Schuld eines Schuldners.

(Louis) machte diesen Kodex für seine eigene Person und für die Erben der französischen Monarchie nach ihm (geltend): nichts kann hinzugefügt und nichts davon weggenommen werden, es sei denn, es geschehe in gegenseitiger Übereinkunft zwischen dem König, der Pairskammer und der Kammer der Volksvertreter. Die beiden Kammern und der König sind demnach unerläßlich. Man sagt, Louis habe das alles gegen den Willen seiner Familie und seiner Verwandten getan, denn diese möchten gern absolute Verfügungsgewalt über das Volk haben. Sie taten sich, sagt man, gegen ihn zusammen, und der Führer der Clique war sein Bruder, Charles X., bis der König schließlich von dessen geheimen Machenschaften Kenntnis erhielt und sie vereitelte. Man sagt auch, Charles X. habe im betagten Alter Louis' XVIII. den besagten Kodex abschaffen und zum Absolutismus zurückkehren wollen, was ihm aber nicht gelang.

Nach dem Tode seines Bruders griff Charles zunächst zu einem für die Öffentlichkeit bestimmten Trick: er machte seine eigene Absicht zunichte und gab vor, daß er nichts dergleichen vorhabe. Er erlaubte jedermann, seine Meinung in den Zeitungen ohne Zensur zu äußern. Die Leute glaubten seinen Worten und waren überzeugt, er werde sein Versprechen nicht brechen. Mehr noch, das ganze Volk freute sich über seine Regierung und über die Art, wie er sich an die Gesetze hielt. Doch am Ende schändete und verletzte er die Gesetze, welche das Recht der Franzosen darstellen. Noch bevor er das Recht vergewaltigte, kündigte sich dies allein schon durch die Tatsache an, daß er mit der Ministerpräsidentschaft den Minister Polignac[89] betraute, dessen Einstellung und Politik sattsam bekannt waren: er sympathisiert nämlich mit der Ansicht, daß die Befehlsgewalt allein dem König zustehe. Man sagt, dieser Minister sei ein Bastard: seine Mutter habe ein Verhältnis mit besagtem König gehabt und habe ihm dieses Kind geboren, so daß der König in Wirklichkeit sein Vater sei. Er ist bekannt für Tyrannei und Unterdrückung. Eine weitverbreitete Lebensweisheit besagt, daß Unrecht an den Untertanen auf den Herrscher zurückfällt. In der Überlieferung des Propheten heißt es: Wer das Schwert des Despoten zückt, gegen den erhebt sich das Schwert des Sieges, und er wird von Kummer verfolgt bleiben. Und ein Dichter sagte:

Wer Menschen Gerechtigkeit zeigt und doch keine fordert
von ihnen als Preis seiner Güte, ist wahrlich ein Fürst.
Wer will, daß Gerechtigkeit ihm widerfahre im Maß, wie
er selbst sie gezeigt, der hat gar seinesgleichen nicht.
Indes, wer Gerechtigkeit will, ohne selbst sie zu geben
den andern – nun, der ist fürwahr ein erbärmlicher Tropf!

Schon als der besagte Minister französischer Botschafter in England – mit anderen Worten, ein Abgesandter zur Wahrnehmung der zwischenstaatlichen Interessen – war, pflegten ihm die Franzosen alles in die Schuhe zu schieben, was der Richtung der Freiheitspartei zuwiderlief. Wann immer das Gerücht umlief, daß er nach Frankreich zurückkehre, glaubten alle Leute, er käme einzig und allein, um das Amt des Ministerpräsidenten zu übernehmen und die Gesetze zu ändern. Aus diesem Grunde war er bei den Anhängern der Freiheitspartei und bei der Mehrheit des Volkes verhaßt. Die Franzosen hatten bereits vorher gewußt, daß man seine Wahl als Ministerpräsident gegen sie im Schilde führte, und tatsächlich erfolgte diese dann auch etwa ein Jahr nach der Thronbesteigung von Charles X.

Wie wir bereits weiter oben dargelegt haben, tritt die Kammer der Deputierten, welche die Vertreter des Volkes sind, alljährlich zu einer Generalversammlung zusammen. Nachdem nun diese Kammer versammelt war, unterbreitete sie dem König eine Petition dahingehend, daß er diesen Ministerpräsidenten und die sechs Minister seines Kabinetts entlassen solle. Aber er schenkte ihnen keinerlei Gehör. Nun ist es üblich, daß in dieser beratenden Versammlung sämtliche Geschäfte auf Grund der Stimme der Mehrheit der Mitglieder gehandhabt werden. Das Plenum in dieser

Kammer zwecks Beratung über die Kabinettsfrage bestand aus 430 Deputierten, von denen 300 nicht mit der Beibehaltung des Kabinetts einverstanden waren, während 130 von ihnen seine Beibehaltung befürworteten. Somit war die Mehrheit gegen das Kabinett und die Minderheit dafür, und die Minister waren überzeugt, daß sie entlassen würden. Aber der König wollte sie behalten, um mit ihrer Hilfe seine geheimen Pläne auszuführen, und so beließ er sie im Amt. Als nächstes verletzte er die Verfassung durch eine Reihe königlicher Erlasse, und die Folge war, daß ihm die Deputierten den Gehorsam aufkündigten und ihn, nachdem er zur Abdankung gezwungen worden war, des Landes verwiesen. Und so war er, wie der Dichter sagte:

Er wußt nichts vom Schaden, den Worte ihm bringen,
noch war er bewußt sich des möglichen Ausgangs,
So redend, wie stets er zu reden gewohnt war,
ohn klaren Gedanken an Folgen der Worte.
So steht's nun mit Rede, die ohn Überlegung,
und Umgang mit Bösem sowie Ignoranten:
Ein Dummer erniedrigt dich da, wo er hebet,
und schadt dir, behauptend, er bringe dir Nutzen.

2. Abschnitt: behandelnd die Veränderungen, welche seinerzeit eintraten, und die daraus resultierende Revolution

Bezüglich der vormaligen Gesetze haben wir bereits weiter oben in den Ausführungen über die Rechte der Franzosen gemäß Artikel 8 (der Verfassung) dargelegt, daß niemand in Frankreich daran gehindert werden kann, seine Meinung zu äußern, zu schreiben oder zu drucken, vorausgesetzt, sie verletzt nicht den Inhalt der Gesetze; tut sie dies, so wird sie ausgeschaltet. Kaum war das Jahr 1830 angebrochen, als der König eine Reihe von Verordnungen erließ, darunter das

Verbot der freien Meinungsäußerung unter bestimmten Voraussetzungen, besonders was die Tageszeitungen betrifft: fortan müsse sie jemand seitens des Staates vor der Drucklegung lesen, und es dürfe nur erscheinen, was diese Person veröffentlicht sehen will. Obgleich dies keineswegs das Recht des Königs allein ist: er konnte einen solchen Schritt nur vermittels eines Gesetzes unternehmen, und ein Gesetz kann nur geschaffen werden in Übereinkunft zwischen dem König und den Vertretern der beiden beratenden Versammlungen, nämlich der Pairskammer und der Deputiertenkammer. Somit unternahm er allein etwas, das nur durchgeführt werden kann, wenn es zusammen mit den beiden anderen zustande gekommen ist. Auch nahm er in diesen Verordnungen gewisse Änderungen im Wahlkollegium vor, das heißt unter denen, die die Deputierten der Präfekturen wählen, um sie nach Paris zu entsenden, und er löste die Deputiertenkammer vor deren Zusammentritt auf, obwohl er diese nur auflösen durfte, nachdem sie zusammengetreten ist, wie er es das letzte Mal getan hatte. All das verstößt gegen die Gesetze. Außerdem, als ahnte er kommenden Widerspruch, übertrug er, als er die Verordnungen erließ, militärische Positionen an eine Reihe von führenden Persönlichkeiten, welche als Feinde der Freiheit bekannt waren, die ja das Ziel des französischen Volkes ist. Diese Verordnungen kamen so plötzlich und überraschend, daß die Franzosen scheinbar gar nicht darauf vorbereitet waren, und sobald sie erschienen waren, sagten die meisten Leute, die mit Politik vertraut sind, die Stadt sehe schweren Zeiten mit unabsehbaren Folgen entgegen. Wie ein Dichter sagte:

In der Asche erspäh ich das Glühn einer Kohle,
schon bald wird zur wabernden Lohe sie flammen,
Denn am Holze entfacht sich das lodernde Feuer,
und Worte sind's meist, die den Krieg beginnen.

Am Abend des Tages, an dem diese Verordnungen in den Zeitungen erschienen, begann sich in der Nähe des sogenannten ›Palais-Royal‹ – das heißt des königlichen Schlosses, wo die Familie des Königs, das sogenannte ›Haus Orléans‹, aus welchem derzeit der König stammt, wohnte – eine Menschenmenge zu versammeln, und Sorge zeichnete sich zu jener Zeit auf den Gesichtern der Leute ab. Das war der 26. Juli. Am 27. erschienen die meisten liberalen Zeitungen nicht, weil sie die Bedingungen (der Zensur) nicht akzeptierten, und so erfuhr nun alle Welt von den Verordnungen, und es gab große Aufregung darüber, daß die Zeitungen nicht erschienen waren, die doch gewöhnlich nur aus einem sehr wichtigen Grunde säumig in ihrem Erscheinen sind. Werkstätten, Fabriken und Schulen wurden geschlossen. Eine Zeitung der Liberalen erschien; sie forderte zur Auflehnung gegen den König und zur Rebellion auf, wobei sie eine Aufzählung seiner schlechten Taten gab. Sie wurde gratis an die Leute verteilt.

Nun ist es dortzulande, ja auch anderswo, so, daß manchmal Worte weiter reichen als Pfeile, besonders wenn es zu Ansprachen kommt: sie sind von starker Wirkung, und vor allem ist der rhetorische Stil dabei von enormer Wirksamkeit – wie jemand sagte: ›Wenn Eingebung über Leute nach den Propheten kommt, dann kommt sie beredten Männern der Feder.‹ Insbesondere wenn das, was diese Tageszeitungen schreiben, für die breite Masse gefällig und für die Elite wohlüberlegt klingt, denn darin besteht das Wesen wahrer Beredsamkeit: daß sie von der breiten Masse verstanden und von den Gebildeten akzeptiert wird.

Als die Sicherheitsorgane erfuhren, was vorging, erschienen sie an den öffentlichen Plätzen und verboten den Leuten, besagte Zeitungen zu lesen. Auch umstellten sie die betreffenden Druckereien und gingen daran, die Druckerpressen zu zerstören. Sie zerschlugen einige davon, verhafteten die ihnen verdächtigen Drucker und beleidigten eine ganze Anzahl von Bürgern, die sich irgendwie gegen die Ordnung des Königs geäußert hatten. Auch das trug dazu bei, den Zorn der Franzosen nur noch zu verstärken.

Daraufhin verfaßten die betreffenden Publizisten – mit anderen Worten, die Führer der Franzosen, die in diesen Zeitungen ihre Meinung schreiben – eine Protestschrift, welche sie veröffentlichten, vervielfältigten und an den Mauern der Stadt anschlagen ließen. Darin forderten sie das Volk zum Kampf auf und bestimmten den Ort dafür: der Treffpunkt war in einer Schloßallee am Palais-Royal. Dort und in den umliegenden Gassen drängte sich daraufhin eine große Menschenmenge, und die königlichen Truppen versuchten, diese Menschenansammlungen zu zerstreuen. Der Lärm und das Schreien des Volkes schwollen immer mehr an, und überall, auf Straßen und Gassen, war ersichtlich, wie zornig die Leute waren. Da schritten die Soldaten zum Angriff auf die Menge, und der Kampf zwischen beiden Parteien war entbrannt.

Anfangs kämpfte das Volk mit Steinen und die Soldaten mit Säbeln und Feuerwaffen. Der Kampf wurde immer heftiger, die Reihen der beiden Seiten wogten hin und zurück. Dann ging das Volk auf Suche nach Feuerwaffen, und bald hörte man Schüsse von beiden Seiten in der Stadt Paris. Es schien, als bewahrheitete die tatsächliche Situation unter den Franzosen, getreuer noch als ihre Reden, die Worte: ›Speere sind unter deinen Vettern erhoben!‹

Die Kämpfe weiteten sich aus. Die Mehrzahl der Todesopfer war auf der Seite des Volkes, und das erzürnte die Leute nur noch mehr. Sie stellten die Gefallenen an den öffentlichen Plätzen zur Schau, um das Volk zum Kampf anzufeuern und ihm die Schändlichkeit der Soldaten vor Augen zu führen. Zugleich lehnten sie sich innerlich gegen ihren König auf, weil sie der Überzeugung waren, er habe den Kampf angeordnet, und so ging man zu jener Zeit durch kein Stadtviertel, ohne den Ruf zu hören: ›An die Waffen! An die Waffen! Lang lebe die Verfassung! Nieder mit der Härte des Königs!‹

Von da an wurde das Blutvergießen immer schlimmer. Das Volk beschaffte sich von den Waffenschmieden, entweder käuflich oder unter Zwang, Feuerwaffen. Die meisten Arbeiter und Handwerker, vor allem die Drucker, stürmten die Polizeistationen und militärischen Arsenale, entnahmen ihnen Waffen und Pulver und brachten die dort stationierten Soldaten um. Die Leute rissen das Emblem des Königs von Geschäften und öffentlichen Gebäuden; das Emblem des Königs der Franzosen ist die Lilie, so wie das Symbol des Herrschers der Muslime der Halbmond und das des russischen Herrschers der Adler sind. Sie zertrümmerten die Straßenlaternen, rissen das Straßenpflaster auf und türmten die Pflastersteine an den Durchgangsstraßen, damit die Kavallerie nicht passieren konnte, und sie plünderten die königlichen Munitionsdepots.

Als sich die Lage zuspitzte und der König, der sich außerhalb (der Stadt) aufhielt, davon Kenntnis erhielt, ließ er über die Stadt den Belagerungszustand verhängen und ernannte zum militärischen Oberbefehlshaber einen Prinzen aus den Reihen der Feinde des französischen Volkes, einen Mann, der bei ihnen als Verräter an der Sache der Freiheitspartei bekannt war, wiewohl ein solcher Schritt gegen jede Klugheit, politische Zweckmäßigkeit und wahre Führerschaft verstieß. Dies war nun wiederum den Franzosen Beweis, daß der König keineswegs großmütig dachte, denn wäre er großzügig gewesen, so hätte er irgendwelche Gesten der Gnade und der Vergebung gemacht – ist doch ›die Gnade des Herrschers am ehesten angetan, das Reich zu erhalten‹ – und hätte die Truppenführung einzig und allein einer Schar vernünftiger Männer übertragen, Freunden von ihm und des Volkes, nicht Leuten, die verhaßt und als Feinde bekannt sind. Aber er wollte ja den Ruin seiner Untertanen, indem er sie wie Feinde behandelte. Dies, obwohl ›es klüger ist, dem Feind die Friedenshand zu reichen, als seine Vernichtung zu suchen.‹ Hier passen die Worte eines Dichters:

Mach dir Milde zur Regel, bescheiden Benehmen,
und Güte und Nachsicht für den, der gesündigt.

Kannst du dem nicht vergeben, der verzeihlich gestrauchelt,
wirst gar bald du dich finden umgeben von Toren.

Und so fiel seine Tat auf ihn selbst zurück, entgegen seiner Absicht und entsprechend seinem Plan für seine Gegner. Denn hätte er großzügig die Freiheit einer Partei geschenkt, die dieser Eigenschaft würdig ist, so wäre er nicht in ein solches Dilemma geraten und hätte nicht im Verlaufe dieser jüngsten Heimsuchung seinen Thron verloren. Zumal die Franzosen die Freiheit kennengelernt und sich so an sie gewöhnt haben, daß sie für sie ein Geistesmerkmal geworden ist. Wie trefflich sagt doch der Dichter:

Die Leut haben Sitten, an die sie gewöhnt sind,
und Bräuche und Pflichten, die sorgsam sie hüten.
Wer mit ihnen lebt, ohn ihr Brauchtum zu achten,
ist Bürde für sie und verhaßt ihren Herzen.

Am 28. Juli eroberte das Volk von den Truppen einen Ort, der ›Hôtel de Ville‹ genannt wird und der Amtssitz des Bürgermeisters der Stadt Paris ist. Zugleich trat die ›Nationalgarde‹ – mit anderen Worten, die Wächter des Volkes – auf den Plan; das sind Soldaten, die vormals die Bevölkerung beschützten, ebenso wie der König eine Wachtruppe hat, die zu seinem Schutze da ist. König Charles X. hatte die Nationalgarde aufgelöst, aber nach Ausbruch der Revolution trat sie wieder in Erscheinung, um den Schutz des Volkes wahrzunehmen. Die Männer trugen ihre Waffen für den Kampf offen zur Schau, vertrieben die regulären Truppen aus ihren Quartieren und brannten viele von diesen nieder. Um jene Zeit hob man auch die Tribunale auf, und der Richter war nun niemand anders als das Volk selbst. Der Staat konnte gar nichts tun. Zwar setzte er seine ganze Macht ein, um diese Entwicklung zu unterdrücken und die Ruhe wiederherzustellen, aber er war dazu nicht in der Lage. Die gesamte Gendarmerie war eingesetzt, und die Artillerie war den 12000 Truppen der königlichen Garde und den 6000 Linientruppen zugeteilt, so daß die Gesamtstärke der königlichen Armee, ohne die Artillerie und die Gendarmen zu rechnen, 18000 Mann betrug. Die Zahl der Waffenträger auf der Seite des Volkes war gering, aber wer keine Waffe trug, kämpfte mit Steinen oder ging einem Bewaffneten zur Hand.

Nach der Eroberung des Rathauses und der Erbeutung einer Kanone von den Soldaten zeichnete sich die Niederlage aller königlichen Truppen in der Stadt ab. Die Truppen zogen sich daraufhin an einen Ort namens ›Louvre‹ und zum ›Palais des Tuileries‹, dem Palast des Königs, zurück, und an beiden Orten entbrannte der Kampf zwischen den Soldaten und der Bevölkerung der Stadt. Noch während die Kämpfe dort im Gange waren, wurde auf den Kirchen und öffentlichen Gebäuden die Trikolore, das Symbol der Freiheitspartei, gehißt. Die großen Glocken läuteten, um allen Leuten innerhalb und außerhalb von Paris, ob Einheimischen oder anderen, die Aufforderung kundzutun, zur Unterstützung gegen die Truppen die Waffen aufzunehmen.

Als die Soldaten erkannten, daß der Sieg dem Volke zufiel und daß auf ihre Landsleute und Verwandten zu schießen eine Schande für sie wäre, verweigerten die meisten den Gehorsam, und viele ihrer Offiziere quittierten den Dienst. Am Morgen des 29. Juli war die Bevölkerung im Besitz von drei Vierteln der Stadt. Auch das ›Palais des Tuileries‹ und der ›Louvre‹ fielen in ihre Hand und wurden von ihr in Besitz genommen, und über beiden wurde die Fahne der Freiheitspartei gehißt. Als dies der Oberkommandierende hörte, der den Auftrag hatte, die Pariser Bevölkerung zum Gehorsam gegenüber ihrem Souverän zurückzuführen, zog er sich zurück.

Das bedeutete den vollkommenen Sieg der Bevölkerung der Stadt, so daß sogar die Truppen sich nun unter das Banner des Volkes stellten. Sogleich wurde eine provisorische Regierung und ein provisorischer Staatsrat zur Wiederherstellung der Ordnung im Lande gebildet, bis man sich über die Einsetzung eines ständigen Herrschers einig würde. Der Chef dieser provisorischen Regierung wurde der kommandierende General namens (Marquis de) La Fayette; er ist derselbe, der bereits in der ersten Revolution für die Freiheit gekämpft hatte. Dieser Mann ist dafür bekannt, daß er die Freiheit liebt und für sie eintritt. Auf Grund dieser Eigenschaft und weil er in der Politik stets die gleiche Linie und Richtung wahrt, wird er wie ein König geehrt. Er ist nicht ein Mann von Genie, der neues Wissen zu Tage fördert, wie das bei vielen Franzosen und ihren Zelebritäten vor allem auf dem Gebiete der Militärwissenschaften der Fall ist, doch ist er der größte Mann in bezug auf persönliches Ansehen, nicht was Begabung und Wissen betrifft. Damit soll nicht etwa sein Bildungsstand herabgesetzt werden oder gar Abfälliges über die Tatsache gesagt sein, daß ihm die Führung zufiel. Man wird in allen Ländern der Welt die Beobachtung machen, daß Führerschaft nicht immer kommensurabel mit Wissen ist, wiewohl natürlich Wissen von Rechts wegen und von Natur aus eine notwendige Voraussetzung für Führertum ist. Das erstaunliche ist, daß so etwas auch in hochzivilisierten Ländern vorkommt. Ich meine, dies alles sei nur die Bestätigung der Prophetenüberlieferung, wonach die Intelligenz eines Menschen diesem auf Kosten seines sonstigen Besitzes in Rechnung gestellt wird. Wie der Dichter sagte:

Siehst einen trefflichen Mann du in Armut,
wundre dich nicht über seinen geringen Besitz.
Der Prophet sprach gar wahr, als er sagte:
Die Gescheitheit zählt zu Lasten des Manns.

Und gar passend sind die Worte eines anderen Dichters:

Wär's mit Verstand, daß die Wolke ihr Wasser verteilt,
nicht auf Palm und Tragant würd sie regnen zugleich,
Und gäb sie den Regen bemessen nach Höhe,
würd sie Hügel bewässern, doch vermeiden das Tal.

3. Abschnitt:
behandelnd, was der König zu jener Zeit tat
und was geschah, als er sich, zu spät,
zur Versöhnung bereit erklärte,
sowie seine Abdankung zugunsten seines Sohnes

Man muß wissen, daß die Verordnungen des Königs zu einer Zeit ergangen waren, als er sich in der Ortschaft Saint-Cloud in der Nähe von Paris aufhielt. Der Aufstand ging also in Paris vonstatten, während der König gar nicht in der Stadt war.

Die Bevölkerung der Stadt sandte ihm sodann die Forderung, sein Kabinett zu wechseln und seine Verordnungen zu widerrufen und rückgängig zu machen – mit anderen Worten, er solle einen Erlaß des Inhalts verfassen, daß ihm die Widerrufung seiner vorhergehenden Verordnungen auferlegt worden sei. Doch dazu fand er sich nicht bereit, und so sandte die Bevölkerung in dieser Sache mehrere Vertreter zu ihm, die ihn entsprechend umstimmen sollten. Aber deren Worte fruchteten nichts, ja waren nichts als verschwendete Mühe. Sie sagten ihm, das Volk würde dies gar nicht mögen und vielleicht würde noch größeres Unheil die Folge davon sein, doch er erwiderte, sein Wort stünde und sei unabänderlich.

Als ihm klar wurde, daß sein Staat durch seine Verweigerung des Friedensangebots an den Rand des Untergangs geraten war, ließ er nun von sich aus der Bevölkerung eine Aufforderung zum Friedensschluß übermitteln. Aber man antwortete ihm, für Frieden sei kein Raum mehr und zur Versöhnung sei es zu spät. Er habe sich nicht die Konsequenzen überlegt – und wer nicht an die Folgen denkt, dem widerfährt Unheil – und er habe nicht genau aufgepaßt, sonst wäre ihm solches nicht widerfahren.

Am 30. Juli kam die Deputiertenkammer überein, an den Herzog von Orléans, einen Verwandten des Königs aus einer Nebenlinie, mit der Bitte heranzutreten, die Generalstatthalterschaft des Königreiches so lange zu übernehmen, bis eine andere Versammlung jemanden gefunden habe, der die Regierung ihres Landes übernehme. Der Herzog war zu jener Zeit nicht in Paris, doch sobald er den Beschluß der Kammer erhalten hatte, traf er am 31. Juli in der Stadt ein, wo er im ›Hôtel de Ville‹ abstieg und sein Einverständnis mit dem Schritte der Deputierten bekundete. Bei seiner Ankunft gab er eine großartige Erklärung über den Grund ab, der ihn zur Annahme bewog; ihr Kernstück lautet wie folgt: ›Ich bedaure zutiefst die Entwicklung der Dinge, welche Paris in diese Lage gebracht hat, hervorgerufen durch glatten Bruch der Gesetze oder durch ihre Auslegung im schlechtesten Sinne, den ihr Wortlaut zuläßt. Ich bin Ihrem Rufe gefolgt und in Ihre Mitte gekommen, um das Land aus dem Fiasko herauszuführen. Ich kann nicht umhin, mit Ihnen die blau-weiß-rote Kokarde anzustecken, die ich so oft in meiner Jugend getragen habe.‹ Dann schloß er seine Erklärung mit den Worten: ›Die Verfassung ist von nun an Recht!‹ – mit anderen Worten, man wird gemäß den Gesetzen des Landes handeln, sie werden befolgt werden, und es wird keine Abweichung von ihnen geben, weil sie gültiges Recht sind. Dieser Satz ist bei den Franzosen zum geflügelten Wort geworden, denn sein Wortlaut im Französischen ist äußerst mitreißend.

Nun meinte Charles X., er könne sich dem Untergang seiner Monarchie dadurch entziehen, daß er sie an seinen Sohn abtrat.

> Er wünscht sich die Zeit, da er sicher, zurück,
> doch selten kommt wieder, was einmal verloren.

Und so erschien eines schönen Tages in Saint-Cloud sein Sohn, der Dauphin, auf einem freien Platz, wo (der König) die Truppen hatte antreten lassen, und verkündete diesen, daß ihn sein Vater als König eingesetzt habe. Die Soldaten nahmen die Nachricht verächtlich und teilnahmslos entgegen. Danach reiste der König, nachdem er die Regierung an seinen Sohn übertragen hatte, mit seinem Kabinett und seinen Höflingen in der Nacht zum 29. Juli ab, und der Dauphin blieb allein zurück, um das Ergebnis seiner Regierungsübernahme abzuwarten. Zunächst ließ er die ihm verbliebenen Truppen in einer Parade aufmarschieren, um festzustellen, wie es mit ihnen stehe, und als er herausfand, daß sie nicht gewillt waren, auf seiner Seite zu kämpfen, beschloß er sich zur Abreise und verließ Saint-Cloud. Wenige Stunden nach seinem Auszug wurde auf dem Schloß von Saint-Cloud die Trikolore gehißt; dieses Schloß ist der Palast des Souveräns in besagter Ortschaft.

Am 1. August trafen der König und seine Anhänger in Rambouillet ein, und am 2. des Monats sandten Charles X. und sein Sohn, der Dauphin, dem Herzog von Orléans, ihrem Verwandten, ein Schreiben, in welchem sie ausführten, daß sie die Monarchie an den Herzog von Bordeaux,[90] den Enkel des Königs und Neffen des Dauphin, abgetreten und den Herzog von Orléans als dessen Regenten bestellt hätten, bis er volljährig sei. Außerdem ersuchten sie den Herzog in besagtem Schreiben, ihnen eine Gruppe von Leuten zu senden, damit diese ihnen beim Verlassen Frankreichs sicheres Geleit geben. Der Herzog von Orléans unterbreitete dies der Deputiertenkammer; sie mißbilligte die Abtretung der Monarchie, erklärte aber ihr Einverständnis, dem König mehrere Vertreter aus den Reihen des Adels zu senden, die seine Sicherheit beim Verlassen Frankreichs gewährleisten sollten. Kurz danach traf in Paris die Nachricht ein, daß der König das Land nicht sofort verlassen wolle, worauf die Versammlung ein militärisches Kontingent in Marsch setzte, das den König zur sofortigen Abreise zwingen sollte. Sobald dieser davon hörte, reiste er auf der Stelle nach England ab.

Das Schicksal ist manchmal Macht, die
befiehlt, und Schwäche zu andren Zeiten.

Während dieser Zeit war der Vetter des Königs Generalstatthalter des Königreichs in Paris. Die Verfügungsgewalt lag in seinen Händen und bei den beratenden Versammlungen. Als erstes bestimmte er, daß man die Trikolore, welche ein Symbol der Freiheit der französischen Nation ist, beibehalte. Als nächstes erklärte er die Deputiertenkammer und die Pairskammer für eröffnet. Nun ist es üblich, daß bei der Eröffnung der Deputiertenkammer der König anwesend ist und von einem Podium eine eloquente Ansprache hält, in welcher er darlegt, welche Verbesserungen er in seinem Lande herbeigeführt hat und was er im kommenden Jahre zu unternehmen gedenkt. Da nun der besagte Herzog zu jener Zeit die Stelle des Königs vertrat, so war er es, der das Podium bestieg und eine kurze Erklärung des Inhalts abgab, daß er die Gefahr beklage, in welche die Stadt Paris infolge der Schändung der Gesetze des Landes geraten ist. Nachdem er geendet hatte, händigte er der Kammer das Schreiben aus, das ihm Charles X. und sein Sohn, der Dauphin, gesandt hatten und in welchem zu lesen stand, daß sie die Monarchie an den Herzog von Bordeaux abgetreten hätten und diesem zugleich den Thronnamen ›Henri V.‹ zuwiesen – weil nämlich in Frankreich vier Könige voraufgegangen waren, von denen jeder den Namen ›Henri‹ getragen hatte. Danach verließ der Generalstatthalter die Versammlung, und die Kammer war nun täglich zur Geschäftsabwicklung geöffnet.

4. Abschnitt:
behandelnd, was in der Deputiertenkammer beschlossen wurde und wie man in notwendiger Folge dieser Revolution den Herzog von Orléans als König der Franzosen einsetzte

Man muß wissen, daß es die Deputiertenkammer war, welche das zukünftige Antlitz Frankreichs bestimmte. Wir haben bereits weiter oben dargelegt, daß die Franzosen in ihren (politischen) Ansichten auseinandergehen, so daß sie in der Deputiertenkammer sogar in der Sitzordnung differieren: Die Royalisten unter den Deputierten sitzen auf der rechten Seite, die Liberalen auf der linken und die Anhänger der Regierung in der Mitte. Jeder von ihnen kann ungehindert seine Meinung äußern, denn maßgebend ist die Mehrheit der Stimmen. Das wird bis zum heutigen Tage so gehandhabt, und die Revolution hat an all dem nichts geändert.

Die Meinungsangebenden zerfielen in zwei Parteien: die eine wollte die Monarchie, die andere die Republik. Zur ersten Partei gehörten Leute, die den Herzog von Bordeaux und Enkel des ehemaligen Königs auf den Thron setzen wollten, andere, die den Sohn von Napoleon, das heißt Bonaparte, zum Herrscher berufen wollten, und wieder andere, die den Herzog von Orléans, den Generalstatthalter des Landes, zum König machen wollten. Das Haus Orléans ist die nächste Linie, welche die Monarchie nach dem Erlöschen der ersten Linie, nämlich des Hauses Bourbon, erbt.

Als nächstes erschien ein gedrucktes Pamphlet, das man in den einzelnen Stadtteilen und an den Straßenkreuzungen anschlug, mit folgendem Inhalt: Die Erfahrung habe gelehrt, daß die republikanische Staatsform für Frankreich ungeeignet sei. Was den Herzog von Bordeaux betreffe, so würde seine Berufung zum Herrscher die Franzosen unter das Regime der Bourbonen bringen und sie würden in dieselbe Lage geraten, der sie gerade entkommen waren. Der Sohn Napoleons andererseits sei vom Klerus erzogen, welcher ein Feind der Freiheit ist. Deshalb habe man den Herzog von Orléans nominiert.

Die beratende Versammlung hatte inzwischen mehrere Thesen ausgearbeitet, in denen sich die öffentliche Meinung niederschlug: 1. Der Thron steht leer, im konkreten wie im abstrakten Sinne, und niemand hat (zur Zeit) ein Anrecht darauf; andererseits muß er mit jemandem besetzt werden. 2. Es liegt in der Zielsetzung und im Interesse der Franzosen, aus der ›Charte‹, das heißt dem Buch mit den Gesetzen des Landes, jene Formulierungen zu streichen, die auf eine Höherstellung (des Königs) deuten, da ihr Verbleiben in dieser Form einer Herabsetzung des französischen Volkes gleichkommt; deshalb sind gewisse unpassende Artikel aus der Verfassung zu entfernen und durch andere zu ersetzen, damit diese den Erfordernissen der derzeitigen Gegebenheiten gerecht werde. Nachdem dies erfolgt ist, wird die Versammlung der Volksvertreter im unmittelbaren öffentlichen Interesse aller Franzosen verlangen, daß man an Seine Durchlaucht den Herzog von Orléans, Louis-Philippe, Generalstatthalter des Landes, mit dem Ersuchen herantrete, er möge das Herrscheramt übernehmen, wobei seine Monarchie nach seinem Ableben erblich an seine männlichen Nachkommen übergehen solle, danach an den ältesten seiner Söhne und so fort – mit anderen Worten, wenn der König stirbt, geht die Monarchie an seinen ältesten Sohn über, und wenn dieser stirbt oder verhindert ist, an dessen ältesten Sohn usf.; er möge bei der Annahme des Königsamtes sein Einverständnis mit den Bedingungen sowie mit der Formel des Treueides erklären, welche ihm die Deputiertenkammer vorschreiben werde, und er solle den Titel ›König der Franzosen‹, nicht ›König von Frankreich‹, haben.

Der Unterschied zwischen den beiden Titeln besteht darin, daß ›König der Franzosen‹ von großer psychologischer Bedeutung für die einzelnen ist insofern, als sie es sind, die ihn zum König machen, zum Unterschied von ›König von Frankreich‹, denn das bedeutet, daß er, solange Frankreich besteht, ohne Widerspruchsmöglichkeit seitens der Landesbevölkerung dessen Herr und König ist. Der Grund dafür ist der, daß die voraufgegangenen Könige den Titel ›König von Frankreich‹ trugen. Wenn einer von diesen einen Erlaß verfaßte, dann sahen seine Worte wie folgt aus: ›Wir, Soundso, von Gottes Gnaden König von Frankreich und Navarra: Allen, die vorliegende Anordnungen sehen, Gruß! Wir haben befohlen und verordnen hiermit folgendes ...‹ Die Worte

›König von Frankreich‹ sind selbstverständlich und bedürfen keiner Erläuterung. Was den Ausdruck ›König von Navarra‹ betrifft, so ist er ein konventioneller Titel, der dem König der bloßen Ehre wegen zustand. Das hat seinen Grund darin, daß die Ahnen des Königs von Frankreich einstmals die Herrschaft über das Königreich Navarra innehatten; später ging das Land an die Könige von Spanien über und wurde ein Teil Spaniens, während dem König von Frankreich der Titel verblieb. Der König der Franzosen andererseits schreibt in seinem Erlaß: ›Ich, Soundso, König der Franzosen: Allen jetzt und künftig Anwesenden, Gruß (à tous présents et à venir, SALUT)! Wir haben befohlen und verordnen hiermit ...‹ Der Unterschied zwischen der Aussage des ersteren und der des letzteren besteht darin, daß jener sich als König von Frankreich mitsamt Navarra von Gottes Gnaden bezeichnet, während der andere sich König der Franzosen nennt, ohne ›von Gottes Gnaden‹ zu sagen; letzteres vermeidet er, um die Franzosen zufriedenzustellen. Denn diese sagen, er sei König der Franzosen durch den Willen seiner Nation und auf Grund der Tatsache, daß sie ihn zum König gemacht haben, und nicht, weil dies ein Privileg darstellt, mit welchem der Allmächtige seine Familie ausgezeichnet hat, ohne daß seine Untertanen die Möglichkeit der Einflußnahme haben. Aus dem vorhergehenden ersieht man, daß ›von Gottes Gnaden‹ für sie bedeutet, daß der König ein Anrecht auf die Königswürde auf Grund seiner Geburt und seiner Abstammung besitzt, ebenso wie der Sinn von ›König von Frankreich‹ eben der ist, daß der König der Herr des Landes und Inhaber der Alleinherrschaft darüber ist. Andernfalls wären, auf unsere Verhältnisse übertragen, beide Aussagen gleichbedeutend, denn daß der König Monarch ist auf Grund der Tatsache, daß ihn seine Untertanen dazu gewählt haben, widerspricht ja nicht dem, daß dies als Huld- und Gunstbezeigung von Gott ausging. Für uns besteht zum Beispiel keinerlei Unterschied zwischen ›König der Perser‹ und ›König des Perserlandes‹.

Nach Beendigung der Beratung sandten die Deputierten mehrere Emissäre zu Louis-Philippe, und der Führer der Delegation las ihm vor, worüber sich die Deputiertenkammer geeinigt hatte. Er antwortete auf der Stelle mit den Worten: »Ich habe bewegten Herzens vernommen, was Sie mir als Ergebnis der Beratung der Deputiertenkammer unterbreitet haben, nämlich mich zum König zu wählen. Es steht für mich fest, daß das, was Sie zum Ausdruck gebracht haben, zugleich auch die Stimme des gesamten Volkes ist, und es ist mir klar, daß das, was Sie mit den Gesetzen getan haben, meiner eigenen lebenslangen politischen Linie entspricht. Dennoch hat mich darob tiefe Erregung ergriffen, denn ich werde zeit meines Lebens nicht vergessen, welch schreckliche Dinge ich in der Vergangenheit ertragen mußte, so daß ich mich entschlossen hatte, niemals nach der Herrschaft zu streben, sondern vielmehr die Absicht trug, unbekannt und in Ruhe im Kreise meiner Familie zu leben. Aber der Wunsch, mein Land blühen zu sehen, ist stärker als diese Erwägung und verdient, über diese Überlegungen gestellt zu werden, zumal ich mir bewußt bin, daß die Notwendigkeit dazu auffordert.« Danach bestimmte er den Tag seiner Krönung in der Deputiertenkammer.

Am festgesetzten Tag kam er zur vereinbarten Stunde mit einem großartigen Geleit, doch ohne königliche Garde und Höflinge; es war nämlich früher der Brauch französischer Könige, das Gepränge des Krönungszuges gerade mit diesen zu bestreiten. Während er Schritt vor Schritt setzte, grüßten ihn die Leute von allen Seiten und riefen »Gott erhalte den Herzog von Orléans! Gott erhalte den König!« Nachdem er die Deputiertenkammer betreten hatte, bestieg er ein Podium in der Nähe des Thrones und entbot den Deputierten einen dreifachen Salut. Danach nahm er auf einem Schemel vor dem Thron Platz, sein ältester Sohn zu seiner Rechten, der zweitälteste zu seiner Linken, und hinter ihm vier Spitzen des Militärs, welche den Titel ›Marschälle‹ haben – im Singular ›Marschall‹. Das ist der höchste militärische Rang im französischen Staat. Das Wort steht stets in Genitivverbindung mit ›Frankreich‹, so daß man vom ›Marschall von Frankreich‹ spricht oder auf französisch ›maréchal de France‹ – das ›de‹ ist das Zeichen der Genitivverbindung, vergleichbar dem virtuellen *lām* in unserer Genitivkonstruktion, nur daß eben das Genitivzeichen im Französischen sichtbar ist. Nachdem er Platz genommen hatte, forderte er die Mitglieder der Pairs- und Deputiertenkammern zum Sitzen auf. Dann bat er den Vorsitzenden, ihm den Beschluß der beiden Kammern betreffs Übertragung des Königsamtes an ihn zu verlesen. Nachdem der Präsident geendet hatte, antwortete der Herzog wie folgt: »Meine Herren! Ich habe die Resolution der beiden Kammern mit Aufmerksamkeit gehört und deren Ausführungen abgewogen und sorgfältig geprüft. Ich erkläre hiermit mein bedingungs- und vorbehaltloses Einverständnis mit sämtlichen in der Resolution enthaltenen Bedingungen sowie mit der Übertragung des mir von Ihnen verliehenen Titels ›König der Franzosen‹. Sie sehen mich hier in Ihrer Mitte, bereit, den Eid und das Gelöbnis abzulegen, daß ich dies alles achten und wahren werde.« Sodann erhob sich der König *(sic)* barhäuptig, hob die rechte Hand und begann, in feierlichem Ton, mit fester Stimme und ohne zu stocken, die nachstehende Formel zu sprechen. Diese Formel lautet in der Übersetzung: ›Ich schwöre bei Gott, dem Allmächtigen, die Verfassung, welche die Gesetze des Landes umfaßt, mitsamt den in der Resolution dargelegten Verfassungsänderungen getreulich zu wahren, nur mit und gemäß den geschriebenen Gesetzen zu regieren, jedermann gemäß den Bestimmungen der Verfassung zu seinem Recht zu verhelfen und stets so zu handeln, wie es das Gemeinwohl, das Glück und der Ruhm des französischen Volkes erheischen.‹ Dann bestieg er den Königsthron und erklärte: »Meine Herren! Ich habe soeben einen schwerwiegenden Eid geschworen, in vollem Bewußtsein der Pflichten, die mir in ihrer ganzen Größe und Tragweite daraus erwachsen, denn eine innere Stimme sagt mir, daß ich sie erfüllen werde. Ich habe den Treueeid nicht anders als freudig akzeptiert. Ich war entschlossen, niemals den Thron zu besteigen, den mir die französische Nation nunmehr übertragen hat. Aber als ich erkannte, daß Frankreichs Freiheit verletzt, die öffentliche Ruhe im Lande gestört und das Königreich infolge der Schändung seiner Gesetze an den Rand des Verderbens geraten war, da galt es, den Gesetzen wieder Würde und Ansehen zu geben. Das war die Aufgabe der Pairs- und Deputiertenkammern, und ich habe deren Vertreter mit ihrer Erfüllung betraut. Die Verfassungsänderungen, welche wir vorgenommen haben, erfordern Ruhe und Frieden in der Zeit, der wir entgegensehen, und so geht meine Hoffnung dahin, daß Frankreich im Inneren zur Ruhe komme und im Ausland Achtung gewinne und daß sich der Frieden in Europa immer mehr festige.« Als er mit seiner Rede geendet hatte, ertönte der Ruf ›Gott erhalte König Louis-Philippe den Ersten!‹ Dann grüßte der König die Versammelten und ging hinaus, wobei er einzelnen Mitgliedern der Versammlung und anderen Leuten die Hand schüttelte. Er bestieg sein Pferd und ritt davon, und unterwegs schüttelte er den Leuten zur Rechten und zur Linken die Hand und manchmal umarmte er auch eine ganze Anzahl von ihnen. Sein Geleit bestand aus Einheimischen und aus Vertretern der Garde der Nation, der sogenannten ›Nationalgarde‹. Und als die Nacht hereinbrach, wurde ganz Paris von einem gewaltigen Freudenfeuer illuminiert. Seine Thronbesteigung erfolgte am 7. August 1830 n. Chr.

5. Abschnitt:
behandelnd, was mit den Ministern geschah, die jene königlichen Verordnungen unterschrieben hatten, welche die Ursache für das Ende der Regierung des vormaligen Königs waren, der seine Tat beging, ohne die Folgen zu bedenken, und begehrte, was er nicht erlangen konnte – wie der Dichter sagt:

Die Menschen, nach Art und nach Anlag verschieden,
begehrn von der Welt, was sie niemals erlangen.

Man muß wissen, daß die Franzosen im Anschluß an diese Revolution mit größtem Eifer darangingen, nach jenen Ministern zu suchen, welche den Anlaß dazu gegeben hatten. Man muß auch wissen, daß nach dem Gesetz Minister für Schaden im Lande haften und daß sie es sind, nicht der König, die zur Rechenschaft gezogen werden, während dieser keinerlei Verpflichtung hat. Daher ist ihre Bürde schwer und ihr Amt eine harte Belastung, denn die Verantwortung ruht in allem, was geschieht, auf ihnen. Ein Dichter sagte:

Die Leute, sie wechseln sich ab in der Führung.
Ich möcht mit dabeisein, doch bin nicht imstande,
Die Last der Verantwortung andren zu geben.
Denn die haben stets Untergebne zu tragen:
Sie schultern die Bürden, die man ihnen aufträgt,
der Beitrag des Chefs ist sein Name und Siegel.

Auf allen Straßen des Landes erschienen an sichtbarer Stelle Anordnungen an die Bevölkerung, die Minister, sollten sie passieren, festzunehmen. Wie schon gesagt, war Polignac der Ministerpräsident. Es wurden vier Minister gefaßt, darunter ebendieser Fürst. Seine Verhaftung ging so vor sich, daß man ihn beim Verlassen Frankreichs als Diener einer hochstehenden Dame verkleidet fand. Man erkannte und verhaftete ihn, und die auf der Straße anwesende Nationalgarde übernahm, aus Furcht vor dem Zorn des Volkes, seine Bewachung. Danach setzte man die Regierung in Paris davon in Kenntnis. Polignac seinerseits richtete ein Schreiben an die Pairskammer, der er ja angehörte, in welchem er ausführte, daß seine Verhaftung gegenstandslos sei, da er ein Mitglied besagter Kammer sei; er berief sich dabei auf den Artikel 34 der Verfassung, wonach ein Mitglied der Pairskammer allein auf Anordnung ebendieser Kammer inhaftiert und in Kriminalsachen von niemand anderem als dieser abgeurteilt werden kann. Die Reaktion der Pairs bestand lediglich darin, daß sie zusammentraten, seinen Brief verlasen und dann darüber berieten. Das Ergebnis ihrer Beratung war, daß sie seine Verhaftung und Inhaftierung gestatteten, bis sie über ihn zu Gericht sitzen würden. Er wurde daraufhin in die Ortschaft Vincennes in der Nähe von Paris gebracht und in der dortigen Festung eingesperrt. Etwas später wurden die drei anderen Minister gefaßt und zusammen eingesperrt, ohne daß auch nur einem von ihnen während seiner Haftzeit irgendwelche Mißhandlung widerfuhr.

Während sie im Gefängnis saßen, errichtete man für sie auf dem Gelände der Pairskammer einen großen Bau, in welchem ihr Prozeß stattfinden sollte, und diesen sicherte man in großartiger Weise ab, damit das Volk sie nicht attakkieren und ihnen Schaden zufügen konnte und andererseits ihre Freunde sie nicht aus dem Gefängnis zu befreien vermochten. Das Ganze kostete eine erhebliche Menge Geld. Daraufhin überführte man die Inhaftierten an jenen Ort und setzte sie in einem Raum davon fest, von dem man sie täglich (zur Verhandlung) holte. Ihr Prozeß gehört zum Eindrucksvollsten, daß man je zu hören bekommen wird, und stellt einen der großartigsten Beweise für die Zivilisiertheit der Franzosen und die Gerechtigkeit ihres Staates dar. Wir wollen einiges davon berichten.

Man muß wissen, daß der neue König der Franzosen nach der Regierungsübernahme die Entlassung von siebzig Mitgliedern der Pairskammer anordnete, welche der vormalige

König, Charles X., eingesetzt hatte. Danach nahm er unter den Pairs Neuernennungen von Leuten vor, die seiner eigenen Zielsetzung entsprachen. Wären jene siebzig noch Mitglieder der Kammer gewesen, so hätten sie sich für die Minister eingesetzt. Die Mehrheit der Pairskammer war gegen die Minister eingestellt, doch die strikte Einhaltung der Gesetze sowie die heitere Gelassenheit der Pairs allgemein und die Tatsache, daß sie von Natur aus nicht zu Unrecht neigen, all das war einer der Gründe, warum die besagten Minister mit dem Leben davonkamen.

Eine ganz erstaunliche Sache ist, daß Minister Polignac bei seiner Festnahme den Wunsch geäußert hatte, einen Rechtskundigen zu seiner Verteidigung aussuchen zu dürfen, und dann keinen anderen als Martignac[91] wählte, einen der Minister, die vor seiner Zeit entlassen worden waren, und einen Mann, mit dem ihn weder Verwandtschaft noch Freundschaft verband. Aber noch erstaunlicher ist, daß der andere, nämlich Martignac, sich dieses Auftrags mit äußerster Treue und Gewissenhaftigkeit entledigte und sein ganzes Können einsetzte, um die gegen seinen Mandanten vorgebrachten Auslassungen zurückzuweisen. Desgleichen hatte jeder der verhafteten Minister einen eigenen Verteidiger bestellt.

Nachdem der Prozeß eröffnet war, richtete man an jeden der inhaftierten Minister mit größter Freundlichkeit und Milde einige Fragen zu seiner Person. Diese ersten Fragen waren etwa der Art wie: Wie ist Ihr Name? Ihre Personalien? Was ist ihr Amt? Welchen Rang bekleiden Sie? – und der Betreffende beantwortete diese Fragen, obgleich das Gericht längst das, was er zur Antwort gab, wußte. Dann wurde an jeden die Frage gerichtet: Gestehen Sie, daß Sie die Verordnungen des Königs unterzeichnet haben? – was der Betreffende bejahte. Und warum haben Sie das getan? – worauf der Betreffende antwortete, der König habe es gewollt. Und warum wollte der König das getan haben? Hatte er sich schon längst dazu entschlossen oder erst in jüngster Zeit?

Diese und ähnliche Fragen beantwortete ein jeder von ihnen mit den Worten: Ich gebe kein Kabinettsgeheimnis Seiner Majestät des Königs preis – dies unter gleichzeitiger Bezeigung höchster Ehrfurcht für den abgesetzten König vor den Versammelten! Und in der Tat sprach auch keiner von ihnen ein einziges Kabinettsgeheimnis aus, und niemand zwang sie dazu, es zu tun.

Nach Beendigung des Verhörs und nach Niederschrift des Ergebnisses traten die Verteidiger auf. Auch sie verbrachten mehrere Tage, um darzulegen, daß die Minister unschuldig seien, daß sie in guter Absicht gehandelt hätten und so fort. Danach überprüfte die Kammer den gesamten Prozeß und gab anschließend folgende Entscheidung ab: Da die Minister die Verordnungen, welche gegen die Gesetze des Landes verstoßen, unterzeichneten und da sie (somit) die Gesetze schändeten und verletzten, verurteilt sie die Kammer zu lebenslänglichem Gefängnis und zum Verlust der Ehrenrechte und Ehrentitel; darüber hinaus verurteilt sie Polignac zum juristischen Tod. Letzteres ist ungefähr dasselbe, wie wenn jemand verschollen ist und ein Richter ihn nach eigenem Ermessen nach Ablauf einer Zeitspanne, über die hinaus er nach aller Wahrscheinlichkeit nicht mehr am Leben sein kann, für tot erklärt.

Mit dem ›juristischen Tod‹ bei den Franzosen – man nennt ihn dort ›mort civile‹ – ist es so, daß bei ihnen die rechtliche Behandlung einer lebenden Person in zahlreichen Fällen wie die juristische Behandlung eines Toten ist, dergestalt nämlich, daß ein dazu Verurteilter sein gesamtes Vermögen verliert und dieses in die Verfügungsgewalt seiner Erben übergeht, so als wäre er wirklich gestorben; auch kann er danach niemanden mehr beerben, noch kann er fürderhin jemandem das Vermögen, das er vorher besaß, als Erbe vermachen; er kann weder im ganzen noch teilweise über sein Vermögen verfügen, sei es auf Grund einer Schenkung oder eines Vermächtnisses, noch darf er eine Schenkung oder ein Vermächtnis empfangen, es sei denn, sie dienten seinem Lebensunterhalt; er kann weder Vormund noch Erblasser sein, noch kann er als Zeuge vor Gericht auftreten; keine Rechtsklage wird von ihm angenommen, und er kann keine Ehe schließen, ja seine bestehende Ehe wird auf Grund der über ihn verhängten Bestimmungen annuliert, und seine Frau und Kinder haben das Recht, über sein Vermögen oder ihre eigene Person so zu verfügen, als wäre er wirklich tot. Mit einem Wort, er ist ein Lebender unter Toten. Da aber jener Minister, wie andere Leute seines Schlages, gegen die ein solches Urteil ergangen ist, zur Aristokratie gehört und seine Nachkommenschaft gut erzogen ist, behält dort ein so Verurteilter für gewöhnlich denselben Status wie vor der Verurteilung bei, weil seine Familie überzeugt ist, ein solches Urteil stelle einen glatten Übergriff (auf ihre Rechte) dar und außerdem stehe der Verurteilte vor Gott gerechtfertigt da. Seine Frau wird ihn niemals verlassen, weil sie der Überzeugung ist, nach wie vor im tieferen Sinne mit ihm verheiratet zu sein, und würde sie ihm danach einen Sohn zur Welt bringen, so würden ihn die Geschwister gemeinsam mit ihnen zum Erben machen – wiewohl dies den Bestimmungen des bürgerlichen Todes zuwiderläuft.

Als das Volk von dem Urteil erfuhr, erhob es auf der Stelle die Forderung, daß man die wirkliche Todesstrafe gegen die Angeklagten verhänge. Die Vertreter des Staats wiesen indes darauf hin, daß ein solcher Schritt den vom Volke geforderten Prinzipien der Freiheit, Gerechtigkeit und Billigkeit widerspreche: die Verfassung bestimme nicht die Strafart für Minister, die sich des Verrates schuldig gemacht haben, vielmehr habe die Kammer eine Strafe für sie, und zugleich als Abschreckung für ihresgleichen, bestimmt.

Am Abend des gleichen Tages, an dem das Urteil gegen sie ergangen war und bevor man die Angeklagten über die Entscheidung der Kammer informiert hatte, wurden sie aus dem eigens für sie gebauten Gefängnis herausgeholt, unter Bewachung in die Festung Vincennes überführt und dort eingesperrt. Von dort wurden sie dann in eine andere Festung gebracht, und dort werden sie bis zum heutigen Tage gefangengehalten. Ihre Verurteilung in dieser Form beweist wiederum die hohe Moral des französischen Staates.

6. Abschnitt: behandelnd, wie Charles X. nach der Revolution von den Franzosen verhöhnt wurde, und wie diese es nicht beim Spott bewenden ließen

Man muß wissen, daß kurz vor dem Ausbruch der Revolution die Franzosen die Nachricht erhalten hatten, daß Algier in ihre Hände gefallen sei. Sie nahmen diese Nachricht ohne Begeisterung auf, obschon sie nach außen hin Freude zeigten. Sobald die Kunde den Ministerpräsidenten Polignac erreichte, ließ dieser Freudenböller abschießen. Gar wahr sprach, der sagte:

Wie manche Freude enthält zugleich Trauer.
Aus diesem Grund ward die Zeit erschaffen.

Und er begann, in der Stadt herumzustolzieren, als wolle er seine Selbstbewunderung zur Schau stellen, weil sein Wille geschehen war und die Franzosen während seiner Amtszeit den Sieg über Algerien davongetragen hatten. Doch kaum waren ein paar Tage vergangen, da errangen die Franzosen einen noch größeren Sieg über ihn und seinen König, so daß das Thema Algerien völlig in Vergessenheit geriet und die Leute nur noch von ihrem jüngsten Triumph sprachen. Dabei verließ der Statthalter von Algier die Stadt unter Kapitulationsbedingungen und nahm sein ganzes Vermögen mit, während der König der Franzosen sein Land mit Reue über die von ihm provozierten Geschehnisse verließ. Das Schicksal hat sein Auf und Ab! Und dieses Ende nahm er, weil er unter fadenscheinigen und unnötigen Vorwänden, ja allein um eine Laune zu befriedigen, Algerien überfallen hatte. Wenn Laune obsiegt, hört Einsicht auf!

Unter anderem trug sich dabei folgendes zu: Nach Erhalt der Nachricht von der Eroberung Algiers und während der vormalige König die Kathedrale besuchte, um Gott dafür zu danken, kam der Erzbischof zu ihm, um ihn zu diesem Triumph zu beglückwünschen. Dabei sagte er unter anderem sinngemäß folgendes: Er danke Gott dem Allmächtigen, daß die Christen einen großen Sieg über die Muslime errungen haben, und möge es stets so bleiben. Wo doch der Krieg zwischen Franzosen und Algeriern nichts anderes als Politik, Handels- und Geldstreitereien, Zänkereien und Querelen ist, die alle ihren Ursprung in Großmannssucht und Überheblichkeit haben! Wie sagt doch ein Weisheitsspruch: ›Wäre der Zank ein Baum, er trüge nur Verdruß als Früchte.‹ Beim Ausbruch der Revolution stürmten die Franzosen, nachdem der Erzbischof geflohen war, dessen Haus, demolierten es und zerstörten die gesamte Einrichtung, so daß er sich verstecken mußte und man keine Spur mehr von ihm fand. Danach tauchte er wieder auf und verschwand ein zweites Mal, und sein Haus wurde noch einmal gestürmt. Er ist noch immer geächtet und verlassen. Ein Dichter sagte:

Wundre dich nicht: Macht und Gut dieser
Welt wandert langsam von Sippe zu Sippe.

Als den Franzosen aufging, daß nun Charles X. genau wie der Pascha von Algier ebenfalls aus seinem Lande vertrieben worden war, fingen sie an, sich über ihn lustig zu machen und ihn zusammen mit dem Pascha öffentlich auf Bildern darzustellen sowie in den Witzblättern sonderbare Anspielungen und nette Witze zu bringen. So wurde er von ihnen zum Beispiel auf einem Bild zusammen mit dem Pascha dargestellt, und unter das Bild des Paschas von Algier schrieben sie die Worte: ›Ist die Reihe auch an Sie gekommen?‹ – So als würde der Pascha an den König die spöttische Frage richten: Hat man Sie auch abgesetzt, so wie Sie mich abgesetzt haben?

> Sag Schadenfrohen: Gemach, gemach –
> auch euch steht noch Unheil bevor!

Und ein anderer sagte:

> Das Schicksal reißt Männer, darum sei nicht einer,
> den Ämter und Würden zur Torheit verleiten.
> Manch Wohlstand verschwand beim geringsten Fehltritt.
> Jed Ding trägt in sich schon den Grund seiner Umkehr.

Auch brachten sie in den Witzblättern, wo der besagte Pascha zu Charles X. sagt: ›Auf, lassen Sie uns das und das Spiel mit einem bestimmten Einsatz spielen. Wenn Sie kein Geld bei sich haben, werden wir gern für Sie ein paar Almosen sammeln!‹ – mit der Anspielung darauf, daß der Pascha von Algier sein Land als Wohlhabender verließ, während Charles X. in Armut außer Landes ging. In einer anderen Karikatur stellten sie den König als einen Blinden dar, der die Leute mit den Worten anbettelt: ›Eine milde Gabe für den armen Blinden!‹ – darauf anspielend, daß er nicht die Folgen der Dinge gesehen hat. Auch stellten sie ihn und seinen Minister Polignac dar, wie sie beide eine Kirche verlassen – als Hinweis darauf, daß sie nur in dieser falschen Gottesverehrung gedeihen und nicht Fürsten, sondern Pfaffen sind; tatsächlich ging die Behauptung um, der König habe manchmal Priestergewänder angelegt und in seiner Schloßkapelle als Priester die Messe gelesen.

In der Stadt wurden nach dieser Revolution auch Pamphlete zum Kauf ausgerufen, in denen von den Liebschaften des Königs die Rede ist und von seiner Verderbtheit in frühester Jugend und von der Unzucht des Erzbischofs und dergleichen mehr; auch daß der Sohn seines Sohnes gar kein wirklicher Sohn, sondern ein untergeschobener sei. Das erstaunliche daran ist, daß man solche

Pamphlete auf dem Platz vor der Residenz des neuen Königs, der ja ein Verwandter des (vormaligen) Königs ist, zum Verkauf ausrief, und noch erstaunlicher ist es, wenn man in jenem Pamphlet schreibt, daß es der jetzige König ist, der dies zuvor in den englischen Zeitungen nach der Geburt des Enkels des vormaligen Königs geschrieben hatte. Sie rufen solche Dinge öffentlich aus, und niemand nimmt es ihnen übel, weil eben Meinungsfreiheit in Wort und Schrift es so bestimmt.

Nach der Regierungsübertragung an den derzeitigen König traten mehrere fanatische Richtungen in Erscheinung, darunter Leute, die den König absetzen und eine Republik errichten wollen, weil sie sich mit Freiheit nicht begnügen und mehr fordern, und andere, die sich zusammengeschlossen haben, um das alte Regime wiederherzustellen und den Enkel des vormaligen Königs auf den Thron zu bringen.

Diese Revolution wirkt sich bis in die jüngste Zeit aus, und in einigen Fällen griff ihre Wirkung sogar auf andere Länder über. Dazu gehören der Aufstand, der mit der Sezession von Belgien von den Niederlanden endete, von denen es vormals ein Teil war, sowie die Forderung von Gebieten unter russischer Herrschaft nach Freiheit und Befreiung und die jüngsten Unruhen in Italien.

7. Abschnitt:
behandelnd, welche Bewandtnis es mit den Staaten der Franken hatte, als sie von der Abdankung des ersten Königs und der Übertragung der Monarchie an den anderen erfuhren, und inwieweit diese damit einverstanden waren

Es ist allenthalben bekannt, daß die vormalige königliche Familie restauriert worden war, nachdem sich die europäischen Staaten gegen den Kaiser Napoleon verbündet, ihn aus dem Lande vertrieben und auf die Insel St. Helena verbannt und die besagte Familie, die bis dahin im Ausland lebte, ins Land zurückgeholt hatten. Die Machtübernahme dieser Familie kam also allein auf Grund des Bündnisses der Herrscher der europäischen Staaten zustande, und sie war somit in Wahrheit gegen den Willen der meisten Franzosen zur Herrschaft über Frankreich eingesetzt worden. Daher befürchteten die Franzosen, als die Revolution ausgebrochen war, die besagten Fürsten würden mit ihren Armeen ins Land einmarschieren und den Thron dieser Familie wieder errichten, und sie entzogen sich dieser Möglichkeit dadurch, daß sie die Monarchie an die andere Familie, nämlich das Haus Orléans, übertrugen. Doch wußten sie nicht, ob die Fürsten damit einverstanden sein würden, und waren daher entschlossen, falls diese ihre Billigung versagen und sie mit Krieg überziehen sollten, den Kampf gegen sie – komme, was da wolle – aufzunehmen. Und sie trafen entsprechende Vorbereitungen.

Wir wollen an dieser Stelle die Einstellung der einzelnen Herrscher der Franken in diesem Punkte in Vergleich bringen:

Man muß wissen, daß der König von Spanien in seiner eigenen Politik und Verhaltensweise konform mit der Politik des vormaligen Königs von Frankreich geht; auch ist er ein Verwandter von diesem, denn das Haus, das in Spanien regiert, gehört der Familie an, die (vormals) in Frankreich die Herrschaft innehatte, und sympathisiert daher äußerlich wie innerlich mit dieser. Die gleiche Sympathie hegt Portugal. Von seiten dieser beiden Länder wird daher nichts geschehen, was zu Besorgnis um die alte Familie Anlaß geben könnte. Was Italien betrifft, so stimmen Neapel, Rom und Sardinien in ihrer Politik gleichfalls mit der der Bourbonen überein, der alten Familie – und die Herrscher dieser Staaten waren folglich von den Vorgängen in Frankreich innerlich berührt. Rußland, Österreich, Preußen und England hatten sich verbündet, um die alte Familie der Bourbonen auf den französischen Thron zu bringen, und waren deshalb ebenfalls in gewisser Weise betroffen, insbesondere Rußland. Was die kleineren Staaten in Europa angeht, so folgen sie den Großmächten. Somit verblieben auf der Seite des neuen französischen Staates lediglich ein paar kleine, nach Freiheit strebende Provinzen. Allerdings bekundete das englische Volk seinen Beifall für das Geschehene, und aus diesem Grunde war sein König der erste, der den neuen König der Franzosen anerkannte. Es ist nämlich Usus, daß ein König bei Übernahme der Herrschaft von anderen Herrschern im Amt anerkannt und bestätigt werden muß; das geschieht zumeist in Form einer Note, in welcher es heißt, Seine Majestät habe nach Empfang der Nachricht und entsprechender Unterrichtung seitens des akkreditierten Botschafters entschieden, nichts zu unternehmen, bis er erfahren hat, was die europäischen Herrscher zu tun gedenken, und werde im Falle ihrer Bestätigung des neuen Herrschers das gleiche tun. Die Einflußnahme seitens der Hohen Pforte in die Belange der europäischen Mächte ist (heutzutage) gering. Wer lange mit der Anerkennung zögerte, war der Herrscher von Rußland. Schließlich bestätigte er den neuen französischen König unter der Bedingung, daß sich nichts am Gleichgewicht Europas ändern dürfe – mit anderen Worten, daß Europa so bleibe, wie es ist, ohne daß sich politisch ein Übergewicht oder eine Unterlegenheit ergibt in dem Sinne, daß zum Beispiel das Königreich Frankreich nicht mehr wird, als es vor der Revolution war.

Es hat den Anschein, daß die Mehrzahl der Herrscher, die den neuen König der Franzosen anerkannt haben, dies nur auf ebendieser Basis taten und das Geschehene nur provisorisch billigten. Sogar die Franzosen spüren das und sprechen es offen aus, als würden sie diesem Frieden nicht trauen, der, wie man sieht, eine Art Waffenstillstand und Schwebezustand ist. Und als ich Frankreich verließ, erwarteten dort alle Leute die Kriegserklärung und den Ausbruch des Krieges zwischen Franzosen und Österreichern oder Russen, oder Spaniern oder Preußen ... Gott allein weiß, was geschehen ist und noch geschehen wird! Zur Zeit haben die Franzosen ein noch nie dagewesenes harmonisches Verhältnis zu den Engländern.

Den Bericht über meine Heimkehr sehe man im Epilog dieser Reisebeschreibung.

Sechste Abhandlung

Kurze Auszüge aus den im 2. Kapitel der Einleitung aufgeführten Wissenschaften und Künsten, im Inhalt umfassend mehrere Bücher, der erste Abschnitt behandelnd die Einteilung der Wissenschaften und Künste an sich, mit besonderer Erwähnung jener Künste und Wissenschaften, die für alle Schüler von Belang sind.

1. Abschnitt: über die Einteilung der Wissenschaften und Künste nach Art der Franken

Wisse denn, daß die Franken das menschliche Wissen in zwei Arten eingeteilt haben, nämlich in ›Wissenschaften‹ (sciences) und in ›Künste‹ (arts): eine Wissenschaft sind sicher ermittelte und auf dem Beweisweg dargelegte Erkenntnisse, während eine Kunst die Fähigkeit ist, etwas nach spezifischen Regeln auszuführen.

Die Wissenschaften teilt man ein in ›mathematische‹ und ›nichtmathematische‹. Die nichtmathematischen Wissenschaften werden eingeteilt in ›Naturphilosophie‹ und in ›Metaphysik‹; die mathematischen Wissenschaften sind Arithmetik, Geometrie und Algebra. Die Naturwissenschaften sind Naturgeschichte, Physik und Chemie. Mit ›Naturgeschichte‹ sind gemeint Botanik, Mineralogie und Zoologie; diese drei Zweige heißen ›Naturreiche‹: das Pflanzenreich, das Mineralreich und das Tierreich. Was die Metaphysik betrifft, so wird sie auch ›Lehre von den Dingen jenseits und über den natürlichen Dingen‹ genannt.

Die Künste teilt man ein in ›rationale‹ und ›praktische‹. Die rationalen Künste sind solche, die den Wissenschaften sehr nahe kommen, wie zum Beispiel Rede- und Stilkunst, Grammatik, Logik, Dichtkunst, Zeichenkunst, Bildhauerei und Musik; diese sind ›rationale‹ Künste, weil sie wissenschaftliche Prinzipien erfordern. Was die praktischen Künste angeht, das sind die Gewerbe.

Das ist die Einteilung der europäischen Philosophen. Ansonsten sind *'ulūm* – Wissenschaften – und *funūn* – Künste – bei uns zumeist ein und dasselbe, und man macht einen Unterschied nur insofern, ob eine Kunst ein selbständiges Wissensgebiet ist oder Hilfsmittel für etwas anderes.

Die von den Schülern allgemein erwarteten Wissenschaften sind Arithmetik, Geometrie, Geographie, Geschichte und Zeichnen. Die Kenntnis all dieser Gebiete kommt nach der Kenntnis der französischen Sprache und damit zusammenhängender Dinge. Daher müssen wir an dieser Stelle eine kurze Darstellung von dieser geben.

2. Abschnitt
über die Einteilung der Sprachen
als solche und über die linguistische Terminologie
im Französischen

Wisse denn, daß ›Sprache‹ als Voraussetzung der Kommunikation mit dem Hörer ein Begriff ist, den ich besser mit Schweigen übergehe, doch daß sie, als notwendig zur Verständlichmachung und zum Verstandenwerden in Anrede und Zwiegespräch, bei allen Völkern für den Lernenden der Anfang sein und von ihm zum Mittel für anderes gemacht werden muß.

Die Sprache als solche besteht in spezifischen Wortformen, welche spezifische Bedeutungen anzeigen. Ihre Übermittlung erfolgt auf dem Wege des gesprochenen Wortes und der bei den verschiedenen Völkern differierenden Schrift. Sie ist von zweierlei Art: gängige und obsolete Sprachen. Erstere sind solche, die heutzutage gesprochen werden, wie die Sprache der Araber, der Perser, der Türken, der Inder, der Franzosen, der Italiener, der Engländer, der Spanier, der Österreicher und der Russen, die anderen sind Sprachen, deren Sprecher untergegangen und ausgestorben sind und die sich nur noch in Büchern erhalten haben, wie Koptisch, Latein und Altgriechisch, welch letzteres (bei uns) *al-iġrīqiyya* genannt wird. Die Kenntnis dieser nicht mehr gesprochenen Sprachen ist für jemanden von Nutzen, der Einblick in die Bücher der Alten gewinnen will. In Frankreich gibt es besondere Schulen zum Erlernen dieser Sprachen, weil man dort ihre Nützlichkeit erkannt hat.

Jede Sprache muß notwendigerweise Regeln haben, die ihren schriftlichen und mündlichen Gebrauch präzisieren. Diese Regeln heißen auf italienisch ›grammatica‹ und auf französisch ›grammaire‹ – was ›Konstruktion der Rede‹ bedeutet, mit anderen Worten, Kunde der Regelung der Sprache vermittels ihrer Syntax; man kann nämlich durchaus mit ›Syntax‹ die Grammatik einer Sprache als solche meinen, und in diesem Sinne verwenden wir den Ausdruck hier. Grammatik ist somit eine Wissenschaft, an Hand derer man den korrekten Gebrauch in Rede und Schrift gemäß der Konvention der betreffenden Sprache erfährt – ›Rede‹ übrigens, soweit man damit Mitteilung an den Hörer meint, ist ein Begriff, auf den man hier besser nicht eingeht. Sie setzt sich zusammen aus dem ›Wort‹; dieses ist bei den arabischen Lexikologen dreierlei Art: Nomen, Verb und Partikel. Das Nomen ist entweder ein Substantiv – zum Beispiel *Zaid*, oder ein Personalpronomen – zum Beispiel *huwa*, oder ein Demonstrativum – zum Beispiel *hāḏā*. Das Verb steht entweder im Perfekt – zum Beispiel *ḍaraba*, oder im Imperfekt – zum Beispiel *yaḍribu*, oder im Imperativ – zum Beispiel *iḍrib*. Eine Partikel ist in der Stellung entweder einem ihrer beiden Redeteile eigen – zum Beispiel *min* (dem Nomen) und *qad* (dem Verb), oder sie kann mit beiden stehen – zum Beispiel *hal* und *bal*. Wir haben die vorstehende Einteilung hier deshalb vorgenommen, weil wir im folgenden sehen werden, daß für die Franzosen das Personalpronomen und das Demonstrativum als Gegenstücke zum Nomen gelten und diesem in keiner Weise zugezählt werden.

Was die Franzosen betrifft, so haben sie die Wortklassen zehn an der Zahl gemacht, jede ein Teil für sich mit einem bestimmten Merkmal, so da sind: das Nomen, das Fürwort, der Artikel, das Eigenschaftswort, das aktive und passive Partizip, das Zeitwort, das Umstandswort – welches sie ›modifiant du verbe‹ nennen, die Präpositionen, die Konjunktionen und die Interjektionen. Das Nomen definieren sie als ein Wort, welches eine Person oder ein Ding – das heißt je nachdem, ob mit Wissen oder nicht mit Wissen begabt – anzeigt, wie zum Beispiel ›Zaid‹ oder ›Pferd‹ oder ›Stein‹. Als Fürwort definieren sie alles, was die Stelle des Nomens vertritt. Der bestimmte Artikel ist auch für sie wie bei uns das ›l‹, nur variiert dieser je nach dem dazugehörigen Hauptwort: für das Maskulinum lautet er ›le‹, im Falle eines Femininums ›la‹ und im Plural für beide Geschlechter ›les‹, wobei jedoch das s nicht ausgesprochen wird. Das Adjektiv definieren sie als das, was Auszeichnung mit einer gewissen Eigenschaft anzeigt, wie zum Beispiel ›gut‹ oder ›schön‹; das entspricht unserer *ṣifa mušabbaha* – einer den Partizipien angeglichenen Adjektivform. Was das aktive und passive Partizip angeht, so sind diese von der Art wie ›schlagend‹ und ›geschlagen‹. Das Adverb ist bei ihnen wie im Arabischen. Die Präpositionen entsprechen den präpositionellen Adverbien und den einsilbigen Präpositionen im Arabischen; wenn jemand zum Beispiel im Französischen sagt ›Ich kam vor Zaid und nach ihm‹, dann gelten *vor* und *nach* bei ihnen als Präpositionen, sagt man aber ›Zaid kam zuvörderst oder *vor*her‹ oder dergleichen, dann ist (letzteres) ein Umstandswort. Die Konjunktionen definieren sie als das, was die Vermittlung zwischen zwei Wörtern oder zwei Sätzen herstellt, etwa wie das ›anreihende *und*‹ in dem Satz ›Es kamen Zaid und ʿAmr‹, oder *daß* in dem Satz ›Ich hoffe, daß ich lange leben werde‹; auch gehören zu dieser Wortklasse (Wörter wie) ›also‹ und ›folglich‹, zum Beispiel in dem Satz

›Du bist mit Vernunft begabt, *also* bist du fähig zu lernen‹, oder ›... *folglich* bist du fähig ...‹. Interjektionen und dergleichen Partikel bedürfen keiner Erklärung. Die vorstehende Einteilung hält sich an die Regeln ihrer Sprache und zeigt, daß etwas an der Lehrmeinung eines ihrer Grammatiker ist, wenn er sagt, die Wortklassen oder Redeteile seien drei an der Zahl in allen Sprachen, und daß eine solche Beschränkung von der Vernunft diktiert sei, denn die Eigenständigkeit der Redeteile sei begrifflich unzulänglich oder nichtexistent, und der Aussagewert (selbst) der begrifflich eigenständigen sei zeitbedingt oder überhaupt nicht vorhanden.

Jeder Mensch bringt seine Gedanken entweder in mündlicher oder in schriftlicher Form zum Ausdruck. Den mündlichen Ausdruck nennt man (bei uns) *ʿibārah* oder *manṭiq*, den schriftlichen Ausdruck des beabsichtigten Gedankens bezeichnet man als *nafas* oder *musaṭṭara* oder *qalam* – Stil. Jemandes Stil kann beredter sein als sein mündlicher Ausdruck, denn jemand mag ein Stammler sein, während sein schriftlicher Ausdruck eloquent ist. Befleißigt sich jemand einer korrekten und reinen Sprache und verwendet er nur akzeptierte Sprachraffinessen, so gilt seine Ausdrucksweise als ›gehoben‹, führt seine Ausdrucksweise zum beabsichtigten Gedanken ohne stilistische Blässe, so gilt sie als ›angemessen‹, und enthält sie Elemente, welche der eingebürgerte Sprachgebrauch verwirft, so gilt sie als ›schwach‹ oder ›schlecht‹. In jedem Falle ist die Ausdrucksweise entweder weitschweifig oder prägnant oder zweckmäßig.

Wenn jemand schreibt, macht er seine Aussage entweder in Poesie oder in Prosa. In jedem Falle wird seine Rede oder sein Werk entweder in der im Gespräch verwendeten Sprache, der sogenannten ›Umgangssprache‹, oder in der konventionellen Sprache sein. Die Regeln der Prosa bilden die Grundlage sowohl beim Reden wie beim Schreiben. Prosa bedarf keines Metrums und Reims, mit Ausnahme der Reimprosa. Sie ist die Sprache der Wissenschaft, der Geschichtsschreibung, des Geschäftsverkehrs, der brieflichen

Korrespondenz, der öffentlichen Ansprachen und dergleichen mehr. Da die arabische Sprache so breit und umfassend ist, sind in ihr zahlreiche wissenschaftliche Werke in poetischer Form geschrieben, wohingegen im Französischen niemals wissenschaftliche Bücher in dichterischer Form verfaßt werden.

Poesie ist der Ausdruck in metrischer und gereimter Rede. Über das Metrum hinaus erfordert sie Feinheit der Ausdrucksmittel und kraftvolle Motive, die zu gebundener Rede einladen. Mir gefällt zum Beispiel, wenn ein gewisser Dichter in bewußter Doppeldeutigkeit sagt:[92]

Poesie wurd geschaffen nach der Vielfalt der Dichter:
manch Gedicht wie ein Kiesel, andres kostbare Gemme.
Steht der Sinn dir nach Gewinn ihrer Perlen, gereihet,
al-Jawharīs ›Ṣaḥāḥ‹ ist der Ort, sie zu holen.

Von einem anderen stammt:

O du, der Verse macht ohne Schliff und Finesse,
mir zumutend, daß ich sie mühsam verbessre –
Wär die Menschheit mir Helfer in deiner Sache,
du stauntest, wie schnell dein Gequassel verschwindet!

Ein gewisser Dichter beklagte den Verlust dichterischer Motive mit den Worten:

Du dichtest nicht mehr? Ich sprach: Notgedrungen!
Der Anlaß, der Beweggrund, ihr Tor ist geschlossen.
Das Land ist leer, es findt sich kein Spender,
von dem was zu hoffen, noch ein Schöner zu lieben.

Und ein anderer sagte:

Wie's mit Dichtkunst steht, ist euch allen bekannt:
sie verkauft sich nicht, wo sie einstmals florierte.
So habt Mitleid, ihr Leut, mit den armen Poeten,
denn sie sind, wiewohl lebend, halbtot vor Entbehrung.

Dichten ist nicht eine Eigentümlichkeit der Sprache der Araber, denn man kann in jeder Sprache gemäß den Regeln ihrer Poetik Gedichte machen. Gewiß, die Metrik in der eigenen Art, in der sie im Arabischen aufgezeichnet ist, und ihre Beschränkung auf die fünfzehn gebräuchlichen Versmaße ist in der Tat eine Spezialität der arabischen Sprache. Im Französischen gibt es keine Reimprosa. Kenntnis der Dichtkunst genügt nicht, um zu dichten; vielmehr muß der Dichter eine natürliche Veranlagung zum Dichten haben, weil andernfalls sein Stil trocken und seine Gedichte ungefällig sind.[93]

3. Abschnitt: über die Kunst des Schreibens

Sie ist eine Kunst, mit der man das Beabsichtigte vermittels besonderer Zeichen, welche man ›Buchstaben des Alphabets‹ nennt, zum Ausdruck bringen kann. Die meisten Alphabete stimmen in den einzelnen Sprachen überein und beginnen mit dem Buchstaben Alif, ausgenommen bei den Abessiniern, wo das Alif der 13. Buchstabe ist.

Die Fertigkeit des Schreibens ist bei allen Völkern von äußerster Nützlichkeit, denn (das geschriebene Wort) ist ›die wesentliche Grundlage für menschlichen Verkehr, für Vergegenwärtigung der Vergangenheit, für Ordnung der Zukunft; es ist Bote des Willens und halbes Dabeigewesensein.‹

Die Araber, die Hebräer und die Aramäer schreiben von rechts nach links, die Chinesen schreiben von oben nach unten, und die Franken schreiben von links nach rechts. Ist nun das Natürlichere das Schreiben von rechts nach links, wie es die Araber und die beiden mitgenannten Völker tun, oder das Gegenteil, wie die Franken schreiben? Auf ersteres würde unter anderem die Reihenfolge der Ziffern hindeuten, denn diese folgen einer natürlichen Anordnung, indem sie von rechts beginnen und nach links laufen: die Einer, welche Teile der Zehner sind, stehen rechts von den Zehnern, und desgleichen die Zehner im Verhältnis zu den Hundertern, und diese wiederum in bezug auf die Tausender. Wenn nun die Zahlen Grundlage für andere Dinge, mit anderen Worten, primäre Dinge sind, über die sich die Menschen bei aller Verschiedenheit der Natur einig sind, so legt dies nahe, daß ein Abweichen von der Ordnung der Ziffern dem Prinzip zuwiderläuft und das Gegenteil erwiesen ist, was unsere Absicht war. Die Franken haben ihrerseits darüber nachgedacht und nachgewiesen, indem sie die Art zu lesen und zu schreiben allein auf die Weise, wie man Zahlen liest und schreibt, zurückführten, daß ihre Art zu schreiben die natürlichere ist. Mit um so mehr Grund kann man sagen, daß das Schreiben von oben nach unten wider die Natur ist.

Man sagt, die Araber hätten bereits zur Zeit Hiobs – über ihn sei Heil – zu schreiben gewußt. Es kam zu Meinungsverschiedenheiten darüber, ob das Alphabet ein göttliches Werk oder eine menschliche Erfindung sei, und entsprechend der letzteren Ansicht gingen die Meinungen auseinander, welches Volk der Erfinder sei: einige behaupteten, es sei eine Erfindung der Aramäer, andere, daß die alten Ägypter es erfunden hätten. Es setzte sich die erstere Hypothese durch, und dementsprechend wäre das Alphabet von den Aramäern an die Griechen übergegangen – erwiesen durch die Tatsache, daß die griechischen Buchstaben genau dieselben wie die aramäischen sind, nur daß sie eben, umgekehrt, von links nach rechts laufen – und von den Griechen hätten die Römer ihr Alphabet übernommen.

Eine schöne Handschrift deutet nicht auf Bildung. Nicht richtig schreiben zu können ist ein Zeichen von Ignoranz.

In der Vergangenheit haben die Dichter darüber gestritten, wem von den beiden, dem Schwert oder der Feder, der Vorrang zukomme und ob der Feder des Sekretärs oder der

Feder des Rechnungsführers. Al-Mutanabbī deutet den Vorrang des Schwertes an, wenn er sagt:

Das Schwert regt zum Bauen weit wahrer als Bücher,
seine Schneide entscheidet, was ernst, was frivol ist.
Gib allmal mir Degen, nicht beschriebene Blätter,
ihre Klingen, sie klären dir jeglichen Zweifel![94]

Al-Suyūṭī andererseits weist in seinen ›Awā'il‹[95] auf den Vorrang der Feder vor dem Schwert hin, wenn er sagt:

Die Bücher sind Zuflucht für schweifende Worte,
die Schrift ist der Faden für Perlen der Weisheit.
Durch Schreiben kommt Ordnung in das, was verstreut ist,
zugleich kannst du trennen mit ihm, was geordnet.
Das Schwert, und es ist, wie du weißt, uns Gebot, ihm
obliegt es trotz allem, der Feder zu dienen.

Ein für allemal entschieden wird die Debatte in der Dynastiengeschichte[96] des Ibn al-Kardabūs, wenn er sagt: ›Herrschaft stützt sich auf zwei Dinge – das Schwert und die Feder, wobei das zweite dem ersten vorangestellt ist‹, und Beweise dafür erbringt. Mir scheint, daß man diese Frage so entscheiden könnte, wie es jemand im Falle der zwei Arten der Federführung getan hat, nämlich, daß die Briefkunst im Range höher, die Buchhaltung jedoch von größerer Nützlichkeit sei. Und so könnte man sagen, daß das Schwert im Ansehen höher steht als die Feder, die Feder aber nützlicher ist als dieses.

4. Abschnitt: über die Redekunst, welche umfaßt die Kunst des bildlichen Ausdrucks, die Begriffslehre und die Kunst der Sprachverzierung

Sie ist die Kunst des gehobenen Ausdrucks oder die Kunst, den Ausdruck den Erfordernissen der Umstände anzupassen. Ihr Zweck ist im allgemeinen, daß man die Fähigkeit erlange, das, was einen im Innern bewegt, in reiner und eloquenter Sprache zum Ausdruck zu bringen.

Diese Kunst, von diesem Gesichtspunkt gesehen, ist keineswegs eine Besonderheit der arabischen Sprache. Vielmehr mag man sie in jeder beliebigen Sprache finden; in den europäischen Sprachen zum Beispiel bezeichnet man sie als ›Rhetorik‹. Gewiß, diese Kunst ist im Arabischen vollkommener und perfektionierter als in anderen Sprachen, besonders was die Kunst der Sprachverzierung angeht, denn diese scheint, weil sie in den europäischen Sprachen so schwach entwickelt ist, vielleicht eine Spezialität der arabischen Sprache zu sein. Auch ist die Stileloquenz des Korans, welcher der Menschheit als unnachahmliches Wunder offenbart wurde, ein charakteristisches Merkmal des Arabischen.

Etwas mag in einer Sprache beredt sein, das in einer anderen als unberedt oder gar als abstoßend gilt, und manchmal mag sich der rhetorische Charakter einer Sache in zwei oder mehr Sprachen decken. Wenn man zum Beispiel einen heldenhaften Mann als einen ›Löwen‹ bezeichnet und sagt: ›Zaid ist ein Löwe‹, so gilt das in anderen Sprachen als ebenso gefällig, wie es im Arabischen empfunden wird. Will man hingegen von einer stattlichen Person als von einem Mann von einmaliger Schönheit reden, so daß man sagt, er sei ›eine Sonne‹, oder die Röte seiner Wangen mit den Worten ›seine Wangen lodern‹ zum Ausdruck bringen, so gilt ein solcher Vergleich zwar im Arabischen als gut, wird aber in der Sprache der Franken als überhaupt nicht gefällig empfunden. Das gleiche gilt für das, was man über den Speichel und dergleichen sagt, wie etwa in den Worten des Dichters:[97]

O Freunde, fragt Buthaina euch, warum ich zu euch
kam ohn Gastversprechen, sagt ihr: ›Zerstreut wohl war er,
Nicht ganz dabei, befangen wie er ist in eigener Sache.
Wer nächtelang nach fernem Sterne starrt, wird leicht vergeßlich.‹

Am Morgen stellt Buthaina selbst die Sonne in den Schatten,
wenn sie erscheint, läßt Sonnenglanz sie keinem Tage:
Die Augen groß und von Natur mit Schwarz gerändert,
als hätt Gazelle sie zum Vater, als Mutter eine Wildkuh.
Mit Liebe, tödlich, traf sie mich, mir zum Verderben –
wie oft wohl bracht sie Tod dem, der sie liebte!
Sie schritt einher, die schlanken Schultern wiegend –
ich sah den Weidenzweig erblühn ob ihres Wiegens! –
Und sprach, ich hurtig eilend ihr zuvorzukommen,
mit Fleiß versuchend, ihr den Weg zu sperren:
›Des Speichels Wein ist wohlgereift, gefiltert,
stupid ist der, der nicht von ihm zu Tode trunken!
Wer liebeskrank, findt Heil in roten Lippen:
willst du sie schlürfen – nun, hier sind sie!‹

Die meisten Gleichnisse in den vorstehenden Versen sind nach ihrer Ansicht ungefällig, denn sie sagen, das natürliche Empfinden finde sich zum Beispiel nicht mit dem Speichel ab, weil er letztlich zur Spucke werde. Und vergleicht man die Vulva einer Jungfrau vor der Defloration mit einer Rose, die sich noch nicht geöffnet hat, und danach mit einer geöffneten Rose, so ist das für die Franzosen etwas Schreckliches. Eloquenz beruht nach ihrer Ansicht auf dem, was das natürliche Empfinden akzeptiert.

Man sagt, die Redekunst verhalte sich zur Beredsamkeit wie die Metrik zur Dichtkunst. Folglich kann man Beredsamkeit bei jemandem antreffen, der kein guter Rhetoriker ist, so wie umgekehrt ein unberedter Mann durchaus die Kunst der Rhetorik meistern kann.

Am meisten kommt einem die Redekunst beim Dichten, bei öffentlichen Ansprachen und bei ähnlichen Anlässen, etwa beim Verfassen belletristischer Literatur und historiographischer Werke, zustatten. Der größte Nutzwert dieser Kunst liegt aber darin, daß man durch sie die Fähigkeit erlangt, die Geheimnisse und den Wundercharakter der göttlichen Offenbarung zu begreifen. Das liegt daran, daß der Prophet – Heil und Segen über ihn – seine göttliche Sendung zu einer Zeit der Dichtung und Weissagung empfing und

Gott der Allmächtige ihm Unterstützung durch den Koran lieh, der, ›würden sich Menschen und Dschinn zusammentun, um ein diesem Koran Gleiches hervorzubringen, sie würden nie seinesgleichen schaffen, selbst wenn sie einander hülfen.‹[98] Jene mit rechtem Verstand erkannten, daß er ein mächtiges Wort ist, das Macht besitzt und über das es keine Macht gibt, und daß er nicht der Sprache der Sterblichen gleicht, und sie glaubten an ihn und befolgten ihn, mit Ausnahme jener, die Gottes Strafe verdienen. So wurde der edle Koran gemäß den Erfordernissen der Umstände offenbart, und alle seine Aussagen sind im Wort und im Sinne den Umständen angemessen.

Wer Aufklärung über die drei Teilgebiete (der arabischen Rhetorik) und Kenntnis ihrer Prinzipien sucht, der lese die einschlägigen Werke über Begriffslehre, die Kunst des bildlichen Ausdrucks und die Kunst der Sprachverzierung.

5. Abschnitt: über die Logik

Sie ist eine Wissenschaft, in welcher man nach den abstrakten sowie den als wahr zu billigenden Begriffen unter dem Gesichtspunkt ihrer Verknüpfung mit anderen Begriffen forscht. Es ist weithin bekannt, daß ihr Begründer der Philosoph *Arisṭū* ist, welcher auch ›Aristoteles‹ genannt wird. In den Lehrbüchern der Franzosen heißt es, daß Aristoteles es war, der diese Kunst vervollkommnete, daß Plato sie ebenfalls verfeinerte und daß Zeno sie schriftlich niederlegte. Sie verhält sich zum Herzen wie die Grammatik zur Sprache, die Prosodie zur Dichtung und dergleichen.

Diese Wissenschaft hat ›Prinzipe‹ und ›Intentionen‹. Ihre Prinzipe sind die ›Vorstellungen‹ und die ›Behauptungen‹, ihre Intentionen die ›Definitionen‹ und die ›Syllogismen‹. Vorstellung ist Erkenntnis ohne Urteil, und das Gegenteil davon ist Behauptung. Wenn wir uns das Wesen eines Mannes vorstellen, ohne ein positives oder negatives Urteil über ihn zu fällen, so ist dies ›Begriffsvorstellung‹. Beurteilen wir ihn jedoch als zum Beispiel mit Wissen begabt, so ist dies ›Behauptung einer Wahrheit‹. Begriffsvorstellung ist von zweifacher Art: ›einfach‹ und ›zusammengesetzt‹. Einfache Begriffsvorstellung ist Wahrnehmung einer Sache bar ihrer Eigenschaften, zusammengesetzte Begriffsvorstellung ist Perzeption der Sache zusammen mit einigen ihrer Eigenschaften, zum Beispiel im ersteren Falle, wenn man sich den Menschen vorstellt, ohne an ihn als bewegliches Wesen zu denken, im zweiten Falle, wenn man ihn in der Vorstellung auf Grund seiner Beweglichkeit von der leblosen Materie unterscheidet.

Begriffsvorstellung erfolgt stets in der Form von ›einfachen Elementen‹, ebenso wie Wahrheitsbehauptung stets in der Form von ›Propositionen‹ erfolgt. Eine Proposition ist ein Urteil, welches in positiver oder negativer Vorstellung in bezug auf ein anderes zustande kommt. Die Vorstellung, welcher Bejahung oder Verneinung zugeschrieben wird, nennt man das ›Subjekt‹, die Vorstellung, die dem voraufgegangenen Subjekt zugeschrieben wird, heißt ›Prädikat‹; Subjekt und Prädikat nennt man die ›zwei Teile der Proposition‹. Diese zwei Teile werden verbunden durch einen dritten Teil, welcher ›Kopula‹ genannt wird. Zum Exempel: wenn man sagt ›Zaid (ist) beredt‹, dann ist ›Zaid‹ das Subjekt, ›beredt‹ das Prädikat und die Kopula ist (im Arabischen) eine gedachte, nämlich so, als sagte man ›Zaid ist der Beredte‹ oder ›Zaid wird ein Beredter sein‹; sagt man jedoch ›Zaid ist der Beredte‹, dann ist die Kopula sichtbar.

Eine Proposition ist entweder ›universell‹, das heißt sämtliche Individuen umfassend, etwa wenn man sagt ›Der Mensch ist das Werk Gottes‹, oder ›partikulär‹, wenn man zum Beispiel sagt ›Gewisse Lebewesen sind Menschen‹. Sowohl die universelle wie die partikuläre Proposition ist implizite in der Quantität determiniert. Auch (ist eine Proposition) entweder ›individuell‹ oder ›von unbestimmter

Quantität‹, im ersten Falle etwa ›Zaid ist ein Stehender‹ und im zweiten zum Beispiel ›Der Mensch ist jemand, der schreibt‹, oder sie ist ›naturgegeben‹, etwa wenn man sagt ›Unrecht ist gemein‹. Eine Proposition ist gleichfalls entweder ›einfach‹ oder ›zusammengesetzt‹. Die einfache Proposition ist eine Proposition ohne multiple Subjekte und Prädikate, etwa wenn man sagt ›Die Tugend ist löblich, und das Laster ist verdammenswert‹, zum Unterschied von der zusammengesetzten, wo entweder nur das Subjekt oder nur das Prädikat oder beide zusammen mehrstellig sind, etwa wenn man sagt ›Tugend und Laster sind Gegenteile‹ oder ›Die Tugend ist reizvoll und erstrebenswert‹ oder ›Tugend und Laster sind unvereinbare Gegensätze‹ oder dergleichen. Besteht eine zusammengesetzte Proposition aus mehreren einfachen Propositionen, so genügt zu ihrer Widerlegung, daß man einen Teil von ihr widerlegt.

Was die Definitionen betrifft, welche die Intentionen der Vorstellungen und die Korrektive der Propositionen sind, so werden sie eingeteilt in ›Definition vermittels Abgrenzung‹, ›Definition vermittels Beschreibung‹ und ›verbale Definition‹. Ein Beispiel der abgrenzenden Definition ist, wenn man etwa sagt ›Der Mensch ist ein vernunftbegabtes Lebewesen‹, der beschreibenden Definition, wenn man sagt ›Der Mensch ist ein schreibendes Lebewesen‹, und der verbalen Definition, wenn man sagt ›Der Mensch ist ein Adamssohn‹, mit der Voraussetzung, daß das Wort ›Adamssohn‹ weiter und besser bekannt ist als der Ausdruck ›Mensch‹. Mit Hilfe dieser dritten Art kann man jegliche Deutung der Wörter vornehmen, die man von einer Sprache in die andere übersetzt, zum Beispiel wenn man einem Perser, von dem man annimmt, daß ihm die Bedeutung des Wortes ›Allah‹ unbekannt ist, das Wort in verbaler Definition nahebringt, indem man sagt ›Allah ist dasselbe wie Khoda‹. Sowohl die Abgrenzung wie die Beschreibung wird eingeteilt in eine ›vollkommene‹ und eine ›unvollkommene‹, je nachdem ob sie vermittels der nahen oder entfernten Gattung oder Klasse erfolgt oder vermittels der spezifischen Eigenschaft oder des allen Definiendis einzeln oder gemeinsam anhaftende Akzidens erfolgt. Das alles findet man in den Lehrbüchern der Logik erläutert.

Was den Syllogismus angeht, so ist dieser der wirkliche Zweck der Logik. Er ist etwas, das *per se* einer anderen Behauptung bedarf. Wenn ich zum Beispiel sage: ›Gott wird gewiß Vergeltung am Unterdrücker zugunsten des Unterdrückten üben‹, und du erwiderst: ›Gott ist Gesetz und Gerechtigkeit, und jeder, der so beschaffen, übt Vergeltung am Unterdrücker zugunsten des Unterdrückten‹, dann ist der notwendige Schluß: ›Gott übt für den Unterdrückten Vergeltung am Unterdrücker‹. Denn wann immer wir die ersten beiden Propositionen gelten lassen, müssen wir unweigerlich die dritte Proposition zugeben. Die ersten beiden Propositionen nennt man ›Prämissen‹, und eine von ihnen wird die ›kleinere‹ (la mineure) und die andere die ›größere‹ (la majeure) genannt. Das Wesen des Syllogismus ist der ›Schluß‹. Ein Syllogismus ist ›wahr‹, wenn er wahr in Inhalt und Form ist, oder ›verderbt‹, wenn der eine oder die andere verderbt ist. Mit Wahrheit des Inhalts meint man, daß alle seine Propositionen wahr sind, mit Wahrheit der Form, daß er in einer Weise formuliert ist, daß die Schlußfolgerung aus ihr zur Notwendigkeit wird. Der wahre Syllogismus ist der, welcher ›Beweis‹ oder ›Demonstration‹ genannt wird. Die verderbte Beweisführung oder den verderbten Nachweis hingegen bezeichnet man als ›Trugschluß‹: er ähnelt dem wahren Syllogismus, ist aber nicht wahr, weil sich seine scheinbare Schlußfolgerung nicht an wahre Prämissen hält. In den Lehrbüchern der Franzosen heißt es, daß die Grundregel, auf welcher sich der wahre Syllogismus aufbaut und sich vom Trugschluß unterscheiden läßt, die ist, daß man zwei Prinzipien aufstellt: die Grundlage der Wahrheit das eine und die Grundlage der Verderbtheit das andere. Sie bestehen darin, daß das, was ein Erfordernis eines Dinges erfordert, ein Erfordernis jenes Dinges ist, und das, was ein Ding, welches ein anderes Ding negiert, verneint, dasselbe ist wie etwas, das jenes andere oder beide zusammen negiert. Wie sich dies auf die Beweisführung anwenden läßt, erhellt wie folgt: Angenommen, man fragt dich, ob der Zorn tadelnswert ist, und du willst den Beweis erbringen, daß er es ist, so forschst du zunächst nach dem Ausdruck der Proposition, welcher das Subjekt darstellt. Aus der Gesamtheit der Definition des Zorns wirst du ersehen, daß er ein Makel ist; folglich schließt das Wort ›Zorn‹ den Begriff des Makels ein, und du formulierst eine Prämisse: ›der Zorn ist ein Makel.‹ Danach stellst du den Makel dem Tadel gegenüber, welcher das Prädikat der Proposition darstellt, und du wirst finden, daß der Makel den Tadel erfordert, so daß du sagst: ›der Makel ist tadelnswert.‹ Nachdem du somit eingesehen hast, daß der Zorn notwendigerweise den Makel nach sich zieht und der Makel seinerseits den Tadel, so schließt du daraus, daß der Zorn tadelnswert ist. Jeder Syllogismus, den du nicht mit diesem Prinzip vereinbaren kannst, ist ein Trugschluß, zum Beispiel ›Aristoteles ist ein Philosoph; manche Philosophen sind tugendsam; also ist Aristoteles tugendsam‹, denn die Schlußfolgerung ist verderbt. Das heißt, die Propositionen erfordern nicht notwendigerweise den Schluß, weil aus der Tatsache, daß Aristoteles ein Philosoph ist und manche Philosophen tugendsam sind, nicht notwendigerweise folgt, daß Aristoteles tugendsam ist. Ein Teil des Syllogismus wird manchmal, da bekannt, ausgelassen, zum Beispiel wenn man sagt ›Die Tugend ist löblich und ist zu erwerben‹. Ein Syllogismus ist ferner entweder ›attributiv‹ oder ›konditional‹; alles Vorausgegangene ist Beispiel für den attributiven Syllogismus. Zum Exempel des konditionalen: aus dem Syllogismus ›Würde die Sonne aufgehen, gäbe es Tageslicht, aber die Sonne geht nicht auf‹ ergibt sich die Schlußfolgerung, daß das Tageslicht nicht vorhanden ist. All das findet man in den Lehrbüchern der Logik.

So, wie die Franzosen die Wörter auf die Regeln der französischen Sprache anwenden und dies ›grammatische Analyse‹ nennen, wenden sie diese auch auf die Logik an und nennen es ›logische Analyse‹. Will man beispielsweise den Satz ›Zaid ist kultiviert‹ grammatisch analysieren, so sagt man: ›Zaid‹ ist das grammatische Subjekt und ›kultiviert‹ das grammatische Prädikat, oder ähnliches, das den Regeln ihrer Grammatik entspricht. Hat man eine logische Analyse im Sinn, so sagt man: ›Zaid‹ ist das logische Subjekt und ›kultiviert‹ das logische Prädikat, und eine solche Proposition ist eine individuelle, einmalige. So handhaben sie alle Sätze.

6. Abschnitt: behandelnd die zehn ›Kategorien‹, welche man auf Aristoteles zurückführt

Bekanntlich hat Aristoteles die intelligiblen Dinge auf zehn Klassen beschränkt, welche ›Kategorien‹ genannt werden. Dabei läßt er die Materien unter die erste Kategorie fallen, und sämtliche Akzidentien weist er den neun anderen zu.

Die erste Kategorie ist die Kategorie der ›Substanz‹; diese ist körperlich und geistig.

Die zweite Kategorie ist die ›Quantität‹; sie ist entweder ›unterbrochen‹, wenn die Teile verstreut sind, wie zum Beispiel die Zahl, oder ›ununterbrochen‹, wenn die Teile vereint sind; sie ist ferner entweder ›konsekutiv‹, wie zum Beispiel die Bewegung der Himmelssphäre, oder ›fixiert‹; und sie ist, was man die ›Größe‹ oder die ›Ausdehnung‹ des Körpers in Länge, Breite und Tiefe nennt. Von der Länge allein her lassen sich die Linien begreifen, von der Länge und Breite her die Flächen, und aus diesen beiden zusammen mit der Tiefe resultiert der feste Körper.

Die dritte (Kategorie) ist die ›Qualität‹. Aristoteles teilt sie in vier Arten ein: 1. die ›Dispositionen‹, mit anderen Worten, die Fähigkeiten des Verstandes oder des Körpers, welche durch wiederholte Betätigung erworben sind, wie etwa die Wissenschaften, die Tugenden, die Laster, die Fähigkeit zu schreiben, zu zeichnen, zu tanzen; 2. die ›inhärenten Fähigkeiten‹ wie die Fähigkeit der Seele und des Körpers zum Beispiel wahrzunehmen, zu wollen, die Fähigkeit zu memorieren, die fünf Sinne, die Fähigkeit des Gehens; 3. die ›zu beobachtenden Fähigkeiten‹, zum Beispiel Härte, Weichheit, Dichte, Kälte, Wärme, die Farben, die Laute, die Gerüche, die Geschmäcke; 4. die ›Formen und Gestalten‹, welche die Quantität annimmt, zum Beispiel Rundheit, Viereckigkeit, Kugelgestalt, Würfelform.

Die vierte (Kategorie) ist die Kategorie der ›Beziehung‹; sie ist das Verhältnis zwischen zwei Dingen, zum Beispiel Vater und Sohn, Herr und Diener, Herrscher und Untertanen, oder etwa das Verhältnis von Fähigkeit und Willen der Beteiligten, von Sicht zum virtuell Sehenden, oder etwa das Verhältnis, welches Beteiligung voraussetzt, zum Beispiel das Ähnliche, das Gleiche, das Verschiedene, das Kleinere, das Größere.

Die fünfte ist die Kategorie des ›Handelns‹, gleichgültig ob es im Handelnden liegt, wie etwa Gehen, Aufstehen, Tanzen, Wissen, Lieben, oder von diesem auf einen anderen übergeht, wie Schlagen, Töten usw.

Die sechste ist die Kategorie des ›Erleidens‹, wie etwa das Gebrochenwerden, das Gebeugtwerden.

Die siebte ist die Kategorie des ›Wo‹, mit anderen Worten, die Antwort auf eine Frage, die mit dem Ort zu tun hat, zum Beispiel wenn man sagt ›in Ägypten‹, ›im Harem‹, ›im Bett‹.

Die achte ist die Kategorie des ›Wann‹, das heißt die Antwort auf eine Frage, die mit der Zeit zu tun hat, etwa wenn du fragst, wann Soundso gelebt habe, und man sagt dir: ›Vor hundert Jahren‹, oder wann dies passiert sei, und man sagt: ›Gestern.‹

Die neunte ist die Kategorie der ›Situation‹, wie etwa der Zustand des Sitzens, des Stehens, ob etwas davor oder danach geschehen, ob es rechts oder links gelegen.

Die zehnte ist die Kategorie des ›Habitus‹, welcher darin

besteht, daß etwas zu einem Menschen gehört und mit ihm assoziiert wird, wie etwa Kleidung, Schmuck, Bewaffnung; das Ihm-anhaften von diesem und sein Ihm-eigen-sein machen diese Kategorie aus.

Dieses also sind die zehn Kategorien, welche Aristoteles erörterte, und sie wurden als verborgene Dinge betrachtet. Die Franken vertreten die Meinung, daß die Kenntnis dieser Kategorien ohne großen Nutzen sei, ja daß ihre Kenntnis sogar schade, und zwar aus zwei Gründen: Erstens glaube man, daß sie auf einem rationalen Urteil beruhen und vermittels deduktiver Beschränkung quantitativ bestimmt seien, während sie (in Wirklichkeit) lediglich konventionell und künstlich sind, in diesen (zehn) Arten determiniert von einem einzelnen, um damit seine Führerstellung vor anderen zu demonstrieren, obgleich unter diesen anderen durchaus jemand sein kann, der sie in einer anderen, neuen Form klassifiziert, wie dies in der Tat jemand getan hat, indem er die Kategorien auf sieben an der Zahl beschränkte und diese ›intelligible Materien‹ nannte: 1. Geist, oder perzeptorische Substanz; 2. Körper oder dimensionsbegabte Substanz; 3. Größe beziehungsweise Kleinheit jedes Teils der Stoffe; 4. Situation der Stoffe entsprechend dem Verhältnis ihrer Teile zueinander; 5. Form der Dinge; 6. Bewegung; 7. Ruhe. Der zweite Grund ist der, daß jemand, der die aristotelischen Kategorien gelernt hat, sich allein mit hypothetischen Ausdrükken begnügt und meint, über etwas im Bilde zu sein, obwohl er über diese nichts weiß, das in der Wirklichkeit einen klaren, gesicherten Sinn hat.

7. Abschnitt über die Rechenkunst, welche in der Sprache der Franken ›Arithmetik‹ genannt wird, (und anderes)

Wisse denn, daß die Arithmetik eine reine mathematische Wissenschaft ist. Die europäischen Philosophen haben nämlich die mathematischen Wissenschaften in ›reine‹ und in

›nichtreine‹ oder ›gemischte‹ eingeteilt. Die reinen mathematischen Wissenschaften sind Arithmetik, Algebra, Geometrie und dergleichen, die gemischten mathematischen Wissenschaften die Mechanik, die Kinetik und dergleichen. Reine mathematische Wissenschaften sind solche, die mit Quantitäten und vermehr- oder verminderbaren Größen befaßt sind, gemischte mathematische Wissenschaften solche, in die fremde Dinge aus der Physik und dergleichen schlagen. Die Rechenkunst ist die wichtigste der mathematischen Wissenschaften.

Die Geschichtsbücher weisen nach, daß die Bewohner des syrischen Küstenlandes, das heißt die Phönizier, und die alten Ägypter es waren, die diese Wissenschaft begründeten, mit anderen Worten, daß diese beiden Völker als erste die Zahlen und die Rechenkunst zusammenstellten und in Zählgruppen anordneten, so daß sogar der Philosoph Pythagoras sich von Griechenland nach Ägypten begab, um dort diese Wissenschaft zu erlernen. Schon bei den Altvordern war weithin bekannt, daß die Rechenkunst eine Erfindung der Phönizier ist, und man sagt, diese seien auch die ersten gewesen, die mit Listen und Rechnungsbüchern operierten.

Es scheint, daß die Finger das erste Hilfsmittel waren, dessen sich der Mensch beim Rechnen bediente, und daß dies der Grund ist, warum die Zehner die erste Zählgruppe sind, die zweite die Zehner von Zehnern, nämlich die Hunderter, die dritte die Zehner von Hundertern oder Tausender und so fort. Denn der Finger gibt es zehn, und der Übergang von einer Zählgruppe zur anderen erfolgte in Schritten von je zehn. Da die Finger nur ausreichen, um jeweils zehn Dinge zu unterscheiden, bedurfte man eines anderen Hilfsmittels und anderer Markierungszeichen, und so benutzte man kleine Kieselsteine, Sandkörner, Getreidekörner und dergleichen, um das Gezählte zu bestimmen, wie dies noch heute unter gewissen Primitiven in Amerika und gewissen Wilden in anderen Teilen der Erde der Fall ist. Sogar einige alte Völker der Vergangenheit hatten in ihren Sprachen gar keine Ausdrucksmöglichkeit für etwas, das über die Zehner hinausgeht, und sie sagten zum Beispiel für hundertsiebenundzwanzig: sieben und zweimal zehn und zehn Zehner, weil nämlich die Alten die kleinere Zahl stets vor der größeren aufführten und mit den Einern begannen, dann die Zehner nannten, dann die Hunderter und so fort. Jemand hat gesagt, daß in den Büchern der Griechen und Hebräer Anzeichen für letzteres vorliegen, und auch im Arabischen handhabt man es so bei Zahlen unter Hundert.

Heute sind inzwischen die Völker so tief in die Rechenkunst eingedrungen und haben darin eine solche Vielseitigkeit und Differenzierung entwickelt, daß sie ihre Perfektion erreicht haben. Die Arithmetik wird definiert als eine Wissenschaft, in welcher man sich mit den Zahlen befaßt, soweit sie von den Rechenoperationen betroffen sind. Die Zahl ist eine Kombination von Einheiten und ist von zweierlei Art: die ganze Zahl und der Bruch, zu welchen jemand noch eine dritte hinzugefügt hat, nämlich eine aus beiden zusammengesetzte Zahl, welche er ›gemischten Bruch‹ nennt. Mit diesen Zahlen hängen zusammen vier Rechenoperationen: Addition, Subtraktion, Multiplikation und Division; sie können als bekannt aus den einschlägigen Büchern gelten.

Was die Geometrie betrifft, so hat sie die Messung der drei Dimensionen, nämlich Länge, Breite und Tiefe, zum Gegenstand, wie wir in unserem mnemonischen Vers über die Geometrie andeuten:

> Das Messen der Ausdehnung hat sie zum Thema,
> das Wesen von ihr sind die drei Dimensionen:
> Die Länge, die Breite und auch noch die Tiefe,
> doch die zu erläutern verdient nicht der Mühe.

Was die Geographie angeht, so haben wir bereits in der Einleitung des vorliegenden Buches eine Kurzdarstellung davon gegeben. Doch sollten wir an dieser Stelle noch ihre Arten erwähnen:

Man kann die Erde vom Gesichtspunkt ihrer Gestalt, ihres Stillstehens beziehungsweise ihrer Bewegung sowie ihrer Beziehung zu den anderen Himmelskörpern betrachten, und dann spricht man von ›mathematischer Geographie‹ oder ›Kosmographie‹. Man kann auch Beobachtungen hinsichtlich ihrer Materie in der Form von Erde und Wasser und damit zusammenhängender Erscheinungen auf ihrer Oberfläche, wie zum Beispiel Gebirge, anstellen, und das nennt man ›physikalische Geographie‹, das heißt die Geographie, die mit der Natur der Erde zu tun hat. Oder man kann die Erde vom Gesichtspunkt der religiösen und ethnischen Verschiedenheit ihrer Bewohner betrachten, in welchem Falle man von ›Religionsgeographie‹ spricht. Oder man betrachtet die Erde vom Standpunkt der unterschiedlichen Verwaltung und Politik, Gepflogenheiten und Gesetze ihrer Bewohner, und das nennt man ›politische Geographie‹. Oder man kann sie vom Gesichtspunkt der Veränderungen und Umwälzungen, die sich im Laufe der verschiedenen Zeiten auf der Erde oder ihren Teilen in bezug auf Religion, Politik und dergleichen zugetragen haben, betrachten und das nennt sich ›historische Geographie‹.

Das sind (nur) die Grundfragen; andernfalls würde die Einteilung zu weit führen. Wer Näheres darüber erfahren will, möge meine Abhandlung *›Al-ta'ribāt al-šāfiya limurīd al-ǧuġrāfiya‹* (Heilsame Übersetzungen ins Arabische für den Jünger der Geographie) lesen, wo er jede Erklärung finden wird. Doch sollten wir an dieser Stelle über eine Frage der mathematischen Geographie, das heißt der Kosmographie, sprechen:

Die Franken teilen die Himmelskörper ein in Fixsterne, Planeten, Trabanten und Kometen. Sie zählen die Sonne zu den Fixsternen, die Erde zu den Planeten und den Mond zu den ›Trabanten‹, das heißt Himmelskörpern, die im Umlauf Planeten folgen. Dieses System heißt bei ihnen das ›kopernikanische System‹. In jüngerer Zeit haben Forscher unter ihnen eine Reihe von Planeten entdeckt, welche die Alten nicht zu erkennen vermochten, weil diesen die Instrumente fehlten, welche den Europäern zur Verfügung stehen. Dadurch beläuft sich die Zahl der bei ihnen bekannten Planeten auf elf, unter Ausschluß von Sonne und Mond, denn erstere ist nach ihrer Ansicht ein Fixstern und letzterer ein Trabant. Wir wollen sie an dieser Stelle in der Reihenfolge ihrer Sonnennähe aufführen. Es sind dies: Merkur, Venus, Erde, Mars, Vesta – das heißt die ›planetarische Feuerbringerin‹,[99] Juno – man nennt sie ›Gemahlin Jupiters‹ oder auch ›Tochter Saturns‹,[100] Ceres – das heißt die ›planetarische Ähre‹ *(sic)*, Pallas – mit der Bedeutung ›der im Frühlicht Erscheinende‹ *(sic)*,[101] Jupiter, Saturn und Uranus – welch letzteres ›höchste Himmelsphäre‹ bedeutet. Die Rotation dieser neu entdeckten Planeten läßt sich nur mit Schwierigkeit beobachten, da manche für das bloße Auge zu klein und andere zu weit entfernt sind. Vielmehr kann man sie, mit Ausnahme von Uranus, nur mit Hilfe von Fernrohren sehen, weshalb sie von den Franken als ›teleskopische Planeten‹ bezeichnet werden. Die Europäer hoffen, noch andere Planeten zu entdecken.

Was die Historik betrifft, so gehört auch sie zu den Dingen, über die man unterrichtet sein muß; das gilt besonders für Staatsmänner. So wollen wir denn an dieser Stelle eine nette Kurzdarstellung anführen, die aus der Feder eines europäischen Autors stammt:

Die Geschichte gleicht einer öffentlichen Schule, welche ein jeder unter den Völkern, der zu lernen gewillt, aufsucht. Zugleich stellt sie die aus den Ereignissen vergangener Zeiten gewonnenen empirischen Erkenntnisse dar, die für die Gegenwart von Nutzen sind, und sie trägt, da sie überlieferte Mahnungen enthält, dazu bei, daß man über das scheinbar Kommende nachdenkt. Denn aus der Geschichte wird von allen Menschen, gleichgültig wes Standes, ein jeder lernen, der willens ist, eine Lehre zu beherzigen. Führt sie doch die üblen Folgen vor Augen, die sich aus dem Gezänk und Streit der Menschen ergeben, und ein solch schreckliches Bild wird sie veranlassen, sich löbliche Charaktereigenschaften, wie Besonnenheit und Gerechtigkeit, zu eigen zu machen. Aus der Geschichte lernen Könige, daß während der Regierungszeit eines klugen Regenten Macht und Thron des Herrschers Schutz und Schirm sein müssen.

Bossuet sagt: ›Würde man annehmen, daß die Geschichte allein den Fürsten fromme, dann obläge ihr Studium den Fürsten. Indes, die Geschichte eröffnet vielmehr jedem Einsichtigen ihre verborgenen Schätze, auf daß er aus ihnen ihre Geheimnisse und Allegorien begreife, so daß sein Denken während ihres Studiums von den Wechselfällen der eitlen menschlichen Existenz abgelenkt wird.‹

Danach geht er zu einem noch wichtigeren Thema über, und es offenbaren sich ihm die zahlreichen Ketten der Zeit, deren letztes Glied sich an die Erschaffung der Welt anschließt: ›Nicht daß diese Ketten gleichsam ein riesiges Feld sind, auf welchem man mit einem Blick sämtliche Völker und Staaten und Zeiten überschaut. Weit gefehlt! Betrachte diese gewaltige Menge, welche Glückliche und Elende gleichermaßen umschließt! Wie viele Städte gibt es da, die der Zerstörung anheimgefallen, wie viele Dynastien, die erloschen, wie viele Reiche, die dahingegangen und vergessen sind, wie viele Stätten, die in Trümmern liegen, und wie viele Gräber, auf denen neues Leben wuchs! Jeglich Ding pflegt im Grab zu enden, und diese Gräber sind es, die allein das Feld dieser Erde überragen. Wie armselig und gering erscheint doch der Zierat dieser Welt, blickt man von den Höhen der Geschichte herab! Wie klein und verächtlich erscheint uns die menschliche Gesellschaft unserer Zeit, stellt man sie den menschlichen Gemeinschaften vergangener Jahrhunderte und Zeitalter zur Seite! Welch ein Unterschied zwischen den Herrschern unserer Zeit, deren greifbare Größe der Betrachter zu messen vermag, und den Herrschern jener Zeiten, die dem Auge als ragende Berge am Horizont der Vergangenheit erscheinen! Betrachte, wie sich unsere derzeitigen Kriege und unsere Sucht nach vergänglicher Größe und Ehre neben den Wundern des Ringens der Altvorderen seit Beginn der Welt um einen Ort oder um eine Handbreit Boden ausnehmen werden! Wer die Wunder der Geschichte genau betrachtet, der wird sich in das Kleid des Ernstes hüllen und das Gewand der Frivolität abstreifen, der wird die Gipfel der Überschau erklimmen und die Welt in ihrer Ganzheit zu seinen Füßen liegen sehen, einem Ozean gleich, auf dem die Schiffe menschlichen Hoffens und Wünschens ruderlos und den Stürmen ausgesetzt treiben und schließlich an einem Riff zerschellen, nicht mehr als einen winzigen Fußhalt als Ankerplatz findend. Blickt man von diesem Ort herab, so wird man mit Augen bar der Gier das Wrack der vergänglichen Welt und des eitlen Lobes, welches so viele Menschen erstreben, gleich einem Nichts sehen. Ist es nicht so, daß das Schicksal in allem, was es schenkt und gibt, seine Nackenschläge und Wechselfälle birgt? Von welchem Reich können wir sicher sein, daß sein Thron nicht stürzen wird, für welche Dynastie geben wir die Hoffnung auf, daß ihr Thron vielleicht erhöht wird? Oder haben wir nicht gesehen, daß in der Gebetsnische ein und desselben Gotteshauses mehrere verschiedene Religionen einander ablösten? Wie oft sind Übeltaten begangen worden, wo die Tugenden zu Hause waren, wie oft sind begründetem Ruhm und Reichtum am Ende Armut und Erniedrigung gefolgt! Wie oft hat man erlebt, daß Barbarei und Zivilisation auf diesem Erdball dahineilen und unvermittelt ihre Rollen vertauschen! Wie kam es mit dir so weit, o Ktesiphon, das du einstmals floriertest in Asien und alle Völker beherrschtest? O Ninive des Jonas, o Babylon der Magier, o Persepolis der Perser, o Palmyra Salomons, wie kam es, daß heute eure Stätten in Trümmern liegen, die ihr dereinst Kapitalen von Reichen des Wissens wart? Nichts ist von eurem alten Ruhm und gewaltigen Glanz geblieben als der Name und ein paar steinerne Inschriften! Und bei all dem ist kein Land dieser Welt von so erstaunlichen Katastrophen und seltsamen Heimsuchungen befallen worden wie das gesegnete, vom Elend getroffene Ägypten, dessen Rosse einst die Rosse aller übrigen Reiche in der Arena des Ruhms, des Wissens, der Weisheit überflügelten. Es ist, als hätte das Schicksal über dieses Land alles auf einmal ausgießen wollen, den größten Segen wie die schlimmste Heimsuchung. Und dabei hatten sich die alten Ägypter wie kein anderes Volk der Welt bemüht, auf Grund ihrer imposanten Bauwerke zur Unsterblichkeit zu gelangen! Sie sind allesamt untergegangen und ausgestorben, so daß die heutigen Ägypter nicht eine Rasse, sondern ein Konglomerat heterogener Elemente sind und ihre Abstammung sich auf mehrere verschiedene Rassen Asiens und Afrikas zurückführen läßt. Sie sind wie ein Gemisch ohne gemeinsames Maß, und ihre Gesichtszüge ergeben kein einheitliches Bild, an Hand dessen man vom Aussehen her erkennen könnte, daß jemand ein Ägypter ist. Es ist, als wären alle Länder der Welt an der Besiedlung des Nillandes beteiligt gewesen.‹

(Das Vorstehende ist) übersetzt aus dem Vorwort zur ›Geschichte Ägyptens‹ von Herrn (Joseph) Agoub. Am Schluß des Vorworts preist der Verfasser unseren Landesherrn, den Wiedererwecker Ägyptens aus dem Nichtsein. Er hat diesen auch in einem französischen Gedicht mit dem Titel ›La lyre brisée‹ verherrlicht. Ich habe es unter dem Titel ›Naẓm al-ʿuqūd fī kasr al-ʿūd‹ übersetzt und teilweise im 2. Abschnitt der 3. Abhandlung zitiert.

Die Geschichtswissenschaft ist ein weites Feld. So es Gottes Wille in der Person unseres Landesherrn ist, wird man die Historie in all ihrer Vielfalt aus dem Französischen in unsere Sprache übertragen. Jedenfalls haben wir uns bereits verpflichtet, in Ägypten nach Gottes Willen und mit Förderung seitens Seiner Exzellenz, des Freundes der Wissenschaften und Künste, die Übersetzung historischer und geographischer Werke vorzunehmen, auf daß die Regierung unseres Landesherrn zu jenen Zeiten gezählt werde, von denen man Wissenschaften und Kenntnisse datiert, die derzeit in Ägypten eine ähnliche Erneuerung erfahren wie zur Zeit der Kalifen von Bagdad.

Epilog

behandelnd unsere Rückkehr von Paris nach Ägypten und allerlei andere Dinge.

Gewiß erwartet der Leser der vorliegenden Reisebeschreibung zu erfahren, wie denn diese Reise ausgegangen ist, für die unser Landesherr so viel Geld ausgegeben hat wie kein anderer Herrscher vor ihm, ja wie man dergleichen in den Annalen sämtlicher Völker nicht findet.

Daß diese Reisebeschreibung zur Regierungszeit des Khediven geschrieben wurde, ist ein Beweis dafür, daß Seine Durchlaucht, der großmütige Gönner, gar wohl die Folgen der Dinge überlegt und sich in all seinen Unterfangen, derer man über alle Zeit hinaus gedenken wird, das rechte Ziel gesteckt hat. Zweifellos reicht an solches kein Ehrgeiz eines Cäsar heran, und die Kraft eines Alexander des Großen würde erlahmen, um dergleichen zu erreichen, noch vermöchte jemand wie Napoleon, ihn darin zu übertreffen, und kein Friedrich der Große könnte seinen Sinn und sein Hoffen darauf richten. Um so mehr, als die Entscheidung unseres Landesherrn, die Efendis nach Paris zu schicken, sich als durchschlagender Erfolg erwiesen und reiche Früchte getragen hat, indem nämlich die überwiegende Mehrzahl von ihnen, um das Wohlwollen Seiner Exzellenz zu gewinnen, sich eilends und mit Ernst und Fleiß an die Erfüllung des von ihnen Erwarteten machten. Somit hatte unser Landesherr in jenem Lande Säuglinge an die Brüste der Wissenschaften gelegt, auf daß sie zu Männern mit vollendetem Wissen und Können würden. Ja manche von ihnen haben es sogar zum Range von europäischen Koryphäen gebracht, sei es auf dem Gebiete der Zivilverwaltung, wie Seine Hochwohlgeboren ʿAbdī Efendi (Šukrī), sei es als Experte auf dem Gebiete der Militärverwaltung oder als Sachverständiger in sämtlichen Marinefragen oder als Fachmann in Medizin oder Chemie oder als Sachkundiger in den Naturwissenschaften und Meister in Landwirtschaftskunde und Botanik. Wieder ein anderer exzelliert in den praktischen Künsten und ist befähigt, Fabriken zu eröffnen, die sich unbestreitbar auf Grund seiner Tüchtigkeit einen Namen machen werden.

Müßte ich nicht fürchten, zu weitschweifig zu werden, würde ich sämtliche Efendis, die ihr Ziel erreicht haben, in der Reihenfolge, in der sie es zu hohen Positionen brachten, einzeln aufführen. Mehrere Personen freilich, deren Trefflichkeit den höchsten Grad der Distinktion erreicht hat, kann ich fürwahr nicht einfach übergehen, doch will ich mich bei ihrer Würdigung der äußersten Kürze befleißigen. Wie könnte ich unerwähnt lassen, daß Muṣṭafā Muḫtār Bey Efendi[102] es inzwischen auf dem Gebiete der Militärverwaltungskunde so weit gebracht hat wie die führenden Fachvertreter der Franzosen, nachdem er sich einen hohen Stand in den Wissenschaften und Meisterschaft in deren Form und Inhalt angeeignet hatte. Es kann kein Zweifel bestehen, daß er in den Verwaltungswissenschaften eine überragende Stellung einnimmt und in sich die Kenntnisse von ganz Europa vereint. Möge Gott in seiner Person unseren Wissenskreis mit Hilfe des Herrschers über Ägypten und Syrien erweitern und ihn in den Augen unseres Landesherrn und löwenzeugenden Oberbefehlshabers Wohlgefallen finden lassen. Nicht von jedem, der sich Kenntnisse erworben, sind gute Taten zu erwarten. Ein Dichter sagte:

Des Schwertes Stolz liegt in seinem Korn,
doch wirksam ist's nur in des Helden Hand.

Was Ḥasan Bey Efendi und die Herren von der Marine angeht, so sind ihre Trefflichkeit und ihr vollkommenes Wissen längst erwiesen, wie dies von ihrer Auszeichnung vor anderen ihres Alters bezeugt wird. Auch der Ruf eines Eṣṭefān Efendi[103] bedarf keiner Erläuterung, hat er sich doch ein sattsam Maß an Wissen und Künsten zu eigen gemacht. Noch wird man die Verstandeskraft von Artīn Efendi[104] auf allen Gebieten des Wissens leugnen oder die von Ḫalīl Efendi Maḥmūd, und die Bildung von Aḥmad Efendi Yūsuf ist bezeugt und unbestritten. Kurzum, die Mehrzahl der Efendis hat das gesteckte Ziel erreicht und ist zurückgekehrt, um das erworbene Wissen in der muslimischen Welt zu verbreiten.

Hier wollen wir nun die Rückkehr unserer Wenigkeit nach Ägypten schildern, auf daß das Vorhaben dieser Reisebeschreibung vollständig sei:

Wir verließen Paris im Monat Ramaḍān des Jahres 1246[105] und fuhren in Richtung Marseille, um uns dort einzuschiffen und nach Alexandria zurückzukehren. Unterwegs passierten wir die Stadt Fontainebleau unweit von Paris, in deren Nähe man ein königliches Schloß sieht. Dieses Schloß ist dadurch berühmt, daß dort Napoleon im Jahre 1815 *(sic)* n. Chr. auf die Herrschaft in Frankreich verzichtete und abdankte. Man kann dort einen pyramidenförmigen, aus Steinen errichteten Pfeiler sehen, der als bleibendes Mahnmal der Restauration der Bourbonen in Frankreich gedacht ist. Auf ihm findet man ihre Namen, Geburtsdaten und dergleichen eingemeißelt. Während der jüngsten Revolution löschte das Volk diese Namen aus, so daß man heute nur noch Spuren davon sehen kann. So hat die Zeit von je ihr buntes Auf und Ab, Menschen verratend und zerstörend und anderen ihre Gunst schenkend, noch eh der Tag vergangen. Ein Dichter sagte:

Manch tapferen Mann hab ich einstmals erschlagen,
kein Feind blieb verschont, gab nicht Rast seiner Heerschar,
Ließ Städte in Trümmern, die Fürsten vergangen,
vertrieb ihre Menschen, zerstreut in die Winde.

Und als meine Größe erreicht hatt die Sterne,
die Nacken der Völker gebeugt mir als Sklaven,
Da traf mich der Pfeil, der die Glut in mir löschte.
Nun sieh mich hier liegen, ohn Macht, in der Grube!

Solche Inschriften zu schreiben ist ein Brauch der Franken, in Nachahmung der alten Ägypter und anderer Völker. Sieh doch, wie die Ägypter ihre Tempel und die Pyramiden von Gizeh gebaut haben: doch als bleibende Monumente, zu denen nach ihrem Dahingang der Betrachter aufblicken sollte! Wir wollen hier die diesbezüglichen Ansichten der Europäer erwähnen und was sich ihnen nach sorgfältiger Forschung darbot, damit man es den falschen Vorstellungen unserer eigenen Geschichtsschreiber gegenüberstellen kann: Die Darstellung der Europäer läßt sich dahingehend zusammenfassen, daß es die Könige von Ägypten waren, die die Pyramiden bauten, und daß die Meinungen hinsichtlich der Zeit ihrer Erbauung auseinandergehen. Einer von ihnen hat behauptet, sie seien vor dreitausend Jahren errichtet worden und ihr Erbauer sei ein König namens ›Qūf‹ gewesen, während ein anderer sagt, ihr Erbauer sei ein König namens ›Ḫ-m-y-s‹ (?) oder ›Cheops‹. Dem größten Anschein nach kamen die Steine dafür, fertig behauen, aus Oberägypten und nicht aus Nordwestägypten. Jemand hat gesagt, man habe nicht mehr als dreiundzwanzig Jahre gebraucht, sie zu bauen, und die Zahl der am Bau beteiligten Arbeiter sei dreihundertsechzigtausend Mann gewesen, allerdings mit so enormen Kosten, daß allein die Auslagen für Zwiebeln und Lauch für die Arbeiter sich, Plinius (dem Älteren) zufolge, auf etwa zwanzig Millionen ägyptische Piaster beliefen. Ferner führt man diese Pyramiden auf einen der ›Pharaonen‹[106] zurück und sagt, dieser habe die größte der Pyramiden zur Aufnahme seines eigenen Leichnams und die beiden anderen für die Beisetzung seiner Gemahlin und seiner Tochter errichten lassen, doch wäre er selbst nicht in der erstgenannten Pyramide begraben worden und diese sei heutzutage offen, während man in den beiden anderen tatsächlich seine

Tochter und seine Gemahlin bestattete und sie dann hermetisch abschloß. Das ist, was die Europäer in bezug auf die Pyramiden berichten.

In seinem ›Muštahā al-ʿuqūl‹[107] sagt (Jalāl al-Dīn) al-Suyūṭī, er wundere sich, wenn die Gelehrten behaupten, das erstaunlichste in Ägypten seien die Pyramiden, wo doch die *barābī* in Oberägypten noch phantastischer als jene seien. *Barābī* (altägyptische Tempel) sind das, was beim einfachen Volk als *misallāt* – Obelisken – bekannt ist. Wegen ihrer Seltsamkeit haben die Franken zwei von diesen in ihr Land überführt: der eine Obelisk wurde in alten Zeiten nach Rom geschafft, und den anderen hat man zu unserer Zeit nach Paris gebracht – als eine außerordentliche Gefälligkeit seitens unseres Landesherrn. Dazu möchte ich folgendes bemerken: Da Ägypten jetzt begonnen hat, in Zivilisation und Bildung dem Beispiel Europas zu folgen, hat es um so größeres Anrecht auf das, was ihm seine Altvorderen als Produkte ihres Kunst- und Gewerbefleißes hinterlassen haben. Ein Stück nach dem anderen davon zu entwenden wird von allen Einsichtigen so betrachtet werden, wie wenn jemand den Schmuck eines anderen stiehlt, um sich selbst damit zu putzen. Und so etwas grenzt an Raub! Eine solche Feststellung bedarf keines Nachweises, da sie selbstverständlich ist.

Napoleon ließ in Paris aus den Geschützen, die er von den Russen und Österreichern erbeutet hatte, eine hohle Säule herstellen. Die Russen versuchten, als sie in Paris waren, diese Säule zu stürzen, aber es zeigte sich lediglich, daß sie dazu nicht in der Lage waren.

Nachdem wir Fontainebleau passiert hatten, sahen wir nach vierstündiger Fahrt die Stadt Nemours, welche zugleich zwanzig Wegstunden von Paris entfernt ist. Später fuhren wir durch die Stadt Cosne am Ufer der Loire, wo die Enterhaken für die königlichen Schiffe hergestellt werden, danach durch die Stadt Moulins, wo viele Nachkommen jener Araber leben, die seinerzeit mit den Franzosen von

Ägypten nach Frankreich gegangen waren. Sodann fuhren wir weiter, bis wir die Stadt Roanne erreichten, welche 97 französische Meilen südlich von Paris gelegen ist, bevor wir nach weiteren dreizehn Meilen in der Stadt Lyon ankamen.

Roanne hat neuntausend Einwohner, und es gibt dort eine Industriekammer, eine Landwirtschaftskammer, eine Bücherei und ein naturwissenschaftlich-technisches Museum. Ferner ist dort eine elegante Brücke über die Loire sowie eine weithin bekannte Kaianlage, denn die Stadt dient der Geschäftswelt von Lyon und anderen Städten als Flußhafen, wo man alle Arten von Gütern umschlägt. In ihrer Umgebung sind Marmorbrüche, und die Loire ist nahe dieser Stadt schiffbar. Diese Stadt ist nicht zu verwechseln mit der Stadt Rouen, welche dreißig Meilen nördlich von Paris an der Seine liegt und zur Provinz Normandie gehört.

Sodann erreichten wir die Stadt Lyon, über die bereits gesprochen worden ist, und kamen schließlich in der Stadt Orgon an, welche 178 französische Meilen südlich von Paris gelegen ist. Sie ist, am Fuße eines Berges liegend, dadurch berühmt, daß Napoleon sich aus Angst vor der Bevölkerung verkleidete, als er sie durchquerte. Wir passierten Ortschaften um Ortschaften, bis wir schließlich in Marseille ankamen, über das bereits weiter oben ausführlich gesprochen wurde. Dort gingen wir an Bord eines Handelsschiffes und fuhren dann nach Alexandria. Auch hier erübrigt sich die Beschreibung dessen, was wir unterwegs sahen, denn es ist genau dasselbe wie vorher auf der Hinreise. Allenfalls könnte ich noch hinzufügen, daß mich jeder aus meinem französischen Bekanntenkreise bat, doch gleich nach meiner Ankunft in Alexandria zu berichten, was mir als merkwürdig vorkäme, nachdem ich doch so lange von Ägypten fern gewesen sei und in Europa völlig andere Beobachtungen gemacht hätte und nun gewohnt sei, andere Dinge zu sehen, die mir das Sonderbare des von mir im ersten Augenblick meiner Ankunft Geschauten vor Augen führen würden. Ich versprach es und hielt dann auch mein Versprechen.

Damit sind wir nun am Ende der Begebnisse dieser Reise angelangt, von mir so knapp wie möglich dargestellt,[108] und wir müssen also nur noch eine Zusammenfassung der Reise und meiner genauen Beobachtungen und sorgfältigen Überlegungen geben:

Nach längerem Nachdenken über die Sitten und die politischen Verhältnisse der Franzosen wurde mir klar, daß diese den Arabern ähnlicher sind als den Türken und anderen Rassen. Am stärksten äußert sich diese Ähnlichkeit in Dingen wie Ehre, Freiheit und Stolz. Die persönliche Ehre bezeichnen sie wie die Ehrung mit demselben Wort, nämlich ›honneur‹. Bei ihr schwören sie in wichtigen Angelegenheiten, und wenn sie vertragliche Verpflichtungen eingehen, so tun sie es auf der Grundlage der Ehre und halten ihre Verpflichtungen ein.

Zweifellos gilt die persönliche Ehre den reinblütigen Arabern als die wichtigste der menschlichen Eigenschaften, wie von ihrer Dichtkunst bezeugt und von ihrer Überlieferung bewiesen wird. So sagte ein Dichter:[109]

Gar freundlich und süß bin fürwahr ich zum Freunde,
doch bitter und hassend, wenn jemand ist boshaft.
Ich bin ohn Bedürfnis, nicht herrisch im Wohlstand,
und gebe aus vollem, sucht einer mein Darlehn.
Zuweilen geht's schlecht mir, bin arm, und ich finde,
daß leicht das Begnügen, denn mein ist die Ehre.

Und Ehrverletzung ist das, was sie mit Schande und Schmach verbinden. Ein Dichter sagte:[110]

Du hältst mir vor, daß an Zahl wir gering sind.
Ich sagte: Der Edlen gibt's wahrlich nicht viele.
Kein Schaden, daß wen'ge wir sind und der Nachbar
ist stark, wo verächtlich er meist für die andern;

Die Todesbereitschaft rückt nah unsre Stunde,
wo jenen der Tod, sich verschleppend, gibt Abscheu.
Ein Volk sind wir wahrhaft, dem Töten nicht Schmach ist,
auch wenn es so sahn die Salūl und die ʿĀmir.
Wenn stirbt uns ein Fürst, so erhebt sich ein andrer,
der spricht wie die Edlen, wie sie ist in Taten.
Kennst Menschen du nicht, frag nach uns und nach jenen!
Nicht gleich ist, wer weiß, mit einem, der nichts weiß.

Man sollte sie nicht verdächtigen, weil sie keine Eifersucht auf ihre Frauen kennen, hätten sie kein Ehrgefühl auf diesem Gebiete, da dieses doch am ehesten in dieser Hinsicht in Erscheinung trete. Denn obschon ihnen die Eifersucht fehlt, sind sie doch, falls sie etwas Abträgliches über ihre Frauen erfahren, die Härtesten gegen diese, gegen sich selbst und gegen den, der sie mit ihren Frauen betrogen hat. Äußerstenfalls begehen sie den Fehler, den Frauen die Führung zu überlassen, obwohl diese ›die sorgsam Gehüteten‹ sein sollen, ›um die nicht zu bangen‹. Wie ein Dichter sagte:

Ist der Gatte ihr fern, läßt sie gar nichts verlauten,
ist zufrieden zu warten, wann immer er heimkehrt.

Bei der Auslegung des Koranverses, wo Gott die Worte Potiphars: ›*Du, Weib, bitte um Vergebung für deine Schuld, denn du gehörst zu den Sündern!*‹ wiedergibt, sagt al-Zamaḫšarī:[111] ›Der Mächtige war lediglich nachsichtig; andere haben gesagt, er sei wenig eifersüchtig gewesen.‹ Und Scheich Aṯīr al-Dīn Abū Ḥayyān[112] sagt bei der Interpretation dieses Verses: ›Der Boden Ägyptens bedingte dies‹ – das heißt die geringe Eifersucht. ›Was ist das gemessen an dem, was sich bei einem König unseres Landes zutrug! Dieser saß mit seinen engen Freunden gesellig beisammen, während hinter einem Vorhang eine Sklavin sang. Da bat einer seiner Kumpane das Mädchen, zwei Verse zu wiederholen. Kaum hatte sie diese gesungen, da brachte man auch schon den abgeschlagenen Kopf der Sklavin in einer Schüssel herein, und der König sprach zu jenem: ‚Jetzt kannst du diesen Kopf ersuchen, die zwei Verse zu wiederholen!' Da fiel der Mann ohnmächtig zu Boden und blieb, so lange jener König lebte, von Siechtum befallen.‹ Dazu sage ich: Was ist die Eifersucht dieses Königs verglichen mit dem Liebeseifer von 'Abd al-Muḥsin al-Ṣūrī[113] für seine Geliebte, wenn er sagt:

Ich hing mich an sie, von dem Wein junger Torheit gar trunken,
so daß sie vergaß, wie ich litt, wie ich klagte und weinte.
Ich war nicht allein, der sie liebte, ein jeder im Herzen
mir Teure war wahrlich befangen wie ich in der Liebe.
So legt mir nicht auf einen Eifer, der fremd meinem Wesen:
mein Freund ist ein jeder, der liebt so wie ich die Geliebte.

Soweit das ›Sukkardān‹ des Ibn Ḥajala, der den ›Dīwān al-ṣabāba‹ (›Anthologie der Liebe‹) verfaßte.[114] Kurz und gut, alle Völker klagen über die Weiber, sogar die Araber. Ein Dichter[115] sagte:

Daß Umm Awfā verzog, ging mir nahe,
doch Umm Awfā schert sich den Teufel.

Und ein anderer sagte:

Über Fraun wollt ihr wissen? Da bin ich
gar kundig ein Arzt für ihr Leiden:
Wenn weiß ist das Haupt, das Geld wenig,
hat der Mann keine Hoffnung auf Liebe.
Sie wollen viel Geld, wenn sie's sehen,
und seltsam erscheint ihnen Jugend.

Da man von den Leuten oft gefragt wird, wie es denn nun eigentlich um die Frauen bei den Europäern stehe, sind wir der Sache nachgegangen. Auch hier läßt sich zusammenfassend sagen, daß, wo Konfusion hinsichtlich der Tugend der Frauen besteht, dies nicht darauf zurückgeht, ob diese unverhüllt gehen oder den Schleier tragen, sondern vielmehr darauf, ob sie eine gute oder schlechte Erziehung genossen haben, ob sie gewohnt sind, einen einzigen Mann zu lieben, statt ihre Liebe auch noch anderen Männern zu schenken, und ob Harmonie zwischen den Ehepartnern herrscht. Man hat in Frankreich die Erfahrung gemacht, daß Sittsamkeit vor allem den Frauen des Mittelstandes eigen ist, nicht so sehr den Frauen der Aristokratie und des gemeinen Volkes, denn bei den Frauen dieser beiden Stände hegt man dort häufig Zweifel und Argwohn. So pflegten die Franzosen nicht selten die Frauen der königlichen Familie, welche man Bourbonen nennt, zu verdächtigen, wobei ihre Behauptungen unter anderem an Glaubwürdigkeit gewinnen durch die Vorgänge, welche die Schwiegertochter des abgesetzten Königs von Frankreich umgaben, das heißt, die Mutter des Herzogs von Bordeaux, an den sein Großvater nach seiner eigenen Absetzung die Monarchie abtrat und den die Franzosen nicht akzeptierten: Sie sagten, dieser Knabe sei ein Bastard und seine Mutter habe noch einen weiteren unehelichen Sohn zur Welt gebracht, während sie behauptete, sie habe heimlich geheiratet und durch solche Gerüchte sei ihr guter Ruf zerstört worden. Als sie dann für ihren ersten Sohn den Thron Frankreichs forderte, indem sie sich zur Fürsprecherin seiner Regentschaft machte und man von ihrer Seite irgendwelche Zwischenfälle im Lande befürchtete, verlor sie rasch an Ansehen. Nachdem sie den Franzosen in die Hände gefallen war und man annehmen mußte, daß sie ihren Untergang finden würde, wurde sie von diesen jedoch mit der Begründung, daß sie nunmehr ohne Bedeutung sei, freigelassen, und sie kehrte mit ihrem jüngsten Sohn zu ihrer Familie zurück.

Einer der sonderbarsten Vorfälle, der sich auf diesem Gebiete in Europa zugetragen hat, ist der folgende: Der englische König, Georg IV., beschuldigte seine Gemahlin des Ehebruchs, nachdem er zu wiederholten Malen von ihren Eskapaden erfahren hatte und sie bereits bei aller Welt dafür bekannt war, da sie mit jedem beliebigen in Europa herumzureisen pflegte und an jedem Ort Liebhaber hatte. Als nun ihr Fall vor Gericht kam und ordnungsgemäß Anklage erhoben wurde, wobei der König auf Grund erwiesener Unzucht die Scheidung von ihr anstrebte, um eine andere Frau zu heiraten, lagen für eine Scheidung nicht genügend Beweise vor, so daß das Urteil des Richters auf Weiterführung der Ehe gegen seinen Willen lautete. Sie lebten von da an getrennt, aber er konnte auch keine andere Frau heiraten. Der Fall hat sich weit und breit herumgesprochen, aber in Wahrheit kann man, auch wenn man das alles über sie glaubt, dies nur auf Grund von indirekten Beweisen, doch nicht auf Grund eigener Beobachtung tun, da sonst seine Ehre verunglimpft wird.

Der wesentliche Punkt der Ehre, in welchem die Franzosen den Arabern gleichen, besteht in Achtung vor wahrem Mannestum, Wahrheitsliebe und ähnlichen Attributen der Vollkommenheit. Auch fällt unter den Begriff der Ehre die Anständigkeit. Nur selten trifft man bei ihnen schäbige Gesinnung an, während diese Eigenschaft eine von denen ist, die bei den Arabern zu finden und in ihrem edlen Wesen fest eingepflanzt waren – obschon sie heutzutage unter ihnen geringer geworden und geschwunden ist. Der Grund dafür ist der, daß die Araber die Härten der Unterdrükkung und die Nackenschläge des Schicksals zu erdulden hatten und durch die Umstände zu Selbsterniedrigung und Bettelei getrieben wurden. Dennoch gab es bei ihnen immer noch welche, die, ihrer ursprünglichen arabischen Art getreu, anständig und hochsinnig waren, wie der Dichter sagte:

Laß Anstand mir und Redlichkeit, sie sind, solang ich lebe,
  mir stets gewesen wohlvertraut und wurden mir Gewohnheit.
Weit schwerer als der Händ Verlust fällt einem rechten Manne
  die gute Tat, die er empfängt, von seiten des Gemeinen.

Was die Freiheit betrifft, nach der die Franken immer wieder verlangen, so gehörte auch sie in alten Zeiten zum Wesen der Araber, wie jenes Prahlgespräch bekundet, welches sich zwischen dem (lachmidischen) Araberfürsten al-Nuʿmān ibn al-Munḏir und dem Perserkönig Chosroes zutrug. Hier ist es in Abschrift:[116]

Eines Tages kam al-Nuʿmān zu Chosroes, während bei diesem Delegationen der Byzantiner, der Inder, der Chinesen, [der Perser, der Türken und dergleichen Völker mehr] versammelt waren. Sie alle redeten von ihren Königen, ihren Ländern, [ihren Bauwerken, ihren Burgen.] Da rühmte al-Nuʿmān die Araber und stellte sie über sämtliche Völker, wobei er weder Persien noch andere Länder ausnahm, worauf Chosroes, von Eifersucht überkommen, sprach: »O Nuʿmān, ich habe über die Araber wie auch über andere Völker nachgedacht und mir überlegt, wie es um die Delegationen, die zu mir kommen, steht. Da fand ich, daß die Byzantiner rechtes Glück haben, denn sie leben in vertrauter Eintracht, haben einen mächtigen Herrscher und besitzen viele Städte und einen festen Glauben. Ich sehe Indien, berühmt für seine Weisen, von beachtlichem Wohlstand, gesegnet mit einer Vielzahl von Flüssen und Städten und fruchtbaren Ländereien, von erstaunlicher Kunstfertigkeit, erstrahlend in der Schönheit seiner Frauen, volkreich und betriebsam. Desgleichen die Chinesen: erstaunlich in ihrer Geschlossenheit, der Vielzahl ihrer Handwerke, ihrem hohen Kampfgeist, in der Herstellung von Eisen, und dazu einem Reich, das sie vereint. Und ebenso die Türken, trotz ihrer schlechten Lebensbedingungen und des Mangels an Ackerland und fruchtbarem Bodenertrag, an befestigten Städten und Dingen wie Behausung und Kleidung, die zu Anfang zivilisierten Lebens auf dieser Welt stehen, denn sie haben darüber hinaus Fürsten, die ihre weitgedehnten Lande zusammenhalten und regieren. Von all dem habe ich bei den Arabern in bezug auf gute Qualitäten nichts erkennen können, nicht in Glauben und Religion und nicht in den Dingen dieser Welt, nicht in Entschlossenheit und Stärke [und nicht in Zusammenhalt und Weisheit]. Wohl aber deutet manches auf ihre Minderwertigkeit und Erbärmlichkeit hin, und auf ihre Willensschwäche in diesem Zustand, den sie mit dem flüchtigen Getier und den schweifenden Vögeln teilen! Aus Armut bringen sie ihre Kinder um, und aus Not fressen sie einander auf. Speise, Trank und Kleidung dieser Welt sind ihnen ebenso verwehrt wie deren Freuden und Genüsse. Das beste, was sie zu essen finden, ist das Fleisch von Kamelen, das von [vielen Vögeln und] Raubtieren wegen seiner Unverdaulichkeit, seines schlechten Geschmacks und aus Furcht, davon krank zu werden, verschmäht wird. Wenn einer von ihnen einen Gast bewirtet, hält er es für eine noble Tat, und gibt man ihm einen Brocken zu essen, betrachtet er ihn als Beutestück. Davon kündet ihre Dichtung, und damit prahlen ihre Männer. Die Ausnahme bildet dieser Stamm der Tanūḫ, deren Gemeinschaft mein Großvater gründete und deren Land er stärkte und gegen Feinde verteidigte zum bleibenden Verdienst bis zum heutigen Tage, und so haben sie zudem Hab und Gut und Burgen und Besitz ähnlich dem anderer Menschen. Doch sehe ich euch nicht demütig und bescheiden ob der Schmach und Not und Armut und des Elends bei euch, ihr brüstet euch gar und sucht euch über andere Menschen zu erheben!«

Da erwiderte Nuʿmān: »Du hast wahr gesprochen, o König. Dieses dein Volk ist fürwahr erhaben in seiner Trefflichkeit und Macht und hohen Stellung. Doch wüßte ich eine Antwort auf all die Dinge, die der König vorgetragen hat, ohne ihm zu widersprechen oder ihn gar zu widerlegen. Wenn du mir versicherst, nicht zu erzürnen über das, was ich zu sagen habe, so will ich es vorbringen.« Chosroes antwortete: »Du hast diese Sicherheit!«

Da sprach Nuʿmān: »Was dein eigenes Volk betrifft, so wird niemand seinen Vorrang bestreiten angesichts seiner geistigen und moralischen Gaben, der Weite seines Landes, des Glanzes seiner Macht und der Auszeichnung, die ihm von Gott widerfahren ist in Gestalt deiner und deiner Väter Regentschaft. Doch von den Völkern, die du erwähnt hast, ist keines, das nicht von den Arabern an Trefflichkeit überragt würde.« – »Und warum?« fragte Chosroes.

»Dank ihrer Stärke und Festigkeit«, erwiderte Nuʿmān, »und wegen ihres stattlichen Aussehens und ob ihrer Ehrenhaftigkeit, ihrer Tapferkeit, ihrer Führerqualität, ihrer Freigebigkeit, der Weisheit ihrer Rede und der Schärfe ihres Verstandes, und weil sie ihrem Wort treu bleiben.

Was ihre Stärke und Festigkeit betrifft: Sie waren schon Klienten deiner Väter und Vorväter, als diese das Land eroberten, ihre Herrschaft konsolidierten und ihre Heerscharen ins Feld führten; nicht einer suchte ihnen die Herrschaft streitig zu machen, [und sie blieben stets geachtet in ihren Augen,] noch ward einem Vorteil und Gewinn von ihnen zuteil. Vielmehr, ihre Burg ist der Rücken ihres Pferdes, ihre Wiege der blanke Erdboden, ihr Dach das Himmelszelt, ihr Schutz das Schwert, ihre Rüstung die Ausdauer, wo anderer Völker Macht und Größe nichts ist als Steine und Lehm, Inseln und Meere, [Festungen und Burgen.]

Was die Schönheit ihrer Gesichtszüge und ihrer Hautfarbe angeht, da mag man ihren Vorrang vor den sonnenverbrannten Indern, den bartlosen Chinesen, den häßlichen Türken, den verkniffenen Griechen erkennen.

Betreffs ihrer Genealogie und Abstammung: Es gibt kein Volk, bei dem man nicht in Unkenntnis wäre über seine Ahnen, seine Anfänge und vieles von seiner Geschichte, so daß, fragt man einen von diesen nach seinen Altvordern, er weder seinen Stammbaum aufzuzählen weiß noch überhaupt seine Ahnen kennt. Von den Arabern hingegen gibt es keinen, der nicht seine Vorfahren der Reihe nach zu nennen wüßte. So haben sie ihre edle Abstammung gehütet und ihren Stammbaum im Gedächtnis bewahrt. Kein Mann wird sich einer anderen Sippe anschließen, noch wird er seine Herkunft von jemand anderem als seinen eigenen Ahnen herleiten, noch wird er sich brüsten, von jemand anderem abzustammen als von seinem Ahnvater.

Was [ihren Mut und] ihre Freigebigkeit betrifft, so nennt selbst der geringste ihrer Männer eine junge oder alte Kamelstute sein eigen, die ihm die Dinge zum Überleben, seine Nutzlast und genügend Proviant und Wasser für ihn trägt. Doch kommt nächtens ein Wanderer an seine Tür, der sich begnügte mit einem Bissen und sich bescheidete mit einem Trunk, so wird er die Stute für ihn schlachten und sich gern von all seiner irdischen Habe trennen, weil ihm dies gute Nachrede und lobendes Gedenken einbringt.

Betreffs der Weisheit ihrer Zunge: Gott gab ihnen in Gestalt ihrer Dichtkunst und der Schönheit und Feinheit ihrer Rede mit Metrum und Reim, vereint mit Lebensklugheit, der Gabe prägnanter Formulierung und Meisterschaft der Deskription, Dinge, wie sie ihresgleichen nicht einer der Sprachen anderer Rassen eigen sind. Zudem sind ihre Pferde die vortrefflichsten Pferde, ihre Frauen die züchtigsten Frauen, und ihre Kleidung ist die beste Kleidung. Ihre Metalle sind Gold und Silber, und das Gestein ihrer Gebirge ist der Onyx. Ihre Reitkamele sind so, daß nur auf ihresgleichen Reisende ihr Ziel erreichen und man nur mit ihresgleichen eine Wüste zu durchqueren vermag.

Was ihren Glauben und ihr Gesetz betrifft, an ihn halten sie sich in gar großartiger Weise. Sie haben heilige Monate und einen geheiligten Bezirk und einen Pilgerschrein, wo sie ihre frommen Übungen verrichten und ihre Opfertiere schlachten. Trifft dort ein Mann den Mörder seines Vaters oder Bruders, so halten ihn sein Edelmut und sein Glauben davon ab, diesem Böses anzutun, wiewohl er Blutrache nehmen und sich Genugtuung verschaffen könnte, [aus Ehrfurcht vor jenem Haus und zu Ehren jener Stätte.]

Betreffs ihrer Worttreue: Wirft einer nicht mehr als einen Blick (auf einen anderen), so ist dieser Blick Verpflichtung für den, der ihn geworfen hat, und er wird nicht eher von seiner innersten Verpflichtung ablassen, bis er sie erfüllt hat. Wenn einer ein Stück

Holz vom Boden aufhebt, so wird dieses zum Unterpfand seiner Schuld, und er wird dieses sein Unterpfand weder freigeben noch seine Verpflichtung unerfüllt lassen, aus Furcht vor Gott dem Allmächtigen. Kommt einem von ihnen zu Ohren – er mag sogar gerade weit von seiner Heimat sein – daß jemand seinen Schutz sucht, so wird er diesen gegen seinen Feind verteidigen und ihm Schutz gewähren, selbst wenn dabei sein eigener Stamm oder jener Stamm, gegen den der andere Schutz suchte, untergehen sollte, nur um sein Bündnisverhältnis zu erfüllen. Und sucht (selbst) ein Übeltäter – weder bekannt noch verwandt – bei einem von ihnen Zuflucht, so nehmen sie ihn bei sich auf und verteidigen (ihn und) seine Habe mit ihrem Leben und ihrem Eigentum.

Wenn du, o König, sagst, daß sie aus Not ihre eigenen Kinder töten, so taten es jene, die so handelten, gegen ihren Willen, aus Angst vor Schande und aus Furcht vor dem Ehemann.

Zu deiner Behauptung, o König, die beste Nahrung, derer sie habhaft werden können, sei Kamelfleisch so, wie du es beschrieben hast: Wenn sie auf anderes Fleisch verzichten, so nur, weil sie es gering achten und nur das feinste und beste Fleisch im Auge haben. Denn das Kamel ist ihnen zugleich Reittier und Nahrungsquelle, wobei noch hinzukommt, daß es das Tier mit dem meisten Fleisch, dem wohlriechendsten Fett, der feinsten Milch ist und daß sein Fleisch am wenigsten schädlich und am angenehmsten zu kauen ist. Kein Fleisch der Welt kann es mit dem Kamelfleisch aufnehmen, ohne daß dessen Vorzug sofort in Erscheinung tritt.

Daß sie einander bekämpfen und sich gegenseitig aufreiben und sich weigern, einem einzigen Manne zu folgen, der sie lenkt und regiert: Eine solche Unterordnung kennt nur ein Volk, das um seine eigene Schwäche weiß und in Furcht vor einem möglichen Feinde lebt; solche Leute brauchen einen Herrscher, der sie regiert, der einer ihrer angesehensten und mächtigsten Männer ist, dessen ehrenvolle Stellung vor allen anderen sie anerkennen, dem sie in schweren Zeiten folgen und dessen Befehl sie sich unterwerfen. Was aber die Araber betrifft, o König, so sagen viele unter ihnen, eben wegen ihrer Großmut, ihrer Worttreue, ihres Glaubens, der Weisheit ihrer Zunge und ihrer Freigebigkeit, sie seien allesamt Könige in all deren Erhabenheit, und keiner unterwerfe sich der Führung des anderen. Denn sie sind edlen Blutes.

Was Südarabien angeht, welches der König beschrieben hat: Niemand kennt dessen Herrscher besser als deine Väter und Vorväter! Damals, als der König von Abessinien an der Spitze von zweihunderttausend Mann gegen ihn (das heißt Saif ibn Ḏī Yazan) zog und sein Reich eroberte, und als dieser an deinen Hof kam, hilfesuchend, gedemütigt, verachtet, ausgeplündert, da ist ihm keiner deiner Vorväter und Väter beigestanden. Und so wandte er sich an die Araber um Hilfe, und sie gewährten sie ihm. Hätten ihn nicht benachbarte Araber gerächt, wäre er wahrscheinlich verloren gewesen und hätte seine Heimat nie wiedergesehen, und hätte er nicht wackere Kämpfer gefunden, die mit ihm zusammen freie Männer töteten und die Reihen der Ungläubigen sprengten und die üblen Schwarzen niedermetzelten, er wäre nie wieder nach Südarabien zurückgekehrt.«

Chosroes war erstaunt über das, was Nuʿmān vorgebracht hatte, und sprach: »Du bist wahrhaftig deiner Führerstellung an der Spitze des Volkes deines Landstrichs würdig, und selbst eines besseren!« Dann verlieh er ihm ein Ehrengewand, erwies ihm mannigfache Huld und schenkte ihm viele Dinge, und schließlich sandte er ihn heim nach al-Ḥīra.

Doch später entsandte er Truppen gegen ihn und ließ ihn umbringen. Der Stamm der Tanūḫ ist ein Zweig der Südaraber.[117]

Und von Anas ibn Mālik – Gott habe Wohlgefallen an ihm – wird überliefert:

Eines Tages kam ein Ägypter zu ʿUmar ibn al-Ḫaṭṭāb und hub an, sich über ʿAmr ibn al-ʿĀṣ zu beschweren. »Beherrscher der Gläubigen«, sprach er, »ich bin hier, deinen Schutz zu suchen!« – »Der Schutz ist dir gewährt«, erwiderte ʿUmar, »worum handelt es sich?« Da berichtete der Mann: »Ich ritt mit dem Sohn von ʿAmr ibn al-ʿĀṣ um die Wette und schlug ihn im Rennen. Darauf fiel dieser mit einer Peitsche in der Hand über mich her und begann damit auf mich einzuschlagen, wobei er ausrief: ›Ich bin der Sohn hochedler Eltern!‹ Der Vorfall kam ʿAmr ibn al-ʿĀṣ zu Ohren, und da dieser fürchtete, ich könnte zu dir gehen und mich über seinen Sohn beklagen, ließ er mich einsperren. Ich aber entkam aus dem Gefängnis, und so siehst du mich hier bei dir.«

Daraufhin schrieb der Kalif einen Brief: ›ʿUmar ibn al-Ḫaṭṭāb an ʿAmr ibn al-ʿĀṣ. Nach Erhalt dieses meines Schreibens wirst du dich mit deinem Sohne zur Zeit der Pilgerfahrt bei mir einfinden!‹ Sodann wandte er sich an den Ägypter und sprach: »Geh jetzt und warte, bis dein Gegner hier ist.«

Nachdem ʿAmr ibn al-ʿĀṣ und sein Sohn sich zur Wallfahrt eingestellt hatten, empfing sie ʿUmar ibn al-Ḫaṭṭāb in Audienz, und als sie alle vor ihm Platz genommen hatten, trug der Ägypter seine

Klage wie beim ersten Male vor. Hierauf winkte ʿUmar ibn al-Ḫaṭṭāb mit der Hand und befahl dem Ägypter: »Nimm diese Peitsche und verprügle ihn damit!«

Und der Ägypter ging hin zu ʿAmrs Sohn und ließ ihn die Peitsche schmecken.

Weiter heißt es bei Anas:

Und weiß Gott, er schlug ihn! – wir selber hatten das Verlangen, ihn zu verhauen – und schlug und schlug, bis wir wünschten, er würde ihn nicht weiter schlagen, so sehr prügelte er auf ihn ein! Und ʿUmar – Gott habe Wohlgefallen an ihm – ermunterte ihn dieweil: »Gib's dem ›Sohn hochedler Eltern‹!«

Schließlich sagte ʿAmr ibn al-ʿĀṣ: »Nun hast du deine Vergeltung, Beherrscher der Gläubigen.« Doch ʿUmar ibn al-Ḫaṭṭāb sprach zu dem Ägypter: »Nimm ʿAmrs Turban ab und laß die Peitsche auf seiner Glatze tanzen!« Aber davor scheute sich der Ägypter: »Ich habe den geschlagen, der mich geschlagen hat, Beherrscher der Gläubigen. Warum sollte ich den schlagen, der mich nicht geschlagen hat?« Worauf ʿUmar – Gott habe Wohlgefallen an ihm – erwiderte: »Weiß Gott, kein Mensch hätte dich gehindert, wenn du's getan hättest!«

Dann wandte sich ʿUmar an ʿAmr ibn al-ʿĀṣ: »Seit wann machst du Leute zu Knechten, die von ihren Müttern als Freie zur Welt gebracht wurden?«

Daraus ersieht man, daß auch die Freiheitsliebe schon von alters her ein Wesenszug der Araber ist.

Ferner dürfen wir die vorliegende Reisebeschreibung nicht beschließen, ohne jenem Manne für seine Wohltaten gedankt zu haben, der durch organisatorische Betreuung der Studenten und Planung ihres Unterrichts in Paris dazu beiträgt, die Sache unseres Landesherrn zum Erfolg zu führen – dem Freund und Gönner Ägyptens und der Ägypter, Herrn Jomard. Er müht sich mit Eifer und mit dem ehrlichen Wunsch, die Ziele unseres erlauchten Landesherrn verwirklicht zu sehen, und nimmt sich der Sache in so großzügiger Weise an, als wäre er selbst ein treuer Sohn Ägyptens. Er verdient fürwahr, zu den Freunden Seiner Durchlaucht des Khediven gezählt zu werden.

Davon zeugen in höchstem Maße seine Ausführungen in dem Almanach, den er im Jahre 1244 n. d. H. für Ägypten und Syrien verfaßt hat. Darin sagt er, er werde, falls ein allerhöchster Erlaß und entsprechende Anordnungen des Khediven an ihn ergehen, jedes Jahr einen Almanach in dieser Form zusammenstellen, um dergestalt zum zivilisatorischen Aufschwung der ägyptischen Provinzen beizutragen. In seiner Vorrede sagt er unter anderem, er wolle in diesem Almanach eine Reihe von Sachgebieten erörtern:[118]

1. Eine Darstellung der Priorität von Gewerben und Handwerken, derer Ägypten von Anfang bis Ende bedarf.
2. Das Handelswesen von Europa, Asien und Afrika, zum Beispiel den Karawanenverkehr des Berberlandes, von Dārfūr, von Sennār und von Westarabien, sowie eine Gegenüberstellung der diversen Maße, Hohlmaße und Gewichte, die in den verschiedenen Ländern in Gebrauch sind.
3. Angelegenheiten der Landwirtschaft, welche in früheren Zeiten einer der Gründe für den Wohlstand der Bewohner Ägyptens war und deshalb das erste sein sollte, dem der Staat in Ägypten, mit seinem guten Boden, seine Aufmerksamkeit zuwendet. Die Landwirtschaft hat viele wichtige Zweiggebiete, darunter: die Agronomie, mit den Untergebieten Saatverbesserung und Amelioration von neugewonnenem Wiesenland; Vervollkommnung des Baumwollanbaus, der Indigokultur, des Weinbaus, der Oliven- und Maulbeerzucht; Gewinnung von Indigopulver und von vielen Arten von Ölen; Kenntnis der Bienenzucht, der Seidenraupenzucht und der Zucht der Kermeslaus; Haustierhaltung, Zuchtverbesserung von einheimischen Tieren wie Pferden, Ziegen und wollspendenden Tieren durch Absonderung von anderen und Einfuhr von ausländischen Tieren, Kenntnis der Veterinärmedizin und der Behandlung von Tierkrankheiten wie etwa der Viehseuche; Schutz des Getreides vor Wurmfraß; Baumpflanzung und Anpflanzung von Bäumen und Hecken entlang der Straßen; Wartung von Obstgärten und von jeglicher Art von landwirtschaftlichen Nutzgebäuden. Im Zusammenhang mit der Landwirtschaft werden wir auch Seiten- und Hauptkanäle für die Bewässerung und Dränierung des Landes sowie Straßen, Deiche und Aquädukte zur Herbeiführung von Was-

ser im Flachland wie im Gebirge behandeln. Alle diese Dinge wollen wir im Zusammenhang mit der Landwirtschaft erörtern.

4. Wir werden über verschiedene Dinge aus der Physik, den drei Naturreichen und den mathematischen Wissenschaften sprechen und dort auf die magnetische Substanz eingehen, welche die Ärzte bei der Behandlung der Lähmung und dergleichen heranziehen, sowie über Magnetismus, Erdtemperatur, meteorologische Erscheinungen und Tau und Regen zwischen den zwei Wendekreisen; auch wollen wir über Meteoriten, feuerspeiende Berge, sogenannte ›Vulkane‹, und über physikalische Geräte wie Chronometer, Thermometer und Hygrometer reden sowie über Gewitterschutz, über Teleskope und über Mikroskope. Desgleichen werden wir die Mineralogie, die Gewinnung von Mineralen und Metallen und das Brechen von Steinen erörtern, wie auch die Heilkräuterkunde, die industriellen Nutzpflanzen und die Nutztiere und nicht zuletzt die Algebra und Geometrie.

5. Dieser Themenkreis schließt ein: mehrere Zweiggebiete der Nationalökonomie und Staatswissenschaft sowie Mitteilungen über Länderkunde, über den Grund des Reichtums und Wohlstandes der verschiedenen Länder und ihrer Bewohner, über die dortigen Lebensverhältnisse, über männliche und weibliche Geburtenziffern in den einzelnen Orten, über ihre Zivilverwaltung und über die allgemeinen Prinzipien, welche der Politik der Europäer zugrunde liegen, nämlich die Naturrechte, die öffentlichen Rechte und das Völkerrecht, mit anderen Worten, die Rechte, welche die einzelnen Staaten einander gegenüber haben.

6. Öffentliche und private Gesundheitspflege: Dort werden wir über Pockenschutzimpfung, die Pest und ihre Behandlung, über allgemeine Krankheiten und Unfälle sowie über einiges aus der Anatomie sprechen.

7. Hier wollen wir eine Menge diversen Lehrstoffs anführen: literarische und philosophische Fragen, Sprachen und bestimmte Wissensgebiete wie die Redekunst. Auch werden wir dort über Schulen und Bildungsanstalten in den verschiedenen Ländern sprechen, kurze Abrisse der Geschichte der einzelnen Länder, vor allem Ägyptens, geben und Geschichten und Anekdoten aus der europäischen und orientalischen Erbauungsliteratur und Rhetorik erörtern. Desgleichen wollen wir ein wenig auf die Logik eingehen und auch die Mittel aufzeigen, welche den Unterricht in Lesen, Schreiben und Rechnen vereinfachen und verkürzen, sowie Wege, wie man solche Dinge in kürzester Zeit allen einfachen Leuten beibringen kann.

8. Hier gehen wir einer Anzahl von Dingen verschiedener Art nach

und werden dabei Angaben über den Handel, die Schiffahrt, die Einrichtung öffentlicher Kutschendienste, den Bau von Straßen, Kanälen und Hängebrücken, die Signaleinrichtung, welche man ›Telegraph‹, das heißt Nachrichtensignalisierung, nennt, und überhaupt alle Erfindungen bei den Europäern machen.

Um den Nutzen des Buches vollständig zu machen, fügen wir Anschauungstafeln bei und zeichnen wir geographische Karten sowie Abbildungen von den Pflanzen und Tieren, die man aus dem Ausland einführen und in Ägypten züchten sollte. Auch erwähnen wir eine Menge von Dingen, die sich im Laufe der Zeiten ereignet haben. Mit einem Wort, wir bringen kleine Abhandlungen, die sich aus wichtigen Grundfragen ableiten und in gemeinverständlicher Form aus dem Munde von Gewährsleuten bezogen sind, und entlehnen nichts davon aus Büchern.

Er hat das versprochene Vorhaben nicht ausgeführt, denn er hat es von einem allerhöchsten Erlaß abhängig gemacht, und ein solcher Befehl ist bislang nicht an ihn ergangen. Kurz und gut, er ist ein glühender Freund Ägyptens, nach außen wie im Innersten des Herzens, und gehört zu denen, die unserem Landesherrn zu dienen wünschen, aus persönlicher Freundschaft und aus Liebe für seinen Staat.

Hier endet nun der Bericht, den ich mit Gottes Hilfe schreiben konnte, über die Geschehnisse der Reise in ein Land, dessen Wissensstand nur jemand leugnen wird, der unbillig denkt und ohne Wissen ist. Ein Dichter sagte:

Das Aug, weil getrübt, mag die Sonne verleugnen,
der Mund, weil man krank, mag kein Wasser vertragen,
Doch Vorzug, wie Sonne, bleibt keinem verborgen,
es sei denn, wer selbst von der Höh aus nichts wahrnimmt.

Da der Wert einer Tat von der damit verbundenen Absicht bestimmt ist und es auf rechte Gesinnung ankommt, kann kein Verlaß sein auf Leute, denen es an Klarheit der Entscheidung und ersichtlicher Finesse fehlt. Ich bin auch nicht an Leuten interessiert, die es im Staatsdienst zu hohem

Rang gebracht haben und die dem islamischen Gesetz verhaftet sind, wo sie den Ton angeben und als Fachleute gelten. Vielmehr geht es mir darum, unsere Landsleute anzuspornen, jene Dinge zu übernehmen, die ihnen Stärke und Macht einbringen und sie befähigen werden, ebensolchen Leuten die Entscheidungen zu diktieren. Mit einem Wort, die Dinge liegen heute bei uns so wie zur Zeit der (frühen abbasidischen) Kalifen. Wie schon der Dichter sagte:

Das Blau des Morgens siehst du vor des Tages Glast,
ein Tröpfeln ist der Regen erst, bis daß er gießt.

Auf alle Fälle bitte ich jeden, der Einblick in das vorliegende Buch nimmt, es ganz und sorgfältig zu lesen, auf daß er verstehe, was es sagen will. Denn wer das Buch genau liest, sieht am ehesten, wo seine Mängel liegen. Ich für mein Teil kann mich nur den Worten des Dichters anschließen:

Hier hast du nun was, das auf altem Papiere
ersonnen ein Mann von geringem Vermögen.
Wenn Mangel sich zeigt, solltest Nachsicht du üben,
wo Gott doch verzeihet so viele der Sünden!

Laß uns denn diesen Epilog beschließen mit einem Gebet für Seine Durchlaucht den Khediven. Möge Gott ihn und seine Nachkommen beschützen und ihm hohes Ansehen geben unter den regierenden Häusern des Ostens wie des Westens. Möge Gott Ägypten und seine Provinzen das Wohl der Zivilisation und Gerechtigkeit genießen lassen, wie sie ihm bisher in so reichem Maße von seiten unseres Landesherrn zuteil geworden sind, und möge Er zum Wohle des Landes seine Regierungszeit ausdehnen in der Glorie des Siegels der Propheten, welche den Weg zu seinem Herrn gewiesen – Gottes Segen über ihn und seine Familie, seine Gefährten, seine Freunde und seine Parteigänger! Amen.

Anmerkungen

1 Vgl. Koran 17 (Die Nachtreise): 1. Den Koranzitaten liegt die Ausgabe von A. J. Arberry: The Koran Interpreted (New York. Macmillan 1955) zugrunde.

2 Im arabischen Original:

wa-man yaġtarib ʿan azhari ʾl-ʿilmi fal-yanuḥ
ʿalā buʿdi dāri ʾl-ʿilmi wa-ʾl-ʿulamāʾi
fa-fīhi buḥūrun ṭāmiyātun wa-ġairuhū
buḥūru ʿarūḍin lā tajūdu bi-māʾi

Keine Wiedergabe in einer anderen Sprache vermag den beabsichtigten Mehrdeutigkeiten und Anspielungen, mit denen das Verspaar (Metrum: *ṭawīl*) operiert, gerecht zu werden. So bedeutet das Schlüsselwort *ʿarūḍ* u. a. ›Strand, der sich vor dem Wanderer ausbreitet‹; *al-ʿarūḍ* wiederum ist ein alter Name für die Gegend zwischen Mekka und Medina und zugleich bis heute der Terminus für ›Prosodie, Verskunst‹, so daß beim gebildeten arabischen Leser eine mindest dreifache Assoziation von *baḥr* hervorgerufen wird: 1) ›Meer‹; 2) (elliptisch für *baḥr al-ʿilm*) ›Koryphäe, Autorität‹; 3) ›Metrum‹. *Māʾ* ›Wasser‹ im letzten Halbvers dürfte elliptisch für *māʾ al-ʿain* ›die liebevolle Sorge einer Mutter um die Erziehung ihrer Kinder‹ konzipiert sein. Und *azhar al-ʿilm* im ersten Halbvers bedeutet natürlich nicht nur ›die Blütenreiche (oder die Azhar-Hochschule) des Wissens‹, sondern auch ›die in höchster Blüte stehende Wissenschaft‹.

3 Ṭahṭāwī in der 2. Ausgabe von 1849: *min maʿšari ašrāfin* ›aus einer Sippe von Scherifen‹ (d.h. Nachkommen des Propheten).

4 Auf der Titelseite der Erstausgabe ist die Präposition in diesem Ziertitel nicht *fī* sondern *ilā*, was ihm einen anderen, vielleicht überzeugenderen, Sinn gibt: ›Die Läuterung des Goldes auf dem Wege zur zusammenfassenden Darstellung von Paris‹.

5 *īwān:* ein erhöhter, durch Säulen und Bogen vom Gesellschaftsraum abgesetzter, mit Polstersitzen – dem *dīwān* – ausgelegter Teil des herkömmlichen arabischen Hauses. Der Titel spielt mit dem Doppelsinn von *dīwān* als ›Gedichtsammlung‹ oder ›Sammelwerk‹ schlechthin.

6 Gemeint ist hier die kurze Inhaltsskizze, die Ṭahṭāwī dem ›eigentlichen Buch‹ vorangestellt hat. Sie spiegelt wohl sein ursprüngliches Konzept wider, denn nur die ersten drei Abhandlungen decken sich inhaltlich mit seinem dortigen Plan. Die in seiner Skizze verheißene 4. Abhandlung läßt er im vorliegenden Werk völlig außer acht. Dem Gutachten von Caussin de Perceval im 4. Abschnitt der 4. Abhandlung läßt sich entnehmen, daß der Autor die 6. Abhandlung erst nach seiner Rückkehr nach Kairo in die vorliegende Form gebracht haben kann. Über eine späte Niederschrift der Abhandlungen 4 und 5 kann kein Zweifel bestehen.

7 Das Gebiet zwischen dem Weißen und Blauen Nil im östlichen Sudan, vormals ein christliches Königreich und so hier als Repräsentant nubischer Kultur verstanden.

8 Offensichtlich ein naives Mißverständnis des Autors. Es war das von *al-Maʾmūn* (813–833) in Bagdad begründete Observatorium, das Messungen – u.a. der Neigung der Ekliptik – an Hand der Übersetzung des ›Almagest‹

von Claudius Ptolemaeus vornahm; von einer aktiven Beteiligung des Kalifen an diesem Unternehmen ist nichts bekannt.

9 Gemeint ist *Iṣṭifān ibn Basīl* (Stephan, Sohn des Basilius), ein Schüler des berühmten Übersetzers und Leibarztes *al-Mutawakkils*, *Ḥunain ibn Isḥāq* (gest. 873), und selbst Übersetzer mehrerer medizinischer Werke; cf. C. Brockelmann: Geschichte der arabischen Litteratur (GAL²) Suppl. I, 370 und I, 255. Allerdings nicht des hier angeführten Werkes von Pedanius Dioscorides; dieses wurde von Ḥunains Neffen (und Schüler) *Ḥubaiš ibn al-Ḥasan al-Asʿam* ins Arabische übertragen (s. GAL² I, 228).

10 So im arabischen Original. Gemeint ist *Romanos I.* (Lacapenos, 922–944).

11 Gemeint ist der schiitische Polyhistor und Dichter *Bahāʾ al-Dīn Muḥammad ibn Ḥusain al-ʿĀmilī* (1547–1622). (cf. GAL² II, 546; S II, 595)

12 D.h. Alaska und die nordamerikanische Westküste einschließlich des nördlichen Teils von Kalifornien.

13 Hier nicht im modernen Sinne, sondern als (der östliche Teil von) Kanada zu verstehen.

14 Diese Bedeutung des völlig unbekannten Namens *al-Nūtāziyya* – so ausdrücklich mit Vokalisationsangabe im arabischen Text buchstabiert – ist aus dem Kontext weiter unten erschlossen.

15 Das spanische Kolonialgebiet, aus dem die heutigen Staaten Ekuador, Kolumbien, Panama und Venezuela hervorgingen.

16 Der Zusatz ›oder Ungläubige‹ ist in der 2. Ausgabe von 1849 ausgelassen.

17 *Abū Muḥammad al-Qāsim ibn ʿAlī* (1054–1122), brillantester Vertreter des literarischen Genres der Makamen, in Reimprosa abgefaßter Bravourstücke didaktischer Erzählung (s. GAL² I, 325; S I, 486).

18 *Muḥammad ibn al-Ṭāhir al-Husain al-Mūsawī* (970–1016),

Bagdader Dichter und Philologe aus Alidischem Geschlecht (s. GAL[2] I, 81; S I, 131).

19 *'Abdī Efendi Šukrī*, der Sohn von Mohammed Ali's Stellvertreter *(katḫudā)*, *Ḥabīb Efendi*, war ein in Konstantinopel geborener Türke. Nach dem Studium der Zivilverwaltung kehrte er 1831 nach Ägypten zurück und wurde 1834 zum Stellvertreter seines Vaters und Mitglied des Obersten Rates *(al-Majlis al-A'lā)* ernannt. 1850 machte ihn 'Abbās I. zum Leiter des Schulwesens *(Mudīr al-Madāris)*. Er starb 1854.

Muṣṭafā al-Muḫtār Efendi, wie Mohammed Ali in Kavalla im nordöstlichen Mazedonien geboren, ging im Alter von 24 Jahren nach Paris. Nach dem Studium der Militärverwaltung kehrte er 1832 nach Ägypten zurück und wurde im gleichen Jahre zum Major im Bey-Rang befördert und als Adjutant von Ibrahim Pascha nach Syrien abkommandiert. Er wurde später Direktor des Hohen Rates *(al-Majlis al-'Ālī)* und dann Leiter des Schuldepartements *(Dīwān al-Madāris)*. Er starb 1839 im Alter von 37 Jahren.

Der Türke *Ḥasan Efendi al-Iskandarānī* war mit 38 Jahren der weitaus älteste der drei Missionschefs. Er studierte in Brest Marinewesen, ging später mit einer Gruppe für ein Jahr nach England und kehrte 1833 nach Ägypten zurück, wo er erst zum Leiter der Werft von Alexandria und später zum Chefinspektor der Marine *(Nāẓir al-Baḥriyya)* aufstieg. Er ertrank 1855 im Krimkrieg.

NB: Die bombastischen, reimenden Höflichkeitsfloskeln vor den Namen – im Falle von 'Abdī Efendi z. B. ›Besitzer vollkommenen Urteils und der Regierungserfahrung, Inhaber der zweifachen Auszeichnung von Schwert und Feder, Kenner der Gebräuche der Araber und der Ausländer‹ – sind, da unwesentlich, in der Übersetzung ausgelassen.

20 *Edme-François Jomard* (1777–1862), Ingenieur, Geo-

graph und Archäologe; ehemaliger Schüler der École polytechnique; Mitglied der wissenschaftlichen Kommission des Institut d'Égypte (1799–1801); arbeitete nach seiner Rückkehr nach Paris an der Herausgabe der mehrbändigen ›Description de l'Égypte‹, einer Sammlung von Arbeiten der am ägyptischen Feldzug beteiligten französischen Wissenschaftler; Mitbegründer und Vorsitzender der Société de géographie (gegr. 1821); Konservator und Geschäftsführer der Bibliothèque nationale (1828).
Ṭahṭāwī übersetzte seinen ›*Almanac de l'Égypte et de la Syrie pour l'année 1244 de l'hégire*‹ (Paris 1830) ins Arabische.

21 Ein Nachkomme des abbasidischen Kalifen al-Hādī (785/86), schafiitischer Jurist, *fl.* um die Wende des 12. Jahrhunderts in Bagdad (vgl. Yāqūt:*Mu'jam al-buldān*, Beiruter Ausg., I, 183 a). – Die ersten beiden Paragraphen dieses Abschnittes sind dem *Qāmūs* von Fīrūzābādī entnommen (Kairiner Ausg. 1371/1952, 2:52).

22 Sein wirklicher Name ist *Ismā'īl ibn 'Alī* – ›*Nāṣir*‹ ist ein Teil des Titels des Mamlukensultans, der ihm 1320 die erbliche Sultanswürde von Hama übertrug. Er lebte von 1273 bis 1331. Sein *Taqwīm al-buldān*, hier zitiert, wurde von dem französischen Orientalisten Reinaud, den Ṭahṭāwī gegen Ende seines Parisaufenthaltes persönlich kennenlernte, 1846 ediert und mit einer wertvollen Einleitung über orientalische Geographen unter dem Titel ›La Géographie d'Aboulféda‹ mit französischer Übersetzung herausgegeben. (cf. GAL^2 II, 55–57)

23 Es handelt sich um den ägyptischen Historiker *Ibn Iyās* (1448–1524); (cf. GAL^2 II, 380; S II, 405)

24 Gemeint ist der albanische Nationalheld *Georg Kastriotis* (1405–1486).

25 Diese Behauptung taucht in der muslimischen Literatur zum ersten Male etwa fünfhundert Jahre später bei 'Abd al-Laṭīf al-Baġdādī (1162–1231) auf, der das Er-

eignis als bekannt vorauszusetzen scheint, und wird in derselben Form von *Abū 'l-Fidā'* und von *Maqrīzī (Kitāb al-Mawā'iẓ.* Bulaq 1270/1853, 1:159) kolportiert. Auf Barhebraeus (1226–1289) läßt sich die anekdotisch ausgeschmückte Form zurückleiten, wonach der Kalif *'Umar ibn al-Ḫaṭṭāb* seine Order, die Bibliothek von Alexandria zu vernichten, angeblich mit den Worten begründete, daß die Bücher, falls ihr Inhalt mit dem Worte Gottes übereinstimme, unnötig seien, und wenn nicht, dann unerwünscht. Die Nachweise für die Unglaubwürdigkeit der Behauptung, die wahrscheinlich eine Erfindung der Kopten ist, hat Alfred J. Butler in *The Arab Conquest of Egypt* (Oxford 1902, pp. 401–26) zusammengetragen.

26 Gemeint ist G. Deppings *Aperçu historique sur les mœurs et coutumes des nations*, welche 1833 erschien und von welcher Scheich Rifā'a selbst eine Teilübersetzung anfertigte.

27 Wohl italienisch *Puglia*, d. h. Apulien, Teil des Königreichs Neapel.

28 ›*Gebel*‹ (von arab. *jabal*, ›Berg‹) wurde der Etna zur Zeit der Araber genannt, und daraus wurde dann unter Gebildeten der Name ›Mongibello‹ (monte-gebel). Für die einheimische Bevölkerung ist er schlicht ›la Montagna‹.

29 *Abū 'l-Ḥasan 'Alī ibn al-Ḥusain*, der ›Herodot der Araber‹, geboren in Bagdad, starb 956 oder 957 in Fusṭāṭ in Ägypten. Sein mit witzigen Anekdoten gespicktes kulturgeographisches Werk *Murūj al-ḏahab* (›Die goldenen Wiesen‹) ist ein Kulturspiegel nahezu enzyklopädischen Umfangs und die reichste und unterhaltsamste Informationsquelle für die östliche Welt jener Zeit; es liegt seit dem vorigen Jahrhundert in französischer und englischer Übersetzung vor. (cf. GAL² I, 150 ff.; S I, 220)

30 Es ist keineswegs klar, auf welches Ereignis sich der Verfasser hier bezieht. Da seine Ausführungen über

Vulkane mit Sicherheit einer französischen Quelle entnommen sind, müßte man annehmen, daß es sich um das Jahr 793 nach christlicher Zeitrechnung handelt. Von einer katastrophalen Eruption des Etna in diesem Jahre ist jedoch nirgendwo die Rede, und außerdem würde die angegebene Verlustziffer gegen ein so frühes Datum sprechen. Dem muslimischen Jahr 793 entspricht das christliche Jahr 1391, für das sich ebenfalls kein Ausbruch belegen läßt. Die Stadt Catania – wenn es sich überhaupt um diese handelt, denn das arabische Original gibt den Namen als *Kābān* wieder – wurde 1669 zerstört und ist seitdem von allen Etnaausbrüchen unberührt geblieben, so daß man auch ein vermutliches Jahr 1793 ausschließen muß.

31 Die Doppeldeutigkeit der beiden Verse beruht auf der Homophonie von *hawā* ›Wind‹ und *hawā* ›Leidenschaft‹, so daß der letzte Halbvers für einen arabischen Hörer zugleich ›Wie kann ich, wenn du so leidenschaftlich bist!‹ bedeuten kann. Der ›Zweig‹ ist dann natürlich die dichterische ›gertenschlanke Geliebte‹.

32 Wohl zur Unterscheidung von der den Arabern eher vertrauten Stadt *Nābul* zwischen Tunis und Sousse.

33 *Abū Isḥāq Ibrāhīm* (1208–1251). Er kam aus einer jüdischen Familie von Sevilla, trat zum Islam über und verbrachte den größten Teil seines Lebens in Ceuta, wo er sich als Dichter, hauptsächlich von Liebeslyrik, einen Namen machte. (cf. GAL[2] I, 322; S I, 483)

34 *ʿĪsā ibn Sanjar*, ein Türke aus Irbil (Arbela) im nördlichen Irak. Seine feinsinnigen Gedichte verraten mystische Neigung. Er starb 1235 in seiner Vaterstadt. (cf. GAL[2] I, 289)

35 Es handelt sich hier vorwiegend um Griechen, die von den Franzosen während der Besatzungszeit, zusammen mit einheimischen koptischen und syrischen Einheiten, als Hilfstruppen ausgebildet wurden und später in Frankreich als ›Chasseurs d'Orient‹ zusammengefaßt

waren. (cf. A. G. Politis: *L'Hellénisme et l'Égypte moderne,* Paris 1930, pp. 1:134–36, 139)

36 Koran 2 (Die Kuh): 62.

37 GAL[2] II, 444 (Nr. 43), sowie S II, 466. – Dieser ›Muḥammad‹ wäre demnach ein entfernter Verwandter des Autors gewesen, denn auch Scheich Rifāʿa führt seine Abstammung väterlicherseits auf den Mystiker *Jalāl al-Dīn Abū 'l-Qāsim al-Ḥusainī al-Ṭahṭāwī* (st. 1360) zurück. Die Huraizis (*al-Ḫurayziyyūn* oder *al-Maḥārizah*) galten im 18. Jahrhundert als die bedeutendste und angesehendste Sippe Oberägyptens. (cf. *Tāj al-ʿArūs* (Bulaq) 4:25, Z. 13–9 v. u.)

38 Für ›Meile‹ verwendet Scheich Rifāʿa den alten Ausdruck *farsaḫ* ›Parasange‹, die in der Tat, im persischen Gebrauch, einer französischen lieue (4 km) entspricht. Die angegebene Entfernung ist demnach 3176 km, was der tatsächlichen Entfernung sehr nahe kommt. Auch die Entfernung Paris–Kairo (3236 km) entspricht fast genau der von den Luftlinien angesetzten Distanz (3215 km). Einige andere Ziffern in der folgenden Aufzählung haben jedoch offensichtlich nichts mit der Wirklichkeit zu tun und sind wohl auf gedankenlose Schreibfehler des Autors zurückzuführen.

39 *Aḥmad ibn Muḥammad*, ein hochangesehener Kairiner Literat, Dichter und Musikfreund sowie distinguierter Professor der Traditionswissenschaft, des schafiitischen Rechts und der Lexikologie (1388–1471). Seine zahlreichen Schriften behandeln vorwiegend Themen der Poetik und schließen mehrere Kommentare zu klassischen Werken der Dichtkunst ein. Man findet seine Biographie in *al-Saḫāwīs ›Al-Ḍau' al-lāmiʿ‹*, 2:147 (Nr. 416).

40 Die Beschwörungsformel ist der Reflex eines Muslims, der bei *nār* ›Feuer‹ sogleich ans Höllenfeuer, zahllose Male im Koran mit demselben Wort beschworen, denkt. Hier dürfte sie wohl hauptsächlich für Ṭahṭāwīs

Leser zu Hause gedacht sein, denen es gewiß äußerst befremdlich erschienen sein muß, wenn ein Gast zur besonderen Ehrung ans ›Feuer‹ plaziert wird.

41 So im Original: *nahr ġūbalān.* Was damit gemeint ist, bleibt allerdings völlig unklar. Vielleicht handelt es sich um einen Abzugskanal der Gobelin-Färberei, den der Autor mit einem Bach verwechselte.

42 Die große, Altkairo und dem heutigen Stadtteil Garden City vorgelagerte Nilinsel. An ihrem Südende befindet sich der alte Nilmesser, ihr Nordende wird heute vom Luxushotel ›Meridien‹ eingenommen. Vor der Rawḍa zweigte früher der Kairiner Hauptkanal in nordöstlicher Richtung ab.

43 Die Ode von 48 Versen im Metrum *kāmil* hat weder besondere dichterische Meriten, noch trägt sie zum Fortgang des vorliegenden Berichtes bei. Sie bleibt deshalb unübersetzt.

44 Das alte Dorf *Abū Za ʿbal* (heute zum Bezirk Šibīn al-Qanāṭir im Gouvernement Qalyūbiyya gerechnet) war zur Zeit Mohammed Alis Sitz mehrerer Militärschulen. *Gihādābād* war der Name eines großen Truppenausbildungslagers jener Zeit.

45 Der *Mīdān al-Rumaila* lag unterhalb der Zitadelle und diente während der gesamten Mamlukenzeit als Sportfeld und Sammelplatz für ausziehende Truppen. Der Name hat sich im heutigen Stadtteil *al-Rumēla* erhalten. Das *Bāb al-Naṣr* (›Siegestor‹) ist Teil der noch stehenden Stadtmauer, welche das fatimidische Kairo im Norden abschloß.

46 *Abū Bakr Muḥammad ibn al-Ḥasan* (838–933), gleichermaßen berühmt als Dichter wie als Philologe aus der Schule von Basra. (cf. GAL[2] I, 112; S I, 172)

47 Scheich Rifāʿa bezieht sich hier auf das berühmte Lehrbuch der Rhetorik, betitelt *›Al-Šarḥ al-Muṭawwal‹* des *Saʿd al-Dīn (Masʿūd ibn ʾUmar) al-Taftāzānī* (1312–1389). (cf. GAL[2] II, 278; S II, 301 f., sowie S I, 516). Welches

Werk er mit ›al-Aṭwal‹ im Sinne hat, ist mir unbekannt.

48 Gemeint ist der ägyptische Grammatiker *Zain al-Dīn Ḫālid (ibn ʿAbd-Allāh) al-Azharī* (1434–1499), dessen einführende Lehrbücher und zahlreiche Kommentare (z. B. zu *al-Ṣanhājīs Ājurrūmiyya*) zum Standardpensum der Azhar gehörten. ›*Muġnī*‹ bezieht sich auf das grammatische Werk ›*Al-Muġnī fī ʿilm al-naḥw*‹ des Baiḍāwī-Schülers *al-Jārburdī*, gest. 1346 (cf. GAL² II, 246). Der Perser *al-Baiḍāwī (Nāṣir al-Dīn ʿAbd-Allāh ibn ʿUmar*, gest. wahrscheinlich 1316, vgl. GAL² II, 738) ist hauptsächlich für seinen vielbenutzten Korankommentar bekannt.

49 Nach einem kurzen Einleitungssatz, in dem de Sacys Bemühen um gleichmäßige Wahrung islamischer wie christlicher stilistischer Gepflogenheiten lobend hervorgehoben wird, folgt hier die Abschrift des arabischen Vorworts (in der Erstausgabe des ›*Taḫlīs*‹: S. 58, Z. 13, bis S. 61, Z. 4) ohne de Sacys abschließende Bemerkungen zum Wort ›*maqāma*‹.

50 *Badīʿ al-Zamān Aḥmad ibn al-Ḥusain* (969–1007), der Erfinder der literarischen Form der Makame, welche etwa ein Jahrhundert später dann von *al-Ḥarīrī* (gest. 1122) zu höchster, wortakrobatischer Vollendung gebracht wurde. (Vgl. GAL² II, 93; S II, 150–52)

51 *de Sacy, Silvestre:* Grammaire arabe. Paris 1810 (2. Ausgabe Paris 1831).

52 *de Sacy, Silvestre:* Anthologie grammaticale arabe. Paris 1829.

53 An dieser Stelle folgen zunächst zwei ›Proben‹ französischer Dichtkunst, nachgedichtet vom Autor, und dann längere Auszüge aus seiner Nachdichtung von Joseph Agoubs ›La lyre brisée‹, welche er 1827 – also weniger als ein Jahr nach seiner Ankunft in Frankreich! – unter dem Titel ›*Naẓm al-ʿuqūd fī kasr al-ʿūd*‹ als erstes Werk in Paris veröffentlichte.

Der Kopte *Joseph Agoub*, 1795 als *Yūsuf Ya'qūb* in Kairo geboren, kam im Alter von sechs Jahren mit der abziehenden französischen Armee nach Marseille, wo er Schulausbildung und Studium absolvierte. Er betätigte sich als Übersetzer, wurde als Dolmetscher ins Außenministerium berufen und wirkte jahrelang als Professor für Arabisch am Lycée Louis-le-Grand in Paris. Im Ausbildungsprogramm der ersten großen Studienmission, der auch Ṭahṭāwī angehörte, war er als Lehrer tätig. Er starb 1832, völlig mittellos, in Marseille.

54 Hier folgt im Original (S. 67, Z. 10, bis S. 72, Z. 18) Ṭahṭāwīs eigenhändige Übersetzung der Charte constitutionnelle vom 4. Juni 1814. Die Übersetzung ist nicht vollständig – die Präambel und die ›articles transitoires‹ z. B. wurden von ihm übergangen – und verrät allenthalben sein Ringen mit einer Materie, zu deren Bewältigung ihm begrifflich wie sprachlich damals noch die Voraussetzungen fehlten. Abschließend erwähnt er die Verfassungsänderung von 1830 (freilich, wie auch weiter unten, mit der falschen Jahresangabe 1831), wobei er den Leser auf seine Schilderung der Ereignisse der Juli-Revolution in der 5. Abhandlung verweist.

55 Diese sonderbare Umschreibung – *tadbīr amr al-mu'āmalāt* – soll den Begriff der legislativen Gewalt wiedergeben. Der französische Originaltext des Paragraphen lautet: ›La puissance législative s'exerce collectivement par le roi, la chambre des pairs et la chambre des députés des départemens.‹ Man bemerke, wie unbekümmert Scheich Rifā'a in seinem folgenden Kommentar den schlichten Text mit eigenen Details ›ergänzt‹.

56 Das Datum ist der 2. Ausgabe (1849) entnommen. Der Erstdruck hat die unsinnige Jahresangabe 1138. Die Verfassungsreform datiert vom 4. 9. 1830.

57 Die Verse stammen von dem Bagdader Dichter *Kulṯūm ibn 'Amr al-'Attābī*, gest. 823 (cf. GAL[2] S I, 120). Ṭah-

ṭāwī gibt sie, wohl aus dem Gedächtnis, recht ungenau wieder.

58 So das Original: *fī ayyām al-zafar al-ṯalāṯa.* Gemeint ist offensichtlich der Mardi gras – arabisch: *ṯalāṯā' al-zafar.*

59 An dieser Stelle folgen im Original sechs Verszitate (Metra: *basīṭ, ḫafīf, ṭawīl, basīṭ, rajaz, kāmil*) zum Thema ›Nacht‹. Sie sind reiner Zierat ohne Relevanz für den Text und wurden deshalb weggelassen.

60 Gemeint ist der algerische Philosoph *'Abd al-Raḥmān b. Muḥammad al-Aḫḍarī* (1513–1575). Sein als Lehrgedicht abgefaßter Abriß der Logik, betitelt *Al-Sullam al-murawniq fī 'l-manṭiq*, wurde glossiert z. B. von Ṭahṭāwīs Lehrer und Gönner al-'Aṭṭār und liegt in französischer Übersetzung vor (J. D. Luciani. Algier 1921); cf. GAL[2] (II, 614), S II, 705–6.

61 Es handelt sich um den ägyptischen Arabisten und mālikitischen Rechtsgelehrten *Muḥammad b. Muḥammad al-Sinbāwī*, bekannt als *›al-Amīr‹* (1741–1817). Die meisten seiner Schriften sind Kommentare und Glossare zu älteren Werken (cf. GAL[2] II, 637, S II, 738). Sein hier erwähntes Sammelwerk des mālikitischen Rechts *(Al-Majmū' fī 'l-fiqh)* und sein eigener Kommentar dazu *(Ḍaw' al-šumū' fī šarḥ ›al-Majmū'‹)* liegen beide im Druck vor.

62 ›Die L-Ode der Nichtaraber‹ des Persers *al-Ṭuġrā'ī (Abū Ismā'īl al-Ḥusain b. 'Alī*, 1061–1121), eine Elegie über das Unglück seiner Zeit und seine eigene Lage, konzipiert als Gegenstück zur berühmten *›Lāmiyyat al-'Arab‹* des vorislamischen Dichters *al-Šanfarā*, gest. etwa 525 (cf. GAL[2] I, 286, S I, 439).

63 Gemeint ist das Gewerbemuseum (Conservatoire des arts et métiers).

64 So ausdrücklich mit Angabe der Schreibung im Originaltext. Ṭahṭāwīs Mißverständnis scheint von einer Quelle aus Nordafrika herzurühren, wo man q wie östliches f schreibt.

65 Gemeint ist wohl das ›Institut des sciences politiques‹.

66 Was der Verfasser im Sinn hat, ist natürlich das französische Wort ›pensionnat‹, dessen Endbuchstaben er naiv als die arabische Pluralendung *-āt* interpretiert und das er auf einen Singular ›pension‹ zurückführt.

67 Nichts dergleichen, außer Ṭahṭāwīs Lektüre, ist in diesem Abschnitt zu finden, der auch sonst skizzenhaft und unvollendet erscheint.

68 So im arabischen Original. Gemeint sind die *›Éléments de la Grammaire française‹* von *Charles-François Thomond.*

69 Gemeint ist *Montesquieus ›Considérations sur les causes de la grandeur des Romains et de leur décadence‹* (Paris 1734).

70 *›Le Voyage du jeune Anacharsis en Grèce‹* von *Abbé Jean-Jacques Barthélemy* (1716–1795), ein romanhaftes Sittenbild vom Griechenland des 6. Jahrhunderts v. Chr. (Paris 1787).

71 Gemeint ist vermutlich ein Teil der mehrbändigen *›Histoire de France‹* (Paris 1824–34) von *Louis-Philippe Comte de Ségur* (1753–1810) und mit der folgenden ›Geschichte Napoleons‹ wahrscheinlich die zweibändige *›Histoire de Napoléon et de la Grande Armée de 1812‹* (Paris 1824) von dessen Sohn *Philippe Paul Comte de Ségur* (1780–1873).

72 *Étienne Bezout* (1730–1783), Verfasser einer allgemeinen Theorie algebraischer Gleichungen. Hier handelt es sich wohl um sein *›Traité d'arithmétique‹*.

73 *Adrien-Marie Legendre* (1752–1833), Autor der Theorie der kleinsten Quadrate. Hier dürfte es sich wohl eher um seine *›Éléments de géométrie‹* handeln.

74 Gemeint ist dessen *›Précis de la Géographie universelle‹*. Band I und III davon wurden von Ṭahṭāwī übersetzt und 1838/39 unter dem Titel *›Al-juġrāfīyā al-ʿumūmiyyah‹* (Allgemeine Geographie) veröffentlicht (vgl. den letzten Brief im vorhergehenden Abschnitt).

75 So scheint es der Verfasser ursprünglich vorgehabt zu

haben. Statt dessen finden wir sie im nächsten Abschnitt dieser Abhandlung.

76 Gemeint ist zweifellos das Buch *›Art de penser‹*, eine vereinfachte Darstellung der aristotelischen Philosophie, 1662 verfaßt von zwei Mitgliedern der Société Port-Royal, *Arnauld* und *Nicole*, für den Unterricht des jungen Herzogs von Chevreuse.

77 Gemeint ist *›La logique‹* von *Étienne Bonnot de Condillac* (1714–1780).

78 Die Übersetzung erschien 1833 unter dem Titel *›Al-ma'ādin al-nāfi'ah li-tadbīr ma'āyiš al-ḫalā'iq‹*.

79 *Jean-François-Michel Noël* (1755–1841), französischer Lexikograph und Mitverfasser (zusammen mit Chapsal) der *›Grammaire française‹*.

80 *›Letters to His Son‹* (London 1774) von *Philip Dormer Stanhope, 4th Earl of Chesterfield* (1694–1773). Deutsche Ausgaben Leipzig 1983; München 1984.

81 Der Genfer Philosoph, Publizist und Moralist *Jean-Jacques Burlamaqui* (1694–1748). Bei dem hier erwähnten Buch dürfte es sich wohl um die 1820 in Paris erschienene Neuauflage von Burlamaquis *›Principes du droit de la nature et des gens‹* handeln.

82 Vermutlich ist die Stadt *Şimla Silvaniei* in Nordwestrumänien gemeint. Der arabische Text ist an dieser Stelle offensichtlich verderbt.

83 *Agha Hüseyn Pascha*, türkischer Oberkommandierender im Krieg von 1828 und im Feldzug (1832) gegen die ägyptische Invasionsarmee Mohammed Alis.

84 Das ist der arabische Titel von *Silvestre de Sacys ›Chresthomathie arabe‹*.

85 Vgl. Bd. XLVIII, pp. 521–523, November 1831.

86 Die Übersetzung erschien 1834 unter dem Titel *›Al-Ta'rībāt al-šāfiya li-murīd al-juġrāfiyā‹* (Heilsame Übersetzungen ins Arabische für den Jünger der Geographie).

87 Scheich *Aḥmad al-'Aṭṭār*, ein gebürtiger Kairiner, drei

Jahre älter als Ṭahṭāwī. Er befaßte sich in Paris mit Mechanik. Sein Monatssalär von 80 Piastern war von allen Missionsmitgliedern das niedrigste. (Scheich Rifāʿa zum Vergleich bezog 250 Piaster monatlich, der türkische Missionsleiter, *Muhrdār ʿAbdī Efendi Šukrī*, anfangs 2500 Piaster, von Ende 1828 an sogar das Doppelte.) Er kehrte Anfang 1832, nur wenige Monate nach unserem Autor, nach Ägypten zurück; über seinen weiteren Fortgang ist nichts bekannt.

88 Im Verlaufe der Machtkämpfe in der ersten Hälfte des 18. Jahrhunderts hatte der Beduinenfürst *Šaraf al-Dawla Hammām b. Yūsuf al-Hawwārī*, gestützt auf eine Koalition von Hawwārastämmen und Resten des Mamlukenhauses der *Qāsimiyya*, ganz Oberägypten unter seine Herrschaft gebracht. Sein Reich, das er von Faršūṭ (im heutigen Bezirk Nagʿ Ḥamādī des Gouvernements Qinā) aus regierte, fiel 1769 den Intrigen und schließlich dem militärischen Angriff des Mamluken *ʿAlī Bey* zum Opfer, der sich damit zum Alleinherrscher Ägyptens machte. *Šaiḫ al-ʿArab Hammām* starb am 7. Dezember desselben Jahres in Esna und ist in Qamūlā (im Bezirk Luxor) begraben. (cf. al-Jabartī: *ʿAjāʾib al-āṯār fī ʾl-tarājim wa-ʾl-aḫbār.* Kairoausgabe 1958. 2:349–52)

89 *Jules-Armand, Prince de Polignac*, 1780–1847.

90 Es handelt sich um *Henri Comte de Chambord, Duc de Bordeaux*, geboren 1820 als postumer Sohn des Duc de Berry, bis zu seinem Tode im Jahre 1883 legitimistischer Prätendent unter dem Namen Henri V.

91 *Jean-Baptiste Gay, Vicomte de Martignac* (1778–1832), liberaler Minister unter Charles X.

92 Mit *tawriya* bezeichnet man im Arabischen den Kunstgriff in Poesie und Rhetorik, ein Wort mit zweifachem Sinn, der eine üblich, der andere seltener, im äußeren Kontext in seiner gängigen Bedeutung zu verwenden, aber so, daß dem Leser oder Hörer gerade der seltenere Sinn suggeriert wird. Wortspiele und Wortassoziationen

dieser Art entziehen sich natürlich der Nachahmung in einer anderen Sprache. In den folgenden zwei Versen (Metrum: *kāmil*)

ṣuwiġa 'l-qarīḍu 'alā 'ẖtilāfi rijālihī
mā baina 'l-ḥaṣbā lā tu'addu wa-jawharī
wa-iḏā aradta bi-an tafūza bi-durrihī
naẓman fa-ẖuḏhu min Ṣaḥāḥi 'l-Jawharī

ist kaum ein Wort ohne solchen beabsichtigten Doppelsinn. Das Verb *ṣāġa* im ersten Halbvers z.B. bezeichnet vornehmlich die Tätigkeit des Goldschmieds, mit der Assoziation delikater Fertigung, doch mit *ši'r* oder dergleichen als Objekt entspricht es etwa dem deutschen ›(an einem Gedicht) feilen‹, oft mit dem Nebensinn der Hinzufügung von falschem Zierat (vgl. *ṣāġa 'l-kalām).* Demgegenüber soll *jawhar* im zweiten Halbvers den philosophischen Sinn ›Wesen bar aller Akzidenzien‹ suggerieren. *Naẓm* im vierten Halbvers ist nicht nur Verbalnomen im ursprünglichen Sinne des Verbs, sondern auch ›gebundene Rede, Poesie‹, was wiederum die Lesung des vorhergehenden Wortes als *bi-darrihī* ›ihre Fülle‹ nahelegen soll. Die angeregte Quelle im selben Halbvers ist das berühmte Wörterbuch *›Al-Ṣaḥāḥ fī 'l-luġa‹* (Der korrekte Sprachgebrauch) des persischen Philologen *Abū Naṣr Ismā'īl b. Hammād al-Jawharī* (gest. 1002 oder 1003), doch sollen Leser und Hörer zugleich an *fa-ẖuḏhu min ṣiḥāḥi 'l-jawharī* ›so entnimm sie den vollwichtigen Stücken des Juweliers‹ denken.
Weniger kompliziert sind die nächsten zwei Verse, wo die *tawriya* auf dem Doppelsinn von *haḏḏaba* beruht; die Schreibung *tahzū* ist vulgär für *tahḏū.*

93 Der Autor beschließt den Abschnitt mit einer bekannten Anekdote und einer Auswahl von Versen ›aus den schönsten Oden und Kurzgedichten‹, die er mit Überleitungssätzen wie ›auch gefällt mir ...‹, ›ein anderer

sagte ...‹, ›in derselben Ader dichtete ...‹ u. dgl. aneinanderreiht. Sie tragen nichts zum vorliegenden Buch bei und wurden deshalb in der Übersetzung übergangen.

94 Die Pointe der zwei Verse, nämlich das bewußte Spiel mit dem Doppelsinn von *mutūn* als ›Texte‹ (üblich) und ›Klingen‹ (selten), geht freilich in der Übertragung verloren.

95 Gemeint ist *Al-Wasā' il ilā ma'rifat al-awā'il* (cf. GAL[2] II, 203, Nr. 303) des ägyptischen Polyhistors *Jalāl al-Dīn 'Abd al-Raḥmān b. Abī Bakr al-Suyūṭī* (1445–1505).

96 Wohl *Al-Iktifā' fī aḫbār al-ḫulafā'*, eine Geschichte der Kalifen bis zur Zeit des Almohaden Abū Ya'qūb Yūsuf I. (1163–1184), verfaßt von dem Afrikaner *Abū Marwān 'Abd al-Malik b. al-Kardabūs* (im Original irrtümlich: al-Kardabūsī) *al-Tawzarī* (vgl. GAL[2] I, 421).

97 Die nachstehenden Verse, oder zumindest die ersten fünf davon, werden dem omaijadischen Liebesdichter *Jamīl* (gest. 701) zugeschrieben (cf. *Dīwān Jamīl*, ed. *H. Naṣṣār*, Kairo 1967, p. 220). Einer ihrer Reize liegt für den arabischen Hörer in der Reduplikation der Reimsilben: ... *lahā lahā, ... (al-) Suhā sahā, ... bihā bahā*, usw., die sich natürlich in der Übersetzung nicht nachahmen läßt.

98 Koran 17 (Die Nachtreise): 89.

99 Der Planetoid Vesta, Durchmesser 384 km, wurde 1807 entdeckt.

100 Der Planetoid Juno, Durchmesser 192 km, wurde 1804 entdeckt. Dem Autor ist in seiner zweiten Erläuterung offensichtlich eine Verwechslung mit dem folgenden und mit einem Durchmesser von 768 km größten Planetoiden Ceres (1800 entdeckt) unterlaufen.

101 Der Planetoid Pallas, Durchmesser 480 km, wurde 1802 entdeckt.

102 Er war, wie der weiter oben erwähnte *'Abdī Efendi Šukrī* und der folgende *Ḥasan Bey Efendi*, einer der drei Mis-

sionsleiter (vgl. Kapitel 4 der Einleitung und Anm. 19 sowie J. Heyworth-Dunne: *An Introduction to the History of Education in Modern Egypt*, pp. 159, 189–95, 205–07).

103 *Esṭefān Efendi al-Armanī*, ein in Sivas (Sebasteia) geborener Armenier, wurde im Alter von 22 Jahren zum Studium der Diplomatie nach Paris geschickt. Nach seiner Heimkehr im Jahre 1831 war er zunächst völlig zweckfremd eingesetzt und später an der Verwaltungsschule *(Madrasat al-Idāra)* tätig. Von 1844 bis 1849 leitete er die Ägyptische Militärschule in Paris und bekleidete danach bis zu seiner Rückkehr ins Privatleben im Jahre 1857 das Amt des Direktors *(nāẓir)* für Auswärtige Angelegenheiten. Er starb 1859. (J. Heyworth-Dunne, op. cit., pp. 160, 243 ff.)

104 Der Armenier *Artīn Efendi Sikyās*, 1804 in Konstantinopel geboren, studierte in Paris Zivilverwaltung. 1834 war er für kurze Zeit Leiter der neugegründeten Ingenieurschule *(Madrasat al-Muhandisḫāna)* in Bulaq. Ein Jahr später wurde er Direktor der Verwaltungsschule sowie Mitglied des Hohen Rates *(al-Majlis al-ʿĀlī)* und des Schulrates (1836). 1839 wurde er Sekretär Mohammed Alis und fünf Jahre später Nachfolger von Mohammed Alis armenischem Wesir und Vertrauten, Boġos Bey. *Artīn Bey* starb 1859 nach neunjährigem Ruhestand. (Heyworth-Dunne, pp. 142–44, 159). Der arabische Text gibt seinen Namen irrtümlich als ›*Alṭīn*‹ wieder.

Der Ägypter *Ḫalīl Efendi Maḥmūd* war zwanzig, als er nach Paris ging, wo er Landwirtschaft studierte. Über seinen Fortgang nach seiner Rückkehr Anfang 1832 ist nichts bekannt.

Aḥmad Efendi Yūsuf, 1806 in Kairo geboren, studierte in Paris Chemie und arbeitete nach seiner Rückkehr 1832 an der Kairiner Münze sowie als Goldschürfer.

105 Ramaḍān 1246 begann am 13. Februar 1831 und endete mit dem 14. März.

106 Ṭahṭāwī meint hier die legendären, mit biblischen Assoziationen verbundenen *farāʿina* der muslimischen Überlieferung.

107 *Muštahā al-ʿuqūl fī muntahā al-nuqūl*, eine Sammlung von überlieferten Rekorden und Superlativen (GAL[2] II, 203, Nr. 299). In Ṭahṭāwīs Text irrtümlich: ›*Muntahā al-ʿuqūl*‹, das sich allerdings auch in einigen Handschriften findet.

108 Der arabische Text ist an dieser Stelle verderbt. Die Übersetzung beruht auf der Emendation: *hāḏā ḥāṣilu mā kāna min hāḏihi ʾl-riḥlati laḫḫaṣtu[hū] ḥasaba ʾl-imkān.*

109 Vers 2 und 3 des folgenden Gedichts stammen von dem Omaijadendichter *al-Ḥakam b. ʿAbdal al-Azdī*, gest. 718; man findet dessen Ode z. B. in *al-Qālīs Amālī* (ed. *M.ʿAbd al-Gawād al-Aṣmaʿī.* Kairo: *Dār al-Kutub*) 2:261. Der Ursprung des ersten Verses ist mir unbekannt.

110 Die ersten vier Verse sind einer berühmten Ode des jüdischen Dichters *al-Samawʾal (Samuel) b. Ġarīḍ b. ʿĀdiyāʾ* (gest. etwa 560) entnommen, die beiden folgenden Verse werden *ʿAmr b. Šaʾs* (gest. etwa 640) zugeschrieben (cf. *Amālī* 1:269, 270). *ʿĀmir (b. Ṣaʿṣaʿa)* und *Salūl* sind die Namen von zwei vorislamischen südarabischen Stämmen.

111 *Abū ʾl-Qāsim Maḥmūd b. ʿUmar*, bedeutender persischer Philologe und Koranexeget muʿtazilitischer Orientierung (1075–1144); (cf. GAL[2] I, 344, S I, 507). Die Koranstelle ist 12(Joseph): 29.

112 *Muḥammad b. Yūsuf al-Ġarnāṭī*, namhafter spanisch-arabischer Grammatiker, Philologe und Koraninterpret (*Al-Baḥr al-Muḥīṭ*, in 8 Bänden), geb. 1256 in der Nähe von Granada, starb 1345 in Kairo (GAL[2] II, 133).

113 *Abū Muḥammad ʿAbd al-Muḥsin b. Muḥammad*, bekannt als ›*Ibn Ġalbūn*‹ (950–1028), der feinsinnige Dichter von Ṣūr (Tyrus). (cf. *Ibn Ḫallikān: Wafayāt al-aʿyā* ed. *Iḥsān ʿAbbās*, 4:232–35; *Ibn Taġrībirdī: Al-Nujūm al-zāhira,* Kairo: *Turāṯ* 4:269)

114 Gemeint ist der Literat und mystische Dichter *Šihāb al-Dīn Abū 'l-ʿAbbās Aḥmad b. Yaḥyā b. Abī Ḥajala*, geb. 1325 in Tlemcen, gest. 1375, ein Opfer der Pest, in Kairo (GAL² II, 13, S II, 5). Das Zitat stammt aus seiner Anthologie ›*Sukkardān al-Sulṭān al-Malik al-Nāṣir*‹; Ṭahṭāwī scheint allerdings *sukkardān* (›Zuckerdose‹) für den Namen des Autors gehalten zu haben.

115 Es handelt sich um den vorislamischen Dichter *Zuhair b. Abī Sulmā*, gest. 609.

116 Man findet die fiktive *mufāḫara* in der bekannten Anthologie ›*Al-ʿIqd al-farīd*‹ des spanisch-arabischen Dichters *Ibn ʿAbd Rabbih* (860–940); (GAL² I, 161, S I, 250); vgl. *Kitāb al-ʿIqd al-farīd*, ed. A. Amīn, A. al-Zain, I. *al-Abyārī* (Kairo 1940; Beirut: *Dār al-Kitāb al-ʿArabī*, 1402/1982, II, 4–9) Ṭahṭāwī scheint freilich von einer späteren Quelle kopiert zu haben. Die Übersetzung folgt seiner Version; nur bei offensichtlichen Abschreibfehlern und sinnstörenden Textabweichungen wurde, ohne besondere Anmerkungen, der Originaltext herangezogen. Zusätze in Ṭahṭāwīs Text sind mit eckigen Klammern markiert.

117 Ein hier folgendes Kurzgedicht von *al-Mutanabbī* (dessen Dīwān, ed. al-Saqqā et. al., Kairo: Turāṯ, IV, 188 ff.) wurde, da irrelevant, in der Übersetzung übergangen.

118 Jomards ›Almanach‹ war eine der Übersetzungsproben, welche Scheich Rifāʿa für seine Abschlußprüfung vorlegte (vgl. den Bericht der ›Revue encyclopédique‹ im 6. Abschnitt der 4. Abhandlung). Das Folgende ist ein Auszug aus seiner Übersetzung. Umständliche Paraphrasen Ṭahṭāwīs, wie z. B. für Mikroskope: ›Gläser, die winzige, vom Auge nicht wahrnehmbare Dinge vergrößern‹, wurden in der deutschen Wiedergabe vermieden.

Zur vorliegenden Übersetzung

Rifāʿa al-Ṭahṭāwīs *Taḫlīṣ al-ibrīz fī talḫīs Bārīz* wurde erstmals 1834 in Bulaq gedruckt. Das Büchlein fand gleich nach seinem Erscheinen eine eifrige Leserschaft und blieb für die nächsten dreißig Jahre die einzige Quelle, aus der sich ein gebildeter Araber aus erster Hand über ein europäisches Land informieren konnte. Eine türkische Übersetzung des Werkes, hergestellt von Rustum Efendi Basīm, erschien 1839 unter dem schlichten Titel ›Siyāḥatnāme-yi Rifāʿa Bey‹ (Rifāʿa Beys Reisebeschreibung) gleichfalls in Bulaq. 1849 brachte der Verfasser eine zweite, überarbeitete Ausgabe seines Buches in Bulaq heraus, welche 1905 unverändert noch einmal in Kairo aufgelegt wurde. Anläßlich des 85. Todesjahres des Autors erschien 1958 eine moderne, grammatisch und sprachlich ›gesäuberte‹ Ausgabe des Werkes (ed. al-ʿAlām, Badawī, Lūqā) in Kairo.

Die vorliegende Übersetzung stützt sich ausschließlich auf die Erstausgabe des Werkes. Ṭahṭāwī schrieb, wie es scheint, die einzelnen Teile des Buches zu sehr verschiedenen Zeiten nieder und kann das Ganze vor der Drucklegung nur äußerst flüchtig redigiert haben. (Eingestreute Lobpreisungen Muḥammad ʿAlīs als Wohltäter Syriens und Eroberer von Akka zum Beispiel können offensichtlich nicht vor 1832 geschrieben sein.) Die Erstfassung gibt somit die unmittelbaren Eindrücke und Gedankengänge des Autors gewiß verläßlicher wieder als die überarbeiteten späteren Ausgaben. In der Übersetzung übergangen wurden das Zitat von

Silvestre de Sacys arabischem Vorwort zu seiner Ausgabe der Makamen des Ḥarīrī, welches als Stilprobe für das Arabisch eines Europäers gedacht ist; ferner des Autors Übertragung der französischen Verfassung von 1814, da diese lediglich von sprachlichem Interesse für den Arabisten wäre; schließlich seine arabische Wiedergabe einer anonymen medizinischen Broschüre französischer Provenienz. Beibehalten wurden andererseits seine Übersetzung eines französischen Zeitungsartikels und seine Wiedergabe eines bekannten Prahlgesprächs aus dem ›'Iqd al-farīd‹ des Ibn 'Abd Rabbih, da schon ihre Wahl Einblick in seine Geisteshaltung vermittelt. Umständliche Paraphrasen, die dem Autor bei der Beschreibung bestimmter Dinge und Begriffe durch den Mangel eines adäquaten Ausdrucks im Arabischen aufgezwungen sind, wurden in der deutschen Übersetzung nicht nachgeahmt und, wo immer die Intention klar ist, aus Gründen der Lesbarkeit mit dem *mot juste* wiedergegeben, was natürlich einen gewissen Stilbruch bedeutet.

Die zahlreichen, in den Text eingestreuten Verszitate sind ein Merkmal des herkömmlichen Adab-Stils des Autors und somit integraler Bestandteil des Buches. Nur wo es sich um bloße Paradestücke handelt oder wo Ṭahṭāwīs Begeisterung für Poesie ihn zu ungebührlicher Länge verleitet, bleiben solche Gedichtfragmente unübersetzt. Längere Auslassungen dieser Art sind in den Anmerkungen angegeben; einige Verszitate wurden einfach ohne besonderen Hinweis übergangen. Die Verse sind wort- und sinngetreu, und nicht als freie Nachschöpfung, im Deutschen wiedergegeben. Ich habe sie, um sie vom umliegenden Prosatext abzuheben, in einigermaßen rhythmische Form gebracht, ohne damit auch nur den geringsten Anspruch auf dichterische Meriten zu erheben.

Die häufige Abkürzung GAL[2] in den Anmerkungen steht für die zweite Ausgabe der ›Geschichte der arabischen Litteratur‹ von Carl Brockelmann.

Zur Umschrift und Aussprache arabischer Namen

Arabische Namen und Buchtitel sind im Umschriftsystem der Deutschen Morgenländischen Gesellschaft wiedergegeben, doch steht j hier für das dort übliche ǧ. Lange Vokale sind mit Längestrich markiert: ā (wie in ›Vater‹), ī (wie in ›Diebe‹), ū (wie in ›Sud‹). Den arabischen Konsonanten entsprechen die folgenden Transliterationszeichen:

ʾ Stimmansatz, wie zweifach im deutschen ›ʾunʾumgänglich‹

ʿ stimmhafter, durch Kehlkopfverschluß gebildeter Würgelaut

ḏ stimmhafter interdentaler Reibelaut wie th im englischen ›mother‹, ›this‹

ḍ emphatisches, mit Zungenwölbung gesprochenes velares d

ġ etwa wie hochdeutsches Zäpfchen-r

h Hauchlaut wie im deutschen ›hoch‹, auch am Silbenende und vor einem Konsonanten

ḥ stimmloser emphatischer Spirant (eine Art heiseres h)

ḫ laryngaler Spirant wie in ›Bach‹

j stimmhafter Verschlußlaut wie im englischen ›Jim‹, ›magic‹

q postvelarer Verschlußlaut (etwa wie ein tief im Rachen gesprochenes k)

r stets Zungen-r

s stets stimmlos wie in ›Rispe‹

ṣ emphatisches, mit Zungenwölbung gesprochenes velares s
š wie deutsches sch in ›Irrwisch‹
ṯ stimmloser interdentaler Reibelaut wie th im englischen ›thin‹, ›three‹
ṭ emphatisches, mit Zungenwölbung gesprochenes velares t
w wie englisches w in ›water‹
y wie deutsches j in ›Jahr‹
z stimmhaftes s wie in ›Sonne‹, ›Rose‹
ẓ emphatisches, mit Zungenwölbung gesprochenes velares z

Ungefähr den deutschen Äquivalenten entsprechen b, d, f, g, k, l, m, n und t.

Doppelkonsonanten werden wie im Italienischen (fratello, oggi) mit deutlicher Längung ausgesprochen.

Der Ton fällt bei arabischen Wörtern auf die letzte Silbe, wenn diese mit langem Vokal oder Diphthong plus Konsonant (taḫlīṣ, Ḥusáin) oder mit zwei Konsonanten (Dimášq, ifránj) schließt, andernfalls auf die vorletzte Silbe; nur wenn alle Silben eines Wortes kurz sind, fällt er auch in der ägyptischen Betonung auf die Antepänultima (Ḥájala).

Nachwort

Am 2. Juli 1798 landete ein französisches Expeditionskorps von dreißigtausend Mann unter dem Kommando von Napoleon Bonaparte in Ägypten. Alexandria fiel nach geringem Widerstand noch am selben Tage, und schon drei Wochen später besetzten Napoleons siegreiche Truppen die Hauptstadt Kairo. Diese überzeugende Demonstration der militärischen und technischen Überlegenheit der verachteten ›Franken‹ war nicht nur demütigend für die selbstherrlichen und prahlerischen Mamlukenemire, sie stiftete Panik und Verwirrung in einer Bevölkerung, die sich unter dem Schirm der Osmanen nach wie vor in Sicherheit gewähnt hatte. Gewiß, militärische Niederlagen verbunden mit erheblichen Gebietsverlusten waren schon seit mehr als hundert Jahren nichts Neues für die Türken. Aber solche Dinge ereigneten sich an fernen Fronten, am Balkan und in Osteuropa, und bei den verlorenen Territorien handelte es sich um überwiegend von Christen bewohnte Gebiete, die von einer verhältnismäßig kleinen Schar von Türken verwaltet worden waren. Hier jedoch war eine westliche Armee, ungestraft und scheinbar mühelos, in ein islamisches Kernland inmitten des Osmanischen Reiches eingedrungen, und diese Armee traf offensichtlich alle Anstalten für einen längeren Aufenthalt.

Der ägyptische Historiker ʿAbd al-Raḥmān al-Jabartī, der die Geschehnisse jener Zeit aus eigener Sicht beschreibt, weiß in seiner Chronik vieles über die Franzosen in Ägypten zu berichten: ihre seltsamen Institutionen und Bräuche, ihre Proklamationen und Verwaltungsmaßnahmen, ihre Repressalien gegen eine zunehmend renitente und schließlich feindselige einheimische Bevölkerung. Er beobachtet und kommentiert, manchmal verwirrt, zuweilen amüsiert, ihr merkwürdiges Gebaren, ihre wissenschaftliche Neugier, ihren republikanischen Eifer. Er verfolgt eingehend den Prozeß gegen General Klébers Mörder, dessen Handhabung er sogar lobend der Willkürlichkeit orientalischer Gerichtsbarkeit gegenüberstellt. Doch nirgendwo und zu keiner Zeit beschäftigt er sich mit der Frage, woher eigentlich diese Fremdlinge kamen und warum sie mit einem Male in Ägypten waren.

Jabartī, ein hochangesehener Gelehrter, gehörte zu jener dünnen einheimischen Gebildetenschicht von Ulema und Azharscheichs, welche die Franzosen anfangs mit Eifer umwarben, weil sie in ihnen die zukünftigen Führer einer neuen, auf Vernunft und Fortschritt gegründeten Ordnung in Ägypten sahen, und gegen die dieselben Franzosen schon nach wenigen Monaten mit mancherlei Druckmitteln und schließlich Vergeltungsmaßnahmen vorgingen, als sie die Fruchtlosigkeit ihres Bemühens erkannten und ihre hohen Erwartungen enttäuscht fanden. Sie meinten die guten Scheichs mit Demonstrationen ihrer technischen und wissenschaftlichen Überlegenheit gewinnen zu können und verkannten die gewaltige Kluft zwischen ihrer eigenen Zivilisation und einer in mittelalterlicher Tradition befangenen, zu jener Zeit scheinbar stagnierenden Kultur, in welcher Geistesleben und Erziehung so gut wie ausschließlich von Moschee und Medrese bestimmt wurden, wo Gelehrte, jeglicher Originalität und Neuerung abhold, ihre Aufgabe im Kommentieren der Kommentare anderer, in der ständigen Selbstbestätigung und in der Politur und ›Interpretation‹ kritiklos übernommener Erkenntnisse und Gedanken einer längst vergangenen Zeit sahen, einer Kultur, die sich aber zugleich noch immer als jeder anderen überlegen verstand. Was immer das Vorhaben dieser Franzosen sein mochte, sie waren ›Franken‹, ungläubige Barbaren also, die aus irgendeinem Grunde mit anderen Franken, den Engländern, in Konflikt standen. Die einen wie die anderen kamen von einem Teil der Ökumene, den wenige Muslime jemals besucht hatten, so daß selbst die geographischen Vorstellungen davon recht verschwommen waren. Was ein gebildeter Muslim wie Jabartī von der Geschichte dieser Franken wußte oder aus der eigenen Literatur erfahren konnte, war kaum weniger dürftig und verschroben. Mehr noch, es war auch völlig unwichtig und belanglos. Sich gar mit den Ideen oder den politischen Verhältnissen der Ungläubigen zu beschäftigen wäre Jabartī und seinen Kollegen als ein absurdes Ansinnen erschienen.

Daß die französische Okkupation weit mehr als ein Zwischenspiel gewesen war, erwies die Entwicklung in Ägypten nach dem Abzug der französischen Truppen. Im Inneren schien das Land zur gewohnten Ordnung zurückzukehren, doch die Zeit der Isolation war, wie schon die unmittelbar anschließende britische Besetzung deutlich machte, ein für allemal vorbei. Die Gültigkeit jahrhundertelanger Vorstellungen vom ›Land der Franken‹ war ernstlich in Frage gestellt. Europa war eine Realität, mit der man in Zukunft rechnen mußte. Mehr noch, die Ungläubigen waren offensichtlich der eigenen Kultur weit voraus und hatten Errungenschaften vorzuweisen, denen man sich fürderhin nicht verschließen konnte, wenn man einen Ausgleich der Kräfte erhoffte. Die Konsequenzen aus dieser Einsicht zu ziehen blieb einem Mann vorbehalten, der nicht der traditionellen geistigen Elite angehörte. In der Tat, er lernte die Kunst des Lesens und Schreibens erst gegen Ende seines langen Lebens.

Muḥammad ʿAlī war bereits 1799 als junger türkischer Offizier an der Schlacht von Abukir beteiligt gewesen. Zwei Jahre später kam er als stellvertretender Kommandeur des vorwiegend aus albanischen und bosnischen Truppen bestehenden osmanischen Kontingents nach Ägypten. Mit beachtlicher politischer Umsicht und unter gerissener Ausnutzung der verworrenen Machtverhältnisse, die nach dem Abzug der Engländer entstanden waren, gelang es ihm, sich 1805 von Istanbul die Bestätigung als Statthalter der Provinz zu sichern. Sechs Jahre später war er de facto der Herrscher von Ägypten.

Es wäre verfehlt, Muḥammad ʿAlī Pascha idealistische Motive zu unterstellen und in ihm gar den fürsorglichen Vater des neuen Ägypten zu sehen. Er war seiner Zeit keineswegs voraus, er verstand nur ihre Zeichen zu lesen und gebotene Chancen zu nutzen, um seine Hausmacht zu festigen und, wenn möglich, zu erweitern. Seine Reformen zielten daher vornehmlich auf den Aufbau moderner Streitkräfte ab; alles andere war diesem Ziel untergeordnet oder Nebenprodukt. Das alles soll nicht sein Verdienst schmälern. Seine Maßnahmen setzten in der Tat Ägypten als erstes islamisches Land auf den Weg in die Moderne.

Eine Armee und Flotte nach europäischem Muster zu schaffen erforderte Geld und Sachwissen; weder das eine noch das andere war in Ägypten vorhanden. Durch drastische Landreformen, Konfiszierung von Ländereien und Abschaffung der Steuerpachten verschaffte sich Muḥammad ʿAlī Pascha die Mittel, mit denen er sein Modernisierungsprogramm angehen konnte. Staatsmonopole brachten ihm zusätzliches Einkommen; als besonders profitabel erwies sich das Getreidehandelsmonopol, da Ägypten der einzige Getreidelieferant für Wellingtons Armee in Spanien war. Als ungleich problematischer stellte sich das Unternehmen heraus, die notwendigen Bildungsvoraussetzungen für Reform und Modernisierung zu schaffen, denn dafür mußten jahrhundertealte, im Glauben verwurzelte Vorurteile und psychologische Schranken überwunden werden. Sultan Selim III. war wenige Jahre früher mit seiner ›Neuen Ordnung‹ am Widerstand der konservativen Elemente gescheitert und hatte darüber Thron und Leben verloren; sein Statthalter in Ägypten war in einer günstigeren Position, um seine radikalen Reformideen durchzusetzen, doch fand auch er es nicht leicht, die instinktive Ablehnung seiner muslimischen Untertanen zu überwinden.

Da das traditionelle muslimische Erziehungssystem für seine Zwecke offensichtlich untauglich war, mußten neue Schulen geschaffen werden. Doch selbst für die neu gegründeten Elementarschulen fehlte es an Lehrern wie an Lehrmitteln. Besonders schwierig gestalteten sich die Probleme an den Fachschulen für Militärwissenschaft, Ingenieurwesen, Medizin und dergleichen in Kairo und Umgebung, wo Leitung und Lehrbetrieb ausschließlich in den Händen von ausländischen Experten und Beratern lag, die, des Arabischen und Türkischen unkundig, den Lehrstoff nur äußerst umständlich mit Hilfe von Dolmetschern vortragen konnten. Da diese Dolmetscher mit der behandelten Materie so gut wie gar nicht und mit der jeweiligen europäischen Sprache zum Teil nur unzulänglich vertraut waren, scheint der Unterricht unter solchen Umständen zuweilen geradezu groteske Formen angenommen zu haben. Lehrbücher für die Schüler waren überhaupt nicht vorhanden und mußten erst geschaffen werden. Das glaubte man am schnellsten und zweckmäßigsten dadurch zu erreichen, daß man ausländische, zumeist französische, Schulbücher und wissenschaftliche Werke einführte und diese von Übersetzern ganz oder auszugsweise ins Arabische oder Türkische übertragen ließ. Da es für Muslime traditionell unter ihrer Würde war, sich mit einer fremden Sprache abzugeben, handelte es sich bei diesen frühen Übersetzern zum großen Teil um syrische Christen, die weder die nötige Vertrautheit mit dem jeweiligen Fachgebiet noch den notwendigen Bildungshintergrund im Arabischen aufzuweisen hatten. Der Syrer Yuḥannā ʿAnḥūrī, der jahrelang als Chefübersetzer an der Fachschule für Medizin arbeitete, war zum Beispiel nur im Italienischen bewandert, so daß französische Texte für ihn erst in diese Sprache übertragen werden mußten, bevor er sie ins Arabische übersetzen konnte; kein Wunder, daß er unserem

Scheich Rifāʿa nach dessen Rückkehr aus Paris ohne Murren die Nachfolge im Amt abtrat. Bei der Vorbereitung von Lehrmaterial wurde gewöhnlich nach Absprache mit dem jeweiligen europäischen Lehrer eine zum Vorlesen in der Klasse bestimmte, nicht publikationsreife Fassung hergestellt, die dann, falls das Material zur Veröffentlichung bestimmt war, zunächst von einem ›Redakteur‹ *(muḥarrir)* nach Vereinbarkeit der Terminologie und Wortwahl mit den Normen der arabischen Hochsprache überprüft und dann von einem ›Korrektor‹ *(muṣaḥḥiḥ)* in gutes Hocharabisch überarbeitet wurde; beide waren meistens Azharscheichs, da diese die einzigen waren, die wenigstens die sprachlichen und bildungsmäßigen Voraussetzungen dafür besaßen. Trotz allem haben diese Übersetzungen, bei aller Achtung vor der Leistung jener frühen Übersetzer, etwas Improvisiertes und Dilettantisches an sich, und nur wenige von ihnen fanden den Weg zur Veröffentlichung in der 1822 gegründeten Staatsdruckerei von Bulaq. Das ganze Arrangement war offensichtlich unbefriedigend, und was dabei herauskam, konnte kaum die ungeduldigen Erwartungen eines Muḥammad ʿAlī erfüllen. Die Alternative lag auf der Hand: Man mußte ausgewählte, besonders talentierte Schüler zum Studium nach Europa schicken, damit sie sich dort nicht nur Fachwissen, sondern auch solide Kenntnis einer fremden Sprache aneigneten, so daß man sie nach ihrer Heimkehr als qualifizierte Übersetzer einsetzen konnte.

Ein Vorschlag, reguläre Studentenmissionen einzurichten, war Muḥammad ʿAlī Pascha bereits vor Jahren von französischer Seite unterbreitet worden. Doch damals genoß er gerade den ersten Triumph seiner europäisch ausgebildeten und ausgerüsteten Truppen in Arabien, und so stieß die Anregung auf geringes Interesse. Anders lagen die Dinge in der Mitte der zwanziger Jahre. Die Diskrepanz zwischen der Kostspieligkeit und der tatsächlichen Wirksamkeit seiner ausländischen Berater, von denen nicht alle unbedingt Experten waren, trat mit jedem Jahre deutlicher hervor. Auch begann er ihrer ständigen Zänkereien und Eifersüchteleien untereinander überdrüssig zu werden, ganz zu schweigen der Spannungen zwischen ihnen und ihren einheimischen Kollegen. Es war an der Zeit, das französische Angebot aufzugreifen. Frankreich bot sich aus mehreren Gründen als erste Wahl für die Durchführung des Unternehmens an. Nicht nur war die französisch-ägyptische Beziehung besonders eng und der Ruf französischer Wissenschaft und Technik ohnegleichen in der Welt. Vor allem versprach Frankreich, als säkularisiertes Land, das Seelenheil der Gläubigen noch am wenigsten zu gefährden und die zu erlernenden Wissenschaften ohne ihren herkömmlichen Ruch von christlichen Ketzereien vermitteln zu können.

Von den vierundvierzig Mitgliedern der ersten organisierten Studentenmission, die 1826 nach Paris entsandt wurde, waren neunzehn gebürtige Ägypter, acht Türken, je vier Armenier und Tscherkessen und drei Georgier; die Herkunft der restlichen sieben Teilnehmer ist unbekannt. Alle waren, mit Ausnahme der vier Armenier, Muslime. Das Durchschnittsalter war etwa vierundzwanzig; einer der Schüler war fünfzehn Jahre alt und ein anderer achtunddreißig. Fünf der Missionsteilnehmer hatten den Titel ›Scheich‹, drei hatten Beziehungen zu hohen Staatsbeamten und waren deshalb als Leiter der Mission vorgesehen.

Scheich Rifāʿa Rāfiʿ Badawī al-Ṭahṭāwī war der Mission als Imam und geistlicher Betreuer zugeteilt. Der junge Mann aus Oberägypten diente zu jener Zeit als Feldprediger im Regiment von Ḥasan Bey al-Mankalī, nachdem er ein Jahr zuvor, in Erkenntnis seiner desperaten Einkommensverhältnisse, eine aussichtsreiche Azhardozentur quittiert und sich, dem Zuge der Zeit folgend, im Regiment von Ḥasan Bey al-Monasterlī verdingt hatte. Die Ernennung eines so jungen und unbekannten Mannes zum Imam der ersten Studienmission war zumindest ungewöhnlich und dürfte damals in gewissen Kreisen einiges Befremden erregt haben. Die Anregung dazu kam von Scheich Ḥasan al-ʿAṭṭār, der sich schon des längeren in freundschaftlicher Verbundenheit seines ehemaligen Schülers angenommen hatte. Ḥasan al-ʿAṭṭār war wohl der prominenteste unter den wenigen Ulema, die Muḥammad ʿAlīs Reformen und Modernisierungsbestrebungen unterstützten, und erfreute sich daher der besonderen Gunst des Paschas. Er galt als ein weitgereister und welterfahrener Mann, denn er hatte eine Zeitlang in Damaskus und in Üsküdar (Scutari, gegenüber Konstantinopel) gelebt, und wenn er auch nicht den Ruf eines überragenden Gelehrten genoß, so war sein geistiger Horizont jedenfalls weiter als der der meisten seiner Zeitgenossen. Einige seiner gelehrten Kollegen, die sich seiner Haltung während der französischen Besatzungszeit erinnerten und denen jetzt seine bevorzugte Stellung bei Hofe ein Dorn im Auge war, sahen ihn schlankweg als einen Opportunisten. Wie dem auch sei, Scheich Ḥasan al-ʿAṭṭār erwies seinem Lande wie seinem Landesherrn einen großen Dienst, als er seinem jungen Protegé die Chance eines Auslandsstudiums vermittelte.

Rifāʿa al-Ṭahṭāwī, 1801 im Provinzstädtchen Ṭahṭā geboren, kam aus einer der angesehensten Familien von Oberägypten. Väterlicherseits leitete er seine Abstammung in direkter Linie auf den Propheten Mohammed zurück, und die nach einem berühmten Ahnherrn aus dem 14. Jahrhundert, dem Mystiker Sīdi Abū 'l-Qāsim, benannte Moschee und Medrese war das geistige Zentrum seines Geburtsortes. Seine Mutter, Fāṭima, war die Tochter von Scheich Aḥmad al-Farġalī al-Anṣārī, dessen Ahnenreihe bis auf den Stamm der Khazraj aus der frühesten islamischen Geschichte zurückging; seinen Vornamen ›Rifāʿa‹ erhielt er zu Ehren eines Ahnen in der mütterlichen Linie, nämlich des Mystikers Sīdi Rifāʿa ibn ʿAbd al-Salām al-Anṣārī, zu seiner Zeit bekannt als ›al-Ḫaṭīb‹ (der Prediger), dessen Grabmal in seiner Heimatstadt als Heiligtum verehrt wird. Frömmigkeit und Gelehrsamkeit hatten eine lange Tradition in dieser Familie. Zu Beginn des 19. Jahrhunderts genossen vor allem drei Brüder seiner Mutter lokales Renommee: Scheich ʿAbd al-Ṣamad al-Anṣārī als Traditionswissenschaftler, Scheich Abū ʼl-Ḥasan ʿAbd al-ʿAzīz al-Anṣārī als Grammatiker mit dichterischem Talent und Scheich Farrāj al-Anṣārī als frommer Asket und schafiitischer Rechtsgelehrter. Sie waren es, die den jungen Rifāʿa in die herkömmlichen Wissenschaften einführten und auf sein späteres Studium an der Azhar vorbereiteten. Seine unmittelbare Familie war, wie so viele andere zu jener Zeit, von den Landreformen Muḥammad ʿAlīs direkt betroffen und sah sich, ihrer Steuerpacht beraubt und verarmt, gezwungen, von Verwandten zu Verwandten zu ziehen: nach Manšaʾat al-Nīda, wo die verwandte Scherifensippe der Abū Qurna zu Hause war, dann für längere Zeit nach Girgā, der Provinzhauptstadt, und schließlich nach Faršūṭ, ehe sie nach Ṭahṭā zurückkehren konnte. Während dieser Wanderjahre memorierte der kleine Rifāʿa unter Anleitung seines Vaters den Koran.

Kurz nach dem Tode des Vaters übersiedelte Rifāʿa mit seiner Mutter nach Kairo, wo er sich in der Azhar einschrieb. Er war damals sechzehn und, wie sich bald herausstellte, weder den Anforderungen des Studiums noch der vorgetragenen Materie gewachsen. Zwischen den Schuljahren kehrte er nach Oberägypten zurück, wo er sich in der Yūsufī-Moschee in Mallawī und in der nach seinem Urahnen benannten Hauptmoschee seines Heimatortes als Lehrer versuchte. Erst im darauffolgenden Jahr begann er dann ernsthaft sein Studium der traditionellen und rationalen Wissenschaften an der Azhar zu verfolgen. Mehrere seiner Lehrer galten als Koryphäen auf ihrem Fachgebiet, so der blinde Scheich Ḥasan al-Quwīsnī im islamischen Erbrecht, der ehrwürdige Scheich Muḥammad ibn Šāfiʿī al-Faḍālī und sein Schüler, Scheich Ibrāhīm al-Bāǧūrī, im schafiitischen Recht, Scheich Aḥmad ibn ʿAlī al-Damhūǧī in Traditionswissenschaft, Scheich ʿAbd al-Ġanīy al-Dimyāṭī in Koranexegese, Scheich Muḥammad Ḥubaiš in Grammatik und Rhetorik. Besonders hingezogen fühlte er sich zu Scheich

Ḥasan al-ʿAṭṭār, dessen Vielseitigkeit ihn beeindruckte und mit dem ihn seine Liebe für Poesie verband. Al-ʿAṭṭār, der damals an seinem Handbuch für den Gebrauch astronomischer Instrumente arbeitete, seinerseits war es, der des jungen Mannes Interesse für Astronomie, Geographie und Geschichte zu wecken verstand. So entspann sich zwischen Lehrer und Schüler, der eine 1776 geboren und bei der ersten Begegnung mehr als doppelt so alt wie der andere, eine persönliche Freundschaft.

Nach vier Jahren Studium begann Rifāʿa al-Ṭahṭāwī selbst Vorlesungen zu halten. Prüfungen oder andere Leistungsnachweise waren im herkömmlichen islamischen Erziehungssystem völlig unbekannt. Ein Student, der die Vorlesungen eines Professors, im wörtlichen Sinne des Wortes, ›gehört‹ und den behandelten Stoff mehr oder weniger memoriert hatte, erhielt von seinem Lehrer, wenn dieser dazu geneigt war, eine *ijāza*, eine ›Erlaubnisbescheinigung‹, die ihn berechtigte, den Inhalt des Kurses an andere weiterzugeben. Es dauerte nicht lange, und ›Scheich Rifāʿa‹ galt in Azharkreisen als populärer Dozent für Traditionswissenschaft, Logik, Rhetorik, Poesie und Prosodie. Seine Vorlesungen waren gut besucht, denn er verstand sein Fachwissen wirkungsvoll und in leicht verständlicher Form vorzutragen. Was er dafür bezahlt bekam, reichte freilich kaum zum Überleben. Die Zeiten, da ein Scheich, der zwei Studenten sein eigen nannte, praktisch ausgesorgt hatte, waren, wie Edward William Lane vermerkt, seit der französischen Besatzung vorbei. Um sein dürftiges Einkommen zu verbessern, nahm Scheich Rifāʿa das Beschwernis auf sich, täglich auf die andere Seite des Flusses überzusetzen, um dort einem jungen Türken namens Hüseyin Bey Topuzoğlu Privatstunden zu erteilen. Daneben unterrichtete er an einer von Muḥammad Lāẓuġlī gerade gegründeten Privatschule für Mamluken (aus der übrigens Muḥammad Efendi ʿIṣmat, später Beisitzer am Appellationsgericht von Banī Suwēf, hervorging). Doch selbst das genügte nicht, seine desperate wirtschaftliche Lage auch nur einigermaßen zu verbessern, und so schloß er sich drei Jahre später, ermuntert und unterstützt von seinem Gönner und Freund al-ʿAṭṭār, dem Militär an.

Nach solchen Entbehrungen muß ihm das Monatssalär von 250 Piastern, das ihm in Frankreich zustand, geradezu fürstlich erschienen sein. Das waren etwa achtzig Francs nach damaligem Gelde. In seiner Reisebeschreibung vermerkt er mit Genugtuung, daß er und seine Kameraden wegen ihrer farbenprächtigen Kleidung von den Franzosen als reich angesehen wurden. Exotische Ausländer waren damals in Europa eine seltene Erscheinung. Ahmed Azmi Efendi, der 1790 von Sultan Selim III. als osmanischer Gesandter an den preußischen Hof beordert worden war, erzählt in seinem Gesandtschaftsbericht, daß in Köpenick die Leute trotz Schnee und Winter aus nah und fern, in Kutschen, zu Pferd und zu Fuß, zusammenliefen, um ihn und seine Reisegesellschaft zu begaffen; die Straße nach Berlin war von Menschenmengen gesäumt, die, weder Mühe noch Kosten scheuend, gekommen waren, um wenigstens einen Blick auf die sonderbaren Fremdlinge zu erhaschen. Ähnliche Erfahrungen werden von osmanischen Emissären und Besuchern in anderen Teilen Europas geschildert.

Seine herkömmliche Lebensweise scheint Rifāʿa al-Ṭahṭāwī in den nächsten fünf Jahren nur geringfügig seiner neuen Umwelt angepaßt zu haben. Er kam gewissenhaft seinen religiösen Pflichten nach, befolgte strikt die muslimischen Speisevorschriften und trug weiterhin seine einheimische Kleidung, was gewiß beim Pariser Klima manche Unbequemlichkeit mit sich brachte. An die von ihm erwarteten Studien begab er sich mit dem gleichen Lerneifer und derselben Gewissenhaftigkeit, wie sie ihm seit Kindesbeinen von zu Hause vertraut waren. Solch musterhafter Eifer und Ehrgeiz entging natürlich nicht seinen französischen Lehrern und vor allem nicht Edme-François Jomard, der die Leitung und Aufsicht der Mission in Paris innehatte. Die Franzosen nahmen, wie die zahlreichen Berichte im ›Journal asiatique‹ und in der lokalen Presse jener Jahre beweisen, ihre pädagogische und zivilisationsbringende Funktion sehr ernst, und ein kluger Mann wie Jomard sah gewiß in den lobenswerten Leistungen des ›Schülers Rifā'a‹ eine willkommene Gelegenheit, Muḥammad 'Alī Pascha, dem allerdings aus anderen Gründen am Gelingen der Mission gelegen war, den vollen Erfolg der französischen Bemühungen in Aussicht zu stellen. Unterstützt von dem berühmten Orientalisten Silvestre de Sacy erwirkte er denn auch, daß Rifā'a al-Ṭahṭāwī nicht wie die übrigen Missionsteilnehmer auf das Erlernen eines technischen Fachgebietes angesetzt wurde, sondern sich fürderhin ausschließlich dem Studium der französischen Sprache und der Kunst der Übersetzung widmen durfte. Seine Kenntnis des Französischen blieb Zeit seines Lebens eine passive, und die Sprache fließend zu sprechen ist ihm nie gelungen, doch es spricht für sein erstaunliches Talent, daß er, der zu Beginn der Reise noch nicht einmal ihre Anfangsgründe kannte, sich schon nach so kurzer Ausbildungszeit an die Übertragung eines dichterischen Werkes wagen konnte. Noch eindrucksvoller sind seine Wißbegier und die Aufgeschlossenheit, mit der er einer ihm völlig fremden Welt gegenübertrat. Nur wer sich die Rückständigkeit seines herkömmlichen Milieus vor Augen hält, wird hier das Ausmaß seiner Leistung zu würdigen verstehen. Er beobachtete, er las, er interessierte sich für alles, vom politischen System der Franzosen bis zum Honorar ihrer Ärzte, und was er gesehen und gelernt und erfahren hatte, hielt er in einer schlichten und leicht verständlichen Sprache fest, wobei er nur allzuoft zur Sprachschöpfung gezwungen war, weil es Dinge und Begriffe zu beschreiben galt, für die dem Arabischen selbst annähernde Ausdrücke fehlten. Als Scheich Rifā'a im Frühjahr 1831 in seine ägyptische Heimat zurückkehrte, brachte er eine Bildung und Erfahrung mit, die sogar seinen weltoffenen Mentor Ḥasan al-'Aṭṭār, seit ein paar Monaten Rektor der Azhar, überraschen mußte.

Seine Verwendung zu Hause war anfangs kaum seiner Ausbildung und Begabung angemessen. In den ersten zwei Jahren war er der 1827 gegründeten *Madrasat al-Ṭibb*, der von Dr. Clot Bey geleiteten ›Fachschule für Medizin‹ in Abū Zaʿbal, als Übersetzer und Französischlehrer zugewiesen; einer seiner Schüler war dort der zukünftige Pionier des ägyptischen Gesundheitswesens, Dr. Muḥammad ʿAlī Pascha al-Baqlī. Immerhin, sein Gehalt von 1223 Piastern plus Sonderzulagen für Kleidung und Verpflegung erlaubte ihm endlich, an die Gründung einer Familie zu denken; als Braut wählte er die Tochter seines Onkels Scheich Muḥammad al-Anṣārī, der zu jener Zeit als *Amīn al-Fatwā* (Adjunkt des Großmufti) an der Azhar fungierte. 1833 wurde er an die Artillerieschule *(Madrasat al-Ṭobjiyya)* in Ṭura versetzt, wo er den jungen französischen Orientalisten Koenig Bey als Chefübersetzer ablöste. Sein Verhältnis zum Leiter der Schule, Don Antonio de Seguera Bey, war von Anfang an kein glückliches, da der Spanier seinen arroganten Franzosenhaß, wie es scheint, auf diesen Zögling französischer Bildung ausdehnte, und so verließ er schon im nächsten Jahr, ohne offizielle Erlaubnis und unter dem Vorwand, einer Epidemie in Kairo auszuweichen, seinen Posten in Ṭura, um in seine Heimatstadt Ṭahṭā zurückzukehren. Dort vollendete er innerhalb von zwei Monaten die Übersetzung des ersten Teiles von Malte-Bruns ›Géographie universelle‹, mit der er bereits in Paris begonnen hatte. Nach Kairo zurückgekehrt, überreichte er das Opus Muḥammad ʿAlī. Der Pascha belohnte ihn bei der Gelegenheit mit einem größeren Geldgeschenk und mit der Beförderung zum *Ṣāġqol Aġāsī* (Flügeladjutant) und enthob ihn huldvoll, nachdem er Ṭahṭāwīs Beschwerden über die Arbeitsbedingungen unter de Seguera gehört hatte, seines Dienstes an der Artillerieschule. Im selben Jahr, 1834, starb sein langjähriger Freund und Gönner, Scheich Ḥasan al-ʿAṭṭār, und erschien sein Reisebericht im Druck.

Rifāʿa al-Ṭahṭāwīs große Stunde kam, als er im Januar 1837 zum Leiter der *Madrasat al-Alsun* (Schule für Sprachen) ernannt wurde. Die Schule war ein halbes Jahr früher unter dem Namen *Madrasat al-Tarjama* (Schule für Übersetzung) ins Leben gerufen worden und war ursprünglich der Leitung eines gewissen Ibrāhīm Efendi anvertraut. Sie war im ehemaligen Palast des Mamlukenemirs Muḥammad al-Alfī Bey in der Azbakiyya untergebracht, und die Zahl der Schüler war anfangs auf fünfzig, später auf hundertfünfzig begrenzt. Der Name der Schule ist irreführend, denn ihr Lehrplan umfaßte nicht nur Unterricht in Sprachen, einschließlich Arabisch, sondern Geschichte, Geographie, Mathematik und islamisches und französisches Recht. Die Kombination von europäischem und einheimischem Wissen war das Werk von Rifāʿa al-Ṭahṭāwī und machte die Schule zur einzigen Institution der damaligen Zeit, die nicht enges, auf Fachwissen ausgerichtetes Training, sondern wirkliche Bildung zu vermitteln vermochte. Sie brachte denn auch im Verlaufe ihres vierzehnjährigen Bestehens eine außerordentlich große Zahl von jungen Männern hervor, die als Lehrer und Übersetzer ihren Beitrag zur geistigen Erweckung des Landes leisteten oder in der zweiten Hälfte des Jahrhunderts selber zur intellektuellen Elite des neuen Ägyptens zählten. ʿAbd-Allāh Abū 'l-Suʿūd Efendi, Gründer (1866) der Zeitung *Wādī al-Nīl*, des ersten politischen Journals in Ägypten, und renommierter Schriftsteller und Übersetzer; Muḥammad Qadrī Pascha, produktiver Wegbereiter der Rechtsreformen, später Kultus- und Justizminister; Muḥammad Efendi ʿUṯmān Galāl, namhafter Übersetzer und Bearbeiter der französischen Klassiker und ›Vater‹ des modernen arabischen Romans und Dramas, sind nur die drei prominentesten Produkte der *Madrasat al-Alsun.* Anläßlich der Graduierung der ersten Studenten, welche sämtlich mit Leutnantsrang entlassen wurden, erhielt Rifāʿa al-Ṭahṭāwī die Beförderung zum ›Major der Infanterie im Zivildienst‹ *(binbāšī biyāda mulkiyya).*

Als Direktor der Sprachenschule hat Rifāʿa al-Ṭahṭāwī zweifellos seinem Lande den nachhaltigsten Dienst erwiesen. Hier konnte er sein volles Potential entfalten und am ehesten seine Ideen und Vorstellungen von der künftigen Erziehung in Ägypten in die Tat umsetzen. Zu Beginn der vierziger Jahre übertrug man ihm die Leitung einer Reihe von anderen Schulen, doch diese waren neu gegründete Fachschulen, und seine Funktion war im wesentlichen eine administrative. Es war eine Zeit der Reorganisation des Schulwesens, zum großen Teil bedingt durch Muḥammad ʿAlīs außenpolitische Rückschläge. 1841 übernahm Rifāʿa al-Ṭahṭāwī die Chefredaktion der *Waqāʾiʿ al-Miṣriyya*, der ersten arabischen Gazette, gegründet 1828, die – in unregelmäßiger Folge erscheinend – Verlautbarungen und Hofnachrichten veröffentlichte; ihr erster Redakteur war Ḥasan al-ʿAṭṭār gewesen. Im selben Jahr wurde er zum Direktor der *Kutubḫānat Qaṣr al-ʿAinī*, der europäischen Bibliothek in Kairo, ernannt. In Anerkennung seiner Verdienste wurde er 1844 zum Oberstleutnant im Zivildienst und zwei Jahre später, nachdem er Muḥammad ʿAlī Pascha den vollendeten dritten Teil seiner Malte-Brun-Übersetzung überreicht hatte, zum Oberst befördert; mit der zweiten Beförderung kam der Titel ›Bey‹. Der einst so energische und reformeifrige Autokrat wirkte zu jener Zeit bereits zurückgezogen und teilnahmslos. Er war achtundsiebzig, und eine Ära ging offenbar ihrem Ende zu. Im folgenden Jahr übernahm, in Anbetracht des sinkenden Gesundheitszustands des Patriarchen, sein fähiger Sohn, Ibrāhīm Pascha, die Regierungsgeschäfte, doch er starb im November 1848, neun Monate vor seinem Vater. Als Anfang 1849 Muḥammad ʿAlīs Enkel ʿAbbās Pascha offiziell die Nachfolge antrat, ging Ägypten einer Periode von sechs Jahren entgegen, in welcher eine weitgehende Revision und sogar Abkehr von Muḥammad ʿAlīs Zielen die bestimmende Politik war. Für Rifāʿa Bey al-Ṭahṭāwī bedeuteten diese Jahre Erniedrigung und Verbannung in den Sudan.

In den Geschichtsbüchern wird ʿAbbās Pascha gewöhnlich als europafeindlicher Reaktionär dargestellt, aber dieses Bild beruht auf einer Simplifikation. Leute, die ihn persönlich kannten, zeigen sich beeindruckt von der Klarheit und Redlichkeit seines Denkens. Viele seiner Maßnahmen entsprangen einfach einer nüchterneren und realistischeren Einschätzung der Gegebenheiten Ägyptens und liefen oft auf nichts anderes als auf eine Korrektur bestehender Mißverhältnisse hinaus. Er war ein konservativer Türke mit solider traditioneller Bildung, der in den von seinem Großvater unternommenen Neuerungen wenig Nutzen, wenn nicht sogar eine Gefährdung, für sein Land sah. Er war ohne Zweifel kein Freund Frankreichs, und wenn er überhaupt Sympathien für Europäer hegen konnte, so galten sie bestenfalls den Engländern, die ihm die erste Eisenbahn in Ägypten bauten. Daß er sich allem Neuen völlig verschlossen hätte, wird schon allein durch die Tatsache widerlegt, daß er während seiner gesamten Regierungszeit weiterhin Studentenmissionen ins Ausland schickte – nach Bayern, England, Frankreich, Italien, Österreich und Preußen. Nach Herkunft und Veranlagung stand er den konservativen Zirkeln der Azhar verständlicherweise näher als der Garde der Erneuerer und Reformer, deren Gedankengut und Ambitionen ihm suspekt waren, und es ist durchaus möglich, daß Ṭahṭāwīs Verbannung nicht mehr war als das Ergebnis einer Intrige mißgünstiger Ulema. Vielleicht lag ihr auch nur persönliche Abneigung zugrunde. Doch deutet manches darauf hin, daß sie eher auf den Einfluß von ʿAlī Mubārak zurückzuführen ist. ʿAlī Mubārak, dreiundzwanzig Jahre jünger als Rifāʿa Bey, kehrte 1849 aus Frankreich zurück, wo er Militärwissenschaft, Festungsbau und Sprengstoffkunde studiert hatte, und wurde zunächst als Lehrer an der *Madrasat al-Muhandisḫāna* (Polytechnische Schule) in Bulaq eingesetzt. Ambitiös und von der Vision der technischen Erschließung Ägyptens erfüllt, gewann er bald das Ohr und die Gunst von ʿAbbās Pascha, dessen Reform- und Reorganisationsmaßnahmen von Natur aus so gut wie ausschließlich auf das Praktische ausgerichtet waren. Für Leute vom Schlage Ṭahṭāwīs war bei dieser Sicht der Prioritäten wenig Platz. Sie waren allenfalls ein lästiges Überbleibsel aus einer überholten Epoche, wobei auf seiten ʿAlī Mubāraks angesichts des Ansehens von Rifāʿa Bey wohl auch Neid und das Bewußtsein der Rivalität eine nicht geringe Rolle spielten. Es ist in diesem Zusammenhang nicht uninteressant, daß Muḥammad Bayyūmī, ein alter Kamerad Ṭahṭāwīs aus Pariser Tagen, der damals Hydraulik studiert und nach seiner Heimkehr sich als Lehrer an der Polytechnischen Schule und Autor mehrerer technischer Handbücher einen guten Namen geschaffen hatte, ins selbe Exil geschickt wurde, wo er 1852, ein Opfer des Klimas, starb. Wie immer dem sei, Rifāʿa Bey al-Ṭahṭāwī fand sich 1850 mit vollen Bezügen eines Oberst als Leiter der neu gegründeten ägyptischen Schule nach Khartum versetzt, nachdem er vorher noch die überarbeitete zweite Auflage seines Reiseberichts hatte in Druck geben können. Um der Langweile und dem Heimweh zu entgehen, machte er sich in den vier Jahren, die er in dem gottverlassenen Nest verbringen mußte, an die Übersetzung von Fénelons ›Aventures de Télémaque‹, aus welcher er Teile bereits in Paris übersetzt hatte. Die Übersetzung erschien, herausgegeben von einem seiner Schüler, nach seinem Tode unter dem Titel *›Mawāqiʿ al-aflāk fī waqāʾiʿ Talīmāk‹* in Beirut.

Mit Saʿīd Pascha, einem glühenden Bewunderer Frankreichs, stieg Ṭahṭāwīs Stern noch einmal auf, während der seines Gegenspielers ʿAlī Mubārak vorübergehend sank. 1854 nach Kairo zurückgekehrt, wurde er von Saʿīd Pascha zunächst zum Leiter des Europäischen Büros des Gouvernements Kairo ernannt und dann bereits nach einem Monat als stellvertretender Direktor unter Sulaimān Pascha (Colonel Sève) an die Militärschule *(Madrasat al-Rijāl)* in der Ṣalība versetzt. Von 1856 bis 1860 hatte er die Leitung der neu gegründeten Kriegsschule *(Madrasat al-Ḥarbiyya)* und der ihr angeschlossenen Übersetzungsabteilung in der Zitadelle inne, aus der eine Reihe von namhaften ägyptischen Offizieren hervorging; einer der Absolventen dieser Schule war sein Sohn, Badawī Fatḥī Bey. Daneben oblag ihm die administrative Aufsicht über zwei weitere Schulen und das Inspektorat des Kairiner Bauamtes. Seine Beförderung zum Brigadegeneral mit monatlichen Bezügen von 13000 Piastern erfolgte kurz vor Auflösung der Kriegsschule in der Zitadelle im Jahre 1860.

Ismāʿīl Pascha griff noch einmal auf seine reiche Erfahrung als Übersetzer zurück und übertrug ihm 1863 die Leitung einer neu eingerichteten Übersetzungsstelle für europäische Gesetzestexte, wo er gemeinsam mit seinem vormaligen Schüler ʿAbd-Allāh Bey al-Sayyid den Code Napoléon ins Arabische übertrug. Die Übersetzung erschien 1876 in zwei Teilen unter dem Titel ›*Al-Qānūn al-madanī al-ifranjī*‹ in Kairo. Ihr war 1868 seine Übersetzung des französischen Code de Commerce *(Qānūn al-tijāra)* voraufgegangen. Außerdem diente er als Mitglied der rekonstituierten Schulkommission. Schließlich übernahm er die Schriftleitung der von ʿAli Mubārak gegründeten pädagogischen Zeitschrift *Rawḍat al-Madāris*, deren erste Nummer unter dem Datum 15. Muḥarram 1287 (17. April 1870) erschien; dort veröffentlichte er in Reihenform seine Prophetenbiographie *(Nihāyat al-ījāz fī sīrat sākin al-Ḥijāz)*, welche 1874, herausgegeben von seinem Sohn ʿAlī Fahmī Rifāʿa, als Buch herauskam. Nur wenige Monate vor seinem Tode erlebte er noch die Verwirklichung eines Gedankens, den er in seinem Buch *Al-Muršid al-amīn fī tarbiyat al-banāt wa-'l-banīn* (›Der treue Führer in der Erziehung von Mädchen und Jungen‹. Kairo 1875) vorgetragen hatte: im Januar 1873 wurde in Kairo die erste Schule für muslimische Mädchen eröffnet; die Lehrfächer waren Koran, Türkisch, Zeichnen, Handarbeit, Klavier und Wäschebehandlung.

Rifāʿa Bey al-Ṭahṭāwī starb am 29. Mai 1873 und wurde am Tag darauf im Beisein des Rektors der Azhar, Scheich Muḥammad al-Mahdī al-ʿAbbāsī, und der geistlichen und intellektuellen Prominenz der Hauptstadt in Kairo beigesetzt.

Von seinen zahlreichen Schriften hat keine solche bleibende Bedeutung bewahrt wie seine kleine Reisebeschreibung. Allein sein Buch *Manāhij al-albāb al-Miṣriyya fī mabāhij al-ādāb al-ʿaṣriyya* (Ägyptische Geistesrichtungen inmitten der Wonnen moderner Literatur), eine Sammlung von Gedanken und Aufsätzen über Politik, Literatur, Ethik, Sitten, Wissenschaften und Künste, ist heute noch für den Kultur- und Literaturhistoriker von Nutzen; es erschien 1869 erstmals in Bulaq und wurde 1912 ein zweites Mal in Kairo aufgelegt. Von seiner groß angelegten Geschichte Ägyptens, betitelt *›Anwār tawfīq al-jalīl wa-tawṯīq Banī Ismāʿīl‹*, erschien nur der erste Band (vom Altertum bis zur arabischen Eroberung) in Druck (Bulaq 1868). Manche seiner Schriften waren wohl primär für den Hausgebrauch bestimmt und fanden kaum weitere Verbreitung, so etwa seine arabische Schulgrammatik *Al-Tuḥfa al-maktabiyya li-taqrīb al-luġa al-ʿarabiyya* (Kairo 1869), in welcher er die Morphologie in vereinfachter Form und mit Hilfe von Paradigmen darzustellen versucht, und, ganz auf traditionellem Boden, *Al-Qawl al-sadīd fī 'l-ijtihād wa-'l-taqlīd* (Kairo 1870); ein kleiner Beitrag zum islamischen Recht, *Al-Maḏāhib al-arbaʿa*, erschien nie in Druck. Unveröffentlicht blieb auch sein Kommentar zur ›Lāmiyyat al-ʿArab‹ des Šanfarā. In seinem poetischen Werk sind von einiger Bedeutung *Al-Kawākib al-nayyira fī layālī afrāḥ al-ʿAzīz al-muqmira*, eine Sammlung von Glückwunschgedichten anläßlich der Hochzeit des späteren Khediven Tawfīq Pascha (Bulaq 1872), eine panegyrische Ode zu Ehren Ismāʿīl Paschas (Kairo: Maṭbaʿat Castelli 1864) sowie drei patriotische Gedichte *(›Yā jund Miṣr lakum faḫār‹; ›Yā ḥizbanā, qum binā nasūd‹; ›Yā Saʿd, atḥif masmaʿī bi-ṣabā 'l-ṣabāḥ‹)*, sämtlich 1855 in Bulaq gedruckt. Ein didaktisches Gedicht *(manẓūma)* über Syntax, *Jumal al-Ājurrūmiyya*, erschien 1853 in Bulaq. Während seines sudanesischen Exils komponierte er ein *taḫmīs* zur Prophetenode des mystischen Dichters al-Buraʿī, an dessen Diwan bereits sein Onkel, Abū 'l-Ḥasan al-Anṣārī, sein dichterisches Talent versucht hatte; es ist in seinen ›Manāhij al-albāb‹ wiedergegeben.

Rifā'a al-Ṭahṭāwī und 'Alī Mubārak sind zweifellos die profiliertesten Persönlichkeiten jener frühen Phase der Reform- und Modernisierungsbestrebungen in Ägypten. Als prominente Vertreter einer neuen Gebildetenschicht demonstrierten sie den Wert und, generös für ihre Dienste belohnt, die Vorteile einer europäischen Ausbildung. Beide haben das Denken und die Einstellung ihrer Landsleute entscheidend und nachhaltig beeinflußt, Ṭahṭāwī mit seinen Übersetzungen und als Erzieher und didaktischer Moralist, 'Alī Pascha Mubārak eher in verantwortlichen Verwaltungsposten und als Mann der Praxis und des technischen Fortschritts. Ihr Europabild ist noch unkritisch, ihr Vertrauen in die ›Allmacht‹ und ›Allwissenheit‹ der Europäer scheinbar unbegrenzt. Sie waren treue Staatsdiener, die keinen Anlaß sahen, die bestehende soziale und politische Ordnung in Frage zu stellen; die von ihm so bewunderten politischen und rechtlichen Institutionen der Franzosen auf sein eigenes Land zu übertragen ist Rifā'a al-Ṭahṭāwī nie in den Sinn gekommen. Aufklärung und Fortschritt vollziehen sich für sie als geordneter Prozeß, der so gut wie zwangsläufig zur ständigen Hebung des Gemeinwohls und zur Besserung des Lebens führt; inwieweit sich das Neue auf die Dauer mit der eigenen Kultur und Tradition vereinbaren lassen würde, hat sich jenen frühen Modernisten nicht als Frage gestellt. Der aufgeklärten einheimischen Elite und nicht wenigen Denkern konservativer wie fortschrittlicher Orientierung in Lord Cromers Ägypten erschien das wechselseitige Verhältnis der beiden Kulturen bereits weit weniger einfach und problemlos.

Karl Stowasser

Register

Das Verzeichnis enthält die Namen von Personen, Orten und Institutionen in der Übersetzung, im Nachwort und in den Anmerkungen. ›Paris‹ und ›Frankreich‹ bleiben im Index der Ortsnamen unberücksichtigt.

Personennamen

Ortsnamen

Institutionen, Schulen, Vereinigungen

Inhalt